DIOS MATRIMONIO Y FAMILIA

Recuperando los fundamentos bíblicos

Andreas J. Köstenberger

Con David W. Jones

Dios, matrimonio y familia: recuperando los fundamentos bíblicos
Publicado originalmente en inglés bajo el título: *God, Marriage, and Family: Rebuilding the Biblical Foundation,* por Crossway.

Traducción: Janin Díaz y Saúl Sarabia

Edición y Diseño de Portada: Publicaciones Kerigma

Salem Oregón, Estados Unidos
http://www.publicacioneskerigma.org

Pedidos: 971 304-1735

www.publicacioneskerigma.org

ISBN: 978-1-956778-80-9

Impreso en los Estados Unidos
Printed in the United States

Para mi querida esposa Margaret y mis hijos
Lauren, Tahlia, David, y Timothy

Por esta razón me arrodillo delante del Padre, de quien recibe nombre toda familia en el cielo y en la tierra. Le pido que, por medio del Espíritu y con el poder que procede de sus gloriosas riquezas, los fortalezca a ustedes en lo íntimo de su ser, para que por fe Cristo habite en sus corazones. Y pido que, arraigados y cimentados en amor, puedan comprender, junto con todos los santos, cuán ancho y largo, alto y profundo es el amor de Cristo; en fin, que conozcan ese amor que sobrepasa nuestro conocimiento, para que sean llenos de la plenitud de Dios.

(Efesios 3:14-19)

Andreas J. Köstenberger

Para Dawn, Johnathan, y Laura

Por mi parte, mi familia y yo serviremos al Señor
(Josué 24:15)

David W. Jones

«En la amplitud de la cobertura, en la minuciosidad del aprendizaje, en la claridad del análisis y del argumento, y, creo, en la solidez del juicio, este sólido, lúcido y pastoral tratado no tiene parangón. Los evangélicos que investigan, debaten, enseñan y aconsejan sobre el género, el sexo, el matrimonio y la familia encontrarán en él un recurso infinitamente útil. La fácil maestría con la que el autor se abre paso a través de cuarenta años de escritos especiales le da a este compendio un significado histórico, y lo recomiendo encarecidamente».

—**J. I. Packer**, Profesor de Teología, Regent College

«El valor especial de este libro radica en su penetrante exposición de las Escrituras. Estamos a la deriva en un mar de especulaciones sin esto. Estoy agradecido por el libro. Pienso dárselo a mis hijos mayores».

—**John Piper**, Pastor, Bethlehem Baptist Church, Minneapolis

«Este volumen no sólo debería estar en la estantería de cada pastor, sino también en el programa de cada curso sobre el matrimonio y la familia que se imparte en los colegios y seminarios cristianos. La cuidadosa defensa del autor de los valores bíblicos tradicionales relacionados con la vida familiar exige una lectura seria, especialmente por parte de aquellos que no están de acuerdo con él».

—**Daniel I. Block**, Profesor Gunther H. Knoedler de Antiguo Testamento, Wheaton College

«El cristiano que busca una presentación breve, comprensible, directa, inteligente y fiel de lo que la Biblia dice sobre el matrimonio, la familia, el divorcio, el nuevo matrimonio, la homosexualidad, el aborto, el control de la natalidad, la infertilidad, la adopción y la soltería no necesita buscar más».

—**J. Ligon Duncan III**, Ministro Principal, First Presbyterian Church, Jackson, Mississippi

«El libro es especialmente valioso porque es notablemente claro y comprensible, y al mismo tiempo refleja una investigación profunda y responsable. Constantemente encuentro que las conclusiones son sólidas y bíblicamente fieles».

—**Thomas R. Schreiner**, Profesor de Nuevo Testamento, Southern Baptist Theological Seminary

«Todo lo que publica Andreas Köstenberger es digno de atención. Su formación y experiencia internacional, su carrera docente y su carácter cristiano hacen de él un autor que debemos leer con atención y expectación. Puede que usted no esté de acuerdo con todas sus conclusiones, pero estará mejor equipado para vivir y enseñar sobre Dios, el matrimonio y la familia. Sensible, equilibrado y bíblico, este es un resumen sólido y oportuno de las enseñanzas de la Biblia sobre algunos de los temas más básicos y a la vez controvertidos del mundo actual. Lo recomiendo encarecidamente».

—**Mark Dever**, Pastor Principal, Iglesia Bautista de Capitol Hill, Washington DC

«Si lo que busca es otra colección de clichés sacarinos sobre familias cristianas brillantes y felices, entonces tal vez quiera dejar este volumen en el estante de la librería. En una época en la que demasiados cristianos escuchan con más atención a los terapeutas de la televisión que a la Biblia sobre la cuestión de la familia, éste podría ser uno de los libros más significativos que jamás haya leído».

—**Russell D. Moore**, decano de la Facultad de Teología del Seminario Teológico Bautista del Sur

«El libro es amplio y refleja un juicio maduro en la interpretación de las Escrituras y su aplicación a la vida. El autor no evita los temas controvertidos, pero en cada caso los trata de forma justa con una amplia explicación de los puntos de vista alternativos. Este es un libro excelente que merece ser ampliamente utilizado».

—**Wayne Grudem,** Profesor Investigador de Biblia y Teología, Seminario de Phoenix

«Aunque existen muchos tratamientos populares del matrimonio y la familia, muy pocos han explorado con cuidado y precisión la propia enseñanza de las Escrituras sobre estos temas cruciales. Köstenberger no evita las duras cuestiones contemporáneas del género y la sexualidad, sino que las aborda con sensibilidad combinada con una aguda visión bíblica».

—**Bruce A. Ware**, Profesor de Teología Cristiana, Seminario Teológico Bautista del Sur

«Con el actual ataque al matrimonio y a la familia, que está en plena efervescencia, el libro de Köstenberger es un recurso vital que debería estar en manos de todo evangélico».

—**Tom Elliff**, Pastor, First Southern Baptist Church, Del City, Oklahoma

«En un momento en que nuestra sociedad está intentando redefinir los estándares y valores del matrimonio y la familia, Köstenberger nos ha devuelto al fundamento bíblico. En este libro aborda algunos temas muy difíciles y políticamente delicados».

—**Bob Baker,** Pastor de cuidado pastoral, Saddleback Church, Lake Forest, California

«Este volumen es un tesoro de sabiduría bíblica sobre asuntos relacionados con el matrimonio, la crianza de los hijos, la soltería y la sexualidad. Mientras la sociedad occidental lucha por aferrarse a su identidad social, este estudio reafirma la voluntad de Dios para la autocomprensión y los lazos familiares. Los lectores que busquen todo el consejo de Dios sobre estas cuestiones encontrarán aquí una enorme ayuda».

—**Robert W. Yarbrough**, Profesor Asociado de Nuevo Testamento; Presidente del Departamento de Nuevo Testamento, Trinity Evangelical Divinity School

DIOS MATRIMONIO Y FAMILIA

Contenido

Lista de tablas ... 13

Prefacio a la segunda edición ... 15

1. LA CRISIS CULTURAL ACTUAL: Reconstruyendo los cimientos ... 17

2. DEJAR Y UNIRSE: El matrimonio en el Antiguo Testamento... 23

3. YA NO SERÁN DOS, SINO UNO: El matrimonio en el Nuevo Testamento ... 61

4. LA NATURALEZA DEL MATRIMONIO Y EL PAPEL DEL SEXO EN EL MATRIMONIO: El propósito de Dios al hacer a la humanidad hombre y mujer ... 85

5. LOS LAZOS QUE UNEN: La familia en el Antiguo Testamento ... 109

6. LA FAMILIA CRISTIANA: La familia en el Nuevo Testamento ... 127

7. TENER O NO TENER HIJOS: Cuestiones especiales relacionadas con la familia, Parte 1 ... 151

8. REQUIRIENDO LA SABIDURÍA DE SALOMÓN: Cuestiones especiales relacionadas con la familia, Parte 2 ... 181

9. DEVOCIÓN INDIVISA AL SEÑOR: El don divino de la soltería ... 219

10. ABANDONANDO LAS RELACIONES NATURALES: El veredicto bíblico sobre la homosexualidad ... 263

11. SEPARAR LO QUE DIOS HA UNIDO: El divorcio y las segundas nupcias 299

12. ESPOSOS FIELES: Requisitos para el liderazgo eclesiástico.. 323

13. DIOS, MATRIMONIO, FAMILIA E IGLESIA: Aprendiendo a ser familia de Dios 337

14. UNIENDO TODAS LAS COSAS EN ÉL: Síntesos final........ 361

Apéndice. LA «CLÁUSULA DE EXCEPCIÓN» Y EL PRIVILEGIO PAULINO: 369

Lista de tablas

Diferentes formas en las que el ideal de Dios para el matrimonio en Génesis 2:24 se vio comprometido en la historia de Israel 37

Los tres usos de la palabra hebrea «deseo» en el AT 53

Principios matrimoniales de la carta de Pablo a los Efesios 77

Tres modelos de la naturaleza del matrimonio 94

Los roles y responsabilidades en el hogar según las Escrituras .. 144

Formas aceptables e inaceptables de control de la natalidad 168

Tecnologías de reproducción artificial (TRA) y posibles problemas 175

Ventajas y debilidades de un enfoque «metodológico» de la crianza de los hijos 184

La guerra espiritual, el matrimonio y la familia.......................... 214

Evolución del estado civil 221

Soltería en el Antiguo y el Nuevo Testamento 231

Una teología bíblica de la soltería: de la creación al estado final 261

Listas de vicios que se refieren a la homosexualidad en 1 Corintios y 1 Timoteo 280

Interpretaciones pro-homosexuales de los pasajes bíblicos sobre la homosexualidad y sus debilidades.. 294

Diferencias de puntos de vista entre las escuelas de Shamai e Hillel y Jesús sobre el divorcio.. 309

Interpretaciones de la frase *Mias Gynaikas Andra* en 1 Timoteo 3:2, 12; Tito 1:6 329

Diferencias entre el punto de vista del «divorcio por adulterio o inmoralidad sexual» y la postura «no divorcio, no segundas nupcias» 381

Las posturas de «volver a casarse» y «no segundas nupcias» en 1 Corintios 7 387

Prefacio a la segunda edición

Han pasado cinco años desde la publicación de *Dios, matrimonio y familia*. Estamos muy agradecidos por la forma en que el Señor ha decidido utilizar este volumen para su gloria. Atribuimos la respuesta abrumadoramente positiva a nuestro libro al hecho de que nuestro propósito principal ha sido, como sugiere el subtítulo, volver al fundamento bíblico del matrimonio y la familia en la palabra de Dios, y estamos convencidos de que este deseo de aprender de nuestro creador y redentor cuál es el plan de Dios para el matrimonio y la familia que nuestro Señor eligió honrar. A modo de breve resumen, la necesidad de publicar una segunda edición tan pronto después de la primera surgió por los siguientes factores.

En primer lugar, queríamos incorporar las numerosas y constructivas sugerencias de adiciones que recibimos de diversas fuentes, incluyendo revisores, estudiantes y otros lectores. En segundo lugar, ha seguido apareciendo un flujo constante de publicaciones sobre el matrimonio y la familia, y queríamos mantener nuestro volumen al día. En tercer lugar, ha surgido una controversia sobre varios de los temas tratados en nuestro libro, como el divorcio, las segundas nupcias y la soltería. También esto exigía una actualización. En cuarto lugar, hubo algunos temas menores pero importantes que no abordamos de forma explícita o extensa en la primera edición, como la crianza de los adolescentes, que tras una reflexión más profunda parecieron merecer un tratamiento más extenso, y los hemos añadido en la segunda edición.

Además, en los últimos años ha crecido un movimiento relacionado con el matrimonio y la familia, a veces llamado «enfoque de la iglesia integrada en la familia», que requiere una evaluación desde una perspectiva bíblica y teológica. Debemos admitir que no es fácil evaluar los puntos fuertes y débiles de un movimiento nuevo como éste, en parte porque no es monolítico y también porque cualquier evaluación requiere la aplicación de principios bíblicos y la evaluación juiciosa de una variedad de factores hermenéuticos, teológicos y culturales. No obstante, hemos considerado que debemos intentar hacer una evaluación de este tipo, aunque sea preliminar, con el fin de proporcionar una orientación muy necesaria en este ámbito eminentemente vital de la vida eclesiástica.

Para facilitar la consulta, he aquí un resumen de las novedades de la segunda edición de *Dios, matrimonio y familia:*

- Un nuevo capítulo sobre el matrimonio, la familia y la iglesia (incluyendo una evaluación del «enfoque de la iglesia integrada en la familia»).
- Un resumen de los debates recientes sobre la disciplina física de los niños, la soltería, la homosexualidad, el divorcio y las segundas nupcias.
- Nuevas secciones sobre la teología del sexo y la crianza de los adolescentes.
- Un nuevo formato simplificado para el capítulo sobre el divorcio y las segundas nupcias, en el que se hace hincapié en el designio divino de la permanencia del matrimonio y se ha colocado material más técnico en un apéndice.
- Incorporación de la discusión de importantes artículos y monografías recientes sobre el matrimonio y la familia, como *Marriage: Sex in the Service of God* de Christopher Ash y *A Biblical Theology of Singleness* de Barry Danylak.
- Se han actualizado las bibliografías y las referencias de las notas finales.
- Muchos otros ajustes menores en respuesta a observaciones de los revisores, los comentarios de los estudiantes y otras críticas constructivas que recibimos después de la publicación de la primera edición.

Esperamos que, con estas adiciones y mejoras, *Dios, matrimonio y familia* siga sirviendo a los lectores que estén dispuestos a volver al fundamento bíblico, persuadidos, como nosotros, de que el matrimonio y la familia no son idea del hombre, sino de Dios, y que por esta razón quienes conducen sus matrimonios y familias sin hacer referencia al manual del instructor lo hacen bajo su propio riesgo y con la pérdida de la gloria de Dios. «Ahora a él —el Padre, de quien procede toda familia en el cielo y en la tierra—, que puede hacer mucho más abundantemente de todo lo que pedimos o pensamos, según el poder que obra en nosotros, a él sea la gloria en la iglesia y en Cristo Jesús por todas las generaciones, por los siglos de los siglos. Amén». (Ef. 3:14, 20-21).

1

LA CRISIS CULTURAL ACTUAL: RECONSTRUYENDO LOS CIMIENTOS

Por primera vez en su historia, la civilización occidental se enfrenta a la necesidad de definir el significado de los términos *matrimonio* y *familia.* Lo que hasta ahora se consideraba una familia «normal», conformada por un padre, una madre e hijos, en los últimos años ha empezado a considerarse cada vez más como una opción entre muchas, que ya no puede pretender ser la única forma de ordenar las relaciones humanas, ni siquiera la superior. La visión judeocristiana del matrimonio y la familia, con sus raíces en las Escrituras hebreas, ha sido sustituida en gran medida por un conjunto de valores que premian los derechos humanos, la autorrealización y la utilidad pragmática a nivel individual o social. Se puede decir, con razón, que el matrimonio y la familia son instituciones asediadas en nuestro mundo actual, y que, con el matrimonio y la familia, nuestra propia civilización está en crisis.

Sin embargo, la crisis cultural actual no es más que un síntoma de una profunda crisis *espiritual* que continúa royendo los cimientos de los valores sociales que una vez compartimos. Si Dios creador, como enseña la Biblia, instituyó el matrimonio y la familia, y si existe un ser maligno llamado satanás que libra una guerra contra los propósitos creativos de Dios en este mundo, no debería sorprendernos que el fundamento divino de estas instituciones haya sido objeto de un ataque masivo en los últimos años. En última instancia, los seres humanos, nos demos cuenta o no, estamos involucrados en un conflicto espiritual cósmico que enfrenta a Dios con satanás, y el matrimonio y la familia son un escenario clave en el que se libran batallas espirituales y culturales. Si, por tanto, la crisis *cultural* es síntoma de una crisis *espiritual* subyacente, la solución debe ser también espiritual, no meramente cultural.

En *Dios, matrimonio y familia*, esperamos señalar el camino hacia esta solución espiritual: un retorno a la fundación bíblica del matrimonio y la familia y su reconstrucción. La palabra de Dios no depende de la aprobación del hombre, y las Escrituras no guardan silencio sobre las cuestiones vitales a las que se enfrentan los hombres, las mujeres y las familias de hoy. En cada una de las áreas importantes relacionadas con el matrimonio y la familia, la Biblia ofrece instrucciones satisfactorias y remedios saludables para los males que afligen a nuestra cultura. Las Escrituras registran la *institución divina* del matrimonio y presentan una *teología cristiana* del matrimonio y la paternidad. Ofrecen una visión para la toma de decisiones respecto al aborto, la anticoncepción, la infertilidad y la adopción. Ofrecen una guía útil para los solteros y abordan las principales amenazas al matrimonio y la familia: la homosexualidad y el divorcio.

La confusión actual sobre el matrimonio y la familia

Comparado con la enseñanza bíblica sobre el matrimonio y la familia, parece innegable que la cultura occidental está decayendo. De hecho, en las últimas décadas se ha producido nada menos que un importante cambio de paradigma con respecto al matrimonio y la familia. La herencia y los cimientos judeocristianos de Occidente han sido suplantados en gran medida por una ideología libertaria que eleva la libertad humana y la autodeterminación como principios supremos de las relaciones humanas. En su confusión, muchos califican como un gran progreso el declive del modelo bíblico-tradicional del matrimonio y la familia y su sustitución por nuevas moralidades en competencia. Sin embargo, la siguiente lista de efectos adversos de las visiones no bíblicas del matrimonio y la familia en la sociedad demuestra que la sustitución del modelo bíblico-tradicional del matrimonio y la familia por otros más «progresistas» es perjudicial incluso para aquellos que no ven la Biblia como una autoridad.

Una de las consecuencias negativas de la erosión del modelo bíblico-tradicional es el aumento vertiginoso de las tasas de *divorcio*. Sin embargo, los costes del divorcio son preocupantes, no sólo para las personas implicadas —especialmente los niños— sino también para la sociedad en general. Aunque los niños no muestren los efectos negativos del trauma del divorcio a corto plazo, las consecuencias negativas a largo plazo están bien documentadas. Las r*elaciones* *sexuales fuera del matrimonio*, al no producirse en el entorno seguro de un compromiso exclusivo para toda la vida, también ejercen un alto precio para quienes se involucran en relaciones sexuales adúlteras o ilícitas. Los embarazos de adolescentes y el aborto son los ejemplos más evidentes. Aunque sea placentero a corto plazo, el sexo fuera del matrimonio tiene un alto coste psicológico y espiritual, y contribuye a la inseguridad y al estrés generales que provocan la desestabilización de nuestros cimientos culturales. La *homosexualidad* priva a los niños en hogares dirigidos por parejas del mismo sexo de los principales modelos a seguir de ambos sexos y es incapaz de cumplir con los propósitos procreativos que Dios quiso para la unión matrimonial. La confusión de los *roles de género* también es un problema cada vez más grave; muchos hombres y mujeres han perdido el concepto de lo que significa ser masculino o femenino. El resultado es la pérdida de la identidad completa del ser humano tal como Dios los creó, hombre y mujer. Nuestro sexo no determina simplemente la forma de nuestros órganos sexuales, sino que es una parte integral de todo nuestro ser.

Estos pocos ejemplos ilustran el hecho inquietante de que el precio exigido por el mundo como resultado de su abandono de los fundamentos bíblicos para el matrimonio y la familia es realmente severo. Un tratamiento bíblico e integrador del matrimonio y de la familia es esencial para aclarar la confusión moral y para afianzar convicciones que, si se ponen en práctica, tienen el potencial de devolver a la iglesia y a la cultura las intenciones de Dios para los matrimonios y las familias.

La escacez de literatura cristiana bíblica e integradora sobre el matrimonio y la familia

No sólo el mundo está sufriendo las consecuencias de descuidar los propósitos del creador para el matrimonio y la familia. También la iglesia, al haberse rebajado al nivel del mundo en muchos aspectos, se ha convertido en parte del problema y no está ofreciendo las soluciones que el mundo necesita —no es que los cristianos no sean conscientes de su necesidad de ser educados sobre el plan de Dios para el matrimonio y la familia. Existe una abundancia de recursos y actividades disponibles. Hay ministerios especializados y organizaciones paraeclesiásticas. Hay seminarios y retiros matrimoniales. Hay libros sobre el matrimonio y la familia, así como revistas, producciones de vídeo, estudios bíblicos y declaraciones oficiales centradas en el matrimonio y la familia. Sin embargo, a pesar de todo lo que hace la iglesia en este ámbito, el hecho es que, al final, hay muy poca diferencia entre el mundo y la iglesia. ¿Por qué ocurre esto? Creemos que la razón por la que todos los esfuerzos mencionados para construir matrimonios y familias cristianas fuertes son ineficaces en una medida tan significativa se encuentra, al menos en parte, en la *falta de compromiso para comprometerse seriamente con la Biblia en su conjunto*. El resultado es que gran parte de la literatura cristiana disponible sobre el tema está gravemente desequilibrada.

Cualquiera que entre en una librería cristiana o general muy pronto descubrirá que, si bien existe una gran cantidad de libros disponibles sobre temas individuales, como el matrimonio, la soltería, el divorcio y las segundas nupcias, y la homosexualidad, existe *muy poco material* que explore en un nivel más profundo y exhaustivo todo el tejido de los propósitos de Dios para las relaciones humanas. Aunque hay un lugar para los libros que se centran en un tema determinado para abordar ciertas necesidades específicas, sólo cuando veamos cómo la enseñanza de la Biblia sobre las relaciones humanas es *coherente* y encuentra su fuente común en el creador y en sus sabios y beneficiosos propósitos para los hombres y las mujeres, tendremos la visión y la fuerza para elevarnos por encima de nuestras limitaciones naturales y abrazar el plan de Dios para las relaciones humanas en su plenitud y totalidad.

Cuando una pareja tiene problemas en su matrimonio, a menudo le resulta útil centrarse en las soluciones más superficiales, como mejorar sus habilidades de comunicación, enriquecer su vida sexual, aprender a satisfacer mejor las necesidades del otro, o técnicas similares. Sin embargo, a menudo la verdadera causa de los problemas matrimoniales es más profunda. ¿Qué significa para un hombre dejar a su padre y a su madre y unirse a su mujer? ¿Qué significa que un marido y una mujer se conviertan en «una sola carne»? ¿Cómo pueden estar desnudos y no avergonzarse? ¿Cómo es posible que, una vez casados, marido y mujer «ya no son dos, sino uno», como enseñó Jesús, porque es *Dios* quien los ha unido? ¿Cómo es que el pecado retuerce y distorsiona los roles de marido y mujer, de padres e hijos? Sólo si intentamos responder algunas de estas preguntas más profundas y subyacentes, estaremos adecuadamente equipados para tratar los desafíos específicos que enfrentamos en nuestras relaciones con los demás.

Sin embargo, el hecho es que muchos, si no la mayoría, de la plétora de libros populares escritos sobre el matrimonio y la familia son teológicamente débiles y no son totalmente adecuados en su aplicación de principios sólidos de interpretación bíblica. Muchos de estos autores son doctores en orientación o psicología, pero carecen de formación en el estudio de las Escrituras. La ingenuidad teológica y hermenéutica da lugar a diagnósticos superficiales, que a su vez dan lugar a remedios superficiales. Parece que la dinámica y los efectos del pecado no se entienden bien en nuestros días. El resultado es que muchos libros cristianos de autoayuda deben más a la cultura secular que a una visión cristiana del mundo. Los consejeros cristianos y bíblicos que se toman en serio las Escrituras y creen que los diagnósticos y los remedios deben basarse en una comprensión teológica y hermenéutica exacta de la enseñanza bíblica sobre el matrimonio y la familia consideran que esto es poco útil, si no positivamente engañoso.

Por esta razón, sigue siendo necesario un volumen que no trate los temas relacionados con el matrimonio y la familia de forma aislada, sino que muestre cómo la realización humana en estas relaciones está enraizada en la revelación divina que se encuentra exclusiva y suficientemente en la Escritura.

La aportación de este libro: bíblica e integradora

Los autores del presente volumen creen que un enfoque bíblico e integrador representa de mejor manera la enseñanza bíblica sobre el matrimonio y la familia. Dentro del limitado alcance de esta obra, intentaremos esbozar los contornos de una «*teología bíblica* del matrimonio y la familia», es decir, una presentación de lo que la Biblia *en sí misma* tiene que decir sobre estos temas fundamentales. Aunque ciertamente no pretendemos tener la última palabra sobre cada cuestión, ni ser intérpretes infalibles de la palabra sagrada, lo que buscamos *no es lo que creemos* que debería ser el matrimonio o la familia, basándonos en nuestras propias nociones preconcebidas, preferencias o valores tradicionales, sino lo que creemos que la propia Escritura *en sí misma* nos dice sobre estas instituciones. Esto, por supuesto, requiere una postura humilde y sumisa hacia la Escritura, en lugar de una que afirme la propia independencia de la voluntad del creador e insista en inventar sus propias reglas de conducta.

Con este espíritu, y situándonos conscientemente *debajo*, y no por *encima*, de la Escritura, trataremos de determinar en los siguientes capítulos lo que la Biblia enseña sobre los diversos componentes de las relaciones humanas de una forma *integradora:* la naturaleza y las cuestiones especiales relacionadas con el matrimonio y la familia, la crianza de los hijos, la soltería, así como la homosexualidad, el divorcio y las segundas nupcias. Dado que la Biblia es la palabra de Dios, que es poderosa y transformadora, sabemos que aquellos que están dispuestos a comprometerse seriamente con las Escrituras llegarán a conocer y comprender cada vez más la voluntad de Dios para el matrimonio y la familia, y serán capaces de apropiarse del poder de Dios para construir hogares y familias cristianas fuertes. Esto, a su vez, aumentará el honor y la reputación de Dios en este mundo que ha creado y proporcionará el condimento y la iluminación que nuestro mundo necesita en este momento de fermento cultural y crisis con respecto al matrimonio y la familia.

2

DEJAR Y UNIRSE:
EL MATRIMONIO EN EL ANTIGUO TESTAMENTO

¿Cuál es el plan de Dios para el matrimonio? Como hemos visto en el capítulo anterior, existe una gran confusión sobre este punto en la cultura contemporánea. Para hacer frente a la crisis cultural imperante y fortalecer las convicciones cristianas sobre esta cuestión, debemos esforzarnos por reconstruir los fundamentos bíblicos de esta relación humana tan íntima.[1] El tratamiento del matrimonio en el Antiguo

---

[1] Como ocurre con muchos otros temas tratados en las Escrituras, los cristianos que han abordado este tema particular no están todos de acuerdo. Los evangélicos que han escrito sobre temas relacionados con el matrimonio y la familia se dividen en dos grandes grupos: los complementaristas (que afirman que las Escrituras estipulan roles distintos para el hombre y la mujer) y los egalitarianistas (que creen que no existen diferencias de roles entre hombres y mujeres según las Escrituras). En la línea de los complementaristas, véase John Piper y Wayne Grudem, eds., *Recovering Biblical Manhood and Womanhood: A Response to Evangelical Feminism* (Wheaton, IL: Crossway, 1991, 2006); Andreas J. Köstenberger, Thomas R. Schreiner y Henry S. Baldwin, eds: *A Fresh Analysis of 1 Timothy 2:9-15* (Grand Rapids: Baker, 1995); Andreas J. Köstenberger, «Women in the Pauline Mission», *The Gospel to the Nations: Perspectives on Paul's Mission* (Downers Grove, IL: InterVarsity, 2000), 236-37 (repr. en Andreas J. Köstenberger, *Studies on John and Gender: A Decade of Scholarship* [Nueva York: Peter Lang, 2001], 348-50); Robert L. Saucy y Judith K. TenElshof, eds., *Women and Men in Ministry: A Complementary Perspective.*

(Chicago: Moody, 2001); y Wayne Grudem, *Evangelical Feminism and Biblical Truth: An Analysis of 118 Disputed Questions* (Sisters, OR: Multnomah, 2004). En la línea de los egalitarianistas véase Stanley J. Grenz con Denise Muir Kjesbo, *Women in the Church: A Biblical Theology of Women in Ministry* (Downers Grove, IL: InterVarsity, 1995); Alvera Mickelsen, ed., *Women, Authority and the Bible* (Downers Grove, IL: InterVarsity, 1986); y Ruth A. Tucker, Walter Liefeld, *Daughters of the Church: Women and Ministry from New Testament Times to the Present* (Grand Rapids: Zondervan, 1987). Para una comparación de puntos de vista, véase James R. Beck y Craig L. Blomberg, eds., *Two Views on Women in Ministry* (Grand Rapids: Zondervan, 2001). Para los contornos de una teología bíblica de la sexualidad humana, incluyendo el matrimonio y la familia, véase Charles H. H. Scobie, *The Ways of Our God: An Approach to*

Testamento en el presente capítulo seguirá una línea cronológica e histórica de la salvación. Nuestro estudio del tema del matrimonio y de la enseñanza del Antiguo Testamento sobre el matrimonio toma como punto de partida el relato fundacional de Génesis 1-3, que enraíza firmemente la institución del matrimonio en la voluntad del creador y describe las consecuencias de la caída de la humanidad en la pareja casada. A continuación, haremos un repaso de la historia posterior de Israel en lo que respecta a los roles de los esposos y las esposas entre sí, y se rastrearán algunas formas en las que el ideal de la creación de Dios para el matrimonio se vio comprometido. El último corpus que examinaremos será la literatura sapiencial del Antiguo Testamento, que defiende el ideal divino del matrimonio en el retrato de la mujer virtuosa de Proverbios 31, y que contempla la restauración de la relación original entre marido y mujer en el Cantar de los Cantares.

Al explorar la enseñanza bíblica sobre el matrimonio, es importante recordar que, aunque es un *tema importante* en las Escrituras, no es el foco *principal* de la revelación divina. Ambos Testamentos se centran principalmente en trazar la provisión de salvación por parte de Dios en y a través de Jesucristo: en el Antiguo Testamento de manera *prospectiva* por medio de promesas y patrones anticipatorios que apuntan a la venida del Mesías, en el Nuevo Testamento de manera *retrospectiva* por medio del cumplimiento y realización de la provisión de salvación y perdón de Dios en Jesucristo. Para ello, el Antiguo Testamento continúa las promesas de Dios para Abraham, la entrega de la ley por medio de Moisés y la línea davídica.

Sin embargo, a medida que se desarrolla la historia de Israel, vemos en la narrativa algunos ejemplos de matrimonios piadosos e impíos, así como la legislación mosaica con respecto a diversos aspectos y aberraciones del modelo de Dios para las relaciones humanas. Aunque la historia de la salvación, y no el matrimonio, es el principal objetivo de la revelación divina, las Escrituras fueron «escritas para nuestra instrucción» (1 Cor. 10:11; cf. 2 Tim. 3:16) y, por lo tanto, proporcionan un fructífero material de estudio.

Arraigado en la creación (Génesis 1-3)

Al explorar la enseñanza bíblica sobre el matrimonio, no existe un paradigma más importante que el modelo previsto por Dios para el

---

Biblical Theology (Grand Rapids; Cambridge: Eerdmans, 2003), 802-11, 827, 835-42, 859, 864-69.

matrimonio que se presenta en Génesis 1-3.[2] Aunque el libro de Génesis se dirigió originalmente a la generación del desierto de Israel en preparación para entrar en la tierra prometida, los primeros capítulos de este libro proporcionan los parámetros del diseño del creador para el matrimonio en cada época. Esto se refleja en las enseñanzas de Jesús y de Pablo y se aplica también a nuestra actualidad.[3] ¿Quién era este Dios que había salvado a Israel de la esclavitud en Egipto y que había dado a la nación la ley en el Sinaí? ¿Cuáles son las enseñanzas fundamentales sobre la familia, las estructuras sociales y el pecado?

Los tres primeros capítulos de Génesis ofrecen respuestas a estas preguntas, inicialmente desde el punto de vista del antiguo Israel, pero en última instancia para toda persona que haya vivido.[4] En Génesis 1-3, el Dios a quien Israel había llegado a conocer como redentor y legislador, se revela como el creador del uni verso, el Dios todopoderoso, omnisapiente y eterno que dio origen a todo lo que existe. El matrimonio tiene sus raíces en el acto creativo de Dios de hacer a la humanidad a su imagen y semejanza, como hombre y mujer. El pecado es descrito como el resultado de la rebelión de la humanidad contra el creador inducido por satanás, él mismo una criatura caída, y como una parte tan importante de la naturaleza humana que, desde la caída, es la causa de que las personas se rebelen por naturaleza contra su creador y su plan para sus vidas.

La descripción de la creación original del hombre y la mujer y la subsiguiente caída de la humanidad en Génesis 1-3 se centra en al menos tres grupos de principios muy importantes, que se explorarán en la siguiente discusión.[5] Son: (1) el hombre y la mujer son creados a imagen y semejanza de Dios *para gobernar la tierra para Dios*; (2) el hombre es creado primero y se le otorga la *responsabilidad última de la relación matrimonial,* mientras que la mujer es colocada junto al hombre como su «ayuda idónea»; y (3) la caída de la humanidad

---

[2] Contra William J. Webb, Slaves, *Women and Homosexuals: Exploring the Hermeneutics of Cultural Analysis* (Downers Grove, IL: InterVarsity, 2001), 142-43, quien afirma que «los susurros del patriarcado en el jardín pueden haber sido colocados allí para anticipar la maldición» y que lo que representa Génesis 2-3 es «una forma de describir el pasado mediante categorías. El relato de la creación puede estar utilizando las categorías sociales con las que el público de Moisés estaba familiarizado». Pero véanse las competentes refutaciones de la opinión de Webb sobre Génesis 2-3 en concreto y de su «hermenéutica del movimiento redentor» en general por Wayne Grudem en el *Journal of the Evangelical Theological Society 47,* no. 2 (junio de 2004): 299-347.

[3] Cf. Mt. 19:5-6; Mc. 10:9; 1 Cor. 6:16; Ef. 5:31; cf. Ml. 2:10-16, especialmente el v. 10.

[4] Véase Raymond C. Ortlund Jr., «Male-Female Equality and Male Headship», *Recovering Biblical Manhood and Womanhood*, 95-112.

[5] Más allá de esto, muchos han detectado un lenguaje pactual en Génesis 1 y 2. Dado que el término «pacto» no se utiliza en estos capítulos, y porque una discusión completa del llamado «modelo de pacto» del matrimonio implica varios otros textos del AT y del NT, aplazaremos el tratamiento de esta cuestión y la abordaremos en un capítulo separado (cap. 4).

acarrea *consecuencias negativas* tanto para el hombre como para la mujer. Trataremos cada uno de estos temas por separado.

Creados a imagen y semejanza de Dios para gobernar la tierra para Dios

El hecho de que tanto el hombre como la mujer hayan sido creados a imagen y semejanza de *su creador* les confiere un valor, una dignidad y un significado inestimables. Las nociones populares de lo que significa ser creado a imagen y semejanza de Dios han estado a menudo indebidamente influenciadas por los conceptos griegos de personalidad.[6] Por lo tanto, la imagen de Dios en el hombre y la mujer se ha identificado frecuentemente en términos de su posesión de inteligencia, voluntad o emociones.[7] Si bien esto puede presuponerse o estar implícito hasta cierto punto en Génesis 1:27,[8] el contexto inmediato desarrolla la noción de la imagen divina en el hombre y la mujer en términos de *gobierno representativo* (cf. Sl. 8:6-8).

A la luz de la procedencia original de este texto en un entorno semítico antiguo, podría ser significativo mencionar que eregir la imagen de un soberano en un lugar determinado, equivalía a establecer la autoridad y gobierno de esta persona. Según un autor:

> Es precisamente en su función [del hombre] como gobernante, que es la imagen de Dios. En el antiguo Oriente Próximo, la colocación de la estatua del rey equivalía a la proclamación de su dominio sobre el ámbito en el que se erigía la estatua (cf. Dn. 3:1, 5f.). Cuando en el siglo XIII a.C. el faraón Ramsés II hizo tallar su imagen en la roca de la desembocadura del Nahr El-kelb, en el Mediterráneo, al norte de Beirut, la imagen significaba que era el gobernante de esta zona. De

---

[6] Los términos hebreos (sinónimos) utilizados en Gn. 1:26-27 son *tselem* para «imagen» (en el sentido de «réplica», cf. Núm. 33:42; 1 Sam. 6:5, 11; 2 Re. 11:18; Ez. 7:27; 16:17; 23:14) y *demût* para «semejanza» (en el sentido de «parecido», cf. 2 R. 16:10; 2 Cr. 4:3-4; Sl. 58:4; Ez. 23:15).

[7] Cf. Millard J. Erickson, *Christian Theology*, 2d ed. (Grand Rapids: Baker, 1998), 532-34. Véase también su estudio en las páginas 520-29 de las tres principales opiniones sobre la imagen de Dios en el hombre: (1) sustantiva (Lutero, Calvino, y más recientemente Wayne Grudem, *Systematic Theology* [Grand Rapids: Zondervan, 1994], 445-49); (2) relacional (Barth, Brunner); y (3) funcional (algunos estudiosos reformados; Anthony Hoekema, *Created in God's Image* [Grand Rapids: Eerdmans, 1986], esp. 72-73, se inclina por una combinación de (2) y (3), siendo la tercera la principal). Para el trasfondo antiguo, véase especialmente Hans Walter Wolff, *Anthropology of the Old Testament* (Filadelfia: Fortress, 1973), 160, seguido de William Dyrness, *Themes in Old Testament Theology* (Downers Grove, IL: InterVarsity, 1979), 83, y otros. Véase también G. C. Berkouwer, *Man: The Image of God* (Grand Rapids: Eerdmans, 1962), 70.

[8] Nótese la noción de «semejanza» (cf. Gn. 5:3). Véase también la reiteración en Génesis 9:6 y la afirmación en Santiago 3:9.

este modo, el hombre se sitúa en medio de la creación como estatua de Dios.[9]

Por lo tanto, al colocar su imagen en el hombre y la mujer y al situarlos en un entorno particular, Dios les asigna el mandato de *gobierno representativo*. Este gobierno es la función conjunta del hombre y la mujer (nótese los pronombres plurales en Génesis 1:28, «Dios *los* bendijo. Y Dios *les* dijo...»), aunque el hombre tiene la *responsabilidad última* ante Dios como cabeza de la mujer. Aunque no se pueden descartar elementos *sustantivos* de la imagen divina en el hombre (es decir, una analogía entre la naturaleza de Dios y las características de los seres humanos), una comprensión funcional (los seres humanos ejercen la función de gobernar la tierra para Dios) parece reflejar con mayor precisión el énfasis en el registro bíblico.[10] Esta parece ser la clara implicación del contexto inmediato de Génesis 1:27, donde la creación se define en términos de ser fructíferos, multiplicarse y someter la tierra (Gn. 1:28). El primer hombre y la primera mujer fueron, pues, comisionados a ejercer el gobierno representativo en parte mediante la *procreación*.

En este sentido, entonces, los seres humanos son «como Dios». Así como Dios gobierna un gran sector —el universo entero—, la humanidad recibe la comisión de gobernar toda la tierra para Dios. Esto también establece el principio de la administración: no el hombre y la mujer, sino Dios, es el dueño final del universo creado; el hombre y la mujer son simplemente los guardianes designados por Dios. Además, esta mayordomía es una mayordomía *conjunta* compartida por el hombre y la mujer. *Juntos* deben ejercerla según la voluntad y para la gloria de Dios. *Juntos* deben multiplicarse y ser administradores de los hijos que Dios les ha dado. Y *juntos* deben someter la tierra mediante la división del trabajo que asigna al hombre la responsabilidad principal de mantener a su esposa e hijos y a la mujer el cuidado y la crianza de su familia. La siguiente discusión continuará desplegando el buen diseño de complementariedad de Dios.

---

[9] Wolff, *Anthropology of the Old Testament*, 160.

[10] Véase especialmente Hoekema, *Created in God's Image*, 73: «Ver al hombre como imagen de Dios es ver tanto la tarea como los dones. Pero la tarea es primaria; los dones son secundarios. Los dones son los medios para cumplir la tarea».

La responsabilidad última del hombre en el matrimonio y el papel de la mujer como su «ayuda idónea»

Los comentarios del apóstol Pablo sobre Génesis 1-3 arraigan repetidamente la responsabilidad primordial del hombre en la familia (así como en la iglesia) en el hecho de que fue *creado primero*. Pablo no sólo llama la atención sobre el hecho de que el hombre fue creado primero, sino que también señala que no es el hombre el que fue hecho para la mujer, sino la mujer para el hombre (1 Cor. 11:9; cf. Gn. 2:18, 20) y a partir del hombre (1 Cor. 11:8, 12; cf. Gn. 2:22). Además, el hombre fue quien recibió el mandato divino (Gn. 2:16-17), quien fue presentado con la mujer (Gn. 2:22), y quien nombró a la mujer con un nombre derivado del suyo (Gn. 2:23; cf. 3:20), lo que también implica su autoridad.[11] Estos hechos se desprenden claramente de la lectura del relato de la creación en Génesis.

Mientras que Génesis 1 se limita a señalar la creación del hombre como varón y mujer a imagen de Dios, Génesis 2 ofrece más detalles sobre el orden y la orientación exactos de la creación del hombre y la mujer. Los comentarios de Pablo indican claramente que él consideraba este relato como histórico (en lugar de mítico o ficticio):[12] al inicio de la historia de la humanidad, Dios hizo al primer hombre, lo dotó de vida y lo colocó en un jardín (Gn. 2:7-8, 15). Además, Dios discursó al hombre ciertos mandatos morales (Gn. 2:16-17). Antes de la creación de la mujer, el hombre ya había comenzado a ejercer el mandato divino de someter la tierra, nombrando a los animales (Gn. 2:19-20). Para suplir su necesidad de compañía, Dios creó a la mujer para que fuera la esposa de Adán.

La creación de Eva por parte de Dios demuestra que el plan de Dios para el matrimonio de Adán, así como para todos los matrimonios posteriores, implica una relación *heterosexual monógama*.[13] Dios sólo hizo una «ayuda idónea» para Adán, y era una *mujer*. Es más, fue Dios quien percibió la soledad de Adán y por eso creó a la mujer. El texto bíblico no da ninguna indicación de que el propio Adán fuera

[11] Véase James B. Hurley, *Man and Woman in Biblical Perspective* (Grand Rapids: Zondervan, 1981), 210-12. Dado que nombrar suele transmitir la noción de autoridad, quizá sea significativo observar que Adán nombró a su esposa dos veces, una antes de la caída («mujer», Génesis 2:23) y otra después de la caída («Eva», Génesis 3:20). Por lo tanto, la autoridad del esposo no es simplemente el resultado de la caída.

[12] Cf. Larry J. Kreitzer, «Adam and Christ», en Gerald F. Hawthorne, Ralph P. Martin y Daniel G. Reid, eds., *Dictionary of Paul and His Letters* (Leicester; Downers Grove, IL: InterVarsity, 1993), 10: «La historicidad de Adán como primera persona creada parece haber sido dada por sentada por el apóstol Pablo».

[13] Véase «Chapter 12: One Man and One Woman», en Christopher Ash, *Marriage: Sex in the Service of God* (Leicester: Inter-Varsity, 2003).

consciente de estar solo o descontento en su soltería.[14] Más bien, se muestra que Dios tomó la iniciativa de crear una compañera humana compatible para el hombre. Por eso puede decirse que el matrimonio es idea de Dios y que fue él quien hizo a la mujer por su propia y soberana voluntad como «ayuda idónea» para el hombre (Gn. 2:18, 20 RV1960).

Pero, ¿cuál es la fuerza de la expresión «ayuda idónea»? Una lectura contextual de la expresión en su entorno original sugiere que, por un lado, la mujer es *afín* al hombre de una manera que no lo es ninguno de los animales (Gn. 2:19-20; ella es «hueso de [sus] huesos y carne de [su] carne», Gn. 2:23), y, por otro lado, que la mujer es colocada junto al hombre como su *asociada* o *asistente*. A nivel personal, ella prooverá la necesidad de *compañía* del hombre (Gn. 2:18). En relación con el mandato de Dios de que la humanidad sea fructífera y se multiplique, y llene la tierra y la someta (Gn. 1:28), la mujer es una compañía idónea tanto en la *procreación* (convirtiéndose en «una sola carne» con él [Gn. 2:24]) como en la *domesticación* de la tierra (Gn. 1:28: «Y Dios *los* bendijo, y *les* dijo...»).[15] Su rol es distinto al del hombre, pero único y sumamente significativo. Aunque se le asigna al hombre como su «ayuda» y, por lo tanto, está bajo su cargo general, la mujer es su compañera en el gobierno de la tierra para Dios.

Aquellos que niegan que la subordinación femenina esté arraigada en el orden creacional señalan el hecho de que el término «ayuda» (Heb. *ezer*) en el Antiguo Testamento, se aplica repetidamente nada menos que a Dios mismo (Ex. 18:4; Sl. 20:2; 33:20; 70:5; 115:9-11; 121:1-2; 146:5). Si Dios, que claramente no está subordinado a nadie, es llamado «ayudante», se argumenta, ¿cómo puede sostenerse que el término en sí mismo establece la subordinación de la mujer al hombre?[16] En efecto, si la cuestión fuera la de la subordinación *esencial* u *ontológica*, en cuanto a una diferencia en la naturaleza de la humanidad de la mujer, ésta parecería estar excluida.

Sin embargo, si la cuestión es una subordinación *funcional* en términos de *distinción de roles*, la mera aplicación de la expresión «ayudante» a Dios en el Antiguo Testamento no obvia la subordinación

---

[14] Véase el cap. 9 para una discusión sobre la soltería.

[15] Véase Ash, *Marriage,* 348-55, quien observa acertadamente que la unión de «una sola carne» entre marido y mujer denota tanto la entrada en un vínculo familiar público como la consumación mediante la relación sexual.

[16] Véase R. David Freedman, «Woman, A Power Equal to Man», *Biblical Archaeological Review* 9, no. 1 (1983): 56-58; Joy L. E. Fleming, *A Rhetorical Analysis of Genesis 2-3 with Implications for a Theology of Man and Woman* (tesis doctoral; Universidad de Estrasburgo, 1987); y muchos autores egalitarianistas.

de la mujer al hombre en términos de ser su «ayudante».[17] Más bien, todo lo que estos casos demuestran es que Dios, como «ayudante» de la humanidad, puede decidir a veces subordinarse a sí mismo y a sus propios intereses a los de los seres humanos, cuidando de ellos, proveyéndolos, etc. Sin embargo, esto no afecta a su divinidad, del mismo modo que la divinidad de Jesús no se vio disminuida por su encarnación.[18] La divinidad del Espíritu Santo tampoco se ve comprometida por su servicio a los seres humanos de carne y hueso y por habitar en ellos.

Además, en el caso de la mujer, Génesis 2 no enseña que ella pueda simplemente *actuar* como «ayudante» del hombre sólo cuando lo desee, sino que servir como «ayudante» del hombre resume su propia razón de ser en relación con el hombre. Ser «ayudante» del hombre es el propósito para el que la mujer fue creada, en lo que respecta a su estatus de esposa (como ser humano, que comparte la imagen de Dios, la mujer como el hombre, es creada para dar gloria a Dios y servirle, pero debe hacerlo dentro de los parámetros ordenados por Dios de la relación entre la relación de marido y mujer en lo que respecta al matrimonio). Por muy contracultural que pueda parecer, este es el mensaje de Génesis 2 confirmado por la interpretación apostólica del Nuevo Testamento.[19] Además, la mujer es descrita como una ayudante «idónea». En el contexto, esto la distingue de todas las demás criaturas nombradas por el primer hombre, que fueron consideradas complementos inadecuados para él. Por el contrario, la mujer es igual al hombre en cuanto a especie, un ser humano semejante (cf. Ga. 3:28; 1 P. 3:7); sin embargo, también es diferente, pues es la «ayudante» del hombre (cf. Ef. 5:22).

El hecho de que esta designación no sea reversible lo indica el hecho de que en ninguna parte se llama al hombre «ayudante» de la mujer. Así, la igualdad y la distinción, la complementariedad y la sumisión/autoridad deben mantenerse en un fino equilibrio. El hombre y la mujer están encargados conjuntamente de gobernar la tierra de forma representativa para Dios, pero no deben hacerlo de forma andrógina o como criaturas «unisex», sino cumpliendo cada uno su papel específico de género ordenado por Dios. De hecho, puesto que estas diferencias funcionales forman parte del diseño del creador, sólo

---

[17] Sobre la distinción entre «ser» y «función», véase Helmut Thielicke, *Theological Ethics: Sex*, trans. John W. Doberstein (Grand Rapids: Eerdmans, 1979 [1964]), 20-26.

[18] Cf. Stephen D. Kovach y Peter R. Schemm Jr., «A Defense of the Doctrine of the Eternal Subordination of the Son», *Journal of the Evangelical Theological Society 42* (1999): 461-76.

[19] Véase especialmente 1 Cor. 11:9. Cf. las perspicaces observaciones sobre 1 Cor. 11:7 en Thielicke, *Theological Ethics*, 281.

cuando los hombres y las mujeres adopten los roles ordenados por Dios se cumplirán verdaderamente y la sabiduría creativa de Dios se mostrará y exaltará plenamente.[20]

La caída de la humanidad y sus consecuencias

La caída es testigo de una *completa reversión de los roles* asignados por Dios al hombre y a la mujer. En lugar de que Dios esté a cargo, con el hombre, ayudado por la mujer, quienes gobiernan la creación por él, se produce una inversión completa: satanás, en forma de serpiente, se acerca a la mujer, que arrastra al hombre con ella a la rebelión contra el creador. Esto no implica necesariamente que la mujer sea de alguna manera más susceptible a la tentación que el hombre.[21] Pero sí indica, que el plan de Dios para el hombre y la mujer es que el hombre, y no la mujer, asuma la responsabilidad última de la pareja, extendiendo el liderazgo y la protección a su contraparte femenina. Así, el hombre, por su ausencia, o al menos por su aquiescencia (Gn. 3:6: «su esposo... con ella»; cf. Gn. 3:17), comparte la culpabilidad de la mujer; y ella, al no consultar con el protector y proveedor que Dios le ha dado, no respeta el patrón divino del matrimonio. Al final, es el *hombre*, y no la mujer, el principal responsable de la rebelión (Gn. 3:9; cf. Gn. 3:17; Ro. 5:12-14), aunque las consecuencias de la caída se extienden al hombre y a la mujer por igual, afectando a sus respectivas esferas primarias.[22]

En el caso de la mujer, las recriminaciones se producen en el ámbito de la maternidad y en la relación con su marido. En cuanto a la maternidad, la mujer experimentará dolor físico. En cuanto a la relación de la mujer con su marido, la armonía amorosa será sustituida por un modelo de lucha en el que la mujer trata de ejercer el control sobre su

---

[20] Cf. Andreas J. Köstenberger, «*Ascertaining Women's God-Ordained Roles: An Interpretation of 1 Timothy 2:15*», *Bulletin of Biblical Research* 7 (1997): 107-44.

[21] Thomas R. Schreiner argumentó esta postura en la primera edición de *Women in the Church*, pero ahora ha cambiado su opinión (véase la segunda edición de *Women in the Church* [Grand Rapids: Baker, 2005], 114).

[22] Al maldecir a Adán y Eva, Dios les permitió cosechar el fruto de las semillas que habían sembrado. En otras palabras, el Señor tenía un diseño para el matrimonio y la familia que incluía la armonía y el orden perfectos con el liderazgo masculino y la sumisión femenina. Sin embargo, Adán y Eva decidieron abandonar los roles de género ordenados por Dios, lo que resultó en su caída. En la maldición de Dios sobre la primera pareja, los condenó (por medio de su nueva naturaleza pecaminosa) a cumplir los roles que habían elegido cuando optaron por abandonar el diseño de la creación de Dios. Visto así, el juicio inherente a la maldición de Dios sobre Adán y Eva consistió esencialmente en que Dios les permitió experimentar los resultados de sus propias elecciones pecaminosas. Otro ejemplo del acto de Dios de permitir que las personas experimenten los resultados de sus propias acciones pecaminosas es el triplemente mencionado «Dios les dio» (paredøken) en Rom. 1:24, 26 y 28. Los seguidores de Dios son juzgados de forma similar hoy en día (cf. Gal. 6:7-9).

marido, que responde afirmando su autoridad —a menudo de manera impía, ya sea forzándola pasivamente a actuar o dominándola activamente (Gn. 3:16; cf. 4:7).[23] El hombre, a su vez, tendrá a partir de ahora problemas para cumplir el mandato de Dios de someter la tierra (cf. Gn. 1:28). Deberá extraer el fruto de la tierra de los espinos y cardos y comer el pan con el sudor de su frente (Gn. 3:17-19). Al final, tanto el hombre como la mujer morirán (Gn. 3:19, 22).

En los últimos versículos del tercer capítulo de Génesis, Dios sigue proveyendo a la pareja humana, vistiéndola (Gn. 3:21) y, lo que es más significativo, prediciendo un tiempo en el que la semilla de la mujer —el Mesías prometido— herirá en la cabeza a la descendencia de la serpiente (Gn. 3:15, el llamado protoevangelio, i.e., las buenas nuevas en forma de semilla de un descendiente de la mujer que vencería el poder de satanás sobre la humanidad). Sin embargo, mientras tanto, la pareja es expulsada del jardín (Gn. 3:24) como señal de que su rebelión contra el creador se había enfrentado a severas sanciones que arrojaron una sombra inquietante sobre su matrimonio durante su estancia en la tierra a partir de ese momento.

Resumen

En nuestro estudio de Génesis 1-3 hemos visto cómo la humanidad fue creada a imagen y semejanza de Dios para gobernar la tierra por él (Gn. 1:27-28). También aprendimos que Dios asignó al hombre la responsabilidad última del matrimonio (lo que se desprende de varias referencias en Génesis 2 y 3) y que entregó la mujer al hombre como su «ayuda idónea» (Gn. 2:18, 20 RV1960). Por último, hemos observado que la caída supuso una inversión completa del modelo de relaciones ordenado por Dios, con resultados permanentes y desastrosos que sólo se revirtieron con la llegada y la muerte salvadora del Mesías.

Como se demostrará en la siguiente investigación, aunque la caída cambió la relación matrimonial para siempre, el ideal de Dios para el matrimonio, tal y como se articula en Génesis 1 y 2, siguió marcando la pauta de las responsabilidades y funciones de los esposos entre sí en la historia posterior de la humanidad. Sin embargo, aunque las Escrituras atestiguan un número significativo de relaciones de amor que honran a Dios entre hombres y mujeres en la historia de Israel,

---

[23] Véase Susan T. Foh, «What Is the Woman's Desire?» *Westminster Theological Journal*, 37 (1975): 376–83.

veremos que, a causa del pecado, el ideal divino del matrimonio fue subvertido frecuentemente a través de la poligamia, el divorcio, el adulterio, la homosexualidad, la esterilidad y la disolución de los roles de género.

Evolución de la historia de Israel (pentateuco, libros históricos y proféticos)

En la siguiente discusión, primero veremos los roles y las responsabilidades del marido y la mujer entre sí desde el punto de vista del Israel del Antiguo Testamento posterior a la caída. La importancia del relato de la creación en la vida del antiguo Israel se pondrá de manifiesto en la manera en que sigue marcando la pauta en el resto del *pentateuco y los libros históricos y proféticos del Antiguo Testamento*. A continuación, analizaremos diversas formas en las que el Israel del Antiguo Testamento puso en peligro el ideal de Dios para el matrimonio: la poligamia, el divorcio, el adulterio, la homosexualidad, la esterilidad y la disolución de las distinciones de género. Por lo tanto, el estado del matrimonio y la familia en gran parte del Israel del Antiguo Testamento se presenta como un motivo de la gran necesidad de redención y restauración en el Mesías, que se discutirá en el siguiente capítulo.

Roles matrimoniales según el Antiguo Testamento

Incluso después de la caída, el diseño de la creación de Dios para el matrimonio sigue proporcionando la norma y el estándar de las expectativas de Dios para las relaciones hombre-mujer. Basándose en el tratamiento fundacional de Génesis 1 y 2, los capítulos posteriores de las Escrituras hebreas proporcionan información sobre las funciones y responsabilidades de los esposos y esposas entre sí. Aunque, como se verá más adelante, la realidad a menudo se quedaba corta respecto al ideal, pero esto no altera el hecho de que las normas que se aplicaban a las parejas del Antiguo Testamento y a los creyentes se basaban en el prototipo anterior a la caída.

El papel y las responsabilidades de los esposos hacia sus esposas

El Antiguo Testamento no contiene una «descripción de trabajo» explícita para los esposos. Sin embargo, es posible inferir algunas de las principales responsabilidades de los maridos hacia sus esposas a partir de varias porciones de las Escrituras hebreas. Entre ellas están las siguientes: (1) amar y proteger a su mujer y tratarla con respeto y dignidad; (2) ser el principal responsable de la unión matrimonial y tener la máxima autoridad sobre la familia; (3) proporcionar comida, ropa y otras necesidades a su mujer. Desarrollaremos brevemente cada una de estas áreas de responsabilidad en la siguiente discusión.

En primer lugar, el hombre debe *amar y proteger a su mujer y tratarla con respeto y dignidad.* De Génesis 1 y 2 (de los que ya hemos hablado con cierta amplitud) se desprende que la mujer, al igual que el hombre, ha sido creada a imagen de Dios y se le ha encomendado llenar y someter la tierra junto con él (Gn. 1:27-28). Como su «ayuda idónea» y compañera en la comisión llenar la tierra y someterla, y como su complemento proporcionado por Dios, ella es digna de respeto y debe ser apreciada como su compañera y amiga de confianza. Tal y como lo estipula el relato fundacional de la creación, para unirse a su mujer el hombre debe dejar a su padre y a su madre y unirse a su mujer, y establecerán una nueva unidad familiar (Gn. 2:24). Parte de su unión matrimonial será la procreación de la descendencia (Gn. 1:28).[24]

En segundo lugar, a partir de la creación del hombre antes de la mujer, los escritores bíblicos posteriores (como Pablo, cf. 1 Cor. 11:8-9) infieren con razón que él es el *principal responsable de la unión matrimonial y la máxima autoridad sobre su familia*, incluida su esposa. Esto lo confirman también otros indicadores en los primeros capítulos del Génesis, como el hecho de que el hombre ya se dedicara al sometimiento la tierra al poner nombre a los animales antes de la creación de la mujer (Gn. 2:19-20); el hecho de que el hombre fuera el destinatario de la orden de Dios de guardar el jardín del Edén y no comer del árbol de la ciencia del bien y del mal (Gn. 2:15-17); y el hecho de que el hombre nombrara a la mujer (Gn. 2:23). También se puede inferir que Dios llamó al hombre, y no a la mujer, para dar cuenta del pecado de la humanidad, aunque fue la mujer quien pecó primero (Gn. 3:9). Aunque la caída distorsionó la forma en que los hombres ejercieron su liderazgo en las generaciones posteriores (Gn. 3:16b), los hombres no debían eludir la responsabilidad que Dios les había otorgado de estar a cargo de su matrimonio y su familia, y todo lo que ello implicaba. La responsabilidad primaria y la autoridad última del hombre se ve sistemáticamente en el patrón del Antiguo Testamento de

---

[24] Respecto a las discusiones rabínicas posteriores sobre el tiempo que un hombre podía abstenerse de mantener relaciones sexuales con su esposa, véase David Instone-Brewer, *Divorce and Remarriage in the Bible: The Social and Literary Context* (Grand Rapids: Eerdmans, 2002), 106 (cita m. Ketub. 5:6-7).

jefes de familia masculinos, un sistema que se llama comúnmente «patriarcado» pero que se describe mejor como «patricentrismo».[25]

En tercer lugar, el marido debía *proveer a su mujer de comida, ropa y otras necesidades*. Aunque el contexto es el de las responsabilidades de un hombre hacia las concubinas o esposas esclavas, la discusión más paradigmática de los deberes del marido a este respecto se encuentra en Éxodo 21:10, que fue objeto de una extensa discusión e interpretación rabínica.[26] Este pasaje estipula que «si él [el hombre] toma otra esposa para sí, no disminuirá su *comida, su ropa ni sus derechos maritales*».[27] Según este pasaje, las obligaciones del marido hacia su esposa (y concubinas o esclavas) están demarcadas como la provisión de comida, ropa y derechos maritales respectivamente.[28] Esto

---

[25] Cf. Daniel I. Block, «Marriage and Family in Ancient Israel», en Ken M. Campbell, ed., *Marriage and Family in the Biblical World* (Downers Grove, IL: InterVarsity, 2003), 40-48, y la discusión en el cap. 5 más abajo.

[26] Cf. Instone-Brewer, *Divorce and Remarriage*, 99-110, que también documenta la influencia de este pasaje en las leyes de divorcio judías, que estipulaban la permisibilidad del divorcio tanto por negligencia material («comida y ropa», pp. 103-5) como emocional («derechos conyugales», pp. 106-10). Instone-Brewer procede a argumentar que el silencio de Jesús sobre el divorcio en base a Ex. 21:10-11 debe interpretarse como su acuerdo con la opinión consensuada de los judíos en este punto (pp. 166, 181-82, 185) y que la alusión de Pablo a este pasaje en 1 Corintios 7 debe interpretarse como que Pablo también permitía el divorcio por negligencia marital (pp. 193-94, 212). Sin embargo, los argumentos de Instone-Brewer basados en el silencio nos parecen precarios. En el caso de Jesús, uno habría esperado que añadiera la negligencia marital a la *porneia* como una segunda excepción para el divorcio si hubiera aprobado la negligencia como motivo legítimo. En el caso de Pablo, una cosa es decir que aludió a Ex. 21:10-11 y otra muy distinta decir que esto implica que aprobaba el divorcio por negligencia marital. Especialmente a la luz de las principales ramificaciones de tal punto de vista (a saber, que esto haría que el divorcio por negligencia marital fuera bíblicamente legítimo hoy en día), parece razonable exigir una garantía bíblica más explícita que respalde el argumento del silencio proporcionado por Instone-Brewer.

[27] O, posiblemente, su ungüento/aceite. Véase Block, «Marriage and Family in Ancient Israel», 48, quien señala que, aunque el punto de referencia inmediato (al menos en su opinión) no es la esposa de un hombre, sino su concubina, que daría a luz a sus hijos, según el principio rabínico de *qal-wa-homer* (lo que se aplica en un caso menor se aplicará aún más en uno mayor), parece razonable suponer que, si bien este cuidado básico se aplicaba a las concubinas de un hombre, era aún más cierto en lo que respecta al trato de un marido a su esposa. Como señala Block (ibíd., 48 n. 67), el AT no tiene ninguna designación específica para «esposa» que no sea «mujer».

[28] El Tanaj interpreta el último término (que sólo aparece aquí en el AT) como una referencia a los «derechos conyugales» de la esposa. Instone-Brewer, *Divorce and Remarriage,* 100, afirma que había prácticamente unanimidad en cuanto a la interpretación de «derechos conyugales» entre los primeros y posteriores intérpretes judíos. Pero véase el argumento a favor de «ungüento/aceite» en Shalom M. Paul, «Ex. 21:10: A Threefold Maintenance Clause», *Journal of Near Eastern Studies* 28 (1969): 48-51; ídem, *Studies in the Book of the Covenant in the Light of Cuneiform and Biblical Law* (Vetus Testamentum Supplement 18; Leiden, Netherlands: Brill, 1970), 56-61 (citado por Block, «Marriage and Family in Ancient Israel», 48 n. 69). Instone-Brewer, *Divorce and Remarriage*, 9, 45 n. 37, 100, concluye que comenzó como una referencia al «aceite» y cambió a los derechos conyugales (glosa la frase como «amor»).

circunscribe la responsabilidad del marido de proporcionar a su esposa paz, permanencia y seguridad (Rut 1:9 habla de «descanso»).[29]

El papel y las responsabilidades de las esposas hacia sus esposos

Se consideró que los roles y responsabilidades de las esposas hacia sus esposos eran esencialmente tres: (1) dar hijos al marido (especialmente varones); (2) administrar el hogar; y (3) brindarle compañía.

En cuanto al primer deber de la esposa, *dar hijos al marido* (sobre todo varones), las personas en la antigüedad se casaban para tener hijos. Esto de acuerdo con la creencia de que los padres vivían en sus hijos, el hecho de tener un hijo se consideraba un acto realizado por la esposa para su marido.[30] Tener un hijo era la contribución más noble que una esposa podía hacer a su marido y a su hogar. El hecho de no hacerlo, por el contrario, se consideraba una desgracia. De ahí que en el libro de Génesis veamos que Raquel se desesperaba por no haber dado a luz a Jacob, y cuando más tarde Dios le permitió concebir, lo interpretó como que Dios le había quitado el oprobio (Gn. 30:1, 23).[31]

En segundo lugar, *las esposas debían administrar su hogar*, cumpliendo el mandato divino de mantener el jardín del Edén antes de la caída de la humanidad (Gn. 1:28; cf. 2:15). En el antiguo Israel, las responsabilidades de la esposa en este sentido incluían cocinar, vestir a la familia, cuidar el jardín y cosechar el grano (*m. Ketub.* 5:5).[32] Sin embargo, aunque existía una división general del trabajo en este sentido, los límites no eran rígidos y algunas de estas actividades no se limitaban exclusivamente a las mujeres. Por tanto, Abraham (Gn. 18:1-8), Lot (Gn. 19:3) y Esaú (Gn. 27:30-31) se muestran involucrados en la preparación de las comidas en el Antiguo Testamento. Las esposas también debían supervisar a los sirvientes de la casa involucrados en las tareas domésticas. Más adelante analizaremos con más detalle el ejemplo de la mujer de Proverbios 31, que presenta muchas de estas funciones y responsabilidades.

En tercer lugar, de acuerdo con el propósito original de Dios al crearla (cf. Gn. 2:18), la esposa debía *brindarle compañía* a su marido.

---

[29] Otra tarea común que cumplían los maridos hacia sus esposas era la de proporcionarles un entierro adecuado cuando morían (e.g., 23:16; 35:19-20).

[30] Cf., e.g., Gn. 16:1, 16; 17:17, 19, 21; 21:2, 3, 5, 7, 9; 22:20, 23; 24:15, 24, 47; 25:2, 12.

[31] Véanse los ejemplos adicionales citados en Block, «Marriage and Family in Ancient Israel», 72-73, n. 185.

[32] El pasaje rabínico es citado por Instone-Brewer, *Divorce and Remarriage*, 103, quien lo data antes del año 70. El mismo autor aduce también Ex. 21:10-11, que se interpreta como que los hombres deben proporcionar los alimentos y el material (o el dinero para comprarlos), mientras que las mujeres deben preparar las comidas y confeccionar las prendas de vestir.

Aunque legalmente era su subordinada, lo ideal era que la esposa sirviera de confidante y amiga de confianza de su marido (cf. Ml. 2:14). La confianza mutua y la intimidad características de un matrimonio ideal se celebran en el Cantar de los Cantares (e.g., 2:16; 6:3; 7:10), que discutiremos más adelante.

Diferentes formas en las que el ideal de Dios para el matrimonio en Génesis 2:24 se vio comprometido en la historia de Israel

Terminología bíblica	Creación original	Historia de Israel
«un hombre... su mujer»	Monogamia	Poligamia
«se unirá»	Fidelidad Permanencia	Divorcio Adulterio
«un hombre... su mujer...	Heterosexualidad	Homosexualidad
una sola carne»	Complementariedad Fertilidad	Esterilidad Disolución de la distinción de género

Violaciones de algunos componentes del ideal matrimonial de Dios en el antiguo Israel

Pasaremos ahora a una discusión sobre diversas formas en las que el ideal de Dios para el matrimonio, tal y como se articula en Génesis 1 y 2, se vio comprometido en la historia de Israel. Específicamente, discutiremos seis violaciones del ideal de Dios para el matrimonio, en cada una de las cuales un patrón pecaminoso comprometió un elemento esencial del paradigma de la creación: (1) la poligamia (o, más precisamente, poliginia) violó el modelo instituido por Dios de monogamia matrimonial; (2) el divorcio rompió la durabilidad y permanencia del matrimonio; (3) el adulterio rompió el vínculo sagrado entre un hombre y una mujer comprometidos con la fidelidad matrimonial; (4) la homosexualidad se desarrolló como un comportamiento aberrante que se rebeló contra el diseño del creador del matrimonio heterosexual; (5) la esterilidad se convirtió en un problema que hizo que las relaciones matrimoniales carecieran de la característica de fertilidad del patrón original de Dios; y (6) la disolución de las distinciones de género violó la complementariedad de género, un aspecto esencial y fundacional del plan de Dios. Analizaremos sucesivamente cada una de estas violaciones del ideal de Dios para el matrimonio en la historia de Israel.

Poligamia

A pesar de la enseñanza de Génesis 1-3 de que la monogamia es una parte fundamental del diseño de Dios para el matrimonio, la historia de Israel presenta repetidos casos de poligamia.[33] Aunque ciertamente estaba dentro de la prerrogativa y el poder del creador hacer más de una esposa para el hombre, Dios sólo hizo a Eva, revelando a Adán su plan con las palabras: «El hombre [singular] dejará a su padre y a su madre, y se unirá a su mujer [singular], y serán una sola carne». (Gn. 2:24).[34]

De hecho, se podría argumentar que, desde un punto de vista práctico, tal vez Dios, especialmente en previsión de la caída de la humanidad y de la muerte universal que sobrevendría, *debería* haber proporcionado al hombre dos o más esposas. Porque, ¿qué habría pasado si Eva hubiera muerto antes de tener hijos, o hubiera muerto durante el parto? ¿Habría perecido la raza humana? Si Dios deseaba que la tierra se poblara (Gn. 1:28), ¿no dicta la lógica que esto podría ocurrir más rápido si a Adán se le proporcionara más de una, o incluso un gran número de esposas? Sin embargo, a pesar de argumentos prácticos como estos a favor de la poligamia, el diseño del creador es simple y claro: una mujer para un hombre. Esta es la ley del matrimonio establecida en la creación.

Sin embargo, como era de esperar, después de la caída de la humanidad, el ideal de Dios de la monogamia no se mantuvo de forma consistente.[35] En seis generaciones, apenas después de la muerte de Adán, la Biblia registra que «Lamec tomó dos esposas» (Gn. 4:19), tal vez en su presunción de buscar obtener la bendición primigenia de Dios (cf. Gn. 1:28) confiando en sus propios recursos —multiplicar sus esposas. Aunque la poligamia *nunca fue normativa* entre los seguidores

[33] Véase el estudio en ibíd., 59-61. Véase también la discusión sobre la poligamia en el AT en Ash, *Marriage*, 249-52.

[34] Pero cf. ibid., 21, quien afirma que «es poco probable que [Gn. 2:24] se interpretara de esta manera [i.e., como indicando que la monogamia era el ideal para el matrimonio en el Pentateuco] hasta casi la época del Nuevo Testamento». En cualquier caso, ciertamente hay pocas dudas de que el propio Jesús interpretó Gn. 2:24 de esta manera (Mt. 19:4-6 par. Mc. 10:6-9), como reconoce el propio Instone-Brewer (ibíd., 136-41).

[35] Para un breve estudio, véase Scobie, *Ways of Our God*, 807, quien afirma que el ideal de la monogamia se establece en Gn. 2:24, se asume en la ley (Dt. 28:54, 56) y en los profetas (Jr. 5:8; 6:11; Ml. 2:14), y se mantiene en la literatura sapiencial (Pr. 5:18; 31:10-31; Ec. 9:9).

del Dios de Israel, las Escrituras revelan que fue un hecho recurrente.[36] De hecho, el Antiguo Testamento informa de que un número significativo de individuos en la historia de Israel, incluyendo muchos patriarcas y reyes, practicaron la poligamia (o, más exactamente, la poliginia, el matrimonio con múltiples esposas),[37] aunque no se informa de ningún caso de poliandria (una esposa con más de un marido). Además de Lamec, entre los individuos que se dedicaron a la poligamia se encuentran hombres prominentes como Abraham (Gn. 16:3), Esaú (Gn. 26:34; 28:9), Jacob (Gn. 29:30), Gedeón (Jue. 8:30), Elcana (1 Sam. 1:1-2), David (2 Sam. 3:2-5; 5:13), Salomón (1 Re. 11:3), Acab (2 Re. 10:1), Joaquín (2 Re. 24:15), Asur (1 Cr. 4:5), Roboam (2 Cr. 11:21), Abías (2 Cr. 13:21), Joram (2 Cr. 21:14), Joás (2 Cr. 24:1-3), y Belsasar (Dn. 5:2). Aunque en las Escrituras no se dan razones explícitas para aquellos que eran polígamos, entre otras razones posibles, es probable que la práctica se llevara a cabo para obtener un aumento financiero y estabilidad, como expresión de autoridad y poder, y para aumentar el número de la propia descendencia.

Si bien es evidente, entonces, que algunos individuos muy importantes (tanto piadosos como impíos) en la historia de Israel se dedicaron a la poligamia, el Antiguo Testamento comunica claramente que la práctica de tener múltiples esposas era una desviación del plan de Dios para el matrimonio. Esto se transmite no sólo en los versículos de las Escrituras que parecen prohibir unívocamente la poligamia (cf. Lv. 18:18; Dt. 17:17),[38] sino también por el pecado y el desorden general que la poligamia producía en las vidas de los que se dedicaban a esta práctica. Por ejemplo, el Antiguo Testamento informa de un favoritismo perturbador en los matrimonios polígamos de Jacob (Gn. 29:30), Elcana (1 Sam. 1:4-5) y Roboam (2 Cr. 11:21). Además, los celos eran un problema recurrente entre las esposas rivales de Abraham (Gn. 21:9-10), Jacob (Gn. 30:14-16) y Elcana (1 Sam. 1:6). Además,

---

[36] Aunque debemos tener en cuenta a Instone-Brewer, *Divorce and Remarriage*, 59-60, que señala que no hay pruebas de que la poligamia estuviera extendida en Israel, excepto posiblemente después de que las guerras hubieran decidido la población masculina (cf. Is. 3:25; 4:1); que la poligamia estaba frecuentemente (Instone-Brewer dice «casi siempre») relacionada con la falta de hijos (e.g, Gn. 16:1-4; 1 Samuel 1); y que su presencia entre líderes y reyes como Gedeón, Sansón, David y Salomón se debió probablemente a su imitación de los líderes de otras naciones (cf. 1 Sam. 8:5, 19-20, criticado en Dt. 17:17).

[37] Cf. David W. Chapman, «Marriage and Family in Second Temple Judaism», en *Marriage and Family in the Biblical World*, 217. «Poliginia» es el término más apropiado, ya que, técnicamente, «poligamia» se refiere a múltiples cónyuges de cualquier sexo.

[38] Véase Gordon P. Hugenberger, *Marriage as a Covenant: Biblical Law and Ethics as Developed from Malachi* (Grand Rapids: Baker, 1998), 112, 115-18. Nótese también el material de Ex. 21:10-11; Dt. 21:15-17 que parece haber sido dado para regular los matrimonios polígamos.

las Escrituras informan de que las «esposas extranjeras de Salomón desviaron su corazón hacia otros dioses» (1 Re. 11:4), una violación del primer mandamiento, y los múltiples matrimonios de David condujeron al incesto y al asesinato entre su progenie.

En resumen, la Biblia deja claro que los individuos de la historia de Israel que abandonaron el diseño de Dios de la monogamia y participaron en la poligamia lo hicieron en contra del plan del creador y, en última instancia, en detrimento de ellos mismos.[39] El pecado y el desorden producidos por la poligamia, por lo tanto, es un testimonio más de la bondad del diseño monógamo de Dios para el matrimonio, como se reveló por primera vez en el matrimonio de Adán y Eva en el jardín del Edén. No sólo no se habla de la aprobación de la poligamia en ninguna parte del Antiguo Testamento (aunque cf. Ex. 21:10-11; Dt. 21:15-17),[40] sino que muchos pasajes defienden claramente la monogamia como el ideal permanente (e.g., Pr. 12:4; 18:22; 19:14; 31:10-31; Sl. 128:3; Ez. 16:8).[41]

Divorcio

Otro componente del diseño de Dios para el matrimonio que el Israel del Antiguo Testamento comprometía regularmente fue la *durabilidad* del matrimonio. Aunque en un capítulo posterior de este volumen se explorará el tema del divorcio con cierto detalle, conviene hacer aquí unos breves comentarios. Los primeros capítulos de Génesis dejan claro que Dios diseñó el matrimonio para que fuera *permanente*. Esto

---

[39] Cabría esperar resultados similares si se practicara la poligamia en la actualidad. Aunque no es una práctica común en los países occidentales, los misioneros se han encontrado con la poligamia en tierras extranjeras. Esto, por supuesto, plantea la cuestión del mejor curso de acción cuando esta distorsión marital está presente, especialmente entre los nuevos conversos. Dado que las Escrituras presentan a los matrimonios polígamos como matrimonios reales, no cuasi-matrimoniales, aunque distorsionados del patrón divinamente instituido del matrimonio monógamo, parece que el mejor curso de acción sería instar al cese de la práctica de la poligamia en tales sociedades mientras se aconseja a los que tienen matrimonios polígamos que pueden continuar en su estado actual, aunque, si es posible, transformar un matrimonio polígamo en uno monógamo seguiría siendo preferible, al menos como una meta hacia la cual esforzarse. También surgen preguntas con respecto a la cualificación para el ministerio de los polígamos convertidos. Sobre esta cuestión, véase el breve comentario en el cap. 12 de este volumen sobre la interpretación de 1 Tim. 3:2.

[40] Algunos han sugerido que quizá la institución del levirato sea un respaldo positivo a la práctica de la poligamia. Sin embargo, esta práctica, que aparece en la narración de Onán (Gn. 38:8, 11), en el relato de Rut (Rut 4:5), y en la pregunta de los fariseos a Jesús en Mateo 22:24; Marcos 12:19-23; y Lucas 20:28, sólo se aplicaba al pariente más cercano que fuera elegible para el matrimonio. Por esta y otras razones, el matrimonio de levirato no debe equipararse a la poligamia. Cf. Ash, *Marriage*, 251.

[41] Cf. Instone-Brewer, *Divorce and Remarriage*, 59, con referencia a Louis M. Epstein, *Marriage Laws in the Bible and Talmud, Harvard Semitic Series 12* (Cambridge, MA: Harvard University Press, 1942), 4.

es evidente en la descripción paradigmática del matrimonio en Génesis 2:24: «Por tanto, dejará el hombre a su padre y a su madre, y se *unirá* a su mujer, y *serán una sola carne*». Aunque existe cierto debate entre los eruditos sobre los entresijos de lo que significa «unirse» y «convertirse en una sola carne», no existe duda de que Dios diseñó el matrimonio para que fuera permanente.[42]

Sin embargo, al igual que en el caso de otros elementos del diseño divino para el matrimonio, el Antiguo Testamento indica que muchos no respetaban que el plan de Dios implicara la durabilidad del matrimonio. De hecho, el divorcio fue un problema grave al inicio de la historia de Israel. En el código mosaico, se estipuló que un sacerdote no podía casarse con una divorciada (incluso si ella no era la parte culpable; Lv. 21:7: «Ningún sacerdote se casará con una prostituta, ni con una divorciada, ni con una mujer que no sea virgen, porque está consagrado a su Dios»; cf. Lv. 21:14). En un intento por frenar los pecados derivados del divorcio, la legislación mosaica prohibía a un hombre volver a casarse con una mujer de la que se había divorciado y que posteriormente se había casado con otro hombre (incluso si su segundo marido había muerto, Dt. 24:1-4). La razón de ello era que «se ha contaminado» debido a su segundo matrimonio (Dt. 24:4), indicando tal vez que el nuevo matrimonio ilegítimo después del divorcio equivale al adulterio. Además, el Antiguo Testamento registra diferentes ejemplos de divorcios y atestigua la práctica general del divorcio entre los hebreos (cf. Esd. 9-10; Ne. 13:23-31; Ml. 2:14-16).

Sin embargo, a pesar de la presencia del divorcio en la historia de Israel, el Antiguo Testamento confirma que la durabilidad siguió siendo un componente del diseño de Dios para el matrimonio. Esto puede verse en el hecho de que la legislación mosaica parece prohibir específicamente el divorcio si la esposa era virgen en el momento de consumar el matrimonio (cf. Dt. 22:19, 29). Además, es evidente que Dios no aprueba el divorcio, ya que el Antiguo Testamento utiliza en varias ocasiones la analogía del divorcio para describir la apostasía espiritual de Israel (cf. Is. 50:1; Jer. 3:8), y el profeta Malaquías deja claro que Dios no aprueba el divorcio motivado por el odio (Ml. 2:16).[43]

---

[42] Véase especialmente la cita e interpretación de Jesús de Génesis 2:24 en Mateo 19:4-6 par. Marcos 10:6-9.

[43] Sobre los distintos enfoques de la traducción de Ml. 2:16, véase el cap. 11 de este volumen.

Adulterio

Otra forma en la que el ideal de Dios para el matrimonio se vio comprometido en la historia de Israel fue la aparición del adulterio.[44] Aunque se podría argumentar que la fidelidad era la única opción de Adán, su falta de oportunidad para cometer adulterio no disminuye el hecho de que la fidelidad es un componente inherente al patrón de Dios para el matrimonio: «El hombre dejará a su padre y a su madre, y se *unirá* a su mujer, y serán una sola carne» (Gn. 2:24). Sin embargo, al igual que con el principio de la monogamia, que hemos comentado anteriormente, después de la caída de la humanidad el Antiguo Testamento informa que numerosos individuos lucharon contra la fidelidad a sus parejas matrimoniales.[45]

Tal vez el incidente de adulterio más conocido registrado en el Antiguo Testamento sea el caso de David con Betsabé y el consiguiente asesinato de su marido Urías (2 Sam. 11). Diferentes casos de infidelidad matrimonial abundan en la historia de Israel. Además de todos los matrimonios polígamos mencionados anteriormente (que en efecto implicaban el adulterio contra la primera esposa), está el adulterio de Rubén con Bilhá (Gn. 35:22; cf. 49:3-4), el adulterio de la concubina del levita (Jue. 19:1-2), el adulterio de Gomer, la esposa de Oseas (Os. 3:1), y el adulterio cometido por una serie de israelitas los cuales no se menciona su nombre, ante los que Dios se ofendió (Jer. 3:2; 5:7-8; 7:9-10; 23:10; Ez. 22:11; 33:26; Os. 4:2; 7:4). Además, el Antiguo Testamento informa de una serie de individuos que se involucraron en pecados sexuales que probablemente implicaban el adulterio, como Galaad, el padre de Jefté (Jue. 11:1), o los hijos de Elí, Ofni y Fineas (1 Sam. 2:22).

Además, el libro de Génesis registra diversas ocasiones de cuasi-adulterio, que habrían sido adulterio real si el Señor no hubiera intervenido de manera providencial, incluyendo a Abimelec con Sara (Gn. 20:2-18), Abimelec con Rebeca (Gn. 26:7-9), y José con la mujer de Potifar (Gn. 39:7-12). Todos estos relatos comunican el hecho de que el ideal de fidelidad de Dios dentro del matrimonio no se cumplía a menudo en los tiempos del Antiguo Testamento.

Sin embargo, a pesar de estos casos de adulterio o cuasi-adulterio en la historia de Israel, el Antiguo Testamento reitera en numerosos

---

[44] Para un análisis del adulterio en el AT, véase Ash, *Marriage*, 356-64.

[45] Contra Instone-Brewer, *Divorce and Remarriage*, 98 (citando a Louis M. Epstein, *The Jewish Marriage Contract: A Study in the Status of the Woman in Jewish Law* [Nueva York: Johnson Reprint Corp., 1968 (1942)]), quien afirma que «la ley que permitía la poligamia hacía técnicamente imposible que un hombre fuera sexualmente infiel a su esposa».

lugares el hecho de que el ideal de Dios para el matrimonio es la *fidelidad.* Por ejemplo, el séptimo mandamiento le dice al pueblo de Dios en términos muy claros: «No cometerás adulterio» (Ex. 20:14; Dt. 5:18). Las leyes sexuales del código de santidad estipulaban claramente: «No te acostarás con la mujer de tu prójimo» (Lv. 18:20 LBLA), y establecían la pena de muerte para quienes cometían este acto (Lv. 20:10; cf. Num. 5:11-31; Dt. 22:22).[46] Además, el libro de los Proverbios califica repetidamente el adulterio como insensato y peligroso (Pr. 2:16-19; 5:3-22; 6:32-33; 7:5-23; 9:13-18; 22:14; 23:27-28; 30:20).

Es más, el Señor utilizó con frecuencia la analogía del adulterio físico para describir su desagrado por el adulterio espiritual de Israel cuando se apartaron de él, su primer amor, para perseguir a otros dioses (Jr. 3:8-9; Ez. 16:32, 38; Os. 1:1-3:5). En resumen, aunque muchos en la historia de Israel no se adhirieron al designio de Dios sobre la fidelidad dentro del matrimonio, el Antiguo Testamento deja claro que la norma del Señor no cambió. Dios esperaba que su pueblo fuera fiel —tanto a su cónyuge como a él— y se ofendía claramente cuando no lo era.[47]

Homosexualidad

La *heterosexualidad* es un componente inequívoco del diseño del creador para el matrimonio. Sin embargo, después de la caída de la humanidad, el Antiguo Testamento indica que el principio de heterosexualidad fue violado a menudo a través de las relaciones entre personas del mismo sexo. Los ejemplos incluyen a muchos de los habitantes de las ciudades de la llanura, Sodoma y Gomorra (Gn. 19:1-29), los gabaonitas en los días de los jueces (Jue. 19:1-21:25), así como otros numerosos infractores de la ley no nombrados en la historia de

---

[46] Curiosamente, aunque la pena por el adulterio era la muerte, no hay relatos en el Antiguo Testamento de la aplicación de esta pena. Los ejemplos más cercanos son la amenaza de Dios de ejecutar a Abimelec si causaba que Sara se convirtiera en adúltera (Gn. 20:7), la amenaza de Abimelec de ejecutar a cualquiera que causara que Rebeca se convirtiera en adúltera (Gn. 26:11), y la quema de Tamar planeada por Judá (Gn. 38:24). Obsérvese que todos estos acontecimientos ocurrieron en el libro del Génesis, *antes* de la promulgación de la ley. Además, es interesante observar que el AT no especifica el método de ejecución para los culpables de adulterio. Mientras que Judá planeaba quemar a Tamar, la tradición rabínica especificaba la estrangulación como método de muerte, y en los tiempos del NT el método de ejecución era aparentemente la lapidación (cf. Jn. 8:5).

[47] Para un estudio de la condena bíblica de las relaciones sexuales fuera del matrimonio, véase Scobie, *Ways of Our God*, 804-6, que cubre el tema de adulterio (Ex. 20:14; Dt. 5:18; cf. Lv. 18:20; 20:10), la prostitución (Lv. 19:29; Dt. 23:17; cf. Pr. 2:18-19), la bestialidad (Ex. 22:19; Lv. 18:23; Dt. 27:21) y la homosexualidad (Lv. 18:22; 20:13 et al., aunque hay algunos problemas con la cobertura de Scobie aquí).

Israel (1 Re. 14:24; 15:12; 22:46; 2 Re. 23:7; Job 36:14). Sin embargo, a pesar de estas ofensas, el Antiguo Testamento deja claro que el principio de la heterosexualidad, establecido en la creación, sigue siendo una parte integral del diseño de Dios para el matrimonio. Así lo atestigua la severidad del castigo preestablecido para la homosexualidad: la muerte (Lv. 20:13), la presentación de la heterosexualidad como normativa (Pr. 5:18-19; Ecle. 9:9; Cant. 1-8) y el destino de los individuos en la historia de Israel que se dedicaron a la actividad homosexual.

Debido a que en un capítulo posterior de este libro examinaremos la homosexualidad en detalle, no es necesario entrar en un análisis completo del tema aquí. Sin embargo, conviene hacer unos breves comentarios. La idea de un matrimonio homosexual no sólo es contraria a los mandatos bíblicos específicos relativos a las relaciones sexuales entre personas del mismo sexo (cf. Lv. 18:22; 20:13; Dt. 23:17), sino que también es contraria al diseño del creador para el matrimonio. La heterosexualidad —no la homosexualidad— está claramente contemplada en la ley del matrimonio de Dios: «El *hombre* [masculino] dejará a su padre y a su madre, y se unirá a su *mujer* [femenino], y serán una sola carne» (Ge. 2:24). Es más, éste es el único arreglo posible para el matrimonio, ya que el creador ha ordenado y espera que las parejas casadas «fructifiquen, se multipliquen y llenen la tierra» (Gn. 1:28).

Dado que la homosexualidad implica relaciones sexuales entre personas del mismo sexo que no pueden conducir a la procreación, es antinatural y no puede conllevar lógicamente la posibilidad del matrimonio. De hecho, incluso entre los animales, el escritor de Génesis señala repetidamente que Dios hizo a cada especie macho y hembra, «según su especie», con el propósito expreso de la procreación (Gn. 1:21, 24, 25). Además, dado que un aspecto del gobierno representativo de la humanidad sobre la tierra y su sometimiento por parte de Dios es la procreación (Gn. 1:27-28), aunque la procreación es imposible entre dos machos o dos hembras, la homosexuidad milita no sólo contra el diseño de Dios para el matrimonio, sino también contra el orden creado.

Esterilidad

La *fertilidad* es otra parte esencial del diseño de Dios para el matrimonio, de la que algunos individuos se quedaron cortos en los tiempos del Antiguo Testamento. La fertilidad puede estar implícita en la descripción que hace el Señor sobre el matrimonio como una relación de «una sola carne» (Gn. 2:24) si se entiende que están implícitos matices sexuales en esta terminología. La fertilidad está ciertamente implícita en la comisión de Dios para Adán y Eva —por cierto, la primera orden que Dios dio a los seres humanos— de «fructificar y multiplicarse» (Gn. 1:28). De hecho, en la Biblia la fecundidad en el matrimonio se describe repetidamente como una virtud que debemos buscar, y se considera una bendición una vez obtenida (cf. Ex. 23:26; Dt. 7:14; Sl. 113:9; 127:4-5; 128:3-4).[48] Además, algunos elementos de la ley del Antiguo Testamento parecen estar elaborados con la intención de fomentar la fecundidad del matrimonio. Entre los ejemplos, cabe citar el hecho de que a un soldado recién casado se le concedía un año de descanso «para ser feliz con la mujer que ha tomado» (Dt. 24:5) y la institución del matrimonio levirato que tenía como objetivo la producción de descendencia para un pariente fallecido (Dt. 25:5-10). Por el contrario, el Antiguo Testamento considera la esterilidad como un oprobio (cf. Gn. 30:1, 22-23; Is. 4:1; 47:9; 49:21).

A pesar de la importancia que se da a la fertilidad en las Escrituras hebreas, el hecho es que numerosas parejas en la historia de Israel experimentaron dificultades para concebir hijos. Una diferencia importante entre la falta de fertilidad y el fracaso de otros componentes del diseño de Dios para el matrimonio, es que la esterilidad no suele ser una elección consciente. No obstante, en el Antiguo Testamento la esterilidad se presenta a veces como una maldición derivada del pecado personal, como en el caso de las esposas de Abimelec (Gn. 20:17-18) y de la primera esposa de David, Mical (2 Sam. 6:23). En otras ocasiones, la esterilidad se presenta como un simple hecho de la naturaleza, como en el caso de las tres madres de la raza hebrea —Sara (Gn. 11:30), Rebeca (Gn. 25:21) y Raquel (Gn. 30:1)—, así como la esposa de Manoa (Jue. 13:2), Ana (1 Sam. 1:2) y la sunamita que ayudó a Eliseo (2 Re. 4:14). Aunque la Biblia no da directrices explícitas sobre cómo superar la esterilidad, un común denominador entre muchos de los que aparecen en las Escrituras y que en su momento fueron infructuosos, pero que más tarde llegaron a ser fructíferos, es la oración. Por ejemplo, Dios respondió a las oraciones por la fertilidad de Abraham (Gn. 15:2-5; 20:17), Isaac (Gn. 25:21), Lea (Gn. 30:17), Raquel (Gn. 30:22) y Ana (1 Sam. 1:9-20). Estas oraciones respondidas, así como la multiplicación general de su pueblo por parte del Señor en cumplimiento del pacto con Abraham, son un testimonio más del hecho de que la fertilidad es un componente esencial del diseño

[48] Instone-Brewer, *Divorce and Remarriage*, 92, señala que los rabinos judíos posteriores enseñaban que, si las parejas habían estado casadas durante diez años sin hijos, se esperaba que se divorciaran y se volvieran a casar para tener hijos (aunque no había consenso al respecto).

de Dios para el matrimonio y es posible para aquellos que buscan a Dios con respecto a ella.[49]

Disolución de las distinciones de género

La *complementariedad*, que incluye la noción de igualdad de valor, pero con roles diferentes para los sexos, es también una parte esencial y fundamental del diseño de Dios para el matrimonio.[50] Sin embargo, como es evidente por las otras distorsiones matrimoniales mencionadas anteriormente, la historia de Israel presenta diferentes casos en los que se pasó por alto el principio de complementariedad. De hecho, no se puede decir que los individuos que se involucraron en la homosexualidad o que evitaron deliberadamente la fecundidad (e.g., Onán, Gn. 38:8-10) se hayan comportado de forma coherente con el patrón de complementariedad ordenado por Dios.

Además, el Antiguo Testamento presenta una serie de individuos que abandonaron clara y específicamente sus roles de género ordenados por Dios, algunos sin participar en otras distorsiones matrimoniales. Por ejemplo, entre los hombres que fracasaron en el liderazgo de su hogar (al menos en ocasiones) se encuentran Adán, Elí, David y Acaz, y entre los ejemplos de mujeres que (al menos en ocasiones) no fueron «ayuda idónea» dentro de sus familias, se encuentran Eva, Betsabé, Jezabel y Atalía, entre otras.[51]

A pesar de estos ejemplos de distorsión del diseño del creador de los roles de género, incluso después de la caída, el Antiguo Testamento confirma repetidamente el hecho de que la complementariedad es parte del plan de Dios para el matrimonio. La igualdad de valor de los esposos y las esposas se observa en diferentes ámbitos: la paridad legal en cuanto a la obediencia de los padres (Ex. 20:12; 21:15, 17; Lv. 20:9; Dt. 5:16); los privilegios económicos que permitían a las hijas y a las esposas heredar propiedades (Nm. 27:1-11; 36:1-9; cf. Pr. 31:13-18,

[49] Los temas relacionados, como el tratamiento de la infertilidad o las implicaciones para el control de la natalidad, se tratarán en el cap. 7.

[50] Véase la discusión anterior sobre Génesis 1-3.

[51] Contrariamente para algunos, la práctica veterotestamentaria de pagar una dote por una esposa (cf. Gn. 29:18; 34:12; Ex. 22:16-17; 1 Sam. 18:25) no debería considerarse como una violación del principio de complementariedad por el hecho de que refleje una visión de las mujeres como propiedad de sus padres y, por tanto, de menor valor que los hombres. Según las mejores pruebas disponibles, la dote cumplía sobre todo una función económica que servía para reforzar la posición de la mujer y no para sugerir que era de condición inferior. Véanse las discusiones sobre la dote en Campbell, ed., *Marriage and Family in the Biblical World,* 13-14, 54 y 193-98. Véase también Instone-Brewer, *Divorce and Remarriage*, 5, que considera que la función de la dote en el antiguo Oriente Próximo era proporcionar una medida de seguridad personal a la novia y constituir el sello legal del pacto matrimonial.

24); y libertad para que ambos sexos tuvieran encuentros espirituales personales (Jue. 13:2-25), experimentaran la respuesta a la oración (1 Sam. 1:9-20), participaran en el culto público (Ne. 8:2), y que incluso participaran en el oficio profético (Ex. 15:20; Jue. 4:4; 2 Re. 22:14; Ne. 6:14).[52]

Al mismo tiempo, el diseño del Señor para el matrimonio en el Antiguo Testamento incluye también importantes diferencias funcionales para los sexos. Además de la confirmación específica del Señor de la jefatura de Adán después de la caída (Gn. 3:16), los roles complementarios de los sexos establecidos en la creación son evidentes en las narraciones del Antiguo Testamento que relatan los matrimonios de los patriarcas (e.g., Abraham: Gn. 18:12, donde Sara llama a Abraham «mi señor»; cf. 1 Pe. 3:5-6) y de los reyes piadosos de Israel (e.g., David: 1 Sam. 25:40-42; 1 Re. 1:16, 31). La descripción que hace el rey Lemuel de una esposa virtuosa como ama de casa bajo la autoridad de su marido (Pr. 31:10-31) también refleja el patrón complementario instituido en Génesis 2.[53] Al igual que los demás componentes del diseño de Dios para el matrimonio, entonces, está claro que la historia de Israel no alteró el plan del Señor para estas instituciones.

Resumen de la evolución de la historia de Israel

Hemos visto que la historia de Israel documenta diversos patrones negativos que no se ajustan al ideal de Dios para el matrimonio, tal como se articula en los primeros capítulos de Génesis, sobre todo la poligamia, el divorcio, el adulterio, la homosexualidad, la esterilidad y la disolución de los roles de género. En cada caso, estos patrones constituyen una distorsión de la institución del matrimonio ordenada por Dios. Mientras que Dios diseñó el matrimonio para que fuera entre un hombre y una mujer, la poligamia implica la unión marital con más de una esposa. El divorcio rompe el vínculo sagrado entre marido y mujer. En contraste con la intención de Dios de que el matrimonio sea

[52] En Levítico 12, la legislación civil mosaica prescribía un período de impureza para una madre nueva de siete días para el nacimiento de un hijo varón (12:2) y de catorce días para el nacimiento de una hija mujer (12:5). Algunos han sugerido que esto muestra un prejuicio masculino inherente o un valor desigual entre los sexos que está incorporado en la ley mosaica; sin embargo, esta prescripción civil no debe ser vista como un indicador del valor inferior de las mujeres, sino más bien como un estigma sobre las mujeres por la parte de Eva en la caída de la humanidad (cf. 1 Tim. 2:14, 15).

[53] El apóstol Pedro resume el modelo del AT de la siguiente manera: «Porque así se adornaban las santas mujeres que esperaban en Dios, sometiéndose a sus propios maridos, como Sara obedecía a Abraham, llamándole señor» (1 Pe. 3:5-6).

una unión fiel, de una sola carne, el adulterio implica relaciones sexuales con otra persona que no es su cónyuge. La homosexualidad va en contra del principio de «un hombre y una mujer» que implica el matrimonio bíblico. La esterilidad se aleja de la fertilidad invocada en el mandato de Dios de que la pareja humana sea fructífera y se multiplique. La disolución de los roles de género va en contra de que Dios haya hecho a la humanidad como un hombre *y* una mujer distintos. En todos estos aspectos, el Israel del Antiguo Testamento no alcanzó el ideal de creación de Dios para el matrimonio.

Además, estas violaciones del ideal matrimonial de Dios no sólo pueden demostrarse históricamente en la historia de Israel, sino que también tienen importantes implicaciones para los hombres y las mujeres en la actualidad.

Vislumbres del ideal (literatura sapiencial)

Mientras que los libros históricos del Antiguo Testamento dan testimonio del creciente deterioro de la observancia del plan de Dios para el matrimonio, el ideal de Dios se mantiene en la literatura sapiencial del Antiguo Testamento. Los dos ejemplos principales son el poema que alaba a la mujer virtuosa en el último capítulo del libro de los Proverbios, y la celebración del amor conyugal en el Cantar de los Cantares. Estos pasajes ofrecen un refrescante contrapunto al modelo general de compromiso del ideal de Dios para el matrimonio presentado en los libros históricos y proféticos del Antiguo Testamento.

La mujer virtuosa (Proverbios 31)

El libro de Proverbios concluye con un poema acróstico (que va de la primera a la última letra del alfabeto hebreo) en el que se ensalzan las virtudes de la mujer virtuosa, cuyo valor para su marido supera el de las grandes riquezas (Pr. 31:10-31). En el centro del poema (vv. 20-27) parece haber un quiasmo, que culmina con la referencia a que el marido de la mujer es respetado a las puertas de la ciudad (v. 23). Esto puede indicar que el respeto que recibe el hombre puede estar relacionado en gran parte con el carácter noble y los logros de su esposa. La descripción de la mujer virtuosa en Proverbios 31 sigue las siguientes líneas:[54]

I. INTRODUCCIÓN: Su valor (vv. 10–12)
  A. Muy valioso porque es muy escaso (v. 10)
  B. Su valor para su marido (vv. 11–12)
II. CUERPO: Sus ocupaciones (vv. 13–27)
  A. Su sector (vv. 13–18)
  B. Transición (v. 19)
  C. Sus logros sociales (vv. 20–27)
    1. Abre sus manos a los pobres (v. 20)
      2. No teme a la nieve (v. 21a)
        3. Casa vestida de escarlata (v. 21b)
          4. Elabora coberturas y ropa para sí misma (v. 22)
            5. Esposo respetado en las puertas de la ciudad (v. 23)
          4'.Confecciona prendas y fajas para comerciantes (v. 24)
        3'.Revestida de fuerza y dignidad (v. 25a)
      2'. Se ríe del futuro (v. 25b)
    1'. Abre la boca con sabiduría, cuida de su casa (vv. 26–27)
III. CONCLUSIÓN: Sus alabanzas (vv. 28–31)
  A. Por su familia (vv. 28–29)
  B. Por todos (vv. 30–31)

Algunos han comentado que esta mujer debió de ser fenomenal, ya que, por un lado, se dice que se levanta temprano por la mañana (Pr. 31:15) y, por otro, que su lámpara no se apaga por la noche (Pr. 31:18). ¿Cuándo dormía esta mujer?[55] En lugar de ver estas cualidades como si existieran en una sola mujer, representando un día en la vida de la mujer virtuosa, uno puede ver estos atributos como si se hubieran desarrollado durante un período de tiempo y como si se exhibieran en la vida de una mujer durante diferentes etapas y situaciones de la vida.

---

[54] Adaptado de Bruce K. Waltke, *The Book of Proverbs Chapters 15-31, New International Commentary on the Old Testament* (Grand Rapids: Eerdmans, 2005), 515, 528. Véase también el comentario ampliado en las páginas 510-38 para obtener valiosas ideas exegéticas.

[55] Cf. John MacArthur Jr., *Different by Design: Discovering God's Will for Today's Man and Woman* (Wheaton, IL: Victor, 1994), 77. Véase la útil discusión de la mujer de Proverbios 31 en las páginas 75-82 bajo los siguientes seis títulos: Su carácter como esposa; su devoción como ama de casa; su generosidad como vecina; su influencia como maestra; su eficacia como madre; y su excelencia como persona.

De hecho, la mujer virtuosa de Proverbios 31 muestra muchas virtudes que siguen siendo relevantes para las mujeres que aspiran a ser esposas piadosas el día de hoy. La mujer de Proverbios 31:

- Es un activo importante para su marido (vv. 10, 11)
- Es una compañera de confianza (v. 11)
- Está a favor y no en contra de su marido; tiene en cuenta su bienestar y sus mayores intereses (v. 12)
- Es laboriosa y trabajadora (vv. 13, 27)
- Consigue y prepara la comida para toda la casa (vv. 14, 15)
- Se levanta temprano (v. 15)
- Busca y adquiere bienes inmuebles (v. 16)
- Reinvierte las ganancias extras de su negocio doméstico (v. 16)
- Es vigorosa y enérgica (vv. 17, 25)
- Produce ropa para su familia y como mercancía (vv. 13, 18-19, 21-22, 24)
- Es bondadosa con los pobres, tiende la mano con misericordia a los necesitados (v. 20)
- Se asegura de que ella y sus hijos estén bien vestidos (vv. 21-22)
- Contribuye a que los demás respeten a su marido y supervisa su hogar para que él pueda dedicarse a un papel de liderazgo en la comunidad (vv. 23, 27)
- Está preparada para el futuro y se prepara para las eventualidades (vv. 21, 25)
- Muestra sabiduría al hablar, enseñando la bondad (v. 26)
- Es alabada por sus hijos y su marido (vv. 28-29, 31)
- Es temerosa de Dios en lugar de confiar en su belleza física (v. 30)

Aunque algunos podrían considerar este ideal inalcanzable, es una meta digna a la que las mujeres pueden aspirar. Esta imagen es consistente con el diseño general de Dios para las mujeres como compañeras que apoyan a sus maridos. Sin embargo, este tipo de mujer rompe claramente el estereotipo de una mujer «confinada en el hogar» o devaluada en su personalidad.[56] Es una mujer de grandes recursos que es una fuente de fuerza y bendición inestimable para su marido e hijos. ¿Quién no querría tener una esposa y madre que aspirara a ese modelo? Afortunadamente para muchos de nosotros (incluidos los autores de este libro), y por la gracia de Dios, la tenemos.

[56] Véase también la sección sobre las madres y la maternidad en los escritos del apóstol Pablo en el cap. 6 de este volumen.

La belleza del sexo en el matrimonio (El Cantar de los Cantares)

En medio del deterioro evidente en el curso de la historia de Israel, vemos otro punto brillante en el canon hebreo: el Cantar de los Cantares. Partiendo de la idea de que Dios estableció el matrimonio, incluida la unión física de marido y mujer (Gn. 2:18-25, especialmente Gn. 2:24-25: «una sola carne… ambos desnudos y… sin vergüenza»), el Cantar de los Cantares celebra la belleza del amor conyugal, incluida su íntima expresión sexual.[57]

También el libro de los Proverbios incluye una sección en la que se ensalza el sexo en el marco de una relación matrimonial fiel y comprometida y se advierte contra el adulterio:

> Bebe el agua de tu misma cisterna,
> Y los raudales de tu propio pozo.
> ¿Se derramarán tus fuentes por las calles,
> Y tus corrientes de aguas por las plazas?
> Sean para ti solo,
> Y no para los extraños contigo.
> Sea bendito tu manantial,
> Y alégrate con la mujer de tu juventud,
> Como cierva amada y graciosa gacela.
> Sus caricias te satisfagan en todo tiempo,
> Y en su amor recréate siempre.
> ¿Y por qué, hijo mío, andarás ciego con la mujer ajena,
> Y abrazarás el seno de la extraña? (Pr. 5:15-20 RV1960)

Junto con el mandato recurrente del libro de Proverbios sobre que las personas guarden sus corazones (e.g., Pr. 4:23) y de que los hombres se mantengan alejados de las mujeres adúlteras (Pr. 2:16-19; 5; 6:20-35; 7; 22:14; 23:26-28; 31:3), esto constituye un poderoso mandato

[57] Para un tratamiento bíblico y práctico útil, véase Daniel L. Akin, *God on Sex: The Creator's Ideas about Love, Intimacy and Marriage* (Nashville: Broadman, 2003). Véase también Duane A. Garrett, *Proverbs, Ecclesiastes, Song of Songs,* New American Commentary (Nashville: Broadman, 1993); Othmar Keel, *The Song of Songs: A Continental Commentary*, trans. Frederick J. Gaiser (Minneapolis: Fortress, 1994); Ash, Marriage, 192-99; y el estudio de Scobie, *Ways of Our God*, 803-4. Para una breve discusión de «una visión cristiana del sexo», véase Allan N. Moseley, *Thinking against the Grain* (Grand Rapids: Kregel, 2003), 170-83, quien presenta los siguientes siete puntos: (1) Dios creó el sexo (Gn. 1:27-28; 2:24-25); (2) los propósitos originales de Dios para el sexo eran unitivos (es decir, diseñados para producir la unión) y procreativos (Gn. 2:24); (3) La intención de Dios es que el sexo sea placentero para los esposos y las esposas (Pr. 5:18-20; Cantar de los Cantares; 1 Cor. 7:3-5); (4) Las relaciones sexuales entre parejas no casadas son malas (1 Te. 4:3-5; Heb. 13:4); (5) las relaciones sexuales ilícitas son perjudiciales (Pr. 5:10-11; 6:28-29, 32-33); (6) los cristianos pueden y deben resistir la tentación sexual (Rom. 16:19); y (7) hay más cosas en la vida y el amor que el sexo (Col. 3:4; 1 Cor. 13:1-13).

para que las parejas casadas construyan fuertes setos espirituales en torno a su relación y cuiden su compromiso matrimonial con diligencia y devoción.[58]

El Cantar de los Cantares, por su parte, no sólo aporta al canon hebreo (y cristiano) una colección de poemas de amor que celebran la fuerza y la pasión del amor conyugal (incluido el sexo), sino que también anticipa la restauración de la relación entre el primer hombre y la primera mujer, Adán y Eva, que se rompió con la caída. Tras la caída, el juicio pronunciado sobre la mujer incluía que su deseo (*tešûqâ'*) sería para su marido (Gn. 3:16), lo que con toda probabilidad transmite el deseo pecaminoso de la mujer de manipular y controlar a su marido, en lugar de someterse amorosamente a él. Así lo sugiere el estrecho paralelismo en el capítulo siguiente, donde se dice que el deseo del pecado es para Caín, claramente en el sentido de un deseo de control o dominio (Gn. 4:7).[59]

En la tercera y única otra instancia que se utiliza el término traducido «deseo» en estos pasajes, en Cantar de los Cantares 7:10, la mujer exclama: «Yo soy de mi amado, y su deseo es para mí». En lugar de que el deseo de la mujer sea controlar ilegítimamente a su marido, una restauración del estado original se visualiza en el que el deseo del esposo será para su esposa.[60] Una vez más, la mujer descansa satisfecha en la seguridad de que es de su marido, y el marido no domina a su mujer, sino que la desea. Por lo tanto, «el amor se experimenta como un retorno al paraíso».[61] Como en el jardín original, el hombre y la mujer podrán estar «desnudos y... no avergonzados» (Gn. 2:25). Sin embargo, es importante señalar que este restablecimiento del amor humano se basa en la venida del rey mesiánico, el hijo mayor de David y Salomón (cf., e.g, Mt. 1:1; 12:42).[62] El paralelismo simbólico entre

---

[58] Véase, E.g., Jerry B. Jenkins, *Hedges: Loving Your Marriage Enough to Protect It* (Dallas, TX: Word, 1990).

[59] Véase especialmente Foh, «What Is the Woman's Desire». Véase también Ash, *Marriage,* 277-79, especialmente su discusión sobre las tres formas de entender la frase «él te gobernará» en la p. 278.

[60] En apoyo de la lectura escatológica defendida aquí, cf., E.g., Francis Landy, en Robert Alter y Frank Kermode, eds, *The Literary Guide to the Bible* (Cambridge, MA: Belknap Press of Harvard University Press, 1987), 318: «A través de él [el Cantar de los Cantares] vislumbramos, tardíamente, por la gracia de la poesía, la posibilidad del paraíso»; y Raymond B. Dillard y Tremper Longman III, *An Introduction to the Old Testament* (Grand Rapids: Zondervan, 1994), 265: «El libro describe la restauración del amor humano a su felicidad anterior a la caída».

[61] Keel, Cantar de los Cantares, 252. Debemos esta referencia a nuestro colega Bob Cole.

[62] En un artículo inédito, «Song of Songs/Canticles», Bob Cole desarrolla los vínculos intercanónicos entre el Cantar de los Cantares y una serie de otros pasajes, entre los que se incluyen (pero no se limitan a) Gn. 2-3; 49:9; Ex. 30:23, 25; Núm. 24:7-9; Sl. 45; Pr. 5:15-20; Is. 5:1; 35:1-2; y Os. 14:6-7. Estos vínculos dejan claro que el Cantar de los Cantares no es una colección aislada de poesía amorosa, sino una parte integral del hilo histórico-redentor de la Escritura.

el Cantar de los Cantares y Génesis 1-3, la tipología del amor masculino-femenino, el hilo mesiánico que recorre la Escritura desde Génesis 3:15 hasta la figura de Salomón, el hijo de David, en el Cantar de los Cantares, y más allá, y el retrato idealizado del amor en el Cantar de los Cantares, favorecen esta orientación mesiánica del final de los tiempos.

Los tres usos de la palabra hebrea «deseo» en el AT

Referencia bíblica	Traducción	Comentario
Genesis 3:16	«Tu deseo será para tu marido, y él se enseñoreará de ti».	Referencia al deseo pecaminoso de la mujer de manipular y controlar a su marido
Genesis 4:7	«...el pecado está a la puerta... a ti será su deseo, y tú te enseñorearás de él».	Referencia al deseo del pecado de dominar a Caín, exhortación para que lo domine
Cantar de los Cantares 7:10	«Soy de mi amado, y	La alegre seguridad de la mujer de que
(Hebrews 7:11)	su deseo es para mí».	el deseo de su marido es para ella

Contrariamente a la noción de que el amor verdaderamente excitante debe estar fuera de los límites del matrimonio, la Escritura deja claro que es la propia seguridad proporcionada por una relación matrimonial exclusiva y de por vida, la que permite la satisfacción y la realización sexual tanto del hombre como de la mujer. Liberados del egocentrismo del pecado y del deseo de manipular a su cónyuge para satisfacer sus propias necesidades, los cónyuges son libres de amar al otro con un espíritu totalmente entregado y, por tanto, capaces de amar y disfrutar de la otra persona sin miedo al rechazo, al abuso o la dominación. El amor conyugal se convierte así en la realización del sueño de todo hombre y toda mujer, pero resulta esquivo para quienes no han sido renovados y transformados por el Espíritu Santo tras el arrepentimiento y la fe en Cristo.

Reflexiones sobre los matrimonios del antiguo testamento

Después de haber examinado el tema del matrimonio y las enseñanzas sobre el mismo en el Antiguo Testamento, será interesante escudriñar ahora las páginas del Antiguo Testamento para extraer enseñanzas de matrimonios específicos.

Adán y Eva

El primer matrimonio de la historia bíblica, que ya hemos discutido desde el punto de vista de patrones y principios permanentes fudamentales, fue el de Adán y Eva, a quienes Dios unió (Gn. 2:23-24) y les dio la tarea de gobernar en conjunto la tierra (Gn. 1:28), lo que incluía el mandato de la procreación.[63] Se supone que ambos, antes de la caída, disfrutaron de una temporada de felicidad conyugal nunca más experimentada en la historia de la humanidad (Gn. 2:25: «El hombre y su mujer estaban desnudos, y no se avergonzaban»). Más allá de esto, las Escrituras no proporcionan un registro de la vida marital de Adán y Eva, además de indicar que Adán era el responsable último de la unión ante Dios, y que Eva debía servir como «ayuda idónea» de Adán (Gn. 2:18, 20).

Lo que está claro es que este modelo divino se subvirtió en la caída de la humanidad (Gn. 3), donde Eva fue más allá de su papel como «ayuda idónea» de Adán y actuó independientemente de su marido al ceder a la tentación de satanás. La referencia a que Adán estaba «con ella» (Gn. 3:6) inmediatamente después del acto prohibido de Eva puede indicar que Adán fracasó en su responsabilidad de proporcionar un liderazgo responsable en la relación (véase también Gn. 3:17 «Porque has escuchado la voz de tu mujer...»). En cualquier caso, la vida posterior a la caída nunca fue la misma. El parto de la mujer está ahora marcado por un intenso dolor, y debido a su naturaleza pecaminosa ya no aceptará su papel junto al hombre como su «ayuda idónea» (véase Gn. 3:16). El hombre, por su parte, experimentará dolor en su lucha por someter la tierra (Gn. 3:17-19), y al final tanto el hombre como la mujer morirán (Gn. 3:19).

Abraham y Sara

Las Escrituras registran algunos incidentes interesantes en la relación de Abraham y Sara. Cuando Abraham fue a Egipto, ideó un plan para identificar a su esposa como su hermana, temiendo que los egipcios lo mataran para tomar a Sara como suya a causa de su belleza física (Gn. 12:10-20; un incidente que se repitió más tarde con Abimelec, Génesis

---

[63] En el relato posterior del Génesis, se hace hincapié repetidamente en que las esposas tengan hijos para sus maridos (Gn. 4:1-2, 17, 25; 5:3; etc.).

20). Al parecer, Sara accedió a seguir el plan de Abraham y el Faraón la tomó rápidamente como una de sus esposas antes de que su plan fuera descubierto; sufriendo las consecuencias de la cobardía y deshonestidad de su esposo en este caso (aunque en muchas otras ocasiones sabemos que Abraham fue un hombre de gran integridad y carácter).[64] La experiencia de Sara en este caso enseña una lección a las esposas, sobre el hecho de que no están obligadas a seguir a sus esposos en el pecado, sino que, por el contrario, deben hacer todo lo posible para resistirlo.

Más tarde, Sara, que hasta ese momento no había dado a luz a Abraham, trató de remediar la situación animando a Abraham a conseguir descendencia a través de su sierva Agar. Cuando ésta concibió y empezó a despreciar a su ama, Sara se quejó con Abraham y trató mal a Agar (Gn. 16:1-6). Después de que Sara diera a luz a Isaac, se alegró, pero cuando Ismael, el hijo de Agar, despreció a Isaac, Sara fue con Abraham y le dijo que se deshiciera de «esa esclava con su hijo» (Gn. 21:10). De acuerdo con la palabra de Dios (Gn. 21:12), Abraham cedió y despidió a Agar e Ismael.[65] Esta serie de acontecimientos ilustra que una pareja no debe intentar remediar una situación por incredulidad, o las consecuencias del pecado complicarán aún más la situación.

Isaac y Rebeca, Jacob y Raquel

Tanto el hijo de Abraham, Isaac, como su nieto, Jacob, son ejemplos bíblicos de gran amor por sus respectivas esposas. Cuando se le consigió una esposa a Isaac, el registro bíblico comenta con motivo de su matrimonio con Rebeca: «Y ella se convirtió en su esposa, y él la amó» (Gn. 24:66). A su vez, el hijo de Isaac y Rebeca, Jacob, se enamoró de Raquel, que era «de lindo semblante y hermoso parecer» (Gn. 29:17), y trabajó para tenerla como esposa durante catorce años, lo que demuestra su gran amor por ella.

A pesar del gran amor de Jacob por Raquel, posteriormente surgieron tensiones matrimoniales cuando Raquel no pudo dar hijos a Isaac. Raquel exigió a Jacob que le diera hijos, y él le respondió: «¿Estoy yo en el lugar de Dios, que te ha impedido tener hijos?» (Gn.

---

[64] Increíblemente, el hijo de Abraham, Isaac, repite más tarde el pecado de su padre cuando identifica a su bella esposa como su hermana y es confrontado por Abimelec (el hijo o nieto del gobernante en la época de Abraham) por su engaño (Gn. 26:7-11).

[65] Para obtener información de fondo útil sobre Abraham, Sara y Agar, así como sobre Jacob, Raquel y Lea (sobre los que véase más adelante), véase Joe M. Sprinkle, «Law and Narrative in Exodus 19-24», *Journal of the Evangelical Theological Society* 47 (2004): 248-49.

30: 1-2). Más tarde, Dios le permitió a Raquel concebir (Gn. 30:22-24), lo que sin duda redujo la tensión que se había creado en el matrimonio de Jacob y Raquel.[66] Su ejemplo puede enseñarnos que una pareja casada debe enfrentar las dificultades (como la infertilidad de la esposa) juntos en oración y confiando en Dios, en lugar de dejarse arrastrar por las discusiones y discordias maritales.

Sansón y Dalila

Otra historia de amor en el Antiguo Testamento, aunque de naturaleza y resultado general menos positivo, es la de Sansón y Dalila (Jue. 16). Desgraciadamente, Sansón sirve como ejemplo de alguien que no guardó bien su corazón y que fue seducido por una mujer que le robó su fuerza y, finalmente, su vida. Esto sirve como advertencia de que incluso un hombre tan fuerte, capaz y poderoso como Sansón no es inmune a la atracción de una mujer seductora y puede ser derribado por sus artimañas.

Rut y Booz

Un ejemplo mucho más positivo de una relación amorosa y piadosa es el de Rut y Booz, relatado en el libro de Rut. Rut, una joven moabita viuda, que había seguido a su suegra Noemí de vuelta a Judá tras la muerte de su marido, se fija en Booz, que se muestra amable con ella y no descansa hasta conseguir su mano en matrimonio. La historia de Rut (que también tiene un significado histórico salvífico, ya que fue la bisabuela del rey David, Rut 4:22) es un maravilloso ejemplo de la confianza de una mujer (viuda) en Dios en medio de circunstancias adversas.

Ana y Elcana

El primer libro de Samuel inicia con el relato de la relación entre un hombre llamado Elcana y su esposa Ana, madre del profeta Samuel. La dinámica entre Ana, su rival Penina y su marido, es un reflejo de la historia ya contada de Raquel, Lea y Jacob. Ana implora desesperadamente al Señor que le dé un hijo, a pesar de los esfuerzos de su marido por consolarla: «¿No significo para ti más que diez hijos?» (1 Sam. 1:8).

---

[66] Las tensiones vividas entre Lea y Raquel, las dos esposas de Jacob, son una prueba indirecta de que el plan de Dios es la monogamia y no la poligamia.

En su piedad y su oración persistente, Ana sirve como ejemplo para las futuras generaciones de madres esperanzadas o expectantes. También su iniciativa de consagrar a su hijo al Señor es ejemplar. Es evidente que su marido confía en ella, porque cuando le cuenta sus planes respecto a Samuel, él le responde: «Haz lo que te parezca mejor» (1 Sam. 1:23). La oración posterior de Ana habla de una profunda devoción a Dios (1 Sam. 2; cf. María en Lc. 1:46-55).

David y sus esposas

La vida de David abarca una serie de lecciones sobre el matrimonio. Debemos señalar desde el principio que el hecho de que David tomara varias esposas no es permitido por Dios y constituye una violación de la norma de monogamia en la creación de Dios. Sin embargo, se pueden aprender ciertas lecciones de las relaciones de David con sus esposas. La primera esposa de David fue la hija de Saúl, Mical, que se enamoró de David y le fue entregada en matrimonio (1 Sam. 18:20, 27-28). Cuando Saúl quiso matar a David, Mical le advirtió y le hizo bajar por una ventana, y él escapó (1 Sam. 19:11-12). Más tarde, Mical dijo a los siervos de Saúl que habían venido a capturar a David que estaba enfermo (1 Sam. 19:14). En estas acciones, Mical sirve como ejemplo de lealtad y solidaridad de una esposa hacia su marido (sin condonar los medios —mentiras— por los que lo hizo), incluso a costa de distanciarse de su propio padre (1 Sam. 19:17).[67]

Más tarde, David se casó con Abigail, la hermosa y perspicaz mujer que logró apaciguar su ira después de que su primer marido, Nabal, rechazara a David (1 Sam. 25:3, 14-42).[68] Abigail sirve como ejemplo de la esposa de un gran hombre y líder que lo trata de manera sensible y respetuosa y es amada por él a cambio. Su sabiduría y humildad la

---

[67] Sin embargo, posteriormente leemos que David también se había casado con Ahinoam de Jezreel, y que Saúl había entregado a Mical a otro hombre, Paltiel hijo de Laish (1 Sam. 25:43-44), lo que puede indicar negligencia por parte de David (cf. Ex. 21:10-11) o, quizás más probablemente, sugerir una medida de venganza buscada por Saúl. Más tarde, David exige que le devuelvan a su esposa Mical, para gran aflicción del segundo marido de Mical (2 Sam. 3:13-14; cf. 1 Sam. 25:43-44). Sin embargo, cuando David saltó y bailó de alegría al regresar el arca a Jerusalén, Mical se asomó a la ventana y despreció a David en su corazón (2 Sam. 6:16; 1 Cr. 15:29), y cuando David regresó a bendecir su casa, le reprochó que se descubriera y se rebajara ante las siervas de sus criados (2 Sam. 6:20). Mical no tuvo más hijos después de esto. Esto puede constituir una lección para que las esposas no castiguen a sus maridos por el celo en el servicio del Señor que puedan encontrar excesivo.

[68] Más tarde, Abigail y otra de las esposas de David, Ahinoam, son capturadas por los amalecitas, y David las rescata valientemente (1 Sam. 30:5, 18). En esto, David proporciona un ejemplo positivo de valor e iniciativa en el matrimonio.

convierten en un ejemplo de las virtudes que se ensalzan en las mujeres en el Antiguo Testamento (cf. Pr. 31:10-31).

El adulterio de David con Betsabé es bien conocido (2 Sam. 11). El incidente debería advertir a los hombres casados que no comprometan su devoción a sus esposas y advierte a las mujeres casadas (como Betsabé) que sean discretas y modestas en su vestimenta y conducta. La importancia de este asunto a los ojos de Dios es enfatizada por el hecho de que dos de los diez mandamientos se refieren a él: «No cometerás adulterio» (Ex. 20:14) y «no codiciarás la mujer de tu prójimo» (Ex. 20:17).

Las esposas extranjeras de Salomón

A pesar de su sabiduría, la perdición de Salomón llegó cuando «amó a muchas *mujeres extranjeras»*, a las que Salomón «se aferró... con amor», a pesar del mandato de Dios de no contraer matrimonio con ellas, y como resultado, «sus esposas desviaron su corazón». Salomón construyó lugares altos para todas sus esposas extranjeras e incluso se unió a ellas en la adoración de sus dioses falsos (1 Re. 11:1-8). Esto proporciona una poderosa advertencia para que los hombres no se involucren con mujeres que no son creyentes. Es una ilusión pensar que no nos afectará estar «unidos en yugo desigual» con una esposa no cristiana.[69]

Acab y Jezabel

El matrimonio del rey Acab con Jezabel puede figurar entre los peores de la historia de Israel. En un momento dado, Jezabel ayudó a su marido a apoderarse de la viña de Nabot al presentar testigos falsos en su contra y así causarle la muerte (1 Re. 21). En toda la historia, Jezabel controla y domina a Acab y le dice lo que tiene que hacer, y él lo cumple, en perfecta ilustración del veredicto pronunciado por el Señor sobre Adán y Eva tras la caída (Gn. 3:16).

---

[69] Si bien las Escrituras prohíben el matrimonio interconfesional (E.g., Deut. 7:1-5), en ninguna parte pronuncian un veredicto negativo sobre el matrimonio interracial. Para profundizar sobre este tema, véase J. Daniel Hays, *From Every People and Nation: A Biblical Theology of Race* (Downers Grove, IL: InterVarsity, 2003); y George A. Yancey y Sherelyn Whittum Yancey, *Just Don't Marry One: Interracial Dating, Marriage, and Parenting* (Valley Forge, PA: Judson Press, 2002).

Ester y Asuero

La reina Ester se hizo querer por su esposo, el rey Asuero, de tal manera que él la amo más que a todas las demás mujeres, y se ganó su gracia y favor (Est. 2:17; cf. 5:2). Dios utilizó providencialmente la relación íntima de Ester con el rey para salvar a su pueblo, los judíos, del siniestro complot de Amán. Al igual que Rut, Abigail y otras mujeres del Antiguo Testamento, Ester sirve de ejemplo de sabiduría y sensibilidad hacia su marido, lo que hizo que éste se mostrara tierno con ella y sus peticiones.

Resumen

Aunque en la literatura sapiencial y profética del Antiguo Testamento puede haber referencias ocasionales a matrimonios que merecen ser discutidos a mayor profundidad, el estudio anterior es suficiente para ilustrar la considerable variedad de matrimonios de importancia histórica para la salvación en el antiguo Israel. Aunque la caída afectó para siempre al matrimonio al introducir el pecado en el trato de los cónyuges, quedan muchos ejemplos hermosos de amor y devoción, como los de Isaac y Rebeca, Jacob y Raquel, y Rut y Booz. También aprendemos cómo las mujeres se convirtieron en fuente de tentación y llevaron a la perdición a hombres como Sansón, David y Salomón. Continuaremos nuestro estudio de los matrimonios en el siguiente capítulo sobre el matrimonio en el Nuevo Testamento.

Conclusión

Hemos comenzado nuestro estudio de las enseñanzas del Antiguo Testamento sobre el matrimonio con una mirada atenta al relato de la creación de Génesis, que fundamenta la institución del matrimonio en la voluntad del Dios creador. También hemos analizado las consecuencias de la caída en esta relación humana tan íntima. A continuación, se hizo un repaso de la historia de Israel, tal como se presenta en los libros históricos y proféticos del Antiguo Testamento. Vimos que esta historia fue testigo de diversas maneras en las que el ideal de la creación de Dios para el matrimonio se vio comprometido, incluyendo casos de poligamia, divorcio, adulterio, homosexualidad, esterilidad y una disolución de las distinciones de género. El último corpus literario considerado es la literatura sapiencial del Antiguo Testamento, que presenta un refrescante contrapunto a este patrón general de decadencia. El libro de los Proverbios ensalza a la mujer virtuosa que se dedica a su marido y a su familia, y el Cantar de los Cantares vislumbra una relación de amor restaurada entre el primer hombre y la primera mujer en y a través del Mesías. En el siguiente capítulo, complementaremos estas ideas con un estudio de la enseñanza sobre el matrimonio que se encuentra en el Nuevo Testamento.

3

YA NO SERÁN DOS, SINO UNO:
EL MATRIMONIO EN EL NUEVO TESTAMENTO

Hemos visto que el matrimonio fue instituido divinamente por el creador. Después de la caída, el pecado condujo a que esta institución divina se distorsionara. El matrimonio se convirtió en una lucha por el control en la que los hombres frecuentemente dominaban a sus esposas mientras que las esposas buscaban manipularlos. El divorcio fracturaba los matrimonios incluso por las razones más triviales. Se practicaba la poligamia (aunque no de forma generalizada), y las relaciones extramaritales violaban la sagrada confianza de la fidelidad matrimonial. Por lo tanto, aunque el ideal divino se estableció de forma clara y permanente en el relato de la creación, había una gran necesidad de restauración y renovación en los días de Jesús y de la iglesia primitiva.

El capítulo presente, dedicado al estudio de las enseñanzas del Nuevo Testamento sobre esta cuestión, intentará derivar una teología claramente cristiana del matrimonio a partir de las enseñanzas de ambos Testamentos (el Antiguo Testamento informado ahora por el Nuevo Testamento).[1] Después de discutir la visión de Jesús sobre el

[1] Para un breve estudio, véase Charles H. Scobie, *Ways of Our God: An Approach to Biblical Theology* (Grand Rapids; Cambridge: Eerdmans, 2003), 835-40. Los editores y varios de los colaboradores del proyecto Does Christianity Teach Male Headship? *The Equal-Regard Marriage and Its Critics* (Grand Rapids: Eerdmans, 2004), sostienen que la enseñanza del NT sobre el matrimonio y la familia es esencialmente aristotélica y «se abrió camino en los textos del cristianismo primitivo», como Ef. 5:21-33; Col. 3:18-25; y 1 Pe. 3:1-7 (p. 4; véanse también las pp. 94-95, 133). Sostienen que los matrimonios y las familias cristianas deberían sustituir el modelo de jefatura y sumisión por un enfoque de «igualdad de miras», de amor al prójimo, en el que «la esposa puede ser Cristo para el marido, así como el marido puede mediar el amor de Cristo

matrimonio, estudiaremos el mensaje de Pedro, así como los pronunciamientos de Pablo sobre este tema, con especial atención a sus primeras cartas a los Corintios, Timoteo y su carta a los Efesios. El capítulo concluye con un breve estudio de los matrimonios en el Nuevo Testamento.

Ya no serán dos, sino uno: la elevada perspectiva de Jesús sobre el matrimonio

Las enseñanzas de Jesús sobre los requisitos del discipulado subordinaban regularmente los lazos de parentesco a las obligaciones del reino.[2] Sin embargo, el Señor tenía mucho que decir sobre la necesidad de que las personas dieran prioridad al llamado de Jesús al discipulado, pero proporcionó relativamente pocas instrucciones sobre el matrimonio. Sin duda, la razón principal de esto es que Jesús, al igual que sus contemporáneos, asumió la validez del modelo divino para el matrimonio establecido en los primeros capítulos de Génesis.[3] Por esta razón, sería una falacia suponer que, debido a que Jesús enfatizó el llamado espiritual más alto de las personas y los requerimientos para el discipulado cristiano, tenía una visión baja del matrimonio o veía esta institución divina como prescindible o reemplazada por un llamado más alto y noble, que tal vez implicara la soltería a la luz del inminente fin de la era.[4]

---

para la esposa» (p. 138). Aunque una crítica completa de esta posición está más allá del alcance de este volumen, es difícil ver cómo esta postura otorga autoridad final a la enseñanza del NT sobre la jefatura masculina y la sumisión de la esposa y, por lo tanto, se basa en una visión elevada de las Escrituras.

[2] Véase el capítulo siguiente.

[3] Véase el capítulo anterior.

[4] Diana S. Richmond Garland y Diane L. Pancoast, editores, *The Church's Ministry with Families: A Practical Guide* (Dallas: Word, 1990), en un volumen que surgió de una conferencia sobre el matrimonio y la familia celebrada en 1987, abogan por una definición más amplia y «ecológica» de la familia, que trascienda la del matrimonio como «padres e hijos» o «personas emparentadas por sangre o matrimonio», según la cual la familia nuclear —una pareja casada e hijos— se asume como la norma. Siguiendo a A. Hartman y J. Laird, *Family-centered Social Work Practice* (Nueva York: Free Press, 1983), definen el matrimonio como «las relaciones a través de las cuales las personas satisfacen sus necesidades de intimidad, de compartir recursos, de ayuda tangible e intangible, de compromiso, de responsabilidad y de significación a lo largo del tiempo y de los contextos» (p. 11), incluyendo las amistades, los compañeros de piso, las «familias» del lugar de trabajo y los grupos comunitarios. El ensayo de David Garland en *Church's Ministry with Families* concluye que «las características definitivas de la familia ya no pueden considerarse el matrimonio legal y la paternidad biológica; en cambio, se resumen en el compromiso mutuo» (p. 33). Con estas premisas, la pastoral familiar consiste en «fortalecer las relaciones entre los miembros de la familia ecológica» (p. 14). Sin embargo, este enfoque presenta diversos problemas.

En primer lugar, esta definición de familia es demasiado amplia para ser significativa. En segundo lugar, la definición está insuficientemente arraigada en la moral bíblica, que denuncia las

Todo lo contrario. Cuando se le preguntó sobre el divorcio, Jesús afirmó la naturaleza permanente del matrimonio en términos muy claros. Citando los dos textos fundamentales del Antiguo Testamento, Génesis 1:27 y 2:24, afirmó: «Así que [marido y mujer] no son ya más dos, sino una sola carne; por tanto, lo que Dios unió, no lo separe el hombre» (Mt. 19:6).[5] Esto deja claro que Jesús consideraba el matrimonio como un *vínculo sagrado entre un hombre y una mujer, establecido por Dios y celebrado ante él.* Como señala acertadamente John Stott, «El vínculo matrimonial *es más que un contrato humano*: es un yugo divino. Y la manera en que Dios impone este yugo a una pareja casada no es creando una especie de unión mística, sino declarando su propósito en su palabra».[6]

Sin embargo, aunque Jesús tenía una visión muy elevada del matrimonio, como se ha mencionado anteriormente y como se analizará con más detalle en el siguiente capítulo, su enseñanza sobre los lazos familiares naturales proporciona importantes parámetros para su significado general y lo sitúa en el contexto más amplio del reino de Dios.[7] La culminación de este desarrollo se alcanzará en el estado eterno, donde las personas ya no se casarán, sino que serán como los ángeles (Mt. 22:30). De este modo, Jesús sienta las bases para la enseñanza de Pablo donde afirma que «los que tienen esposa sean como si no la tuviesen... porque este mundo, en su forma actual, pasará» (1 Cor. 7:29, 31). Aunque *la institución divina continúa siendo parte*

---

uniones homosexuales, que parecen estar incluidas (sin duda involuntariamente) en esta amplia definición. En tercer lugar, la definición es principalmente sociológica en lugar de teológica y bíblica, ya que no reconoce la Escritura como la autoridad final en el ámbito de las relaciones sociales. En cuarto lugar, no reconoce adecuadamente que Jesús, al mismo tiempo que daba gran importancia al discipulado que trasciende los lazos de carne y hueso, también tenía una visión muy elevada del matrimonio, reafirmando los propósitos originales de Dios para el matrimonio (Mateo 19:4-6; cf. Génesis 2:24), de modo que uno (el discipulado) no debe ser enfrentado al otro (el matrimonio). Por lo tanto, el cambio de una definición más tradicional del matrimonio y la familia a través de la enseñanza de Jesús sobre el discipulado a una definición amplia y sociológica que acentúa las redes familiares formadas por compromisos compartidos y marcadas por la cohesión es ilegítimo.

[5] Nótese que la palabra dos se encuentra en la Septuaginta griega, pero no en el texto masorético hebreo. Mateo 19 se analizará con más detalle en el capítulo sobre el divorcio (cap. 10).

[6] John R. W. Stott, «Marriage and Divorce», en *Involvement: Social and Sexual Relationships in the Modern World*, vol. 2 (Old Tappan, NJ: Revell, 1984), 167. Véase la discusión sobre la naturaleza del matrimonio al final de este capítulo. Sobre el antiguo matrimonio judío y las bodas, véase Craig S. Keener, «Marriage», en Craig A. Evans y Stanley E. Porter, eds., *Dictionary of New Testament Background* (Downers Grove, IL: InterVarsity, 2000), 684-86.

[7] Aunque Cynthia Long Westfall, «Family in the Gospels and Acts», en Richard S. Hess y M. Daniel Carroll R., eds., *Family in the Bible* (Grand Rapids: Baker, 2003), 146, puede erigir una dicotomía tal vez demasiado aguda cuando escribe: «Sin embargo, Jesús no pretendía que la familia fuera la institución más importante de la tierra o la unidad central de la identidad y el propósito de un cristiano».

fundamental para la humanidad, la cual debe ser alimentada, guardada y protegida, el matrimonio no debe considerarse como un fin en sí mismo, sino que debe estar *subordinado* a los *propósitos de salvación más amplios* de Dios.[8] Trataremos este tema con más detalle en nuestro análisis de la enseñanza de Pablo sobre la naturaleza del matrimonio en Efesios.

Sumisión y sensibilidad: el mensaje de Pedro a los esposos y esposas (1 Pedro 3:1-7)

Los comentarios de Pedro sobre la relación marital están escritos en el contexto del sufrimiento de los creyentes a manos de los incrédulos, en el presente caso, las esposas creyentes están llamadas a vivir con maridos incrédulos. La regla general de conducta de Pedro es la sumisión «por causa del Señor sométanse a toda institución humana» (1 Pe. 2:13), incluyendo el gobierno (1 Pe. 2:13-17), las autoridades en el trabajo (1 Pe. 2:18) y en el hogar (1 Pe. 3:1). En el caso de las relaciones laborales, se insta a la sumisión no sólo a los superiores «buenos y amables, sino también a los injustos» (1 Pe. 2:18). Las esposas deben someterse «igualmente» a los maridos incrédulos (1 Pe. 3:1).[9]

En todo esto, Cristo ha dado ejemplo (1 Pe. 2:21), hasta la cruz (1 Pe. 2:24). El matrimonio, al igual que otras relaciones humanas, se inscribe, pues, en el marco más amplio del testimonio cristiano del creyente en el mundo incrédulo que le rodea. Aunque no existe ninguna garantía (cf. 1 Cor. 7:16), las esposas creyentes han de trabajar y orar para que sus maridos «sean ganados sin palabra por la conducta de sus esposas, considerando vuestra conducta respetuosa y pura» (1 Pe. 3:1-2; cf. 1 Cor. 7:12-14). Dichas esposas deben cultivar la belleza interior y espiritual (descrita por Pedro en 1 Pe. 3:4 como «ornato... con la belleza imperecedera de un espíritu apacible y tranquilo»), siendo

---

[8] Para un breve estudio de la enseñanza del NT sobre las relaciones sexuales fuera del matrimonio que revela la coherencia entre Jesús, Pablo y otros autores del NT, véase Scobie, *Ways of Our God*, 837- 38, que abarca el adulterio (Mt. 5:27-28; 19:18 y pars.; Rom. 13:9; Sant. 2:11), la fornicación (Mt. 15:19 par. Mc. 7:21; He. 15:20, 29; 1 Cor. 6:9, 13, 18), la prostitución (Lc. 7:48; 1 Cor. 6:15-16; Heb. 13:4) y la homosexualidad (Rom. 1:18-32 y otros).

[9] Esto no equivale en absoluto a una licencia para que los maridos abusen de sus esposas físicamente o de cualquier otra manera, ni excluye la necesidad de que las esposas se separen de sus maridos abusivos para evitar daños graves. Las delicadas implicaciones pastorales de tales situaciones exigen una considerable sabiduría en cada caso individual. Para un relato esclarecedor de un matrimonio entre una esposa creyente y un marido incrédulo que incluye consejos útiles sobre cómo tratar este asunto, véase Lee y Leslie Strobel, *Surviving a Spiritual Mismatch in Marriage* (Grand Rapids: Zondervan, 2002). Véase también la discusión juiciosa y detallada en Christopher Ash, *Marriage: Sex in the Service of God* (Leicester: Inter-Varsity, 2003), 327-36.

sumisas a sus maridos como Sara lo fue con Abraham, incluso cuando sus directivas no estén informadas por una mente y un corazón regenerados, siempre y cuando esto no implique pecado (1 Pe. 3:3-6; cf., e.g., Gn. 20).[10]

El principio general que se desprende de la enseñanza de Pedro, es que llevar a los incrédulos a Cristo es una causa mayor que insistir en la justicia en las relaciones humanas. Los creyentes deben aplazar sus ansias de justicia hasta el último día, confiando en Dios como hizo Jesús (1 Pe. 2:23). Mientras que Pablo insta a las esposas creyentes en sus cartas a los Efesios y a los Colosenses a someterse a sus maridos creyentes, aquí Pedro sube el listón aún más. La sumisión de la esposa a un marido incrédulo —y cualquier sufrimiento resultante— es hermosa a los ojos de Dios si se lleva con reverencia y con esperanza.[11]

En el contexto del tercer capítulo de la primera carta de Pedro, parece haber un cambio de enfoque casi imperceptible, pasando del matrimonio entre un creyente y un incrédulo, al matrimonio entre creyentes. Mientras que los versículos 1-4 parecen aplicarse principalmente a los primeros, los versículos 5-6 evocan a «las mujeres santas» del pasado, incluida Sara, cuyo marido Abraham, aunque ocasionalmente pecó contra Sara, no es el prototipo del marido incrédulo. Así, Pedro, al igual que Pablo, imagina unas relaciones matrimoniales entre creyentes que se caracterizan por la sumisión de las esposas («esposas, estad sujetas a vuestros maridos», [1 Pe. 3:1]) y el trato considerado de los maridos hacia sus esposas («vivid con ellas sabiamente, dando honor a la mujer como a vaso más frágil, y como coherederas de la gracia de la vida...» [1 Pe. 3:7]).

En el único versículo dirigido a los maridos, Pedro equilibra admirablemente el reconocimiento de las distinciones entre los cónyuges y la noción de su igualdad en Cristo. Por un lado, las esposas son llamadas «el vaso más frágil» con el que los maridos deben vivir de forma comprensiva.[12] Pero, por otro lado, las esposas son llamadas «coherederas» junto con sus maridos del don de la vida (1 Pe. 3:7). La referencia a la eliminación de cualquier obstáculo para la oración

---

[10] Pedro incluso dice que «Sara... obedeció a Abraham y lo llamó su señor» (1 Pe. 3:6 cf. Gn. 18:12).

[11] Pero véase la precaución registrada en la nota 9.

[12] Wayne Grudem, 1 Pedro, *Tyndale New Testament Commentaries* (Grand Rapids: Eerdmans, 1988), 144, señala que se puede considerar «cualquier tipo de debilidad» por parte de la mujer, incluyendo la debilidad física, la debilidad en cuanto a la falta de autoridad y la mayor sensibilidad emocional. Thomas R. Schreiner, *1, 2 Pedro, Judas, New American Commentary* (Nashville: Broadman, 2003), 160 (citando a Kelly, Cranfield, Michaels, Davids, Hillyer y otros), rechaza las opiniones de que las mujeres son más débiles intelectual, emocional, moral y espiritualmente y cree que se trata de «pura fuerza [física]».

conyugal conjunta presupone igualmente que el enfoque inicial del matrimonio entre un creyente y un incrédulo ha dado paso al matrimonio entre creyentes.

Todas las cosas bajo un mismo techo: la visión de pablo sobre el matrimonio

Pablo es el que ofrece el tratamiento más completo del matrimonio entre los escritores del Nuevo Testamento. En primer lugar, examinaremos las enseñanzas del apóstol en 1 Corintios 7 y 1 Timoteo, antes de pasar a la exposición más extensa del matrimonio en su carta a los Efesios.[13]

El cumplimiento de las obligaciones matrimoniales (1 Cor. 7:2-5)

Los pronunciamientos de Pablo sobre el matrimonio en su primera carta a los Corintios forman parte de su respuesta a una carta que le enviaron los corintios, en la que habían solicitado al apóstol que tomara la palabra sobre algunas cuestiones controversiales (1 Cor. 16:17; cf. 1 Cor. 7:1: «En cuanto a las cosas de que me escribisteis»). En primer lugar, el apóstol se posiciona firmemente contra un falso ascetismo que valora la soltería como algo más espiritual que el matrimonio (1 Cor. 7:1). Suprimiendo sus funciones físicas en aras del avance espiritual, los defensores de esta enseñanza sugerían a los casados que se abstuvieran de mantener relaciones sexuales con su cónyuge o incluso les animaban a divorciarse para perseguir una supuesta espiritualidad más elevada y sin sexo.

Aunque 1 Corintios 7 se discute a menudo en el contexto de la alta valoración que hace Pablo de la soltería, también debemos mencionar que el mismo capítulo contiene una afirmación muy fuerte del matrimonio. Según Pablo:

> ...pero a causa de las fornicaciones, cada uno tenga su propia mujer, y cada una tenga su propio marido. El marido cumpla con la mujer el deber conyugal, y asimismo la mujer con el marido. La mujer no tiene potestad sobre su propio cuerpo, sino el marido; ni tampoco tiene el marido potestad sobre su propio

---

[13] Véase especialmente Ef. 5:21-33 par. Col. 3:18-19. Para un análisis de 1 Te. 4:3-8 y 1 Cor. 7, incluyendo referencias bibliográficas a la enseñanza del NT sobre el matrimonio hasta 1985, véase O. Larry Yarbrough, *Not Like the Gentiles: Marriage Rules in the Letters of Paul*, SBL Dissertation Series 80 (Atlanta: Scholars Press, 1985), esp. 65-125.

> cuerpo, sino la mujer. No os neguéis el uno al otro, a no ser por algún tiempo de mutuo consentimiento, para ocuparos sosegadamente en la oración; y volved a juntaros en uno, para que no os tiente Satanás a causa de vuestra incontinencia (1 Cor. 7: 2-5)

La preocupación de Pablo en el presente pasaje, por tanto, es que el hombre y la mujer no se aparten de las relaciones sexuales normales del matrimonio, sino que cumplan con sus obligaciones sexuales hacia su pareja.[14] Esto revela el respeto y la elevada visión que tiene Pablo del matrimonio, y contradice tanto la espiritualidad distorsionada promovida por algunos en el contexto original de Corinto, como el posterior ascetismo y la desequilibrada acentuación de la virginidad en el periodo patrístico.

El matrimonio es un estado honorable (1 Tim. 2:15; 4:1- 4)

Al igual que en 1 Corintios, 1 Timoteo contiene una fuerte reafirmación de la centralidad del matrimonio en la era de Cristo. Al igual que en Corinto, en el contexto de Éfeso (al que se dirige 1 Timoteo) había algunos que enseñaban que los cristianos debían abstenerse del matrimonio. Pablo contrarresta esta enseñanza con un lenguaje extremadamente fuerte, afirmando que aquellos quienes «prohíben el matrimonio» (1 Tim. 4:3) se «escuchando a espiritus engañadores y a doctrinas de demonios» (1 Tim. 4:1). Por el contrario, sostiene que «todo lo creado por Dios [incluido el matrimonio] es bueno, y nada debe rechazarse si se recibe con acción de gracias» (1 Tim. 4:4).

Anteriormente, Pablo afirma que la «maternidad» (i.e., la dedicación de la mujer a sus deberes domésticos y familiares, incluida la crianza de los hijos) es una parte vital de la vida de fe de la mujer (1 Tim. 2:15) y pide a los candidatos a supervisor y diácono que sean fieles a sus esposas (1 Tim. 3:2, 12; cf. Tito 1:6) y que administren bien sus hogares, manteniendo a sus hijos sumisos (1 Tim. 3:4; cf. Tit. 1:6). En el pasaje anterior, Pablo aduce tanto el relato de la creación como el de la caída en Génesis (cf. 1 Tim. 2:13-14), lo que indica que considera el matrimonio como una ordenanza en el orden de la creación

[14] Cf. David Instone-Brewer, Divorce and Remarriage in the Bible: The Social and Literary Context (Grand Rapids: Eerdmans, 2002), 193-94 (con más referencias bibliográficas en la p. 194 n. 7), quien argumenta de forma convincente que Pablo alude aquí a Ex. 21:10-11. Véase también la discusión sobre «las obligaciones mutuas del sexo dentro del matrimonio» según 1 Cor. 7:1-6 en Ash, *Marriage*, 188-92. Véase además el cap. 2 y el cap. 10.

divina, que se ha visto afectada por la caída, pero que no ha sido sustituida en absoluto en la era de Cristo.

Los roles del marido y la mujer (Ef. 5:21-33)

El tratamiento paulino más detallado del matrimonio se encuentra en su carta a los Efesios.[15] Será importante estudiar el pasaje sobre el matrimonio (Ef. 5:21-33) en el *contexto de toda la carta*. Veremos que el matrimonio se enmarca en el contexto más amplio de la restauración de todas las cosas por parte de Dios al final de los tiempos bajo la jefatura de Cristo, que incluye la restauración de todas las cosas, incluidos los judíos y gentiles creyentes, en el cuerpo de Cristo, la iglesia. La relación de Cristo con la iglesia, a su vez, proporciona el modelo para un matrimonio cristiano, en el que el esposo es designado como cabeza (como Cristo es la cabeza de la iglesia) y la mujer está llamada a someterse a su marido (como la iglesia lo está a Cristo). Analizaremos esta cuestión con detenimiento en nuestro análisis de Efesios 5:21-33.

Desde el principio, Pablo afirma el propósito general de Dios para la humanidad (incluyendo las parejas casadas) en la era de Cristo: «reunir todas las cosas bajo una sola cabeza, es decir, en Cristo [*anakephalaiøsasthai*], las que están en el cielo como las que están en la tierra» (Ef. 1: 10). Esto establece a Cristo como el punto central del programa de Dios para el fin de los tiempos, y más particularmente, a Cristo como cabeza (Ef. 1:22), no sólo de la iglesia (Ef. 1:22) sino de toda autoridad, tanto en la era presente como en la venidera (Ef. 1:21). Claramente, la jefatura de Cristo aquí transmite la noción de autoridad suprema, no meramente la de provisión o como el creador, como es mencionado en algunas ocasiones.[16] Como Señor exaltado, Cristo es la

---

[15] Véase también el interesante análisis de Efesios 5 de Francis Watson, *Agape, Eros, Gender: Towards a Pauline Sexual Ethic* (Cambridge: Cambridge University Press, 2000), 183-259. Watson observa con agudeza que tanto el considerar Efesios 5 como «una legitimación del matrimonio patriarcal» como el afirmar que «transforma el matrimonio patriarcal sometiéndolo al criterio del amor» simplifican el pasaje al ignorar sus complejidades (229 n. 6), refiriéndose a Ben Witherington, *Women and the Genesis of Christianity* (Cambridge: Cambridge University Press, 1990), 156; y Sarah J. Tanzer, «Ephesians», en Elisabeth Schüssler Fiorenza, ed., *Searching the Scriptures*, Vol. 2: A *Feminist Commentary* (Nueva York: Crossroad, 1994), 325-48, esp. 341.

[16] Porque Cristo no es la *fuente* de los demonios, sino su *cabeza.* Contra Catherine Clark Kroeger, «Head», en Gerald F. Hawthorne, Ralph P. Martin y Daniel G. Reid, eds., Dictionary of Paul and His Letters (Leicester; Downers Grove, IL: InterVarsity, 1993), 375-77; véase la crítica de Wayne Grudem, «The Meaning of kephalΣ ('Head'): An Evaluation of New Evidence, Real and Alleged», *Journal of the Evangelical Theological Society* 44 (2001): 25-65, reimpreso en Wayne Grudem, ed., *Biblical Foundations for Manhood and Womanhood* (Wheaton, IL: Crossway, 2002).

cabeza (*kephalΣ*), y todas las cosas están sujetas a él (*hypotassø*; cf. Flp. 2:9-11).

La primera lección importante para el matrimonio que se desprende de la enseñanza de Pablo en Efesios es, por tanto, que *la relación matrimonial debe contemplarse dentro del ámbito de los propósitos más amplios de la historia de la salvación de Dios y del final de los tiempos, es decir, la reunión de «todas las cosas en el cielo y en la tierra bajo una sola cabeza, Cristo»* (Ef. 1:10). Esto incluye los poderes espirituales que se someterán plenamente a Cristo (Ef. 1:21); la reunión de judíos y gentiles en una entidad histórica de salvación y del fin de los tiempos, la iglesia (Ef. 2:11-22; 3:6-13); la restauración de la creación (cf. Ro. 8:18-25), que los hombres, como portadores de la imagen divina, están trabajando actualmente para someterla (Gn. 1:28); y, lo que es más relevante para nuestros propósitos actuales, la restauración de la relación matrimonial hombre-mujer tal y como la realizan los creyentes cristianos comprometidos y llenos del Espíritu, que superan la lucha constante de la manipulación y el dominio (cf. Gn. 3:16)[17] en el poder de Cristo y se relacionan entre sí con la debida sumisión y amor. Por lo tanto, los propósitos de Dios son mayores que el matrimonio o los roles masculino-femenino, pero incluyen significativamente esta relación (véase 1 Pe. 3:1-7).

Pablo continúa desarrollando estas importantes verdades en los siguientes capítulos de su carta. En Efesios 2, afirma que los creyentes (y, por tanto, también los esposos y esposas cristianos) estaban antes en el reino de satanás, pero ahora han sido vivificados en Cristo, mediante la gracia (Ef. 2:5). Han sido resucitados y exaltados *con él*, participando en su victoria sobre satanás (Ef. 2:6). El plan de Dios para reunir todas las cosas en y bajo Cristo al final de los tiempos no es más evidente que en su inclusión de los gentiles en la comunidad de creyentes junto con los judíos (Ef. 2:11-22; 3:6).[18] Esto es calificado por Pablo como un «misterio» histórico de salvación, oculto en el pasado en los propios propósitos de Dios, pero ahora traído a la luz y desempacado por el propio apóstol.[19]

---

[17] Sobre Gen. 3:16, véase especialmente Susan T. Foh, «What Is the Woman's Desire?» *Westminster Theological Journal* 37 (1975): 376-83, quien interpreta acertadamente Génesis 3:16 a la luz de Génesis 4:7, donde «deseo» transmite un sentido de intento de dominio o control. Véase también el escenario de la caída (Génesis 3), que es citado por Pablo en 1 Tim. 2:14-15 como una de las dos razones de su prohibición de que las mujeres enseñen o ejerzan autoridad sobre un hombre en la iglesia (cf. 1 Tim. 2:12).

[18] Obsérvese que los gentiles constituyen la mayoría de los lectores de Pablo en Efesios.

[19] Véase más adelante en Ef. 5:32. La traducción habitual al inglés de esta expresión por «misterio» es algo engañosa, ya que «misterio» es, en el mejor de los casos, un cognado parcial del término griego *mysterion*. De hecho, en un sentido muy importante *mysterion* transmite el sentido opuesto de «misterio», ya que mientras el término significa «algo secreto o no revelado»

Al final de su exposición sobre las bendiciones espirituales de los creyentes en Cristo, Pablo hace una oración por todos los creyentes para que Cristo viva en sus corazones por la fe y para que, arraigados y establecidos en el amor, conozcan el amor de Cristo en sus vidas (Ef. 3:17, 19). El hecho de que Pablo comience su oración con una referencia a Dios «el Padre, de quien toma nombre toda familia en el cielo y en la tierra» (Ef. 3:14-15) enfatiza la relevancia de la oración de Pablo no sólo para los creyentes en general, sino *para los matrimonios y las familias en particular*. Al llamar a Dios «el Padre, de quien toma nombre toda familia en el cielo y en la tierra» se identifica al creador como quien estableció el matrimonio y tiene legítima jurisdicción sobre él. Al vincular el gobierno de Dios sobre las familias en el cielo y en la tierra, se demuestra que sus propósitos del final de los tiempos de unir todas las cosas bajo la jefatura de Cristo abarcan tanto las familias terrestres como las realidades celestiales. Y puesto que se muestra que Cristo tiene la autoridad suprema sobre todos los seres sobrenaturales y terrenales, se considera que el liderazgo del esposo (afirmado en Ef. 5:23) por analogía connota también el ejercimiento de autoridad sobre su esposa.

La segunda mitad de la carta se dedica a exponer la nueva vida en Cristo que los creyentes deben disfrutar en la unidad del «cuerpo de Cristo», la iglesia. Deben andar de manera digna de su vocación, darse preferencia unos a otros en el amor y conservar la unidad espiritual en la paz (Ef. 4:1-3; cf. 4:4-6). Dios ha dado dones espirituales y ha instituido diversos ministerios en la iglesia para equipar a los creyentes para su propio ministerio. En todo esto, su meta es una «humanidad perfecta» (*andra teleion*, Ef. 4:13 NVI) que habla la verdad en amor y en todo crece en Cristo, quien es la cabeza (Ef. 4:13-16). Pablo contrasta entonces el viejo yo, con su independencia, falta de sumisión a la autoridad, rebeldía y esclavitud a las pasiones; con el nuevo yo, que se caracteriza por una correcta sumisión, una actitud respetuosa hacia la autoridad y el amor. Convertirse en cristiano es como despojarse de las ropas viejas y vestirse de las nuevas (Ef. 4:22, 24; cf. Col. 3;9-10): debe haber un cambio marcado y notable en el espíritu y el comportamiento —incluyendo el comportamiento promulgado en el contexto del matrimonio y la familia.

---

o incluso «algo intrínsecamente incognoscible», la expresión griega se refiere a una verdad que antes no se revelaba pero que ahora se ha dado a conocer (véase Andreas J. Köstenberger, «The Mystery of Christ and the Church: Head and Body, "One Flesh"», *Trinity Journal* 12 n.s. [1991]: 80-83). Otros misterios que aparecen en las Escrituras son el propio Cristo (Col. 2:2; 4:3), la santificación de los creyentes (1 Tim. 3:16), la transformación (¿el rapto?) de los creyentes (1 Cor. 15:51), la ceguera actual de Israel (Rom. 11:25) y la anarquía general (2 Te. 2:7).

En el contexto inmediato anterior a la enseñanza de Pablo sobre los roles matrimoniales, exhorta a los creyentes a vivir una vida de amor en armonía con el amor de Cristo, que dio su vida como sacrificio por ellos (Ef. 5:1-2; cf. 5:25).

A la inversa, no debe haber inmoralidad sexual (*porneia*; Ef. 5:3; cf. 1 Cor. 6:15-16). La iglesia, como comunidad de los últimos tiempos (y, por tanto, cada creyente) debe estar llena del Espíritu (Ef. 5:18) en correspondencia con la llenura de Dios del santuario del Antiguo Testamento con su presencia espiritual.[20] En primer lugar, esta llenura del Espíritu se refiere a la adoración congregacional (y, por tanto, tiene un significado corporativo y no meramente individualista; Ef. 5:19-20).[21] Continuando con la misma frase en el griego original, Pablo relaciona la llenura del Espíritu también con la relación matrimonial (Ef. 5:21-24). Estar debidamente sometido (*hypotassø*, Ef. 5:21, 22) es, pues, una señal de la llenura del Espíritu, en contraste con el estilo de vida anterior de los creyentes, que se caracterizaba por la rebelión hacia la autoridad.

Una segunda lección importante para las parejas casadas, entonces, es que las instrucciones para las esposas y los esposos (así como las de los padres/hijos y los esclavos/maestros más adelante) están *dirigidas hacia los creyentes llenos del Espíritu y no a los que están fuera de Cristo.* Por lo tanto, no debería sorprender a nadie que las palabras de Pablo no tengan sentido para aquellos que no siguen el camino del discipulado cristiano. Esto no significa, sin embargo, que Efesios 5:21-33 contenga instrucciones sobre las relaciones entre hombres y mujeres que sean meramente de naturaleza privada. Más bien, estos mandatos exponen el ideal divino y la voluntad permanente del creador para *todos* los hombres y mujeres casados, y no sólo para los creyentes en Jesucristo.

En los versículos siguientes, Pablo, utilizando el formato del antiguo código de la casa, cita modelos para que tanto las esposas como los esposos los emulen: para las esposas, la iglesia en su sumisión a Cristo (Ef. 5:24); para los esposos, el amor sacrificial de Cristo por la iglesia, que resulta en su limpieza, santidad y pureza (Ef. 5:25-28). Más

---

[20] Véase Andreas J. Köstenberger, «What Does It Mean to Be Filled with the Spirit? A Biblical Investigation», *Journal of the Evangelical Theological Society* 40 (1997): 229-40 para una discusión detallada de Ef. 5:18 y pasajes relacionados.

[21] Cf. Timothy G. Gombis, «Being the Fullness of God in Christ by the Spirit: Ephesians 5:18 in its Epistolary Setting», *Tyndale Bulletin* 53, no. 2 (2002): 262-64, citando a Thomas R. Schreiner, *Paul, Apostle of God's Glory in Christ: A Pauline Theology* (Downers Grove: InterVarsity, 2001), 338; Köstenberger, «What Does It Mean to Be Filled with the Spirit?» 233; y Gordon D. Fee, *Paul, the Spirit, and the People of God* (Peabody, MA: Hendrickson, 1996), 63-73.

adelante, Pablo añadirá una segunda analogía de sentido común a partir de la naturaleza de las cosas, apelando al interés propio: cada uno ama su propio cuerpo; por tanto, a la luz de la unión de una sola carne entre hombres y mujeres, si los maridos aman a sus esposas, esto equivale a que se aman a sí mismos (Ef. 5:29-30).

Basándose en Efesios 5:21 («sometiéndoos *unos a otros* en el temor de Dios»), algunos argumentan que Pablo no enseña la sumisión de las esposas a sus maridos *solamente*, sino *también* la de los maridos a sus esposas en «sumisión mutua».[22] Debemos admitir que esto es lo que Efesios 5:21, leído por sí mismo, podría sugerir, pero no debemos dejar de leer el versículo 5:21, y así extraer de los versículos siguientes cuál es la definición de Pablo sobre «someterse unos a otros». Está claro que la respuesta es (nuestro tercer principio importante sobre el matrimonio de la carta de Pablo a los Efesios) que *las esposas deben someterse a sus maridos*, que son llamados «cabeza» de sus esposas, como Cristo es cabeza de la iglesia (Ef. 5:22-24) *mientras que los esposos deben amar a sus esposas con el amor sacrificial de Cristo* (Ef. 5:25-30). Esto va en contra de la noción de «sumisión mutua» en el contexto de la identidad de los roles de género.[23] Como afirma un destacado

---

[22] Véase, E.g., el cap. 8 en Instone-Brewer, *Divorce and Remarriage in the Bible*, esp. 236-37, quien sostiene «que ya no hay necesidad de enseñar la sumisión. En los días del NT causaría un escándalo si se omitiera la sumisión de las esposas en la instrucción moral, pero ahora es probable que cause un escándalo igual si se incluye. La triple enseñanza de la sumisión no tuvo un origen cristiano, y el número de advertencias y explicaciones añadidas a esta enseñanza por los autores del NT sugiere que se sentían algo incómodos con ella. Intentaron cristianizarla añadiendo que la cabeza de familia debía mostrar respeto por los que se sometían a él, y tal vez someterse a ellos a su vez». Por esta razón, Instone-Brewer dice que no se debe «obligar» a ninguna novia a hacer un voto de sumisión a su marido, pero si ella opta por hacer tal voto, su marido debe igualmente hacer un voto de sumisión a su esposa. Por nuestra parte, no vemos pruebas textuales claras de la «incomodidad» de los autores del NT con la enseñanza de la sumisión de la esposa. Ciertamente, no abogamos por «obligar» a las esposas a hacer voto de sumisión a sus maridos. Es claramente falaz decir que, porque la enseñanza cristiana de la sumisión a las autoridades tuvo orígenes no cristianos (suponiendo que sea así en aras del argumento), se deduce que esta enseñanza bíblica no es autoritaria. Tampoco parece posible separar la moral sexual bíblica del principio de sumisión. La analogía entre la jefatura de Cristo sobre la iglesia y la jefatura del marido sobre la mujer en Ef. 5:23-25, también milita en contra de dejar de lado la jefatura del marido y la sumisión de la esposa como irrelevantes e inaplicables para hoy. Por estas y otras razones, el razonamiento y las conclusiones de Instone-Brewer deben juzgarse como incoherentes con el propio mensaje de las Escrituras sobre el tema.

[23] Véase especialmente la refutación definitiva y prácticamente incontestable de la noción de «sumisión mutua» de los cónyuges en Christopher Ash, *Marriage*, 307-10. La discusión completa de Ash sobre la sumisión y la jefatura en las páginas 311-27 merece una lectura cuidadosa. Véase también Wayne Grudem, «The Myth of Mutual Submission as an Interpretation of Ephesians 5:21», en Wayne Grudem, ed., *Biblical Foundations for Manhood and Womanhood*, 221-31, quien sugiere que la fuerza del término griego *allelois* es «unos a otros» (contra Roger R. Nicole, «The Wisdom of Marriage», en *The Way of Wisdom: Essays in Honor of Bruce K. Waltke,* ed. J. I. Packer y Sven K. Soderlund [Grand Rapids: Zondervan, 2000], 290; Scobie, Ways of Our God, 839, y otros). En lugar de hablar de «sumisión mutua», puede ser más apropiado hablar de «humildad mutua» (nótese el cambio de sumisión a humildad en 1 Pe. 5:5-6). Véase también

comentarista, «la sumisión mutua coexiste con una jerarquía de roles dentro del hogar [cristiano]… hay un sentido general en el que los maridos deben tener una actitud sumisa hacia sus esposas, anteponiendo los intereses de éstas a los suyos. Pero esto no elimina el [rol] más específico en el que las esposas deben someterse a sus maridos».[24]

Una comparación con Efesios 1:22 y 4:15 apoya aún más la noción, en cuarto lugar, de que la *«jefatura» no implica simplemente la crianza* (aunque lo hace; véase Ef. 5:29), *sino también una posición de autoridad.* Esta posición de autoridad del hombre es una función, no de mérito o valor intrínseco por su parte, sino de la voluntad soberana de Dios (y es quizás un reflejo de la autoridad de Dios a la luz de su revelación de sí mismo como Padre). De ahí que el liderazgo del esposo, así como la sumisión de la mujer, se ejerza dentro de la órbita de la gracia y no del legalismo o la coacción. También debemos tener en cuenta que el paralelo en Colosenses abreviado: «Esposas, estad sujetas a vuestros maridos, como conviene en el Señor» (Col. 3:18) resume la totalidad de los consejos de Pablo a las esposas cristianas con respecto a su disposición marital (aquí no se habla de «sumisión mutua»).[25]

El hecho de que las esposas estén llamadas a reconocer y respetar la autoridad sobre ellas no es exclusivamente para ellas. Los hombres también deben someterse a Cristo, al liderazgo y la disciplina de la iglesia local, a las autoridades civiles, etc. Sin embargo, como ya se ha dicho, esto no altera el hecho de que hay un sentido en el que las esposas están llamadas a someterse a sus esposos de forma no recíproca (cf. 1 Pe. 3:1-6 en el contexto de 1 Pe. 2:13, 18). El ejercimiento de la autoridad por parte de los esposos, a su vez, no debe ser arbitrario ni abusivo, sino que debe estar motivado por el amor.[26] Una vez más, la

---

Daniel Doriani, «The Historical Novelty of Egalitarian Interpretations of Ephesians 5:21-22», *Biblical Foundations for Manhood and Womanhood,* 203-19; y Wayne Walden, «Ephesians 5:21: A Translation Note», Restoration Quarterly 45, no. 4 (2003): 254, quien señala que el pronombre *alleløn* no es tanto recíproco o mutuo como muestra «una actividad aleatoria o distributiva dentro del grupo» (Walden proporciona los ejemplos de personas que se pisotean unas a otras [Lc. 12:1]; que se envidian unas a otras [Gal. 5:26]; y que se matan unas a otras [Ap. 6:4], que difícilmente deberían entenderse en un sentido mutuo). De ahí que Ef. 5:21 no exija la «sumisión mutua» de marido y mujer, sino que pida a las esposas que se sometan a sus maridos y a los maridos que amen a sus esposas.

[24] Andrew T. Lincoln, *Efesios, Word Biblical Commentary* (Dallas, TX: Word, 1990), 366, citado en Gerald F. Hawthorne, «Marriage and Divorce», en *Dictionary of Paul and His Letters*, 596. Véase también la discusión en Watson, *Agape, Eros, Gender*, 219-59.

[25] En ese contexto, el amor de los maridos se define además como no ser duro con la esposa (cf. 1 Pe. 3:7).

[26] Cf. Hawthorne, «Marriage and Divorce», 596.

enseñanza de Pedro coincide con la de Pablo: «Vosotros, maridos, igualmente, vivid con ellas sabiamente, dando honor a la mujer como a vaso más frágil, y como a coherederas de la gracia de la vida...» (1 Pe. 3:7 RV1960)

También debemos señalar, en quinto lugar, que es manifiestamente *falso* que la sumisión de la esposa sea sólo *un resultado de la caída*, como a veces se afirma erróneamente.[27] Por el contrario, como hemos visto en el capítulo 2, Génesis 2 contiene varios indicios de el liderazgo y la sumisión formaban parte de la creación original de Dios: Dios creó primero al hombre (Gn. 2:7; señalado por Pablo en 1 Cor. 11:8 y 1 Tim. 2:13) y le impuso una doble comisión (Gn. 2:15-17); y Dios hizo a la mujer a partir del hombre y para el hombre (2:21-22; cf. 1 Cor. 11:8-9) como su ayuda idónea (Gn. 2:18, 20). El juicio de Dios después de la caída en Génesis 3:16 no altera el hecho de que el liderazgo masculino es parte del diseño de la relación entre marido y mujer antes de la caída; simplemente aborda las consecuencias negativas del pecado en la forma en que el marido y la mujer se relacionan ahora entre sí.[28] El hecho de que la sumisión de la mujer no sea simplemente un resultado de la caída, se ve respaldado por el presente pasaje, en el que son las mujeres cristianas, es decir, aquellas que han sido redimidas y regeneradas en Cristo, las que, sin embargo, tienen la obligación de someterse a sus maridos (Ef. 5:22). Como se ha mencionado, esto es coherente con el mensaje de Pablo en otros lugares, donde enfatiza, con referencia a Génesis 2:18, 20, que no es el hombre el que fue hecho para la mujer, sino la mujer para el hombre (1 Cor. 11:9), de modo que «Cristo es la cabeza de todo varón, y el varón es la cabeza de la mujer» (1 Cor. 11:3).

Por esta razón, debe concluirse que el entendimiento de que el patrón restaurado para el matrimonio en Cristo *trasciende* al de la sumisión y la autoridad, no es confirmado por el Nuevo Testamento, ya sea aquí o en otro lugar. En particular, Pablo refuta como herética la idea (defendida por algunos en su época) de que «la resurrección ya ha sucedido» (2 Tim. 2:18), es decir, que el futuro ha invadido tanto el presente, que las vidas presentes de los creyentes ya no necesitan prestar atención a los principios construidos en el tejido de la creación por el creador. En contra de los falsos maestros, el orden creado por Dios sigue proporcionando el marco para las relaciones humanas (cf. 1

[27] Véase, E.g., Stanley J. Grenz, *Sexual Ethics: A Biblical Perspective* (Dallas: Word, 1990).

[28] Véase especialmente Raymond C. Ortlund Jr., «Male-Female Equality and Male Headship», en John Piper y Wayne Grudem, eds., *Recovering Biblical Manhood and Womanhood: A Response to Evangelical Feminism* (Wheaton, IL: Crossway, 1991), 95-112, esp. 106-11.

Tim. 4:3). Aunque fue subvertido por la caída, este orden no debe dejarse de lado por los cristianos. Más bien, el propósito redentor de Dios en Cristo es contrarrestar los efectos del pecado en las relaciones humanas (y en otras esferas) mediante la nueva vida de los creyentes en el Espíritu. Sólo en el cielo las personas ya no se darán en matrimonio, sino que serán como los ángeles (Mt. 22:30). En la actualidad, todavía se casan, tienen hijos y deben cumplir el mandato cultural de someter y cultivar la tierra de acuerdo con los roles masculino-femenino establecidos en la creación.

Pablo completa su discurso con una alusión familiar a las Escrituras: «...y se convertirán en una sola carne» (Ef. 5:31; cf. Gn. 2:24: «ellos»). Algunos creen que esta referencia al relato de la creación establece una conexión entre la unión matrimonial y la relación de Cristo con la iglesia por medio de la tipología, es decir, una correspondencia «tipológica» a lo largo de las líneas históricas de la salvación, con Adán prefigurando a Cristo, Eva prefigurando a la iglesia, y la relación de Adán y Eva tipificando la unión de Cristo con la iglesia.[29] Esto es posible, aunque es importante señalar que el enfoque de Pablo aquí es la unión de Cristo con la iglesia (cf. Ef. 5:30-32) y ya no sobre el matrimonio (que dominaba la discusión en Ef. 5:21-29).[30] Por lo tanto, la apropiación que hace Pablo de Génesis 2:24 puede describirse mejor como una analogía o ilustración (por la que la unión marital de «una sola carne» ilustra la unión entre Cristo y la iglesia) más que como una tipología.

En cualquier caso, el punto central de Pablo parece ser que el matrimonio tiene el honor de encarnar el principio de «una sola carne» que más tarde, en la historia de la salvación, se hizo realidad espiritualmente también para la unión del Cristo exaltado con la iglesia, que es descrita por Pablo en términos de «cabeza», «miembros» y «cuerpo». Esto, así como la inclusión de los gentiles en el plan salvífico de Dios, es un *mystΣrion:* estaba oculto en la sabiduría divina en épocas pasadas, pero ahora se le ha dado a Pablo para ser revelado. Por tanto, se muestra que el matrimonio es parte integral de los propósitos salvíficos e históricos de Dios de reunir «todas las cosas bajo una sola cabeza, Cristo» (Ef. 1:10). La lección que debemos extraer de esto es que el matrimonio en la enseñanza cristiana, más que ser un fin en sí mismo, debe estar subsumido bajo el gobierno de Cristo. Así como Cristo debe gobernar sobre todos los poderes celestiales (Ef. 1:21-22) y sobre la iglesia (Ef. 4:15), también debe gobernar sobre la relación

---

[29] Cf. Peter T. O'Brien, *The Letter to the Ephesians, Pillar New Testament Commentary* (Grand Rapids: Eerdmans, 1999), 429-35.

[30] Véase Köstenberger, «Mystery of Christ and the Church», 79-94.

matrimonial (Ef. 5:21-33), la familia (Ef. 6:1-4) y el lugar de trabajo (Ef. 6:5-9). Un matrimonio forma parte de la iglesia (entendida como familia de familias, cf. 1 Tim. 3:15), y también forma parte de esa guerra espiritual que resiste al mal (Ef. 6:10-14) y busca promover los propósitos de Dios en este mundo (sobre todo la predicación del evangelio, Ef. 6:15, 19-20).[31] Por lo tanto, la relación matrimonial también debe considerarse en el contexto del testimonio cristiano en un entorno incrédulo, directamente por el hecho de que el marido y la mujer vivan los propósitos de Dios para la pareja cristiana, como indirectamente por formar parte de una iglesia bíblica que propaga activamente el mensaje del Evangelio.

Por último, el matrimonio no sólo forma parte de los *propósitos de Dios para los últimos tiempos en Cristo* (Ef. 1:10) y de la *operación del Espíritu* (Ef. 5:18), sino que también forma parte de una importante realidad más amplia que a menudo se pasa por alto, a saber, la de la *guerra espiritual* (Ef. 6:10-18).[32] Esto significa que el matrimonio no debe considerarse meramente en un plano horizontal y humano, sino que debe entenderse como algo que conlleva ataques espirituales que requieren que los esposos y las esposas «se pongan toda la armadura de Dios» para poder resistir esos ataques. Dado que la guerra espiritual no se refiere únicamente a la relación matrimonial, sino a la vida familiar en general (cf. Ef. 6:1-4), volveremos a tratar este tema con más detalle bajo el título «El matrimonio, la familia y la guerra espiritual» en el capítulo 8, donde abordaremos algunas cuestiones importantes relacionadas con el matrimonio y la familia.

---

[31] Sobre la guerra espiritual en relación con el matrimonio y la familia, véase la discusión en el capítulo 7.

[32] Para un tratamiento exhaustivo del tema de la guerra espiritual en el contexto de Efesios en su conjunto, véase Timothy Gombis, «The Triumph of God in Christ: Divine Warfare in the Argument of Ephesians» (tesis doctoral, Universidad de St. Andrews, 2005). Véase también el ensayo del mismo autor, «A Radically New Humanity: The Function of the Haustafel in Ephesians», en el *Journal of the Evangelical Theological Society* 48 (2005): 317-30. Para un tratamiento interesante de Efesios 6:10-18 en el contexto de toda la carta de Efesios, véase Donna R. Hawk-Reinhard, «Ephesians 6:10-18: A Call to Personal Piety or Another Way of Describing Union with Christ?» (ponencia presentada en la Reunión Regional del Medio Oeste de la Sociedad Teológica Evangélica de 2004).

Principios matrimoniales de la carta de Pablo a los Efesios

PRINCIPIOS MATRIMONIALES	REFERENCIA BÍBLICA
El matrimonio forma parte de los propósitos más amplios de Dios en Cristo	**Ef. 1:10**
Las instrucciones de Pablo están dirigidas a los creyentes llenos del Espíritu	**Ef. 5:8**
Ser cabeza implica autoridad (no solo crianza)	**Ef. 5:21-33**
Las esposas son llamadas a someterse, los hombres a amarlas (no en «sumisión mutua»	**Ef. 5:23-24 (cf. Ef. 1:22, 4:15)**
La sumisión por parte de las mujeres cristianas todavía es requerida (no fue un resultado de la caída)	**Ef. 5:22; Col. 3:18 (cf. Gn. 2:18, 20 y 11:3, 9)**
Enseñar que el matrimonio cristiano no implica sumisión es distorsionar el alcance redentor de la obra de Cristo en esta vida	**Ef. 5:22 (cf. Mt. 22:30 y 1 Tim. 1:3; 2 Tim. 2:18)**
El matrimonio implica una Guerra spiritual, que requiere que los matrimonios se vistan con «la armadura de Cristo»	**Ef. 6:10-18**

Resumen y aplicación

Cerraremos nuestro análisis de la enseñanza de Pablo sobre el matrimonio en Efesios con algunos puntos de aplicación. En primer lugar, aunque algunos consideren que someterse a la autoridad del esposo es algo negativo, una forma más precisa de ver los roles matrimoniales es entender que las esposas están llamadas a *seguir el liderazgo amoroso de su marido* en su matrimonio. Este liderazgo y sumisión deben tener lugar en el contexto de una verdadera relación de pareja, en la que el marido valora genuinamente el compañerismo y el consejo de su mujer y la mujer valora sinceramente el liderazgo de su marido. Uno de los legados más difíciles de superar del feminismo radical es que muchos tienden a ver las relaciones entre hombres y mujeres en términos adversos. Esto es contrario al deseo y al diseño de Dios y al mensaje bíblico.

En segundo lugar, existe una *diferencia entre el matrimonio tradicional y el bíblico*. El matrimonio tradicional puede entenderse como el tipo de división del trabajo por el cual las mujeres son responsables de cocinar, limpiar, lavar la ropa, etc., mientras que los hombres están trabajando para ganar el ingreso familiar. Aunque las Escrituras especifican que el trabajo fuera del hogar es responsabilidad principal del hombre y que el hogar es el centro de la actividad de la mujer (e.g., 3:16-19; Pr. 31:10-31 [aunque el alcance de la mujer no se limita al hogar]; 1 Tim. 2:15; 5:10, 14), la Biblia no es un libro de leyes y no pretende buscar legislar la división exacta entre las labores de ambas partes.[33] Por lo tanto, dentro de los parámetros bíblicos descritos anteriormente, queda espacio para que la pareja individual pueda elaborar su propio acuerdo distintivo y específico. Esto puede variar de una pareja a otra y debe considerarse parte de la libertad cristiana.

Por ejemplo, algunas mujeres pueden estar más dotadas que los hombres en el área de las finanzas. En ciertas familias puede ser ventajoso que la mujer se quede con las finanzas familiares si la pareja está de acuerdo, siempre y cuando el marido conserve la responsabilidad final sobre esta área. A la inversa, algunos hombres pueden ser mejores en la cocina que sus esposas. De nuevo, no parece haber ninguna razón de peso para que en ciertas familias los hombres no puedan contribuir de esta manera siempre que la pareja esté de acuerdo. Los problemas podrían surgir sólo si el patrón se invirtiera tan radicalmente que el esposo se centrara principal o exclusivamente en la esfera doméstica mientras la mujer forma parte de la fuerza de trabajo. Sin embargo, incluso esto podría no ser problemático si durante un tiempo *limitado* una pareja, por ejemplo, mientras el marido está estudiando, acuerda este tipo de dinámica.[34] También habrá casos

[33] Cuando hablamos de la «esfera primaria» y el «centro» de la actividad del hombre y la mujer ordenados por Dios, no defendemos ni aprobamos que el marido descuide a su esposa y a su familia, ni tratamos de confinar a la mujer al hogar, como puede ocurrir en los acuerdos tradicionales. Tampoco pretendemos quitar la responsabilidad conjunta de hombres y mujeres de gobernar la tierra para Dios. Simplemente reflejamos la enseñanza bíblica en pasajes como Gn. 3:16-19, que parecen establecer una distinción en cuanto a las principales esferas de actividad del hombre y la mujer, indicando funciones distintas pero complementarias. En lugar de oponer el trabajo del marido fuera del hogar a su dedicación al matrimonio y a la familia, debería considerarse en el contexto más amplio del cumplimiento de su responsabilidad de mantener a su familia. En cuanto a la mujer, su papel en la crianza de los hijos ya indica que, biológicamente, su función se centra en los hijos y la familia de una manera distintiva y única.

[34] Algunos pueden objetar la noción de que los roles de género se suspendan ostensiblemente «por un tiempo limitado» como en el escenario descrito aquí. Sin embargo, hay que señalar que un acuerdo de este tipo no constituye necesariamente una suspensión de los roles de género bíblicos adecuados. Por el contrario, en el ejemplo anterior (y en otros ejemplos que podrían aducirse), la búsqueda de educación por parte del marido puede ser, de hecho, una manifestación de su liderazgo y de la provisión para su familia. El ajuste temporal de los roles puede constituir simplemente un medio para ese fin. El liderazgo de la familia por parte del marido implicará la búsqueda de soluciones en oración a las circunstancias o crisis individuales de la familia. Como hemos descrito en este capítulo, el liderazgo y la sumisión son principios bíblicos infalibles, el patrón normativo con el que estamos continuamente llamados a alinearnos. Al mismo tiempo, la

excepcionales en los que la mujer necesite asumir el papel de proveedora principal de manera *permanente* (como cuando la discapacidad física de un hombre no le permite mantener un empleo remunerado). Sin embargo, estas parejas deben esforzarse por emular el modelo bíblico de jefatura y sumisión, en la medida de lo posible. Incluso estas circunstancias inusuales no alteran el patrón de las Escrituras para los esposos y esposas en general.

En tercer y último lugar, debemos rechazar las *caricaturizaciones inapropiadas* de la enseñanza bíblica de la sumisión de la esposa y del liderazgo amoroso del marido (que incluye el ejercimiento adecuado de la autoridad); deben ser *rechazados* como intentos deliberados o involuntarios de desacreditar dicho modelo como impropio de la dignidad humana de la mujer o de nuestros tiempos modernos «ilustrados». La clase de sumisión de la que habla la Escritura no es similar a la *esclavitud* donde una persona es dueña de otra. No estamos hablando de *subordinación* en el que una persona cumple las órdenes de otra sin una aportación o interacción inteligente. Ni siquiera es verdaderamente *jerárquico*, ya que esto evoca la idea de una cadena de mando descendente al estilo militar en la que se pide al soldado que obedezca, sin hacer preguntas, las órdenes de su superior. Ninguno de estos calificativos constituye una descripción exacta de las Escrituras en lo que respecta a las funciones del hombre y la mujer, ni tampoco representan de forma justa la comprensión de las funciones de los sexos que se expone en las páginas de este libro.

El modelo bíblico del matrimonio es más bien el de la complementariedad amorosa, donde el marido y la mujer son compañeros que se valoran y respetan mutuamente, y el liderazgo amoroso del esposo se encuentra con la respuesta inteligente de la esposa. Si Cristo eligió someterse a Dios Padre siendo igual en valor y persona, no parece haber ninguna buena razón por la que Dios no pueda haber diseñado la relación marido-mujer de tal manera que la esposa esté llamada a someterse al hombre siendo igual en valor y persona. Como escribe Pablo a los corintios: «Pero quiero que sepáis que Cristo es la cabeza de todo varón, y el varón es la cabeza de la mujer, y Dios, la cabeza de Cristo» (1 Cor. 11:3).

Al igual que en el capítulo anterior, trataremos de extraer enseñanzas de algunos ejemplos concretos de matrimonios antes de concluir nuestro análisis en el Nuevo Testamento.

---

aplicación concreta de estos principios fijos debe ser flexible y puede modificarse temporalmente según las circunstancias, sin que ello afecte a la validez de los propios principios bíblicos.

Visión del matrimonio en el Nuevo Testamento

En comparación con el Antiguo Testamento, el Nuevo Testamento ofrece menos ejemplos de matrimonios.

Los Evangelios

En ellos encontramos muy poca información sobre el matrimonio de María, la madre de Jesús, y José (los relatos del nacimiento virginal preceden a su unión matrimonial). Los Evangelios se enfocan sobre todo en el llamado de Jesús al discipulado y contienen pocos ejemplos relativos a la relación matrimonial de determinadas parejas. Muchos de los seguidores de Jesús aparecen como individuos que se han beneficiado de su ministerio y han sido llamados por él a un compromiso espiritual. Algunos de sus seguidores más devotos, como María de Betania, aparentemente no estaban casados. Si estaban casados, se da poca o ninguna información sobre su matrimonio.

El libro de los Hechos

El libro de los Hechos proporciona mayor información sobre los matrimonios en la iglesia primitiva. Como en el caso de la evidencia del Evangelio, algunos seguidores de Cristo en el libro de los Hechos no están casados (como Lidia; He. 16:11-15) o se brida muy poca información específica sobre su relación matrimonial (como el carcelero de Filipos, que creyó con toda su familia; He. 16:25-34). Más allá de esto, el libro de los Hechos presenta un puñado de ejemplos de matrimonios, tanto positivos como negativos. Analizaremos brevemente un ejemplo negativo y luego uno positivo.

Ananías y Safira

Un ejemplo negativo es el de Ananías y Safira, quienes conspiran para mentir a los apóstoles sobre sus donaciones y son juzgados severamente por su deshonestidad (He. 5:1-11). La lección que se desprende de esto es que, aunque uno de los cónyuges decida pecar, el otro debe tomar su propia decisión y hacer lo correcto, sin importar las consecuencias. Dios no espera que uno de los cónyuges siga al otro en el pecado.[35]

[35] Véanse nuestros comentarios con respecto a Abraham y Sara en la sección equivalente al final del capítulo 2.

Aquila y Priscila

Un ejemplo muy positivo de un matrimonio comprometido con el ministerio cristiano, incluso con el servicio misionero, es el relato de Aquila y Priscila. Pablo conoce a esta pareja por primera vez en Corinto y trabaja junto a ellos como constructores de tiendas (He. 18:2-3). Más tarde, se unen a Pablo en su viaje a Éfeso (He. 18:18-19), donde el apóstol los deja mientras continúa su viaje. Algún tiempo después, escuchan al talentoso predicador Apolos en la sinagoga y, observando su necesidad de instrucción, lo llevan y le explican el camino de Dios con mayor precisión (He. 18:26).

Los dos son mencionados de nuevo en Romanos 16:3, donde ambos son llamados «colaboradores de Pablo en Cristo Jesús» que arriesgaron sus vidas por él. Aparentemente, Priscila y Aquila ya habían regresado a Roma para entonces (cf. He. 18:2, que se refiere a la expulsión original de todos los judíos de Roma por Claudio). La última referencia a esta pareja se encuentra en 2 Timoteo 4:19, donde Pablo les envía saludos (¿de vuelta en Éfeso?) desde la prisión en Roma.[36] Esta destacable pareja de misioneros se encontraba entre los aliados más estratégicos de Pablo en su misión gentil (cf. Ro. 16:4), desempeñando su rol en centros tan importantes como Éfeso, Corinto y Roma. Juntos organizaron iglesias domésticas dondequiera que fueron, instruyeron a otros como Apolos, e incluso «arriesgaron su vida» por Pablo.

Un aspecto delicado de la descripción que el Nuevo Testamento hace de esta pareja, es que Priscila parece haber tenido el rol principal en su relación. Esto se confirma por el hecho de que en cuatro de los seis casos en los que se menciona en el Nuevo Testamento, el nombre de Priscila aparece antes que el de su marido (He. 18:18-19, 26; Ro. 16:3; 2 Tim. 4:19; Aquila se menciona primero en He. 18:2 y 1 Cor. 16:19). Los eruditos han especulado que la razón de esto es que Priscila se convirtió antes que su marido, tal vez habiéndolo llevado a la fe en Cristo, o que jugó un papel más prominente en la vida y el trabajo de la iglesia que su marido.[37] Alternativamente, se ha conjeturado que «Prisca [la forma abreviada de su nombre] era la más dominante o la de mayor estatus social, y ella pudo haber proporcionado los recursos para sus viajes o haber sido quien planeaba las estrategias de sus

[36] Para más información sobre Priscila y Aquila en el contexto de la misión paulina, véase Andreas J. Köstenberger, «Women in the Pauline Mission», en Peter Bolt y Mark Thomas, editores, *The Gospel to the Nations: Perspectives on Paul's Mission* (Downers Grove, IL: InterVarsity, 2000), 227-28.

[37] C. E. B. Cranfield, *The Letter to the Romans*, International Critical Commentary (Edimburgo: T & T Clark, 1979), 2:784.

viajes».[38] Independientemente de las razones (ninguna de las cuales se indica específicamente en los textos bíblicos), observamos que aquí tenemos quizás uno de los ejemplos más destacados del Nuevo Testamento de una pareja casada totalmente comprometida a servir a Cristo en la causa de la misión cristiana.

El resto del Nuevo Testamento y la conclusión

Ni el género epistolar ni el apocalíptico se prestan fácilmente a una descripción más detallada de las relaciones maritales, por lo que las cartas del Nuevo Testamento y el libro del Apocalipsis no aportan material significativo a este respecto. Sin embargo, junto con nuestro estudio de los matrimonios en el Antiguo Testamento, más arriba, y nuestro análisis de los ejemplos de paternidad en ambos Testamentos, más abajo, los casos mencionados en el libro de los Hechos (por no hablar del material didáctico sobre el matrimonio y la familia en la Escritura) constituyen un recurso significativo para el estudio y la aplicación de la voluntad de Dios en estos ámbitos.

Conclusión

El estudio anterior sobre las enseñanzas del Nuevo Testamento acerca del matrimonio, muestra que este se afirma uniformemente como la institución fundacional, divinamente designada para la humanidad en la era de Cristo.

El principal pronunciamiento de Jesús sobre el tema se produjo cuando algunos fariseos le preguntaron por su opinión sobre el divorcio (Mt. 19:3). Esto se convirtió en una ocasión para que nuestro Señor reafirmara el ideal de Dios del matrimonio *monógamo, para toda la vida y heterosexual*, con referencia a los dos textos fundacionales del Antiguo Testamento sobre el tema (Mt. 19:4-6; cf. Gn. 1:27; 2:24). Según Jesús, «lo que Dios ha unido, que no lo separe el hombre» (Mt. 19:6; Mc. 10:9). Esto deja claro que Jesús no consideraba el matrimonio como una mera institución o convención social. Más bien, según Jesús, el matrimonio es un vínculo sagrado entre un hombre y una mujer instituido por Dios y celebrado ante él.

Además de este importante pronunciamiento sobre la afirmación del matrimonio, muchas de las declaraciones de Jesús abordan la importancia crítica de seguirle en el *discipulado*. Aunque el discipulado

[38] James D. G. Dunn, Romanos 9-16, *Word Biblical Commentary* (Dallas, TX: Word, 1988), 892.

en las enseñanzas de Jesús no se contrapone a la valoración del matrimonio, se presenta como el *requisito indispensable* para cualquier seguidor verdadero y comprometido de Cristo, trascendiendo y abarcando incluso sus obligaciones familiares. El hecho de que Jesús considerara la soltería como un don del reino para unos pocos elegidos (Mt. 19:11-12) indica que asumió claramente el matrimonio como la norma en esta vida (aunque no en la vida venidera, Mt. 22:30).

Entre los escritores del Nuevo Testamento, Pedro, en su primera carta, enseña la sumisión de la esposa incluso a los maridos incrédulos (1 Pe. 3:1-7). Como modelo, destaca a las «mujeres santas» del pasado, como Sara, que trató a su marido Abraham con respeto (aunque no siempre fue el marido perfecto, como atestigua el libro de Génesis).

También Pablo, sin dejar de lado sus comentarios positivos sobre la soltería, afirmaba los matrimonios y trataba de fortalecerlos. Al escribir a Corinto, defendió el matrimonio frente a quienes elevaban la soltería como un estado superior que permitía una mayor espiritualidad (1 Cor. 7:2-5). Al escribir a Timoteo en Éfeso, también defendió el matrimonio frente a quienes «prohíben el matrimonio» (1 Tim. 4:3), a los que denunció como seguidores de las «enseñanzas de demonios» (1 Tim. 4:1). Para las mujeres, Pablo afirmó el papel central de la «procreación», es decir, sus deberes domésticos y familiares (1 Tim. 2:15), y para los hombres que dirigirían la iglesia, exigió la fidelidad conyugal y la diligente disciplina paterna de los hijos.

La enseñanza de Pablo sobre el matrimonio tiene su máxima expresión en la carta a los Efesios. Desde el principio, el apóstol sitúa el matrimonio en el marco más amplio del plan de Dios de reunir «todas las cosas en el cielo y en la tierra bajo una sola cabeza, Cristo» (Ef. 1: 10). Así como Cristo ha sido puesto como cabeza sobre toda autoridad humana y celestial (Ef. 1:21), el marido fue puesto a cargo de su esposa (Ef. 5:22- 24). Esto lo hizo «el Padre, de quien toma nombre toda familia en los cielos y en la tierra» (Ef. 3:14-15). Según Pablo, esta jefatura implica tanto *la sumisión de la mujer a la autoridad del marido, como la devoción amorosa y sacrificial del marido a su esposa.* Pablo también enseña que un prerrequisito indispensable para un matrimonio cristiano, es que ambos cónyuges sean *creyentes* y que estén *llenos del Espíritu* al cumplir sus funciones y obligaciones maritales.

Por lo tanto, el Nuevo Testamento se basa en las enseñanzas del Antiguo Testamento sobre el matrimonio y las desarrolla, al tiempo que coincide con el ideal divino del matrimonio presentado en el libro de Génesis.

4

LA NATURALEZA DEL MATRIMONIO Y EL PAPEL DEL SEXO EN EL MATRIMONIO:

EL PROPÓSITO DE DIOS AL HACER A LA HUMANIDAD HOMBRE Y MUJER

Ahora que hemos concluido nuestro estudio sobre la enseñanza bíblica del matrimonio, estamos en condiciones de evaluar las tres posturas más comunes sobre la naturaleza del mismo. Existen tres puntos de vista básicos sobre la naturaleza del matrimonio: (1) el matrimonio como sacramento; (2) el matrimonio como contrato; y (3) el matrimonio como pacto. A continuación, trataremos cada una de estas definiciones.[1] A continuación, abordaremos un tema magnífico pero delicado: la ética del sexo. ¿Por qué Dios hizo al hombre varón y hembra? ¿Y cuál es la comprensión cristiana adecuada del sexo? La respuesta a esta pregunta está íntimamente ligada a una comprensión más profunda del plan de Dios para que el marido y la mujer vivan la vida de la manera que Dios quiso.

---

[1] Aunque en este capítulo sólo tratamos los tres modelos de matrimonio más extendidos en la actualidad, somos conscientes de que los cristianos han sugerido y mantenido otros modelos además de estos. Por ejemplo, el autor John Witte interactúa con el «modelo social» y el «modelo de mancomunidad» del matrimonio en su texto *From Sacrament to Contract: Marriage, Religion, and Law in the Western Tradition* (Louisville, KY: Westminster, 1997). Asimismo, John K. Tarwater menciona un «modelo evangélico no pactado», al que se suele denominar «modelo de institución divina», en su obra «The Covenantal Nature of Marriage in the Order of Creation in Genesis 1 and 2» (tesis doctoral, Southeastern Baptist Theological Seminary, 2002), 13-15.

El matrimonio como sacramento

La visión del matrimonio como un sacramento, aunque se remonta a las Escrituras, es en gran medida un producto de la tradición de la iglesia. *Sacramentum* es el término latino utilizado por Jerónimo en la Vulgata del siglo IV para traducir la expresión griega *mysterion* («misterio»), que describe la analogía entre el matrimonio, y la unión de Cristo y la iglesia en Efesios 5:32.[2] El *modelo sacramental* del matrimonio tiene sus raíces en los escritos del influyente padre de la Iglesia Agustín, quien en su texto *De bono conjugali* («Sobre el bien del matrimonio»), así como en sus escritos posteriores, señaló tres beneficios principales del matrimonio: la descendencia, la fidelidad y el vínculo sacramental.[3] Un estudio de sus obras revela que al utilizar la frase «vínculo sacramental» (*sacramentum*) Agustín intentaba comunicar que el matrimonio crea un vínculo santo y permanente entre un hombre y una mujer, que representa la unión de Cristo con la iglesia.

Sin embargo, a medida que la iglesia católica romana (que construyó gran parte de su teología a partir de los escritos de Agustín) desarrolló su teología sacramental completa, incluyendo los siete sacramentos dispensados por la iglesia (bautismo, primera comunión, confirmación, eucaristía, matrimonio, órdenes sagradas y unción de los enfermos), el concepto de matrimonio de Agustín fue *reestructurado*. En su manifestación reconcebida, codificada oficialmente en el Concilio de Trento (1545-1563), la iglesia católica romana definió el matrimonio (utilizando la terminología agustiniana) como un *sacramento*.[4]

---

[2] Véase Andreas Köstenberger, «Mystery of Christ and the Church: Head and Body, "una sola carne"». *Trinity Journal* 12 n.s. [1991]:79-94, especialmente 86-87, con referencia a Hans von Soden, «MUSGHRION und sacramentum in den ersten zwei Jahrhunderten der Kirche», *Zeitschrift für die neutestamentliche Wissenschaft* 12 (1911): 188-227.

[3] Agustín, «On the Good of Marriage» [*De bono conjugali*], en *The Nicene and Post-Nicene Fathers,* ed. Philip Schaff (Grand Rapids: Eerdmans, repr. 1980 [1887]). Philip Schaff (Grand Rapids: Eerdmans, repr. 1980 [1887]), Primera Serie, vol. 3, pp. 397-413. Véase también Agustín, «On Marriage and Concupiscence» [*De nuptiis et concu- piscentia*], bk. 1, cap. 11, *Nicene and Post-Nicene Fathers*, Primera Serie, vol. 5, 268; ídem, «On the Grace of Christ and on Original Sin» [*De gratia Christi, et de peccato originali*], bk. 2, cap. 39, *Nicene and Post-Nicene Fathers*, Primera Serie, vol. 5, p. 251. Las actitudes hacia la sexualidad, el matrimonio y la familia en el período patrístico son descritas por Peter Brown, *The Body and Society: Men, Women and Sexual Renunciation in Early Christianity* (Londres: Faber & Faber, 1990).

[4] Véase «Doctrine on the Sacrament of Matrimony» (Doctrina sobre el sacramento del matrimonio) de la vigésimo cuarta sesión del Concilio de Trento en James Waterworth, ed. y trans., *The Canons and Decrees of the Sacred and Oecumenical Council of Trent* (Londres: Dolman, 1848), 192-232. Para una presentación básica de la teología sacramental católica romana, véase Alan Schreck, *Basics of the Faith: A Catholic Catechism* (Ann Arbor, MI: Servant, 1987), 147-82.

Según el modelo sacramental del matrimonio, es a través de la participación en este rito eclesiástico que la gracia se acumula para la pareja casada sobre la base de la suposición de que Dios dispensa la gracia a través de la iglesia y la participación en sus sacramentos. Los sacramentos no sólo son «signos que señalan la presencia de Dios en medio de su pueblo», sino que «también son *signos eficaces*, es decir, *producen o efectúan lo que significan*. Los católicos creen que Dios quiere hacerse presente y conferirnos su gracia de manera particular *cada vez que un sacramento se celebra adecuadamente en la iglesia*».[5] Para ello, las personas deben acercarse al sacramento con reverencia y fe.[6]

Si bien esta visión del matrimonio ha resultado atractiva para algunos[7], es bíblicamente deficiente por varias razones. En primer lugar, no hay nada en la institución del matrimonio en sí que dispense «místicamente» la gracia divina.[8] No es el caso, como sostiene la iglesia católica romana, que cuando se contrae matrimonio bajo los auspicios de la iglesia, es en sí mismo el lugar una institución donde Cristo está «personalmente presente» de una manera mística. No hay ningún poder intrínseco en los votos matrimoniales en sí mismos. El requisito previo para un matrimonio cristiano no es la «bendición sacramental» de la iglesia institucionalizada, sino llegar a ser «nuevas criaturas» en Cristo (cf. 2 Cor. 5:17; Ef. 4:23-24), al ser regenerados, «nacidos de nuevo» en él (cf. Tit. 3:5).

En segundo lugar, este planteamiento del matrimonio no coincide con el impulso de la enseñanza bíblica sobre el matrimonio en su conjunto, según la cual el creador diseñó el matrimonio como vehículo para *crear nueva vida física, no como mecanismo para alcanzar la vida espiritual.* En otras palabras, la vida impartida a través del matrimonio opera a través de la procreación y se extiende a la descendencia física de la pareja casada (cf. Gn. 1:27-28; 2:23-24) en lugar de ser canalizada a la pareja en virtud de la participación en un rito eclesiástico

[5] Schreck, *Basics of the Faith*, 152 (énfasis añadido).

[6] Cabe señalar que, además de concebir el matrimonio como un sacramento, la iglesia católica romana también enseña que el matrimonio es un pacto. Cf. Schreck, *Basics of the Faith*, 177, quien escribe que «la relación de una pareja casada es un pacto, una promesa solemne que implica al hombre, a la mujer y a Dios mismo en el centro. Este pacto se inspira en el nuevo pacto entre Jesucristo y la Iglesia, sellada por la sangre de Cristo. El hombre y la mujer que hacen este pacto reciben gracias especiales [la dimensión «sacramental» del matrimonio] para permanecer fieles al pacto y cumplir los deberes de este estado de vida con el Espíritu de Cristo como parte de su alianza matrimonial; además las parejas católicas juran recibir hijos con amor de Dios.

[7] Cf. Germain Grisez, «The Christian Family as Fulfillment of Sacramental Marriage», *Studies in Christian Ethics* 9, no. 1 (1996): 23-33.

[8] Cf. Köstenberger, «Mystery of Christ and the Church», 87.

sacramental o «místico» en el que la gracia se dispensa por el mero funcionamiento de la propia institución (*ex opere operatu*).[9]

Un tercer problema de este modelo de matrimonio es que somete la relación marido-mujer al control de la iglesia. No existe ningún mandato bíblico que apoye esta noción. Se dice que Cristo mismo es la cabeza de la iglesia y el Señor y Salvador tanto del marido como de la mujer (Ef. 5:23-27; cf. 1 Cor. 11:3). Por estas y otras razones[10] concluimos que el modelo sacramental no se apoya en la enseñanza bíblica, sino que es en gran medida un producto del pensamiento místico patrístico y medieval que va más allá y de hecho es contrario a la concepción bíblica del matrimonio. Entendido correctamente, el matrimonio puede considerarse «sacramental» en el sentido agustiniano de constituir un vínculo sagrado y permanente entre un hombre y una mujer, pero no es un «sacramento» en el sentido en que lo ha definido la teología católica romana.

El matrimonio como contrato

Un segundo modelo de matrimonio es el modelo *contractual*. El modelo contractual constituye la visión secular predominante del matrimonio en la cultura occidental.[11] Mientras que en la época del Antiguo Testamento algunos han observado que no parecía existir ninguna distinción discernible importante entre los contratos y los pactos,[12] porque la gente invocaba regularmente a Dios como testigo al entrar en acuerdos mutuos, hay una fuerte disyunción entre los contratos (seculares) y los pactos (sagrados) en la sociedad secular moderna.

En contraste con el modelo sacramental (que toma la Escritura al menos como punto de partida) y la visión del pacto (que enraíza el matrimonio en la enseñanza bíblica sobre el tema), el enfoque contractual no busca necesariamente (o típicamente) invocar la Escritura como su fuente o fundamento de autoridad. Más bien, los defensores de este enfoque ven el matrimonio como un contrato

---

[9] Véase además la tercera crítica formulada a continuación.

[10] Para otras críticas, véase Köstenberger, «Mystery of Christ and the Church», 86, resumiendo a Markus Barth, *Ephesians* 4-6 (Anchor Bible 34A; New York: Doubleday, 1974), 748-49.

[11] Véanse Witte, *From Sacrament to Contract*, que sostiene que el cristianismo occidental ha pasado progresivamente de una visión sacramental a una contractual del matrimonio; Paul F. Palmer, «Christian Marriage: Convenant or Contract? Marriage as Theology», *Cross Currents* 48, no. 2 (verano de 1998): 169-84.

[12] Véase David Instone-Brewer, *Divorce and Remarriage in the Bible: The Social and Literary Context* (Grand Rapids: Eerdmans, 2002), 1-19.

bilateral que es formado, mantenido y disuelto voluntariamente por dos individuos. Gary Chapman enumera cinco características generales de los contratos:

1. Por lo general, se celebran por un periodo de tiempo limitado.
2. La mayoría de veces se ocupan de acciones específicas.
3. Están condicionados al cumplimiento continuo de las obligaciones contractuales por parte del otro socio.
4. Se celebran en beneficio propio.
5. En algunas ocasiones son tácitos e implícitos.[13]

El modelo contractual, que se remonta a los tribunales eclesiásticos medievales y a los escritos de los pensadores de la época de la Ilustración,[14] enraíza el matrimonio en el derecho civil. Según este punto de vista, el estado es el encargado de supervisar la institución del matrimonio y tiene autoridad para conceder tanto licencias de matrimonio como certificados de divorcio. Los cristianos que se adhieren a este modelo pueden «cristianizar» su matrimonio inyectando terminología cristiana en sus votos e iniciando formalmente su matrimonio en una iglesia, pero esa cristianización es en realidad sólo una fina capa, ya que en esos casos el ministro oficiante sólo tiene poder para casar a las parejas por la autoridad que le confiere el estado.

Aunque este es el modelo de matrimonio que prevalece en la cultura occidental (incluido el cristianismo occidental), vemos algunas limitaciones por diversos motivos. En primer lugar, esta enseñanza es reduccionista y no se encuentra en ninguna parte de las páginas de la Escritura para describir el matrimonio en su conjunto. Un aspecto del matrimonio es que se hace un acuerdo entre un hombre y una mujer, pero esto no cubre la totalidad de lo que es el matrimonio.[15] De hecho, el modelo contractual no existió como modelo desarrollado de matrimonio hasta el siglo XVII. Como señala Paul Palmer, el término latino del que deriva la palabra contrato (*contractus*) «nunca se utilizó en el latín clásico *ni siquiera para el matrimonio pagano,* y... hasta el

---

[13] Cf. Gary D. Chapman, *Covenant Marriage: Building Communication and Intimacy* (Nashville: Broadman, 2003), 8-10, que contrasta los contratos con los pactos, que (1) se inician en beneficio de la otra persona; (2) son incondicionales; (3) se basan en el amor firme; (4) consideran los compromisos como permanentes; (5) exigen la confrontación y el perdón (pp. 13-24). Véase también el tratamiento más popular en Fred Lowery, *Covenant Marriage: Staying Together for Life* (West Monroe, LA: Howard, 2002), 81-95.

[14] Gordon R. Dunstan, «Marriage Covenant», *Theology* 78 (mayo de 1975): 244.

[15] Véase la discusión de la noción veterotestamentaria del matrimonio como contrato en Instone-Brewer, *Divorce and Remarriage*, 1-19. Es importante no confundir un contrato para casarse (cf. Lucas 1:17; 2:5) con que el matrimonio sea un contrato en el sentido secular del término.

período de la Alta Escolástica [hacia 1250-1350] la palabra preferida para el matrimonio cristiano era *foedus* o pacto».[16] Parece poco probable que la iglesia tardara más de un milenio en descubrir la verdadera naturaleza del matrimonio.

Una segunda objeción a este punto de vista es que, dado el lugar central del matrimonio en el orden creado por Dios, el modelo contractual no es coherente. Es deficiente en el sentido de que proporciona una base extremadamente débil para la permanencia del matrimonio. En esencia, el modelo contractual del matrimonio basa la seguridad y la estabilidad del mismo en la capacidad de las personas para no pecar. Si uno de los cónyuges comete un pecado lo suficientemente grave como para romper el contrato, el otro es libre de disolver la unión. A la luz de la pecaminosidad universal de la humanidad (incluidos los cristianos), esto convierte al matrimonio en una institución muy precaria e inestable. Sin embargo, esto no concuerda con el énfasis generalizado de las Escrituras en la permanencia y la naturaleza sagrada del matrimonio ante Dios (Mt. 19:4-6, especialmente el v. 6, y pars.; cf. Gn. 2:24).

En tercer y último lugar, este modelo de matrimonio es inadecuado porque, al enraizar el matrimonio en la ley civil, abre la puerta (al menos en principio) a una variedad de acuerdos matrimoniales que la Escritura prohíbe claramente. Por citar sólo algunos de los ejemplos más atroces, sólo se requeriría una enmienda de la ley civil para permitir el matrimonio «legal» entre personas del mismo sexo, la poligamia, el matrimonio entre familiares o la bestialidad, etc. Sin embargo, como se demuestra más adelante, la Escritura rechaza de forma consistente e inequívoca estas formas de matrimonio (E.g., Gn. 1:27-28; 2:23-24; Lv. 18; 20:10-21).[17] Por esta razón, cualquier modelo de matrimonio que sustituya la revelación divina por leyes humanas como base para entender la naturaleza de esta relación vital, no cumple con la enseñanza bíblica sobre el matrimonio y, por lo tanto, debería considerarse inadecuada e inaceptable para los cristianos creyentes y seguidores de la instrucción bíblica.

Nada de esto quiere decir que los matrimonios celebrados ante un funcionario público, pero no en una ceremonia de boda de la iglesia, sean inválidos o que tales parejas no estén realmente casadas. Lo están. Nuestro punto aquí es simplemente que aquellos que sostienen un punto de vista contractual del matrimonio, aunque están verdaderamente casados, no hacen justicia a lo que la Escritura misma

[16] Palmer, «Contract or Covenant?» 618–19.

[17] Para un debate exhaustivo sobre el incesto, véase «Chapter 13: Guarding the Family Circle», en Christopher Ash, *Marriage: Sex in the Service of God* (Leicester: Inter-Varsity, 2003).

describe como la naturaleza del vínculo matrimonial. Por lo tanto, si tal pareja se convierte a Cristo, obviamente no hay necesidad de casarse de nuevo, simplemente debe quedar claro que esa pareja se está comprometiendo con esta comprensión más completa y adecuada de lo que significa estar casado según las Escrituras —que se describe mejor como un pacto, como la siguiente sección intentará demostrar.

El matrimonio como pacto

Una tercera postura sobre la naturaleza del matrimonio es el modelo de pacto.[18] Esta posición define el matrimonio como un *vínculo sagrado entre un hombre y una mujer instituido por Dios y celebrado públicamente ante él (lo reconozca o no la pareja casada), normalmente consumado por la relación sexual.*[19] Aunque este punto de vista ha adoptado diversos matices en los escritos de diferentes autores (y en última instancia estará conformado por la comprensión general que cada uno tenga de los pactos bíblicos),[20] su esencia es que

---

[18] Al definir la naturaleza del matrimonio como pacto, es importante no limitarlo a los límites teológicos que se han establecido para entender los pactos salvíficos tradicionales. Esto es especialmente cierto porque los escritores del NT no califican explícitamente el matrimonio como un pacto (aunque sí lo describen como similar a un pacto; cf. Ef. 5:22-33). Como señala David Instone-Brewer, «aunque la distinción entre "pacto" y "contrato" es útil en el lenguaje teológico, debemos tener cuidado de no leer el desarrollo teológico posterior en el AT. La distinción teológica entre pacto y contrato ayuda a distinguir entre una relación basada en el legalismo y otra basada en la gracia y la confianza. El término «pacto» es útil para enfatizar el aspecto de gracia del pacto de Dios con Israel y con la Iglesia. Sin embargo, el desarrollo teológico de este término no debe determinar la forma de entender el lenguaje del Antiguo Testamento». Instone-Brewer, *Divorce and Remarriage in the Bible*, 16-17. Véanse además las advertencias registradas más abajo.

[19] Cf. Gordon P. Hugenberger, *Marriage as a Covenant: Biblical Law and Ethics as Developed from Malachi* (Grand Rapids: Baker, 1998 [1994]). Véase también David Atkinson, *To Have and to Hold: The Marriage Covenant and the Discipline of Divorce* (Grand Rapids: Eerdmans, 1979); y John MacArthur Jr., Matthew 16-23, *The MacArthur New Testament Commentary* (Chicago: Moody, 1988), 167, que define el matrimonio como «un pacto mutuo, una obligación ordenada por Dios entre un hombre y una mujer para una compañía de por vida». Tarwater, «Covenantal Nature of Marriage», 13-14, al equiparar «pacto» con «indisolubilidad absoluta», califica indebidamente el punto de vista de MacArthur como «no pactado» porque MacArthur permite la posibilidad de divorcio en ciertas circunstancias excepcionales (véase el capítulo 11 de este volumen).

[20] Para información general sobre pactos bíblicos, véase Meredith G. Kline, *Treaty of the Great King: The Covenant Structure of Deuteronomy* (Grand Rapids: Eerdmans, 1963); Klaus Baltzer, *The Covenant Formulary in Old Testament, Jewish, and Early Christian Writings* (Philadelphia: Fortress, 1971); Delbert R. Hillers, *Covenant: The History of a Biblical Idea* (Baltimore: Johns Hopkins, 1969); Ernest W. Nicholson, *God and His People: Covenant Theology in the Old Testament* (Oxford: Clarendon, 1986); Dennis J. McCarthy, *Old Testament Covenant: A Survey of Current Opinions* (Richmond: John Knox, 1973); Paul Kalluveettil, *Declaration and Covenant: A Comprehensive Review of Covenant Formulae from the Old Testament and the Ancient Near East* (Roma: Biblical Institute Press, 1982); y O. Palmer Robertson, *The Christ of the Covenants* (Phillipsburg, NJ: P&R, 1980).

el matrimonio se concibe, no simplemente como un *contrato bilateral* entre dos individuos, sino como un vínculo sagrado entre marido y mujer ante Dios como testigo (véase Ml. 2:14).[21]

A diferencia del punto de vista sacramental, que basa el matrimonio en las normas de la *ley eclesiástica* (es decir, la propia comprensión de la iglesia de sí misma y de la naturaleza del matrimonio), y del punto de vista contractual, que arraiga el matrimonio en los estándares de la *ley civil* (es decir, las estipulaciones humanas que regulan la vida común de las personas en la sociedad), mientras que el matrimonio se basa en las normas de la *ley divina* (es decir, la revelación divina autorizada que se encuentra en las Escrituras mismas). De acuerdo con la definición de Stott del matrimonio sobre la base de Génesis 2:24, el punto de vista del pacto sostiene que «el matrimonio es un *pacto heterosexual exclusivo entre un hombre y una mujer,* ordenado y sellado por Dios, precedido por el abandono público de los padres, resumido en una unión sexual, que da lugar a una asociación permanente de apoyo mutuo, y normalmente coronado por el don de los hijos».[22]

Aunque encontramos diversos tipos de pactos establecidos en el Antiguo Testamento, el término *pacto* (heb. *bërît*, menos frecuentemente *'e¡ed*; LXX: *diatheke*) en general transmite «la idea de un compromiso solemne, que garantiza promesas u obligaciones asumidas por una o ambas partes».[23] La expresión se utiliza con frecuencia para los compromisos entre Dios y los seres humanos (e.g., el pacto noético, abrahámico, mosaico, davídico y el nuevo pacto),

---

[21] Véase especialmente el cap. 15 en Ash, *Marriage*. Para una lista de rasgos pactuales del matrimonio, véase David P. Gushee, *Getting Marriage Right: Realistic Counsel for Saving and Strengthening Relationships* (Grand Rapids: Baker, 2004), 136-38, que dice que el matrimonio es un pacto porque (1) es un acuerdo libremente celebrado entre dos personas; (2) ratifica públicamente una relación entre un hombre y una mujer y la somete a normas objetivas y responsabilidades sociales; (3) detalla las responsabilidades mutuas y los compromisos morales que ambas partes asumen en esta nueva forma de comunidad; (4) se sella con varios signos de juramento que simbolizan públicamente e incluso «realizan» los compromisos solemnes que se asumen; (5) es un compromiso para toda la vida; (6) Dios es el testigo y garante de sus promesas; (7) hay consecuencias nefastas por romper sus términos y grandes recompensas por mantenerlos.

[22] John R. W. Stott, «Marriage and Divorce», en *Involvement: Social and Sexual Relationships in the Modern World*, vol. 2 (Old Tappan, NJ: Revell, 1984), 163. Cf. Hugenberger, *Marriage as a Covenant*, 171, que define el pacto como «una relación de obligación elegida, por oposición a la natural, establecida bajo sanción divina».

[23] Paul R. Williamson, «Covenant», *New Dictionary of Biblical Theology*, ed. T. Desmond Alexander y Brian S. Rosner (Leicester; Downers Grove, IL: InterVarsity, 2000),

420. Véase también Leslie W. Pope, «Marriage: A Study of the Covenant Relationship as Found in the Old Testament» (tesis de maestría, Providence Theological Seminary, 1995), esp. 74-78; e Instone-Brewer, *Divorce and Remarriage*, 15, quien sostiene que, en el idioma contemporáneo, la mejor traducción para el antiguo concepto de «pacto» del antiguo Oriente Próximo es la de «contrato», de modo que un «pacto matrimonial» bíblico debe entenderse, por lo tanto, como un «contrato matrimonial».

aunque también se refiere a una variedad de acuerdos entre seres humanos (e.g., Gn. 21:22-24; 1 Sam. 18:3; 1 Re. 5:1-12; 2 Re. 11:17), incluido el matrimonio (Pr. 2:17; Ez. 16:8; Ml. 2:14).[24] Por lo tanto, es importante no cometer lo que los lingüistas llaman «transferencia ilegítima de la totalidad» e importar todas las características de un pacto divino-humano a una determinada relación de pacto humana (como el matrimonio). Por ejemplo, la analogía entre el matrimonio y la relación Cristo-iglesia (que conlleva el nuevo pacto) en Efesios 5:21-33 no debe implicar que sean equivalentes en todos los aspectos. El nuevo pacto, por su parte, es eterno, mientras que el matrimonio, según Jesús, se limita a esta vida solamente (Mt. 22:30).[25]

Además, debemos reconocer que la noción bíblica del matrimonio como pacto incorpora, como mínimo, características contractuales. Como señala Instone-Brewer, la palabra hebrea (*bërît*) es la misma para contrato y pacto, y el significado teológico de *pacto* es «un acuerdo que una persona fiel no rompería, aunque la otra parte rompa las estipulaciones del mismo».[26] Los profetas posteriores (especialmente Je. 31; cf. Ez. 36-37), sin embargo, hablaron de un «nuevo pacto» que Dios prometería cumplir independientemente de que su pueblo lo hiciera o no. Según Instone-Brewer, este pacto irrevocable no se parece a ningún otro pacto del Antiguo Testamento, y es la naturaleza irrevocable del nuevo pacto lo que lo hace tan especial y único.

Los defensores del modelo pactual del matrimonio apoyan este punto de vista principalmente con referencia a dos grupos de pasajes: (1) el lenguaje pactual en la narración de Génesis 2 que relata la institución divina del matrimonio entre el primer hombre y la primera mujer (véase especialmente Gn. 2:24); y (2) los pasajes de las Escrituras que se refieren explícitamente al matrimonio como una «pacto» (especialmente Pr. 2:16-17; Ml. 2:14) y las analogías y pasajes bíblicos en los que el matrimonio se trata implícitamente en términos de pacto.[27] Examinaremos brevemente la contribución de estos dos grupos de pasajes y luego sugeriremos cinco formas en las que la

---

[24] Véase más adelante.

[25] Las implicaciones de una visión de pacto del matrimonio para la noción de indisolubilidad del matrimonio se explorarán en el cap. 11.

[26] Instone-Brewer, *Divorce and Remarriage*, 17.

[27] E.g., Jr. 31:32; Ez. 16:8, 59-62; Os. 2:18-22; Ef. 5:22-33; cf. 1 Sam. 18-20. Véase especialmente Hugenberger, *Marriage as a Covenant*, 294-312; y Tarwater, «Covenantal Nature of Marriage», 65-98. Sobre Ezequiel 16, véase Marvin H. Pope, «Mixed Marriage Metaphor in Ezekiel 16», *Fortunate the Eyes That See: Essays in Honor of David Noel Freedman in Celebration of His Seventieth Birthday*, ed., Astrid Beck. Astrid Beck (Grand Rapids: Eerdmans, 1995), 384-99.

naturaleza pactual del matrimonio debería informar a los matrimonios contemporáneos.

Tres modelos de la naturaleza del matrimonio

	SACRAMENTAL	CONTRACTUAL	PACTUAL
Definición del modelo	El matrimonio como medio para obtener la gracia	El matrimonio como un contrato bilateral que se forma, mantiene y disuelve voluntariamente por dos individuos	El matrimonio como vínculo sagrado entre un hombre y una mujer instituido y celebrado ante Dios
Raíces del modelo	Ley eclesiástica	Ley civil	Ley divina
Fuente del modelo	Agustín y el Concilio de Trento, 1545-1563	Los tribunales eclesiásticos medievales y el pensamiento de la Ilustración	Lenguaje pactual en Génesis 2; Proverbios 2:16-17 y Malaquías 2:14; otras analogías y alusiones bíblicas
Debilidades o preocupaciones planteadas en relación con el modelo	Nada en la naturaleza del matrimonio que dispense «místicamente» la gracia divina	Reduccionista; no se encuentra en las Escrituras para describir el matrimonio en su conjunto	El matrimonio no se menciona explícitamente como pacto en el NT
	No concuerda con el impulso de la enseñanza bíblica sobre el matrimonio en su conjunto; el matrimonio es un manantial de nueva vida física, no un mecanismo para alcanzar la vida espiritual	Proporciona una base extremadamente débil para la permanencia del matrimonio —la capacidad de las personas para no pecar	El matrimonio trasciende la noción de pacto; forma parte del orden creado por Dios
	Subordina la relación marido-mujer al control de la iglesia	Abre la puerta a una variedad de arreglos matrimoniales prohibidos en las Escrituras	No hay distinción demostrable entre contrato y pacto en la terminología del AT

El *lenguaje pactual* (es decir, los términos que transmiten el concepto de pacto) en el relato fundacional de Génesis, puede incluir la referencia a la unión de «una sola carne» entre marido y mujer en Génesis 2:24. La consumación del matrimonio a través de las relaciones sexuales puede servir como equivalente al juramento en otros pactos del Antiguo Testamento.[28] El nombre de Adán para Eva en Génesis 2:23 es coherente con el cambio de nombres de Dios para Abram y Jacob al entrar en una relación de pacto con ellos (Génesis 17:5; 35:10).

La *terminología bíblica explícita* que se refiere al matrimonio como un «pacto» incluye la referencia a la mujer adúltera que olvida «el pacto de su Dios» en Proverbios 2:16-17. Lo más probable es que esto se refiera al acuerdo matrimonial (escrito u oral) entre la mujer y su marido ante Dios,[29] como sugiere una referencia similar en el libro de Malaquías: «El Señor actúa como testigo entre tú y la esposa de tu juventud, a la que traicionaste aunque es tu compañera, la esposa de tu pacto» (*bërît*; Ml. 2:14; cf. Ez. 16:8).[30]

Antes de concluir, es necesario abordar brevemente algunas preocupaciones que se han planteado en relación con una visión pactual del matrimonio. En primer lugar, algunos han observado que en el Nuevo Testamento no se hace referencia explícita al matrimonio como un pacto (nótese la ausencia de terminología explícita de pacto en el principal pasaje del Nuevo Testamento sobre el matrimonio, Ef. 5:21-33). Aunque esto es cierto, el concepto sigue estando presente en el Nuevo Testamento (cf. Mt. 19:6 par. Mc. 10:9). También es cierto que el «pacto» no es el *único* concepto bíblico aplicado al matrimonio, aunque sí el *principal.* Otros modelos bíblicos de la naturaleza del matrimonio, como *la analogía de Cristo y la iglesia,* también son verdaderos reflejos de la enseñanza neotestamentaria sobre el matrimonio (Ef. 5:21-33; aunque históricamente no se ha desarrollado ninguna visión del matrimonio en torno a esta analogía, que es una de las razones por las que parece legítimo incorporarla a la visión del pacto).

---

[28] Cf. Hugenberger, *Marriage as a Covenant*, 216-79.

[29] Cf. Michael V. Fox, Proverbs 1-9, Anchor Bible (Nueva York: Doubleday, 2000), 120-21; y la discusión completa en Hugenberger, *Marriage as a Covenant*, 296-302.

[30] Fox, *Proverbs 1-9*, 121. Por lo tanto, en su contexto bíblico, la noción de pacto incluye la de un acuerdo contractual. Véase también Pieter A. Verhoef, *The Books of Haggai and Malachi, New International Commentary on the Old Testament* (Grand Rapids: Eerdmans, 1987), 274, quien señala que el matrimonio se califica como «un pacto de Dios» en tanto que se contrae en sumisión a la voluntad revelada de Dios (Ex. 20:14) y con la expectativa de su bendición (Gn. 1:28); el tratamiento monográfico de Hugenberger, *Marriage as a Covenant*, esp. 27-47; y Daniel I. Block, «Marriage and Family in Ancient Israel», en Ken M. Campbell, ed, *Marriage and Family in the Biblical World* (Downers Grove, IL: InterVarsity, 2003, 44, quien afirma inequívocamente que «los antiguos israelitas consideraban el matrimonio como una relación de pacto», citando Pr. 2:17 y Ml. 2:14 (cf. John Calvin, *Commentaries on the Twelve Minor Prophets: Zechariah and Malachi*, trans. John Owen [Grand Rapids: Eerdmans, 1950], 5:552-53, citado en Tarwater, «Covenantal Nature of Marriage», 5).

En segundo lugar, otros han señalado que el matrimonio trasciende la noción de pacto, ya que está arraigado en el orden creado por Dios, que precede al establecimiento de relaciones pactuales más adelante en la historia bíblica. Esto no debería minimizar la importancia de considerar el matrimonio como un pacto, aunque sí significa que el matrimonio, tal y como se concibió en la creación, es incluso más que un pacto.[31]

En tercer lugar, como se ha mencionado, Instone-Brewer y otros sostienen que, en su contexto del antiguo Oriente Próximo, no existe *una distinción clara y demostrable entre el matrimonio como contrato y el matrimonio como pacto*, de modo que las referencias del Antiguo Testamento al matrimonio como «pacto» deben entenderse en términos contractuales y no de pacto. De hecho, éste es un dato importante que debería prevenirnos de importar nociones derivadas de acuerdos divino-humanos en tiempos del Antiguo Testamento e incluso más del «nuevo pacto» inaugurado por Jesucristo. Ese pacto debe seguir siendo primordial, y el matrimonio debe llevarse a cabo según el modelo de la jefatura amorosa de Cristo y la sumisión voluntaria de la iglesia. Sin embargo, con estas salvedades, parece adecuado describir el matrimonio como un pacto.[32]

Implicaciones de una visión pactual del matrimonio

A la luz de las observaciones anteriores, ¿qué significa para una pareja adoptar la visión del matrimonio como un pacto? Si el pacto matrimonial se define como *un vínculo sagrado instituido por Dios y contraído públicamente ante él (independientemente de que la pareja casada lo reconozca o no), normalmente consumado por las relaciones sexuales*, sostenemos que abrazar el concepto de «pacto matrimonial» significa que una pareja debe comprender y aceptar al menos las cinco cosas siguientes:

1) *La permanencia del matrimonio.* El matrimonio está destinado a ser permanente, ya que fue establecido por Dios (Mt. 19:6 par. Mc. 10:9). El matrimonio constituye un compromiso serio que no se debe contraer a la ligera o de forma imprudente. Implica una promesa o compromiso solemne, no sólo con la

[31] Véase más adelante la discusión en el cap. 11.

[32] Cf. Gushee, *Getting Marriage Right*, quien argumenta que la naturaleza del matrimonio como «pacto» debe ser enfatizada para fortalecer los matrimonios hoy en día (aunque permite el divorcio en casos de infidelidad sexual, deserción y violencia).

pareja, sino ante Dios. El divorcio no está permitido, excepto quizás en ciertas circunstancias bíblicamente preestablecidas.[33]

2) *El carácter sagrado del matrimonio.* El matrimonio no es un mero acuerdo humano entre dos individuos que dan su consentimiento (una «unión civil»); es una relación ante y bajo Dios (Gn. 2:22; por lo tanto, un matrimonio «del mismo sexo» es un oxímoron; puesto que las Escrituras condenan universalmente las relaciones homosexuales, Dios nunca sancionaría un vínculo matrimonial sagrado entre dos miembros del mismo sexo). Sin embargo, aunque sea sagrado, el matrimonio no es un «sacramento». No es una unión mística bajo los auspicios de la iglesia que sirva de vehículo para asegurar o mantener la salvación.
3) *La intimidad del matrimonio.* El matrimonio es la más íntima de todas las relaciones humanas, que une a un hombre y una mujer en un vínculo en «una sola carne» (Gn. 2:23-25). El matrimonio implica «dejar» la familia de origen y «unirse» al cónyuge, lo que significa el establecimiento de una nueva unidad familiar distinta de las dos familias de origen. Aunque «una sola carne» sugiere la relación sexual y normalmente la procreación, en el fondo el concepto implica el establecimiento de una nueva relación de parentesco entre dos individuos que antes no estaban emparentados, por el más íntimo de los vínculos humanos.
4) *La mutualidad del matrimonio.* El matrimonio es una relación de libre entrega de un ser humano a otro (Ef. 5:25-30). Los cónyuges deben preocuparse ante todo por el bienestar de la otra persona y comprometerse mutuamente con un amor y una devoción constantes. Esto implica la necesidad de perdonar y restaurar la relación en caso de pecado. «Mutualidad», sin embargo, no significa «igualdad de roles». La Escritura deja claro que las esposas deben someterse a sus maridos y ser su «ayuda idónea», mientras que los esposos tienen la responsabilidad última del matrimonio ante Dios (Ef. 5:22-24 par. Col. 3:18; Gn. 2:18, 20).
5) *La exclusividad del matrimonio.* El matrimonio no sólo es permanente, sagrado, íntimo y mutuo; también es exclusivo (Gn. 2:22-25; 1 Cor. 7:2-5). Esto significa que ninguna otra relación humana debe interponerse al compromiso matrimonial entre marido y mujer. Por esta razón, nuestro Señor trató la

[33] Véase el cap. 11.

inmoralidad sexual de una persona casada (Mt. 19:9; incluyendo incluso los pensamientos lujuriosos del marido, Mt. 5:28) con la mayor seriedad. Por esta razón, también, el sexo prematrimonial es ilegítimo, ya que viola las pretensiones exclusivas del futuro cónyuge. Como deja claro el Cantar de los Cantares, sólo en el contexto seguro de un vínculo matrimonial exclusivo puede tener lugar la entrega libre y completa en el matrimonio.

En la investigación anterior, hemos explorado los tres principales modelos de matrimonio que describen el matrimonio como un sacramento, como un contrato o como un pacto. Hemos llegado a la conclusión de que el concepto bíblico del matrimonio se describe mejor como un pacto, *un vínculo sagrado entre un hombre y una mujer, instituido por Dios y celebrado públicamente ante él (independientemente de que la pareja casada lo reconozca o no), normalmente consumado por la relación sexual.* En lugar de ser un mero contrato que se celebra por un período de tiempo limitado, condicionado al cumplimiento continuo de las obligaciones contractuales por parte del otro miembro de la pareja, y celebrado principalmente o incluso exclusivamente en beneficio propio, el matrimonio es un vínculo sagrado que se caracteriza por la permanencia, el carácter sagrado, la intimidad, la reciprocidad y la exclusividad.

Por lo tanto, tanto para el marido como para la mujer, vivir su propio rol, establecido por Dios, con plena conciencia de las implicaciones históricas y cósmicas más amplias de su relación, se convierte en una parte importante de su discipulado. Es más, es parte integral de su unión de una sola carne el que produzcan no sólo una descendencia *física,* sino que procuren nutrir y facilitar el crecimiento de la descendencia *espiritual* —es decir, que ayuden a la obra del Espíritu en la vida de sus hijos en la convicción del pecado, la conversión, regeneración y santificación. La discusión de la familia cristiana y la crianza de los hijos será el tema de los capítulos 5 a 8 más adelante. Pero antes de pasar a nuestro siguiente tema, será útil esbozar los contornos básicos de una teología del sexo. ¿Por qué creó Dios el sexo, y por qué, y de qué manera, debe el pueblo de Dios participar en él?

Una teología del sexo

El «qué» y el «por qué» del sexo

En la mayoría de los casos, incluso para los cristianos, el «qué» del sexo acapara la mayor parte de la atención,[34] mientras que el «por qué» del sexo se descuida habitualmente.[35] Como resultado, no faltan recursos no cristianos, y cristianos, sobre el sexo, y cómo tener un mejor sexo, mientras que existe una relativa escasez de reflexión cristiana consciente sobre el significado más profundo del sexo y su propósito.[36] Sin embargo, esta carencia de base teológica adecuada tiene un coste: la pérdida de una unión más profunda y sincera entre quienes practican el sexo, incluidas las parejas cristianas. Como sostenía Geoffrey Bromiley en *God and Marriage:*

> Demasiadas personas, sin excluir a los cristianos, están ocupadas de forma egocéntrica con sus propios problemas matrimoniales y sus intentos de diseñar soluciones para ellos. Una teología del matrimonio puede ayudarles a conseguir una mirada centrada en Dios sobre la situación más amplia de la que sus matrimonios constituyen una parte pequeña, aunque no por ello poco importante. A la larga, una nueva

---

[34] Para un buen libro sobre el «qué» del sexo, véase Linda Dillow y Lorraine Pintus, *Intimate Issues: 21 Questions Christian Women Ask about Sex* (Colorado Springs, CO: WaterBrook, 1999).

[35] Ash, *Marriage,* 103-4. En otros casos, los autores se preocupan por mantener una visión positiva del sexo mientras imponen las costumbres culturales actuales al texto bíblico. Véase, E.g., Harold J. Ellens, *Sex in the Bible: A New Consideration* (Westport, CT: Praeger, 2006), quien, aunque afirma querer «ver la Biblia en su propio derecho» (p. 5), considera «el sexo como una forma valiosa de comunicación y conexión humana, y... eso es todo», afirmando que «el mal sexo nos perjudica y el buen sexo es bueno para nosotros» (p. 7). Aunque reconoce «ocho tipos de sexo prohibido» en las Escrituras, i.e., «el sexo promiscuo, el incesto, la pedofilia, la necrofilia, la bestialidad, el adulterio, el comportamiento homosexual por parte de personas heterosexuales y la violación» (p. 35), Ellens se esfuerza por defender la legitimidad de la homosexualidad en el contexto del «amor comprometido y el matrimonio» (p. 132). Sorprendentemente, William Loader, un erudito bíblico que ha escrito extensamente sobre la sexualidad, en su reseña de esta obra en la *Review of Biblical Literature* (junio de 2009, www.bookreviews. org), elogia el volumen de Ellens como «una obra de reflexión madura, rica en su exposición bíblica, pero especialmente en sus conocimientos psicológicos».

[36] Aunque véase W. G. Cole, *Sex and Love in the Bible* (Nueva York: Associate Press, 1959); John C. Dwyer, *Human Sexuality: A Christian View* (Kansas City: Sheed & Ward, 1987); Daniel R. Heimbach, *True Sexual Morality: Recovering Biblical Standards for a Culture in Crisis* (Wheaton, IL: Crossway, 2004); Carl F. H. Henry, *Christian Personal Ethics* (Grand Rapids: Eerdmans, 1957), 305-33, 425-36; Dennis P. Hollinger, *The Meaning of Sex: Christian Ethics and the Moral Life* (Grand Rapids: Baker, 2009); Peter Jones, *The God of Sex: How Spirituality Defines Your Sexuality* (Colorado Springs: Victor, 2006); C. S. Lewis, *The Allegory of Love: A Study in Medieval Tradition* (Nueva York: Oxford, 1958); John Piper y Justin Taylor, eds., *Sex and the Supremacy of Christ* (Wheaton, IL: Crossway, 2005); Helmut Thielicke, *Theological Ethics: Sex* (Grand Rapids: Eerdmans, 1964); y Philip Turner, Sexual Ethics and the Attack on Traditional Morality (Cincinnati: Forward, 1988).

mirada significa una nueva comprensión, y una nueva comprensión significa una nueva práctica.[37]

Lo mismo ocurre, podríamos añadir, con respecto a una teología del sexo. El sexo es una parte tan importante de nuestras vidas (aunque quizás no tan importante como algunos podrían sugerir) y parece apropiado que nosotros, como cristianos, reflexionemos teológicamente sobre este tema fundamental, no sólo porque, como cualquier otra área de nuestras vidas, queremos someter nuestra práctica sexual al señorío de Cristo, sino porque queremos entender el propósito de Dios para el sexo —para su mayor gloria y para nuestro propio bien.[38]

Los propósitos del sexo

¿Cuál es el propósito y el significado más profundo del sexo? La respuesta del mundo es que el sexo existe para el placer y la satisfacción del hombre. Sin embargo, aunque el sexo es una parte vital de la existencia humana, es un don de Dios que no debe ser idolatrado, y la creencia de que el sexo, o el amor, puede «salvar» a una persona, aunque es poderosa y persistente, no es más que un mito. En la película *Titanic*, Rose dijo de su amante en relación con su relación física: «Me salvó de todas las maneras en que una persona puede ser salvada». Esta afirmación pudo haber sido una línea pegadiza para una película de Hollywood, pero ciertamente no es fiel a la realidad. Como dejan claro las Escrituras, *Dios* es amor (1 Juan 4:8), pero el amor no es Dios. De hecho, cuando se convierte en objeto de culto, el sexo se convierte en un ídolo y se convierte en la víctima segura de expectativas poco realistas.[39]

La Biblia, en cambio, enseña que el sexo forma parte de la vocación del hombre de vivir su vida para la gloria de Dios. Por ello, el sexo,

---

[37] Geoffrey W. Bromiley, God and Marriage (Grand Rapids: Eerdmans, 1980), xiii.

[38] Para un análisis de las teorías éticas del sexo, incluyendo la ética consecuencialista (egoísmo ético y utilitarismo), la ética de los principios (pureza y fidelidad; amor responsable, disposición y vulnerabilidad; y justicia), y la ética de la virtud (tanto las versiones cristianas como las no cristianas), véase Hollinger, *Meaning of Sex*, cap. 1. 1. Hollinger considera que todos estos enfoques son inadecuados porque, en última instancia, toda la ética está arraigada en los supuestos de la visión del mundo. En consecuencia, en el capítulo 2 discute (y critica) el ascetismo, el cristianismo primitivo y medieval, el naturalismo, Michel Foucault y Peter Singer, la biología evolutiva, el humanismo (tanto secular como religioso), el nomismo y el pluralismo o politeísmo (tanto antiguo como contemporáneo). En el capítulo 3 se expone la cosmovisión cristiana y el sexo según las siguientes líneas: la creación (a imagen de Dios), la caída (distorsiones en las relaciones y en la naturaleza), la redención y la encarnación (justificación y perdón, justicia y santidad, y gracia común en el sexo), y la consumación.

[39] Ibídem, 59. Véase también ibíd., capítulo 8: «El sexo en el lugar de Dios».

como todos los aspectos de nuestra vida, debe ponerse «al servicio de Dios».[40] Por esta razón, la finalidad del sexo trasciende a la pareja individual y a la realización del yo; está arraigada en el corazón y en los propósitos creadores de Dios y, por tanto, debe orientarse hacia él. Como hemos visto anteriormente, en su raíz, el matrimonio no es una convención humana, sino una institución divina,[41] y el plan de Dios para el matrimonio es el de una relación de pacto fiel y para toda la vida, caracterizada por la permanencia, el carácter sagrado, la intimidad, la mutualidad y la exclusividad. Sometido a Dios, y de acuerdo con sus propósitos creadores, el matrimonio, incluyendo el sexo, es por tanto el vehículo por el que Dios es glorificado y los cónyuges experimentan la creciente plenitud que surge de vivir sus vidas de la manera en que su bueno, fiel y amoroso creador quiso que fueran vividas.

En los primeros siglos de la era cristiana y en los siguientes, se impuso la creencia de que aquellos que querían ser puros, santos y espirituales ante Dios debían abstenerse por completo de las relaciones sexuales y permanecer en estado de celibato o, si ya estaban casados, de continencia.[42] El culto a la virginidad se extendió por la cristiandad, y aquellos que eran espiritualmente celosos y sinceros ingresaban con frecuencia en las órdenes monásticas y se retiraban para pasar sus días en tranquila contemplación y soledad.[43] Sin embargo, como hemos visto, el Antiguo Testamento afirma con alegría la belleza del sexo en el matrimonio (véase especialmente el Cantar de los Cantares; Pr. 5:15-19), y el Nuevo Testamento ensalza igualmente la bondad de todo lo creado por Dios, incluido el sexo, siempre que se disfrute dentro de los parámetros establecidos por el creador.[44]

El sexo, por tanto, es un buen regalo de Dios hacia los esposos y debe disfrutarse de acuerdo a sus propósitos. Entonces, ¿cuáles son los propósitos divinos del sexo?[45] El primer propósito es la *procreación*. Después de que Dios hizo a la humanidad hombre y mujer, les dijo:

---

[40] Ash, *Marriage*.

[41] O, como dijo Christopher Ash, «un estatus introducido». Véase la discusión en ibíd., 66-75. Véase también Alan Storkey, *Marriage and Its Modern Crisis* (Londres: Hodder & Stoughton, 1996), 4. Contra Michel Foucault, *The History of Sexuality*, 3 vols. (Londres: Penguin, 1978).

[42] Véase Andreas J. Köstenberger, «On the Alleged Apostolic Origins of Celibacy», en *Studies in John and Gender: A Decade of Scholarship, Studies in Biblical Literature* 38 (Nueva York: Peter Lang, 2001), 173-83. Para las actitudes negativas hacia el sexo, véase, E.g., Agustín, *On the Good of Marriage* §§5, 6, 8, 23, 25; *On Marriage and Concupiscence* §§7-9.

[43] Véase Peter Brown, *The Body and Society;* D. S. Bailey, *The Man-Woman Relation in Christian Thought* (Londres: Longmans, Green, 1959).

[44] Sin embargo, no debemos rechazar la soltería como don de Dios. e.g., 1 Corintios 7, especialmente los vv. 5, 9; 1 Tim. 2:15; 4:1, 3.

[45] Hollinger, *Meaning of Sex*, cap. 4, identifica los siguientes propósitos: consumación del matrimonio, procreación, amor y placer.

«Sed fructíferos y multiplicaos y llenad la tierra y sometedla» (Gn. 1:28; cf. Gn. 9:1). Así pues, la procreación forma parte del mandato de la creación de Dios para el hombre y la mujer. La procreación es también el resultado natural de la unión sexual, a no ser que se vea obstaculizada por dispositivos anticonceptivos, frustrada por el aborto o impedida por la infertilidad.[46] La procreación asegura la continuación de la raza humana y le permite cumplir el mandato de Dios de cultivar la tierra.[47] Así, el sexo, que conduce a la procreación, cumple una función indispensable en el plan de Dios para la humanidad. Es en un verdadero sentido «el sexo al servicio de Dios».

El segundo propósito del sexo está vinculado a la dimensión *relacional* y *social* de la relación marido-mujer.[48] Cuando Dios creó a la mujer, declaró: «No es bueno que el hombre esté solo; le haré una ayuda idónea» (Gn. 2:18). Dios procedió a modelar una mujer a partir de una de las costillas del hombre y después el hombre exclamó: «Esta sí es hueso de mis huesos y carne de mi carne; se llamará «mujer», porque del hombre fue sacada» (Gn. 2:21-23). Así, la relación marido-mujer, incluido su componente sexual, sirve también para aliviar la soledad del hombre y proporcionarle compañía, lo que hace que el hombre y la mujer se conviertan en «una sola carne» (Gn. 2:24).

En tercer lugar, está lo que Christopher Ash llama «el *bien público*». Según Ash, el bien público es descrito como sigue:

> abarca los beneficios de las relaciones sexuales ordenadas y reguladas en la sociedad humana. El comportamiento sexual indisciplinado y desordenado debe ser restringido, ya que conlleva un alto coste social y personal en forma de ruptura familiar, celos destructivos, resentimientos, amargura y dolor. El comportamiento ordenado debe fomentarse porque tiene beneficios que se extienden más allá de la

[46] Véase el cap. 7.

[47] Daniel L. Akin, en un sermón titulado «Great Commission Resurgence» (Resurgimiento de la Gran Comisión) predicado en la capilla del Southeastern Baptist Theological Seminary el 16 de abril de 2009, señala además el papel de la procreación en el contexto de la evangelización mundial. Insta a los cristianos a tener hijos, «muchos», para seguir el ritmo del crecimiento demográfico de los musulmanes.

[48] Para un análisis de la relación entre los aspectos procreativos y relacionales del matrimonio, véase Ash, *Marriage*, 200-204. En sintonía con las categorías planteadas por primera vez por Agustín, Ash propone que la relación marido-mujer se caracteriza propiamente por la *fruitio* (disfrute del cónyuge por su propio bien) más que por el *usus* (uso hacia un fin consecuente; ibíd., 204). Véase también Oliver O'Donovan, *Resurrection and Moral Order: An Outline for Evangelical Ethics*, 2ª ed. enl. (Leicester: Inter-Varsity, 1994), 232ss; ídem, «Usus and Fruitio in Augustine», *Journal of Theological Studies* 33 (1982): 361-97. La noción del disfrute alegre y agradecido del marido por su esposa como don de Dios está firmemente arraigada en la sabiduría bíblica: véanse, E.g., Pr. 5:15-19; Ec. 9:9; y Cant.

pareja a los hijos, los vecinos y las redes más amplias de la sociedad relacional.[49]

A causa de la caída, el sexo en este mundo incrédulo suele estar contaminado, es decir, manchado por la impureza. En última instancia, esta impureza no es simplemente el resultado de la violación de las normas morales externas, sino que surge de los corazones pecaminosos de las personas. Cuando Jesús expuso su visión del reino de los cielos en el sermón del monte, habló de los «puros de corazón» que un día verían a Dios (Mt. 5:8) y sostuvo que «todo el que mira a una mujer con lujuria ya ha cometido adulterio con ella en su corazón» (Mt. 5:28; cf. Job 31:1; Sl. 119:9).[50] Cualquiera que quiera practicar la pureza sexual necesita, por tanto, que su corazón esté limpio para poder experimentar el ideal de la creación de Dios para la primera pareja humana donde: «el hombre y su mujer estaban desnudos y no se avergonzaban» (Gn. 2:25; cf. Sl. 51:10).

Junto con la dimensión pública del matrimonio, la moderación pública es necesaria al menos por tres razones.[51] La primera es la tendencia del hombre caído de perseguir la realización de sus deseos sexuales de manera desordenada, a veces incluso aleatoria. Los hombres, en particular, a menudo tienen dificultades para controlar sus pensamientos y acciones en este ámbito, y a menos que se les modere públicamente, pueden cometer actos sexuales impropios. En segundo lugar, la contención moderación pública es necesaria debido a la realidad de la excitación sexual. El Antiguo Testamento advierte repetidamente contra el descubrimiento de la desnudez (e.g., 16:36; 23:18). Esto exige modestia por parte de las mujeres y restricciones públicas respecto a la exhibición de la desnudez. En tercer lugar, es necesario que las relaciones sexuales se ordenen a los fines correctos, lo que tiene importantes ramificaciones en la descripción de la prostitución.[52]

Por último, pero no por ello menos importante, el sexo, especialmente cuando se disfruta entre un marido y una mujer en el contexto de una unión marital fiel y de por vida, proporciona un gran *placer*. La estimulación sexual, el clímax sexual y la plenitud sexual son un regalo de Dios para la humanidad, que debe disfrutarse con gratitud, sin vergüenza, culpa o miedo. Dentro del vínculo matrimonial,

---

[49] Ash, *Marriage*, 110-11, aduce Pr. 6:20-35; 1 Cor. 7:2; y 1 Te. 4:6.

[50] Véase la discusión en ibíd, 206.

[51] Ibíd. 206-7.

[52] Ibíd., 212-14.

el sexo se convierte en la máxima expresión física del amor profundo, comprometido y devoto.

Una nota práctica

En el matrimonio monógamo, el marido y la mujer tienen el maravilloso privilegio de «convertirse en una sola carne» y estar «desnudos y no avergonzados» (Gn. 2:24-25). El sexo es uno de los regalos más maravillosos y estimulantes de nuestro creador, y debe disfrutarse en un contexto de libertad y amor cristianos. Sin embargo, surge la pregunta: ¿Existen límites para el sexo que marquen lo que es o no es aceptable sobre la base de una teología cristiana del sexo y la moral bíblica general? La siguiente lista está adaptada del útil libro de Linda Dillow y Lorraine Pintus, *Intimate Issues*.[53] Estas autoras citan diez cosas que no son aceptables para la actividad sexual cristiana:

1) *Fornicación:* Esto engloba todas las formas de actividad sexual o relaciones sexuales fuera del matrimonio (1 Cor. 7:2; 1 Tes. 4:3), incluyendo el sexo con una prostituta (1 Cor. 6:13, 15-16) y el adulterio (Mt. 5:32).
2) *Adulterio:* El adulterio, como relación sexual con alguien que no es el cónyuge, estaba prohibido por uno de los diez mandamientos (Ex. 20:14; véase también el v. 17; Dt. 5:18). En el Antiguo Testamento, era un pecado castigado con la muerte (Lv. 20:10). Jesús amplió, o quizás aclaró, la definición de adulterio para incluir también los pensamientos impuros y lujuriosos de un hombre hacia las mujeres en su corazón (Mt. 5:28).
3) *Homosexualidad:* La actividad sexual entre personas del mismo sexo, ya sea de hombre a hombre o de mujer a mujer, está proscrita en toda la Escritura como contraria a la creación de Dios de la humanidad como varón y mujer y, por tanto, «antinatural» (Lv. 18:22; 20:13; Ro. 1:27; 1 Cor. 6:9; 1 Tim. 1:10). Véase el capítulo 10 de este volumen para un tratamiento extenso de este tema.
4) *Impureza:* Se refiere a la suciedad moral y a vivir de manera degenerada (Sant. 1:21; Ap. 22:11). Los que se entregan a este estilo de vida están manchados y contaminados (Tit. 1:15; 2 Ped. 2:10). La impureza del corazón y de los pensamientos

[53] Dillow and Pintus, *Intimate Issues*, 199–201.

lleva a la inmoralidad sexual, que es evidencia de depravación moral y del juicio de Dios (Ro. 1:24).

5) *Orgías:* Es inapropiado y pecaminoso que una pareja casada participe en orgías sexuales con una o varias parejas, ya que esto viola los principios (1), (2) y (4) anteriores. El Nuevo Testamento deja claro que las orgías forman parte de un estilo de vida mundano e impío, que a menudo incluye también el consumo excesivo de alcohol (Ro. 13:13; 1 Pe. 4:3). Esta prohibición incluiría cualquier tipo de sexo público o *voyeurismo*.
6) *Prostitución:* Participar en actividades sexuales con una prostituta, normalmente a cambio de una remuneración, viola claramente las normas bíblicas y se condena sistemáticamente en las Escrituras (Lv. 19:29; Dt. 23:17; Pr. 5:1-23; 7:4-27; 1 Cor. 6:18).
7) *Lujuria:* No se refiere al fuerte deseo sexual que un marido siente por su mujer y viceversa —eso es algo que Dios le concede—, sino a un deseo sexual indiscriminado y desenfrenado por hombres o mujeres que no son su pareja (Mt. 5:28; Mc. 7:21-22; Ro. 1:26-27; Ef. 4:19). Esto implica sensualidad, gratificar los sentidos de manera intempestiva (Ga. 5:16, 24; 1 Tes. 4:5; Ap. 18:9). Por supuesto, el uso de cualquier tipo de pornografía por parte de individuos, casados o no, estaría prohibido.
8) *Sodomía:* En el Antiguo Testamento, la «sodomía» se refiere a las relaciones sexuales de los hombres con otros hombres (Gn. 19:5-7; Lv. 18:22; 20:13; cf. Ju. 7).[54] En el lenguaje contemporáneo, la palabra se refiere a las relaciones sexuales no naturales, ya sea de un hombre con otro o de una persona con un animal.[55]
9) *Obscenidad y lenguaje sexual inapropiado:* En Efesios 5:3-4, Pablo escribe: «Entre ustedes ni siquiera debe mencionarse la inmoralidad sexual... no haya inmundicia ni palabras indecentes, conversaciones necias ni chistes groseros, lo cual está fuera de lugar» (cf. Ef. 4:29: «ninguna conversación corrupta [es decir, podrida o decadente]»).

---

[54] También se relaciona con frecuencia la sodomía con la apostasía y la idolatría licenciosa (E.g., Dt. 23:17; 1 Re. 14:24; 15:12; 22:46; 2 Re. 23:7).

[55] Cf. Lv. 18:22-23, que dice: «No te acostarás con un varón como con una mujer; es una abominación. Y no te acostarás con ningún animal y te ensuciarás con él, ni ninguna mujer se entregará a un animal para acostarse con él: es una perversión».

10) *Incesto:* Cualquier forma de actividad sexual con los miembros de la familia o los parientes está prohibida en las Escrituras (Lv. 18:7-18; 20:11-21; 1 Cor. 5:1).

Más allá de esto, los siguientes principios generales servirán como guías útiles cuando alguno de los cónyugues considere lo que es o no es aceptable para Dios con respecto a la actividad sexual.[56] (1) ¿Está una determinada práctica o actividad sexual prohibida en las Escrituras? ¿O viola los principios morales de las Escrituras? Si no es así, puede ser un asunto en el que los cristianos tienen libertad de discreción (1 Cor. 6:12). (2) ¿Es una determinada práctica o actividad sexual beneficiosa o perjudicial? Si es perjudicial, debe evitarse (1 Cor. 6:12). Los calificativos «benéfico» o «perjudicial» deben ser evaluados con respecto al ámbito físico, emocional y espiritual. (3) ¿Involucra una determinada práctica o actividad sexual a personas ajenas a la relación matrimonial? Si es así, o si una práctica se hace pública, es incorrecta, porque las Escrituras ordenan a los casados que mantengan el lecho matrimonial sin mancilla (Heb. 13:4).[57]

---

[56] Cf. Dillow y Pintus, *Intimate Issues,* 203-4. Véase también Hollinger, *Meaning of Sex*, 155-61, que cita a Gilbert Meilaender: «Hay pocas razones para prohibir a marido y mujer un margen considerable de experimentación y juego en su relación sexual. La regla general será que todo lo que nutra y fomente el propósito relacional del amor mutuo y el compañerismo debe permitirse, y todo lo que obstaculice o perjudique el crecimiento del amor mutuo debe prohibirse» (aunque a continuación afirma que el sexo sadomasoquista en el que el placer se deriva de infligir o recibir dolor no está permitido). David Atkinson, David Field, Arthur Holmes y Oliver O'Donovan (Downers Grove, IL: InterVarsity, 1995), 77. Hollinger discute el uso de la pornografía, la masturbación y el poder en el sexo marital. En su discusión sobre la masturbación, Hollinger sostiene que «cuando una pareja está separada el uno del otro por un período de tiempo, la masturbación puede usarse si el acto está dirigido hacia el otro y es claramente una expresión de su unión amorosa, de una sola carne», aunque pide a las parejas en esos casos que sean juiciosas y dice: «Probablemente es mejor que la pareja se comunique entre sí sobre su masturbación» para que «el acto esté más claramente dirigido a la pareja matrimonial» (p. 160). Sin embargo, dudamos que la masturbación deba considerarse legítima incluso para los cónyuges que están temporalmente separados, porque no cumple con los propósitos de Dios de crear el sexo entre un marido y su mujer, no a modo de auto-estimulación. Los tiempos de separación física de los cónyuges parecen exigir autocontrol y abstinencia sexual.

[57] Dillow y Pintus también incluyen útiles debates sobre la legitimidad del sexo oral entre los cónyuges (cf. Cantar 2:3; 4:16), el uso de vibradores y el uso de películas clasificación X para estimular el deseo sexual. Llegan a la conclusión de que las dos primeras pueden ser, en principio, legítimas para los cristianos (aunque, por supuesto, esta es una cuestión que deben decidir marido y mujer), mientras que ver películas clasificación X no lo es porque viola algunas de las diez prácticas sexuales prohibidas antes mencionadas. (Sin embargo, estos autores también señalan que el sexo oral entre un marido y su mujer es actualmente ilegal en veintitrés estados). En general, estamos de acuerdo con la evaluación de Dillow y Pintus y elogiamos su esfuerzo por lograr un equilibrio entre la adhesión a los principios morales bíblicos y el disfrute de una auténtica libertad cristiana.

Conclusión

A medida que las parejas cristianas practican el sexo bajo el señorío de Cristo, experimentan la plenitud en lugar del quebrantamiento, la gracia en lugar de la culpa, y la satisfacción verdadera y duradera en lugar de la mera gratificación temporal y fugaz que proviene de intentar disfrutar de los buenos dones del creador sin reconocer al creador mismo y respetar sus propósitos (véase Ro. 1:18-32). Por lo tanto, en el fondo, el sexo al servicio de Dios se desarrolla en la esfera protegida del matrimonio monógamo. Como observa Christopher Ash, «el contexto ético adecuado en el matrimonio no es una serie de actos aislados de unión sexual, sino toda una vida de unión fiel».[58]

Esto excluye todas las formas ilegítimas de expresión sexual que están fuera de los parámetros bíblicos: relaciones homosexuales, sexo prematrimonial, adulterio y otras prácticas sexuales pecaminosas. Hemos visto por qué el sexo dentro del matrimonio es correcto y bueno. Pero, ¿por qué es malo el sexo fuera del matrimonio? El espacio no nos permite abordar en detalle la cuestión de por qué la prostitución, la porografía y otras aberraciones sexuales son malas. En resumen, la respuesta es que cada una de estas prácticas implica una violación del contexto original del pacto entre el creador y el hombre y la mujer en el que el matrimonio fue colocado en el plan de Dios.

Incluso en su estado caído, el hombre todavía muestra rastros de la imagen de Dios en él o ella, pero esta imagen está ahora distorsionada. La prostitución, la pornografía y otros pecados sexuales deshumanizan y degradan a la persona, y el sexo, en lugar de ser disfrutado como un don bondadoso del creador para sus criaturas, se convierte en una carga, en cautiverio, en una forma de esclavitud. Al final, por tanto, sólo los cristianos están liberados para disfrutar del sexo puro y gozoso en el contexto del matrimonio monógamo, y los que persisten en buscar el placer sexual al margen del creador deben acudir primero a Cristo como pecadores necesitados de salvación, para que Él los salve «en todo lo que una persona puede ser salvada».

[58] Ash, *Marriage,* 201.

5

LOS LAZOS QUE UNEN:
LA FAMILIA EN EL ANTIGUO TESTAMENTO

Ahora que hemos estudiado el plan de Dios para el matrimonio, es momento de pasar a investigar la enseñanza bíblica sobre la familia.[1]

¿Qué es una familia? Partiendo de la definición de matrimonio que dimos en el capítulo anterior como un vínculo sagrado entre un hombre y una mujer, instituido y celebrado públicamente ante Dios (lo reconozca o no la pareja casada), normalmente consumado por la relación sexual, podemos definir la «familia» *primeramente como, un hombre y una mujer unidos en matrimonio (salvo la muerte de uno de los cónyuges) más (normalmente) los hijos naturales o adoptados y, en segundo lugar, cualquier otra persona relacionada por la sangre.*[2]

---

[1] Para un estudio histórico del niño en el pensamiento cristiano (especialmente el ensayo «The Least and the Greatest: Children in the New Testament», de Judith M. Gundry-Volf, en las págs. 29-60), véase *The Child in Christian Thought and Practice*, ed. Marcia J. Bunge (Grand Rapids: Eerdmans, 2000). Marcia J. Bunge (Grand Rapids: Eerdmans, 2000). Para un estudio de la enseñanza bíblica sobre los padres y los hijos, véase Charles H. Scobie, *Ways of Our God: An Approach to Biblical Theology* (Grand Rapids; Cambridge: Eerdmans, 2003), 808-9, 841-42. Aunque en los capítulos anteriores hemos adoptado una visión del matrimonio basada en el pacto, no hay ninguna conexión necesaria entre ver el matrimonio como un pacto y hablar de «familias del pacto». Este último concepto se basa en la teología del pacto, que enfatiza las continuidades entre los pactos bíblicos (cf. R. C. Sproul Jr., *Bound for Glory: God's Promise for Your Family* [Wheaton, IL: Crossway, 2003]; Gregg Strawbridge, ed., *The Case for Covenantal Infant Baptism* [Phillipsburg, NJ: P&R, 2003]).

[2] Esto excluiría a las parejas que vivían juntas sin estar casados, así como a los matrimonios del mismo sexo. Cf. George Rekers, presidente, *The Christian World View of the Family* (Sunnyvale, CA: The Coalition on Revival, 1989), 6: «Afirmamos que la definición bíblica de familia es la familia nuclear de una pareja casada heterosexual con hijos naturales y adoptados, junto con las ramas familiares que consisten en todas las familias nucleares que descienden de ancestros comunes» (http://www.reformation.net/COR/cordocs/family.pdf). Contra Diana S. Richmond Garland y Diane L. Pancoast, eds., *The Church's Ministry with Families: A Practical*

Como veremos más adelante, en los tiempos bíblicos las familias extensas vivían juntas en hogares más grandes, mientras que en la cultura occidental moderna la unidad familiar suele estar compuesta por la familia nuclear (padre, madre e hijos) que viven en el mismo hogar.[3]

En el siguiente estudio, investigaremos primero la antigua concepción israelita de la familia y exploraremos las enseñanzas del Antiguo Testamento sobre las funciones y responsabilidades de los padres, las madres y los hijos. A continuación, analizaremos la importancia que las Escrituras hebreas conceden a la instrucción de los padres a los hijos sobre Dios. También se pueden extraer ideas de las relaciones familiares del Antiguo Testamento, que se presentarán al final del presente capítulo.

La antigua concepción israelita de la familia

Debido a su descendencia de un ancestro común, los israelitas se percibían a sí mismos como un gran grupo de parentesco extendido.[4] El Antiguo Testamento presenta cuatro términos principales relacionados con la familia: (1) *'am* («pueblo»); (2) *¡Σbeƒ maƒƒeh* («tribu»); (3) *mi¡påh'â,* («clan»); y (4) *bêt 'åb* («casa del padre»).[5] Mientras que *'am* («pueblo») suele tener como referente la nación de Israel y *¡Σbeƒ maƒƒeh* («tribu») refleja la estructura tribal del pueblo como descendiente de los doce hijos de Jacob, *mi¡på'â'* («clan») suele designar un subgrupo más pequeño que la tribu pero más grande que la familia.

La expresión más relevante para nuestros propósitos es la cuarta, *bêt 'åb*, el término hebreo para «familia» (lit., «casa del padre»; cf., e.g., Jue. 17-18). A diferencia de la noción occidental moderna de una familia nuclear formada por el marido, la mujer y los hijos, los antiguos

---

Guide (Dallas: Word, 1990), 9-12, 235-39, quienes sostienen que definiciones como «padres e hijos» o «personas relacionadas por sangre o matrimonio» son inadecuadas y proponen, en cambio, lo que llaman un «modelo ecológico» (siguiendo a Hartman y Laird), que se centra en la satisfacción de las necesidades biológicas, sociales y psicológicas de los individuos implicados en un entorno mutuamente acordado que se caracteriza por valores compartidos y cohesión o cercanía. Hemos presentado una crítica a este modelo en el cap. 3.

[3] Por supuesto, espiritualmente hablando, todos los creyentes han sido adoptados en la familia de Dios y son hermanos y hermanas en Cristo.

[4] Cf. Daniel I. Block, «Marriage and Family in Ancient Israel», en Ken M. Campbell, ed., *Marriage and Family in the Biblical World* (Downers Grove, IL: InterVarsity, 2003), 35, a quien se debe la siguiente discusión. Véase también ídem, «The Foundations of National Identity: A Study in Near Eastern Perceptions» (tesis doctoral, Universidad de Liverpool, 1983).

[5] Cf. Block, «Marriage and Family in Ancient Israel», 35-40. Para ilustrar esta estructura familiar, véanse Jos. 7:16-26 y Jueces 6-8.

hogares israelíes estaban formados por grandes familias extendidas, que incluían también a las familias de los hijos casados de la pareja, a los hijos e hijas que aún no se habían casado, y a los siervos y esclavos contratados, tanto hombres como mujeres, junto con sus familias.

El rol y las responsabilidades de los padres

Como señala Daniel Block, al igual que la mayoría de las culturas del antiguo Oriente Próximo, las familias israelitas eran *patrilineales* (i.e., la descendencia oficial se trazaba a través de la línea paterna), *patrilocales* (i.e., las mujeres casadas pasaban a formar parte de la casa de su marido), y *patriarcales* (el padre estaba a cargo del hogar).[6] Aunque la mayoría identifica la antigua estructura familiar israelita con el término «patriarcado» («gobierno del padre»), Block sostiene que la expresión «patricentrismo» («centrado en el padre») puede ser más adecuada para este tipo de arreglo, ya que, en primer lugar, el feminismo ha desacreditado permanentemente el patriarcado, incluso en sus formas no abusivas, dándole una connotación negativa y, en segundo lugar, el «patricentrismo» refleja de mejor manera la «disposición bíblica normativa hacia el papel del cabeza de familia en Israel».[7] Como los radios de una rueda, la vida familiar irradiaba hacia fuera desde el padre como su centro. La comunidad se construía en torno al padre y llevaba su sello en todos los aspectos.[8] Además, en tercer lugar, aunque el padre gobernaba indiscutiblemente su hogar, el Antiguo Testamento rara vez se enfoca en su poder (Gn. 3:16 habla de una subversión del ejercimiento adecuado de la autoridad del hombre). En lugar de funcionar como un déspota o dictador, en los hogares sanos el padre y el marido solían inspirar la confianza y la seguridad de sus miembros (cf. Job 29:12-17; Sl. 68:5-6).[9] Por lo tanto, no fueron el poder y los privilegios asociados a la posición del padre, sino más bien las responsabilidades asociadas a su jefatura lo que se enfatizaba primariamente.

Block enumera las siguientes nueve responsabilidades principales del padre en el antiguo Israel:[10]

---

[6] Block, «Marriage and Family in Ancient Israel», 40. La siguiente discusión sigue las líneas esbozadas por Block en su ensayo.

[7] Ibíd., 41.

[8] Véase el gráfico en ibíd., 42.

[9] Véase además la discusión y los ejemplos adicionales en ibíd, 43 n. 41.

[10] Ibíd., 47.

- modelar personalmente una estricta fidelidad personal a Yahvé;[11]
- dirigir a la familia en las fiestas nacionales, alimentando el recuerdo de la salvación de Israel;[12]
- instruir a la familia en las tradiciones del éxodo y las Escrituras;[13]
- administrar la tierra de acuerdo con la ley (Lv. 25);
- satisfacer las necesidades básicas de la familia en cuanto a comida, vivienda, ropa y descanso;
- defender a la familia contra las amenazas externas (e.g., Jue. 18:21-25)
- servir como anciano y representar a la familia en la asamblea oficial de ciudadanos (Rut 4:1-11);
- mantener el bienestar de los miembros de la familia y el funcionamiento armonioso de la unidad familiar; y
- implementar las decisiones tomadas a nivel de clan o de tribu.

Además de las responsabilidades hacia su esposa (o esposas),[14] los padres también tenían obligaciones hacia sus hijos. Como señala Block, listas como las siguientes demuestran lo inadecuado de etiquetar el papel del padre en el antiguo Israel como «patriarcal», poniendo el énfasis predominante o incluso exclusivo en su ejercimiento (o incluso el ejercimiento abusivo) de la autoridad.[15] Las responsabilidades de los padres hacia sus hijos incluían lo siguiente:[16]

- nombrar a sus hijos (junto con sus esposas);[17]
- consagrar a sus hijos primogénitos a Dios;[18]
- circuncidar a sus hijos al octavo día (Gn. 17:12; 21:4; Lv. 12:3);
- deleitarse, compadecerse y amar a sus hijos;[19]
- alimentar el desarrollo espiritual de sus hijos, modelando ante ellos su propio y profundo compromiso personal con Dios y las

---

[11] Véanse los ejemplos de Noé (Génesis 6:9), Abraham (Génesis 17:1-7; 26:5), Josué (Josué 24:15) y Ezequías (2 Reyes 18:3). Véase también Dt. 6:4-9, sobre hablaremos más adelante en la discusión, y el ejemplo de Booz incluso antes de casarse (Rut 2:12).

[12] Esto incluía la Pascua (Ex. 12:1-20), la fiesta de las semanas (Dt. 16:9-12) y la fiesta de las cabañas (Dt. 16:13-17).

[13] Cf. Dt. 6:4-9, 20-25; 11:18-25.

[14] Véase el capítulo 2 de este volumen.

[15] Block, «Marriage and Family in Ancient Israel», 54.

[16] Ibid, 53-54.

[17] E.g., Gn. 16:15; 17:19; Ex. 2:22; 2 Sam. 12:24; Os. 1:4.

[18] Cf. Ex. 13:2, 12-15; 22:29; 34:1-20; Num. 3:11-13; 8:16-18; 18:15.

[19] E.g., Sl. 103:13; Pr. 3:12; 13:24; Os. 11:1-4.

Escrituras, instruyéndolos en las mismas y en las tradiciones de salvación y pacto, y dando testimonio público de su compromiso espiritual;[20]

- cuidando su propia conducta ética para no involucrar a sus hijos en su pecado (Ex. 20:5; Dt. 5:9)
- instruir a sus hijos en el camino de la sabiduría, desarrollando su carácter y habilidades para la vida y la vocación y enseñándoles a seguir sus pasos (Pr. 1-9)
- disciplinar a sus hijos cuando se equivocaban y presentarlos a los líderes comunales para que los disciplinaran cuando se negaban a ser corregidos;[21]
- gestionar con criterio los asuntos de la casa, especialmente en lo que respecta a la herencia, para garantizar una transición fluida a la siguiente generación;
- organizar el matrimonio de sus hijos con las esposas adecuadas (Gn. 24; Jue. 14);
- pronunciar bendiciones sobre sus hijos antes de su muerte (Gn. 27; 48-49).

La lista de las obligaciones de los padres hacia sus hijas es más corta, dada la perspectiva generalmente masculina del Antiguo Testamento:[22]

- proteger a sus hijas de los «depredadores» masculinos para llegar a casarse siendo vírgenes, aportando así honor a su nombre y pureza a su marido (cf. Ex. 22:16-17; Dt. 22:13-21);
- organizar el matrimonio de sus hijas encontrando un marido adecuado y haciendo los arreglos pertinentes;[23]
- garantizar una medida de seguridad para sus hijas proporcionándoles una dote (cf. Gn. 29:24, 29)
- protegiendo a sus hijas de los votos imprudentes (Num. 30:2-15);
- proporcionando seguridad a sus hijas en caso de que su matrimonio fracasara;[24] y quizás también

---

[20] Cf. Ex. 12:24; 13:8; Deut. 6:7-9, 20-25. Sobre las responsabilidades catequéticas y didácticas de los padres, véase Christopher J. H. Wright, *God's People in God's Land: Family, Land, and Property in the Old Testament* (Grand Rapids: Eerdmans, 1990), 81-84.

[21] Cf. Dt. 8:5; 2 Sam. 7:14; Pr. 13:24; 19:18; 22:15; 23:13-14. Véase más adelante la discusión y la sección especial sobre la disciplina de los padres en el capítulo 8.

[22] Block, «Marriage and Family in Ancient Israel», 54-55.

[23] Véase ibíd., 56-58.

[24] Véase la discusión en ibíd, 55 n. 102.

- instruir a sus hijas en las Escrituras.[25]

El papel y las responsabilidades de las madres

El Antiguo Testamento contiene muchos indicios de un estatus elevado de la esposa y la madre en el antiguo Israel. (1) En Génesis 1 y 2, se dice que la mujer, al igual que el hombre, fue creada por Dios a su semejanza (Gn. 1:27); (2) se dice que el hombre y la mujer tienen la responsabilidad en conjunto de someter la tierra y cultivarla (Gn. 1:28); (3) la mujer es colocada junto al hombre como su «ayuda idónea», no como su sierva o esclava (Gn. 2:18, 20); (4) la creación de la mujer a partir de la costilla del hombre también puede transmitir la noción de que ella está cerca y es querida por su corazón (Gn. 2:22); (5) el nombre de la mujer en hebreo la designa como la contraparte del hombre (Gn. 2:23); y (6) la unión como una sola carne entre marido y mujer también acentúa su cercanía e intimidad (Gn. 2:24-25). Al mismo tiempo, está claro que la esposa y madre estaba funcionalmente subordinada a su marido y jefe de familia masculino.[26]

Block provee evidencia sobre la dignidad de la esposa y madre y su influencia dentro del hogar en el antiguo Israel:[27]

- los hombres y las mujeres se relacionaban entre sí en un nivel complementario tanto en el cortejo como, una vez casados, en las relaciones amorosas (Cantar de los Cantares);
- las esposas y las madres solían nombrar a sus hijos;[28]
- el quinto mandamiento estipula que los hijos honren a sus padres y madres;[29]

---

[25]

[26] Como escribe Daniel Block en una correspondencia privada fechada el 26 de mayo de 2004, podemos extrapolar que, puesto que la lectura de la Torá debía tener lugar en compañía de todos —hombres, mujeres y niños— (Dt. 31:9-31; Neh. 8:3), podemos suponer que todos debían ser conscientes de la revelación de Dios de acuerdo con el pacto. Además, *banim* (a menudo traducido como «hijos» en función del género) puede utilizarse de forma inclusiva con referencia a los niños en general en Dt. 6:7. En sentido general, los niños son llamados «hijos» en la Biblia. En un sentido general, los hijos son llamados en Pr. 1:8 a escuchar la instrucción de su padre y de su madre; parece razonable inferir que las hijas también eran receptoras de la enseñanza de sus padres. Por último, Pr. 31:10-31 puede derivar de algún tipo de catecismo doméstico acróstico que las madres podrían haber enseñado a sus hijas, aunque éste habría sido principalmente de naturaleza práctica y doméstica más que teológica y bíblica.

[27] Véase Block, «Marriage and Family in Ancient Israel», 65; véase también ibíd., 66, para una lista de «señales claras de ordenamiento funcional» en la relación hombre-mujer tal como se presenta en Génesis 1 y 2.

[28] Ibíd., 66-68.

[29] Gn. 29:31; 30:6; 35:18; 38:28; Jue. 13:24; 1 Sam. 1:20; 4:20; Is. 7:14. Block (ibid.,

- tanto el padre como la madre salían en defensa de sus hijas si se ponía en duda su virginidad en el momento de su boda;
- la literatura sapiencial del Antiguo Testamento suele poner la sabiduría de la madre en la instrucción en paralelo a la del padre (Pr. 1:8; 6:20);[30]
- la mujer virtuosa en Proverbios 31 desprende iniciativa, creatividad y energía; aunque está subordinada a su marido, no está sometida a él;
- las mujeres a menudo ejercen una gran influencia sobre sus maridos, tanto positiva como negativamente;[31]
- aunque están excluidas de las funciones oficiales de liderazgo en la comunidad, ocasionalmente eran designadas en funciones proféticas ad hoc y participaban en asuntos religiosos.[32]

Las principales amenazas a la seguridad de las mujeres en el antiguo Israel eran la poligamia, el divorcio y la viudez.[33] Aunque suele argumentarse que las mujeres en el antiguo Israel no tenían estatus legal y eran tratadas como propiedad legal de sus padres y luego de sus maridos, Daniel Block argumenta de forma persuasiva que esto no era así. Tras una exhaustiva investigación, concluye:

> Considerar a las mujeres del antiguo Israel como propiedad de sus maridos y padres es cometer una falacia fundamental: no distinguir entre autoridad y propiedad, dependencia legal y servidumbre, subordinación funcional y posesión. No se puede negar la visión del mundo coherente e inequívocamente patriarcal de los autores bíblicos, pero esto no significa que las mujeres que estaban bajo la autoridad de los hombres fueran consideradas su propiedad. Por el contrario, de acuerdo con el ideal bíblico radical del liderazgo de servicio en su conjunto, los maridos y los padres debían ejercer la autoridad teniendo en cuenta el bienestar de sus hogares.[34]

---

67 n. 153) señala que, de los cuarenta y seis casos registrados de nombrar a los hijos en el AT, en veintiocho el nombre fue dado por la madre.

[30] Ex. 20:12; Dt. 5:16; el orden se invierte en Lv. 19:3.

[31] Las madres (así como las abuelas) también tenían un rol importante en la enseñanza de las Escrituras a sus hijos, especialmente si el padre no era creyente. El ejemplo más conocido del NT es probablemente Timoteo, quien fue educado en la fe por su madre, Eunice, y su abuela Loida (2 Tim. 1:5; cf. 2 Tim. 3:14-15; He. 16:1).

[32] Para ejemplos, véase Block, «Marriage and Family in Ancient Israel», 67 n. 157.

[33] Véase el extenso debate en ibíd., 68 nn. 159, 160 y 161.

[34] Véase ibíd., 69-70 para la poligamia; ibíd., 49-50 para el divorcio; e ibíd., 71-72 para la viudez.

Las responsabilidades de la madre para con sus hijos están bien resumidas en Proverbios 31: proporcionar comida, ropa y refugio.[35] Al nacer un niño, las madres cortaban el cordón umbilical, bañaban al niño y lo envolvían en un manto (cf. Ez. 16:3-4). Durante la primera década de la vida del niño, éste era la preocupación especial de su madre. Dado que en el antiguo Israel el hogar era el principal lugar de educación, el ejemplo y la instrucción de la madre eran vitales. Una vez que los niños llegaban a la adolescencia, pasaban cada vez más tiempo con sus padres, aunque esto no significa que la influencia de las madres fuera menospreciada. Las madres también formaban a sus hijas para su futuro rol como esposas y madres. Esto era aún más importante, ya que las hijas al casarse dejaban el hogar paterno y se unían al de su marido. No obstante, las madres continuaban siguiendo el curso de la vida de sus hijas, y poder presenciar el nacimiento de los nietos se consideraba una bendición y un deleite especial (E.g., Rut 4:14-16). Las madres también eran responsables de los sirvientes domésticos y los esclavos.[36]

Procreación

La procreación se consideraba una parte integral del plan de Dios para el matrimonio.[37] Así como el creador había dicho a la primera pareja humana en el principio: «Sed fructíferos y multiplicaos y llenad la tierra» (Gn. 1:28; cf. 9:1, 7; 35:11). Aunque originalmente eran dos personas individuales, el marido y la mujer se convierten en «una sola carne» (Gn. 2:24) en su unión conyugal, que se expresa de forma visible en los hijos resultantes de esa unión. En consecuencia, la esterilidad era considerada como resultado de la desfavorilidad divina en los tiempos del Antiguo Testamento (e.g., Gn. 29:31), mientras que los hijos se consideraban un don y una bendición de Dios (e.g., Gn. 13:16; 15:1-6; Ex. 23:25-26; Sl. 127:3-5; 128:3-6).[38] El grito de Raquel a Jacob es sintomático: «¡Dame hijos o si no, me muero!» (Gn. 30:1; cf. Gn. 30:22-23; véase también la situación de Sara en Gn. 16; 21:1-7; Ana en

[35] Ibíd., 64-65 (con notas a pie de página que refutan el intento de la feminista Phyllis Trible de «redimir a Génesis 1-3 de su postura patriarcal y sexista» y que demuestran el liderazgo de servicio en el caso de los reyes, jueces, sacerdotes y profetas en tiempos del AT). Véase la discusión en ibíd., 61-64.

[36] Véase ibíd., 73-77 y más adelante.

[37] Véase ibíd., 77-78.

[38] Para un análisis de las actitudes rabínicas hacia la procreación, incluyendo referencias, véase Craig S. Keener, «Marriage», en Craig A. Evans y Stanley E. Porter, eds., *Dictionary of New Testament Background* (Downers Grove, IL: InterVarsity, 2000), 681, quien señala que los rabinos exigían a los maridos que se divorciaran de sus esposas que, después de un período de prueba, se mostraban incapaces de tener hijos (*m. Yebam.* 6:6). Para un breve estudio del contexto judío del AT, véase Gundry-Volf, «The Least and the Greatest», 34-36.

1 Sam. 1; e Isabel en Lc. 1:25; cf. Lc. 1:6-7). La eliminación de la esterilidad equivale al levantamiento del reproche divino y equivale a ser «recordado» por el Señor (Gn. 30:23; 1 Sam. 1:19-20). Sin discriminar a las parejas sin hijos, en el Antiguo Testamento la expectativa general para el hombre y la mujer creados por Dios es, por tanto, casarse y tener hijos.[39]

El rol y las responsabilidades de los hijos

Los términos más comunes para referirse a los hijos en el Antiguo Testamento son *ben* («hijo»), *bat* («hija»), *yeled* («feto, hijo varón, joven»), *yaldâ'* («niña») y *zera'* («semilla»). Las Escrituras hebreas también presentan una variedad considerable de términos para las diferentes etapas de la infancia (incluyendo palabras para los niños no nacidos, los recién nacidos, los bebés, los niños que amamantan y los destetados), y la juventud (incluyendo términos para los adolescentes, así como para las mujeres jóvenes en edad de procrear y los hombres jóvenes, estos últimos especialmente en el libro de los Proverbios).[40] Se consideraba que la infancia se extendía desde el primer mes, hasta los cinco años; y la juventud desde los cinco, hasta los veinte años (Lev. 27:1-7).[41]

---

[39] Es más, en el mundo antiguo, antes de la seguridad social y los sistemas sanitarios, los hijos también eran una necesidad económica para las mujeres. Sobre la infertilidad y la Biblia, véase Judith Baskin, «Rabbinic Reflections on the Barren Wife», *Harvard Theological Review* 82 (1989): 101-14; Mary Callaway, *Sing O Barren One: A Study in Comparative Midrash, SBL Dissertation* Series 91 (Atlanta: Scholars Press, 1986); David Daube, *The Duty of Procreation* (Edimburgo: Edinburgh University Press, 1977); y John Van Seters, «The Problem of Childlessness in Near Eastern Law and the Patriarchs of Israel», *Journal of Biblical Literature* 87 (1968): 401-8. En cuanto a las implicaciones contemporáneas, véase la discusión más abajo.

[40] En contra de Gerald Loughlin, «The Want of Family in Postmodernity», en *The Family in Theological Perspective,* ed. Stephen C. Barton (Edimburgo: T & T Clark, 1996), 323, quien sostiene que «la procreación, aunque natural, es una parte no esencial del matrimonio» (citando a Karl Barth, Church Dogmatics [Edimburgo: T & T Clark, 1961], 3:266). Frente al comentario de que los matrimonios necesitan una buena razón para no tener hijos, Loughlin escribe: «Al contrario, los matrimonios cristianos necesitan una buena razón para tener hijos, ya que la fe en Cristo resucitado les libera de la necesidad de reproducirse» (323 n. 48). Sin embargo, no hay ninguna evidencia bíblica de que Cristo «libere» a los creyentes de «la necesidad de reproducirse» (una frase potencialmente engañosa). No hay que establecer ninguna dicotomía entre el orden creado por Dios y la vida en Cristo. Las enseñanzas de Pablo sobre el matrimonio y la crianza de los hijos en Efesios 5 y sus calificaciones para los líderes de la iglesia en 1 Timoteo 3 y Tito 1, por ejemplo, (re)afirman claramente el matrimonio y los hijos como la norma general para los creyentes (véase también 1 Timoteo 2:15; 4:3). Para un excelente debate sobre la moralidad de la elección de no tener hijos, véase Christopher Ash, *Marriage: Sex in the Service of God* (Leicester: Inter-Varsity, 2003), 175-79, y su conclusión en la p. 184 de que «en general, una pareja decidida a servir a Dios... deseará la bendición de los hijos».

[41] Para una discusión detallada y una lista de términos, véase ibíd., 79-80.

La estima en que se tenía a los hijos en el antiguo Israel (que se refleja en la amplitud del vocabulario utilizado para niños y jóvenes) se puede atribuir a diversos factores y convicciones:[42] (1) la creencia de que todo ser humano ha sido creado a imagen y semejanza de Dios (Gn. 1:27; Sl. 8); (2) la visión de que los hijos aseguran la perpetuación de la humanidad y el cumplimiento del mandato divino de someter y cultivar la tierra (Gn. 1:26; 5; 9: 18-19); (3) la noción de que la concepción de los hijos era, en última instancia, un producto de la acción divina y, por lo tanto, señal del favor de Dios (con el corolario de que la esterilidad se consideraba una señal de orpobio);[43] (4) la valoración de los hijos como un importante activo económico; y (5) la creencia de que, en cierto sentido, los padres viven en sus hijos y a través de ellos (de ahí que el peor destino fuera que su «semilla» fuera cortada y su «nombre» fuera borrado; cf. 1 Sam. 24:21; 2 Sam. 14:7; Sl. 37:28; Is. 14:20-21).

El primogénito (*békør*) gozaba de alta estima como heredero privilegiado.[44] Los hijos primogénitos eran reconocidos como pertenecientes a Dios y consagrados a él en una ceremonia especial. La circuncisión era otro ritual religioso muy importante, que servía como señal del pacto. Se realizaba a los niños varones al octavo día de su nacimiento (Gn. 17). Por lo demás, no existían ceremonias uniformes para marcar los acontecimientos de la vida de los jóvenes en el antiguo Israel. El libro de Proverbios ofrece una visión fascinante de la formación de los jóvenes en la sabiduría y discreción, y será el tema central de una sección más adelante.

La primera y principal responsabilidad de los niños y jóvenes era el respeto hacia los padres. La importancia de esta obligación se destaca de numerosas formas:[45]

- las palabras que denotan el respeto a los padres se utilizan en otras ocasiones para referirse a la reverencia a Dios mismo;[46]
- el respeto a los padres es el principio constitutivo de la nación, siendo el primero de los principios horizontales del pacto mencionados en los diez mandamientos (Ex. 20:12; Dt. 5:16)

[42] Véase ibíd., 80-82.
[43] Para las referencias bíblicas, véase ibíd., 80 nn. 212 y 213.
[44] Véase el extenso debate en ibíd, 82-85.
[45] Véase ibíd., 92-94.
[46] Para las referencias bíblicas, véase ibíd., 92 nn.278 y 279.

- el mandato de honrar a los padres implica el respeto tanto al padre como a la madre;[47]
- el mandato no tiene ninguna calificación, limitación o terminación;
- el respeto a los padres conlleva la promesa de la bendición divina y una larga vida (cf. Ef. 6:1-3);
- en el código de santidad levita, el mandamiento de honrar a los padres es primordial;
- la legislación posterior califica el trato de los padres con desprecio como una ofensa castigada con la muerte;
- Ezequiel cita la falta de respeto a los padres como una de las razones de la caída de Jerusalén y la destrucción del templo en 586 a.C.

Una segunda área de responsabilidad para los hijos en el antiguo Israel era ayudar de diversas maneras en el hogar de los padres y en sus alrededores una vez que tenían la edad suficiente para hacerlo. Block ofrece un buen resumen de las formas en que se desarrollaban estas actividades:

> Los niños y las niñas de cinco y seis años empezaban a recoger verduras, a reunir combustible y a limpiar después de la comida. Cuando llegaban a la adolescencia, el hogar organizaba las tareas según el sexo, asignando a los varones las labores que requerían más fuerza y peligro (caza, manejo del ganado doméstico y descuartizamiento del ganado vacuno y ovino) y entrenando a las mujeres en las habilidades especiales necesarias para llevar el hogar (cosechar verduras, preparar la comida, hilar, tejer prendas y cuidar a los bebés; cf. Pr. 31:10-31).[48]

Una vez que los hijos crecían, otras responsabilidades incluían la protección de la integridad genealógica de la familia mediante el «levirato»; es decir, el matrimonio entre una viuda cuyo marido había muerto sin dejar descendencia masculina, y el hermano del difunto (i.e., se esperaba que el hermano del hombre fallecido se casara con su viuda; Dt. 25:5-10). Además, los hijos eran responsables de mantener a sus padres en la vejez, lo cual es una de las razones por las que la falta de

---

[47] Observe que Lv. 19:3 menciona incluso a las madres antes que a los padres, un hecho que no se les escapó a los rabinos judíos posteriores (véanse las referencias en Keener, «Family and Household», *Dictionary of New Testament Background*, 355). El NT deja claro que este mandamiento incluye también a las viudas (1 Tim. 5:4, 8).

[48] Block, «Marriage and Family in Ancient Israel» 93.

hijos causaba ansiedad. Además, los hijos debían mostrar respeto por las personas mayores que no fueran sus padres o abuelos.[49]

La importancia de enseñar a los hijos sobre Dios

Transmisión del mensaje (Pentateuco, libros históricos y Salmos)

Antes de ingresar en la tierra prometida, se recordó a los israelitas la revelación que Dios les hizo después de salir de Egipto y emprender el éxodo. Este recordatorio abarcaba la ley (Dt. 4:1-14, especialmente el v. 9), incluidos los diez mandamientos (Dt. 5:6-21); el Shemá («Escucha, Israel: ¡El Señor nuestro Dios, el Señor uno es!» Dt. 6:4); y el mayor mandamiento: «Amarás al Señor tu Dios con todo tu corazón y con toda tu alma y con todas tus fuerzas» (Dt. 6:5).[50] Enseguida, se les dio a los israelitas el siguiente encargo:

> Y estas palabras que yo te mando hoy, estarán sobre tu corazón;
> y las repetirás a tus hijos, y hablarás de ellas estando en tu casa,
> y andando por el camino, y al acostarte, y cuando te levantes.
> Y las atarás como una señal en tu mano, y estarán como frontales entre tus ojos;
> y las escribirás en los postes de tu casa, y en tus puertas. (Dt. 6:6-9; cf. Dt. 4:9)

Una vez en la tierra prometida, los israelitas no debían olvidar al Señor que los había liberado de la esclavitud en Egipto. No debían poner a Dios a prueba y debían cumplir diligentemente sus mandamientos y «hacer lo que es justo y bueno a los ojos del Señor, para que les vaya bien» (Dt. 6:12, 16-18). Además, Cuando tu hijo te pregunte en el futuro: «¿Qué significan los testimonios y estatutos y

---

[49] En el presente capítulo (o volumen) no incluiremos un debate extenso sobre los abuelos y su papel y responsabilidades, ya que las Escrituras, por diversas razones, ofrecen poco material al respecto. Una de las principales diferencias entre el contexto antiguo y el contemporáneo es que, a diferencia de lo que ocurre en gran parte de la sociedad occidental actual, en los tiempos bíblicos los abuelos vivían junto a sus hijos y nietos en un hogar ampliado y, por tanto, formaban parte de la vida cotidiana (E.g. 31:55; 45:10; 46:7; Ex. 10:2; cf. Jue. 12:14; 1 Cr. 8:40), mientras que en nuestros días suelen constituir un hogar separado, a menudo a una distancia considerable de la familia nuclear. No obstante, los abuelos forman parte de la «familia», y estos lazos deben cuidarse siempre que sea posible. En una de las pocas referencias del NT a los abuelos, el apóstol Pablo insta a hijos y nietos a cuidar de sus madres o abuelas viudas (1 Tim. 5:4). También señala la influencia positiva de la abuela de Timoteo, Loida, que junto con su madre, Eunice, impartió su fe sincera a Timoteo (2 Tim. 1:5).

[50] Sobre el Shemá, véase especialmente Daniel I. Block, «How Many Is God? An Investigation into the Meaning of Deuteronomy 6:4-5», *Journal of the Evangelical Theological Society* 47 (2004): 193-212, cuya traducción constituye la base de la interpretación elegida aquí.

decretos que Jehová nuestro Dios os mandó?» los israelitas debían dar testimonio de la liberación y la revelación de Dios (Dt. 6:20-25). Esto es un eco de la instrucción anterior de Moisés, posterior a la institución de la pascua durante el éxodo, donde se les dice a los israelitas que transmitan a su descendencia el mensaje de la liberación de la nación por parte de Dios (Ex. 13:14). Después de cruzar el mar rojo, Josué se preocupa igualmente de que el significado de los actos redentores de Dios se transmita a las generaciones posteriores:

> Cuando tus hijos te pregunten en el futuro: ¿Qué significan estas piedras? les responderéis: Que las aguas del Jordán fueron divididas delante del arca del pacto de Jehová; cuando ella pasó el Jordán, las aguas del Jordán se dividieron; y estas piedras servirán de monumento conmemorativo a los hijos de Israel para siempre. (Jos. 4:6-7; cf. 4:21-22)

El salmista también enfatiza la importancia de enseñar a los hijos sobre Dios. Promete que no ocultará a sus hijos lo que Dios ha hecho en épocas pasadas, «sino que contará a la generación venidera los hechos gloriosos del Señor, su poderío y las maravillas que ha hecho» (Sl. 78:4). Les hablará de la ley, que Dios «ordenó a nuestros padres que enseñaran a sus hijos, para que la siguiente generación los conozca, y los hijos que nacerán, y los que se levantarán lo cuenten a sus hijos, para que pongan su esperanza en Dios y no se olviden de sus obras, sino que guarden sus mandamientos; y para que no sean como sus padres, una generación necia y rebelde» (Sl. 78:5-8). Así, de generación en generación, los caminos y la voluntad de Dios deben ser transmitidos para que los hijos aprendan de los pecados de sus padres y para que Dios sea conocido como el ser más poderoso y glorioso.

El pentateuco, los libros históricos del Antiguo Testamento y el libro de los Salmos están impregnados de la conciencia de que los padres (y especialmente el padre) deben transmitir su herencia religiosa a sus hijos. La voluntad manifiesta de Dios para su pueblo Israel sigue siendo su voluntad para el pueblo en la iglesia de hoy. Los padres cristianos tienen el mandato y la seria obligación de inculcar su herencia religiosa a sus hijos.[51] Esta herencia se enfoca en la

---

[51] Un ejemplo interesante del NT es Timoteo, a quien su madre y su abuela judías le enseñaron las Escrituras, ya que aparentemente su padre gentil no era cristiano (2 Tim. 1:5; 3:15; cf. He. 16:1). Peter Balla, *The Child-Parent Relationship in the New Testament and Its Environment* (Wissenschaftliche Untersuchungen zum Neuen Testament 155; Tübingen: Mohr-Siebeck, 2003), 83-84, cita también ejemplos de la literatura judía como 4 Macc. 18.10 (donde la madre de los siete mártires dice a sus hijos: «Mientras él [su padre] estaba todavía con vosotros, os enseñó la

experiencia personal de la liberación de Dios del pecado, su revelación en el Señor Jesucristo y su muerte por nosotros en la cruz. Los padres cristianos deben aprovechar cualquier oportunidad para hablar de estos asuntos tan importantes con sus hijos y para expresar e impartir a sus hijos la gratitud personal por lo que Dios ha hecho con ellos. Aunque puede haber maestros cristianos de la escuela dominical y otras personas importantes en la vida de un niño, los padres nunca deben renunciar a la responsabilidad que Dios les ha dado de ser la principal fuente de instrucción religiosa para sus hijos.[52]

Educación del hijo (el libro de Proverbios)

La enseñanza del libro de Proverbios sobre la crianza de los hijos se resume quizá mejor en el conocido versículo: «Instruye al niño en su camino, y aun cuando fuere viejo no se apartará de él». (Pr. 22:6). Aunque esto no debe considerarse una promesa divina, es el producto de una observación aguda y sólida de lo que suele ocurrir en la vida, y debe tomarse en serio.[53] Sin embargo, al final, los hijos toman su propia decisión sobre el camino que quieren seguir. Lo más probable es que, una vez que hayan crecido, los hijos tiendan a seguir el camino que se les mostró cuando aún eran niños. Por eso son tan importantes la disciplina y la instrucción de los padres, y la obediencia y el respeto a

---

ley y los profetas») y Josefo, Ag. Ap. 2.204 (los niños «deben ser enseñados a leer, y aprenderán tanto las leyes como los hechos de sus antepasados, para que puedan imitar a estos últimos»).

[52] Por lo tanto, es inadecuada la paternidad cristiana que concibe la tarea de los padres como la mera exposición de un niño a todas las diversas opciones religiosas disponibles, como el cristianismo, el judaísmo, el islam, el hinduismo, el budismo, etc., sin tratar de inculcar en su corazón y en su mente la verdad de las Escrituras, en la creencia de que los padres no deben influir en la determinación de sus hijos de su propia vida espiritual.

[53] Cf. C. Hassell Bullock, *An Introduction to the Old Testament Poetic Books* (rev. and exp. ed.; Chicago: Moody, 1988), 162. Una implicación importante del hecho de que Pr. 22:6 no constituye una promesa divina es que si un niño no elige seguir a Cristo una vez que ha crecido, esto no puede interpretarse como que Dios rompe su promesa. Tampoco existe una relación directa de causa y efecto entre la crianza de los hijos y su evolución. No todas las decisiones erróneas de los hijos pueden o deben atribuirse al fracaso de los padres. Cf. Derek Kidner, Proverbios, *Tyndale Old Testament Commentary* (Leicester; Downers Grove, IL: InterVarsity, 1964), 51-52, señala que «incluso el mejor entrenamiento no puede inculcar la sabiduría, sino sólo animar a la elección de buscarla (E.g., 2:1ss.); aunque hay padres que sólo tienen que agradecerse a sí mismos por su vergüenza (29:15), en última instancia es el propio hombre quien debe cargar con su propia culpa, pues es su actitud ante la sabiduría (29:3a; 2:2ss.) la que marca su rumbo». Del mismo modo, el padre de la iglesia Jerónimo: «No se debe culpar a los padres si, habiendo enseñado bien a sus hijos, éstos actúan mal después» (Comentario a Tito, según J.-P. Migne, ed., Patrologia Graeca [París: Migne, 1857-1886], 26.599 AC, citado en Peter Gorday, ed., *Ancient Christian Commentary on Scripture: New Testament, vol. 9: Colossians, 1-2 Thessalonians, 1-2 Timothy, Titus, Philemon* [Downers Grove, IL: InterVarsity, 2000], 287).

la autoridad también deben inculcarse en el niño durante sus años de formación.[54]

Según el libro de Proverbios, el *propósito* de la instrucción bíblica de los padres es *inculcar la sabiduría y el temor del Señor* (que es el principio de la sabiduría, 1:7) en los hijos e hijas.[55] Los hijos sabios dan gran alegría y gozo a los padres (23:24-25; 29:3, 17), mientras que los necios dan dolor (10:1), vergüenza (28:7) y, en algunos casos, la ruina de los padres (19:13). Esencialmente, los jóvenes deben elegir entre dos caminos: el de la sabiduría o el de la insensatez. Por su propia naturaleza, los hijos son *sencillos* y necesitan instrucción (1:22). Carecen de sentido común, son ingenuos y crédulos (14:15), lo que les hace vulnerables a las influencias equivocadas si no se les forma el carácter (9:16). A menos que se corrija, lo que comienza como una simplicidad ingenua conduce a una insensatez total (14:18), que puede evitarse mediante la instrucción adecuada en la sabiduría bíblica.

El *valor de la sabiduría* es múltiple, e instruir a los niños en esta sabiduría es vivificante. La sabiduría rescata a los jóvenes de las artimañas del adulterio (2:16-19; 5; 6:20-35; 7; 22:14; 23:26-28; 31:3). La sabiduría también lleva a los jóvenes a someterse a la disciplina y la corrección de los padres (3:11-12, citado en Heb. 12:5-6; 15:32; 23:13-14). De hecho, la sabiduría, forma parte del tejido mismo de la creación (8:22-31), es su vida misma (4:13), es decir, la sabiduría no es simplemente un estado de ánimo, sino que proporciona una protección real contra el peligro o incluso la muerte. Por lo tanto, lo que los padres deben enseñar a los jóvenes es a confiar en el Señor con todo su corazón y a reconocerlo en todos sus caminos, en lugar de ser autosuficientes o seguir modelos o influencias equivocadas (3:5-6).

Mediante el ejemplo y la instrucción explícita, los padres deben enseñar a sus niños y jóvenes una amplia gama de atributos positivos:[56]

- Diligencia y laboriosidad (6:6-11; 11:27; 12:24; 13:4; 15:19; 18:9; 19:24; 20:4, 13; 21:5; 22:13; 26:13-16)
- Justicia (11:1; 16:11; 17:23; 20:10, 23; 31:8-9)
- Bondad (11:17)

---

[54] Como señala Kidner, Proverbios, 147, el adiestramiento prescrito es, literalmente, «según su camino [del niño], lo que puede implicar el respeto a su individualidad y vocación (aunque no a su propia voluntad; cf. Pr. 22:5; 14:12)». Para un extenso tratado sobre la crianza de los hijos, que incluye una discusión y principios prácticos para la disciplina, véase J. Hampton Keathley, «Biblical Foundations for Child Training» (Biblical Studies Press, 1997), http://www.bible.org.

[55] Para una lúcida discusión de la enseñanza del libro de Proverbios con vistas a formar a los jóvenes en la sabiduría, véase Block, «Marriage and Family in Ancient Israel», 89-92.

[56] Las referencias bíblicas entre paréntesis son ilustrativas y no exhaustivas. Los atributos se enumeran por orden de aparición en el libro de los Proverbios.

- Generosidad (11:24; 19:6)
- Dominio de sí mismo, particularmente de la palabra (12:18; 13:3; 21:23) y del temperamento (14:17, 29; 15:18; 16:32; 19:11; véase también 25:28)
- Rectitud (12:21, 28; 14:34)
- Veracidad y honestidad (12:22; 16:13; 24:26)
- Discreción en la elección de los amigos (13:20; 18:24), especialmente del cónyuge (18:22; 31:10-31)
- Cautela y prudencia (14:16; 27:12)
- Mansedumbre (15:1, 4)
- Contentamiento (15:16-17; 16:8; 17:1)
- Integridad de carácter (15:27; 28:18)
- Humildad (16:19; 18:12; 22:4)
- Gracia (16:24)
- Rectitud (16:30; 17:20)
- Moderación (17:14, 27-28; 18:6-7; 29:20)
- Fidelidad en la amistad (17:17) y en otros aspectos (28:20)
- Pureza (20:9; 22:11)
- Buscar lo que es bueno y correcto (20:29)
- Habilidad en el trabajo (22:29)
- Paciencia (25:15)

En el aspecto negativo, los padres deben enseñar a sus hijos a abstenerse de un estilo de vida que busque el placer (21:17), en particular de participar en fiestas y comer y beber con glotonería (23:20-21; 28:7). Debemos enseñar a los niños y jóvenes a no ser arrogantes ni vanidosos (21:24). Para ello, los padres deben administrar una *disciplina* adecuada, a la que los hijos deben someterse: «No menosprecies, hijo mío, el castigo de Jehová, ni te fatigues de su corrección; Porque Jehová al que ama castiga, como el padre al hijo a quien quiere». (3:11-12; cf. 13:1). Esto incluye la disciplina física: «El que detiene el castigo, a su hijo aborrece; Mas el que lo ama, desde temprano lo corrige» (13:24; cf. 22:15; 23:13-14). Si se deja al hijo a su suerte, el único resultado previsible es la vergüenza (29:15). Hoy en día, algunos consideran que la disciplina física es «profundamente preocupante» (o como «pedagogía venenosa»).[57] Sin embargo, el inspirado libro bíblico de Proverbios presenta la disciplina (incluida la disciplina física) como parte fundamental de la sabiduría, y por lo tanto,

[57] E.g., John T. Carroll, «Children in the Bible», *Interpretation* 55 (2001): 125-26, con referencias a las obras de otros en la p. 125 n. 14.

el uso apropiado de la misma no debe ser descartado por los padres cristianos de hoy.[58]

Perspectivas de las relaciones familiares del Antiguo Testamento

Como hemos mencionado, las Escrituras están repletas de ejemplos de buena y mala crianza de los hijos. Estas cosas, también, «tuvieron lugar como ejemplos para que aprendiéramos de ellas» (cf. 1 Cor. 10:6). Pensemos en Rebeca, la esposa de Isaac, que favoreció a su segundo hijo, Jacob, en detrimento de su primogénito, Esaú, y se aseguró de que el primero, y no el segundo, recibiera la bendición patriarcal (Gn. 27). Y pensemos en Ana, madre del profeta Samuel, que pidió a Dios un hijo y, una vez respondida su oración, lo consagró al Señor (1 Sam. 1). La oración de júbilo de Ana (1 Sam. 2:1-10) sirve como antecedente histórico de salvación del magníficat de María pronunciado antes de los nacimientos de Juan el Bautista y de Jesús (Lc. 1:46-56).

En el contexto posterior inmediato, la piedad de Ana y el servicio de Samuel al Señor con el sacerdote Elí se contraponen a los malvados hijos de Elí, quienes «trataron con desprecio la ofrenda del Señor» (1 Sam. 2:17), lo que provocó el rechazo de Dios a la casa de Elí. El intento de Elí por confrontar a sus hijos es patéticamente tibio: «Y les dijo: "¿Por qué hacéis cosas semejantes? Porque yo oigo de todo este pueblo vuestros malos procederes. No, hijos míos, porque no es buena fama la que yo oigo; pues hacéis pecar al pueblo de Jehová"» (1 Sam. 2:23-24). Como continúa el texto inspirado: «Pero ellos no quisieron escuchar la voz de su padre, porque Jehová había resuelto hacerlos morir» (1 Sam. 2:25b). Samuel, por su parte, en otra anticipación tipológica de Jesús, «crecía en la presencia del Señor» (1 Sam. 2:21; cf. Lc. 2:52: Jesús «crecía... en gracia para con Dios y los hombres).

La verdad opuesta, que los malos padres a veces pueden tener grandes hijos, es confirmada por el hijo de Saúl, Jonatán, que amaba a David como si fuera su propio hermano, a pesar de que su padre, Saúl, intentó en repetidas ocasiones matar a David por celos (1 Sam. 20).

David, por su parte, tuvo mucha aflicción a causa de sus hijos. Amnón violó a su hermanastra Tamar (2 Sam. 13:1-22). Absalón, otro de los hijos de David, asesinó a su hermanastro Amnón (2 Sam. 13:23-

---

[58] Véase especialmente el útil estudio «Parent and Children» en Kidner, Proverbios, 50-52, quien señala que «la vara no es una panacea» y que el «principal recurso de los padres es constructivo, es decir, su "ley", enseñada con amorosa persistencia» (p. 50). Para un debate sobre la controversia que rodea a las formas físicas de castigo en nuestra cultura actual, así como los principios para la disciplina de los padres, véase el cap. 8 de este volumen.

33) y lideró una conspiración contra su padre, por lo que David tuvo que huir de Jerusalén (2 Sam. 15). A su debido tiempo, Absalón fue asesinado, y a pesar del dolor que le causó Absalón, David se sintió desconsolado al enterarse de la muerte de su hijo: «¡Hijo mío Absalón, hijo mío, hijo mío Absalón! ¡Quién me diera que muriera yo en lugar de ti, Absalón, hijo mío, hijo mío!». (2 Sam. 18:33).

Más tarde, otro de los hijos de David, Adonías, intentó usurpar el trono, y el escritor añade el siguiente veredicto devastador: «Y su padre [David] nunca le había entristecido en todos sus días con decirle: "¿Por qué haces así?"» (1 Re. 1:6a RV1960). David, ocupado en sus asuntos reales y en hacer «la obra de Dios», no había logrado que sus hijos fueran responsables ni los disciplinó adecuadamente. ¡No es de extrañar que no conocieran sus límites cuando crecieron y como resultado se rebelaron contra la autoridad! Si se deja que los hijos hagan lo que quieran, esto se volverá en contra de sus padres negligentes. Los fracasos en la crianza de los hijos pueden tardar algún tiempo en hacerse evidentes, pero también en este caso es válido el principio de que la gente cosecha lo que siembra (Ga. 6: 7). El patrón continuó en el hijo de Salomón, Roboam, quien neciamente escuchó el consejo de sus compañeros, en lugar de escuchar el consejo de los ancianos, y dio una respuesta severa al pueblo de Israel, lo que rápidamente causó la pérdida de su dominio sobre diez de las tribus (1 Re. 12:1-24).

Conclusión

En este capítulo hemos examinado más de cerca el tema de los hijos y la paternidad en el Antiguo Testamento. En primer lugar, hemos conocido la antigua concepción israelita de la familia, las funciones y responsabilidades de los padres, madres e hijos. Después, nuestra atención se centró en pasajes del Antiguo Testamento como Deuteronomio 6:4-9 que enfatizan la importancia de enseñar a los hijos sobre Dios. El libro de Proverbios resultó ser un recurso indispensable para formar a los hijos en los caminos de Dios, lo que incluye la administración de la disciplina. Nuestro estudio final sobre las relaciones familiares en el Antiguo Testamento aportó algunas perspectivas importantes, como las vidas de Ana, David y Salomón.

6

LA FAMILIA CRISTIANA:
LA FAMILIA EN EL NUEVO TESTAMENTO

Como vimos en el capítulo anterior, la antigua concepción israelita de la familia otorgaba un gran valor a los lazos de parentesco. Aprendimos acerca de las enseñanzas del Antiguo Testamento sobre las funciones y responsabilidades de padres, madres e hijos, y sobre la importancia de enseñar a los hijos acerca de Dios. También hemos analizado ejemplos de buenos y malos padres en el Antiguo Testamento. En el presente capítulo, nos esforzaremos por construir sobre estos fundamentos y conocer la enseñanza del Nuevo Testamento sobre los niños, la crianza de los hijos y el hogar. Como veremos, tanto Jesús como Pablo proporcionan una cantidad significativa de instrucción sobre este tema fundamental. El capítulo concluye con reflexiones sobre las relaciones familiares del Nuevo Testamento.

El ejemplo y enseñanza de Jesús

Palestina del siglo I y el ejemplo de Jesús

En la época de Jesús, las familias extendidas vivían juntas (e.g., Mc. 1:30), generalmente compartiendo una casa de tres o cuatro habitaciones. Las hijas debían desempeñar un papel doméstico al igual que su madre (Mt. 10:35; Lc. 12:53),[1] y los varones debían emular el

---

[1] Sobre los roles de género en las tradiciones palestinas y judías relacionadas geográficamente, véase Craig S. Keener, «Marriage», en Craig A. Evans y Stanley E. Porter, eds., *Dictionary of New Testament Background* (Downers Grove, IL: InterVarsity, 2000), 690, quien señala que las tareas habituales de las esposas en la Palestina del siglo I eran en gran medida domésticas: moler el trigo, lavar, cuidar y coser (m. Ketub. 5:5). Véase también David Instone-

ejemplo de su padre según la antigua máxima israelita «como el padre, el hijo».[2] Jesús mismo aprendió el oficio de su padre como artesano (Mt. 13:55; Mc. 6:3).[3] La variedad de términos utilizados en el Nuevo Testamento para «niño» por Jesús y otros —como *brephos* (bebé, infante, feto), *nΣpios* (niño pequeño, de tres o cuatro años de edad), *teknon* y *teknion* (niño, descendencia en general), *paidion* y *paidarion* (niño pequeño, normalmente por debajo de la edad de la pubertad), *pais* (persona joven, normalmente por debajo de la edad de la pubertad)— indica una conciencia del niño en su entorno social y en sus etapas de desarrollo.[4] Jesús mismo modeló la obediencia en relación con sus padres terrenales (Lc. 2:51: «descendió con ellos, y volvió a Nazaret, y estaba sujeto a ellos») y supremamente hacia su Padre celestial (e.g., Mc. 14:36; cf. Heb. 5:8).

Enseñanza de Jesús sobre la familia y el discipulado

Si bien Jesús afirmó el matrimonio y bendijo a los hijos, él concebía la comunidad de creyentes en términos familiares que trascendían las relaciones naturales entre las personas.[5] Este, como ya se ha mencionado varias veces, es uno de los aspectos más llamativos,

Brewer, *Divorce and Remarriage in the Bible: The Social and Literary Context* (Grand Rapids: Eerdmans, 2002), 103; y Daniel I. Block, «Marriage and Family in Ancient Israel», en Ken M. Campbell, ed., *Marriage and Family in the Biblical World* (Downers Grove, IL: InterVarsity, 2003), 73-74, que menciona el cuidado del huerto, la cosecha del grano, la cocción de los alimentos y el vestido de la familia.

[2] Curiosamente, sólo el equivalente femenino, «como madre, como hija», se encuentra explícitamente en la Escritura (Ezequiel 16:44), aunque la máxima se presupone claramente en pasajes bíblicos como Juan 5:17-23 o 8:34-59. Daniel I. Block, *The Book of Ezekiel Chapters 11-24, New International Commentary on the Old Testament* (Grand Rapids: Eerdmans, 1997), 506 n. 252, cita la frase «como el padre, así el hijo» en Ezequiel 18:4, aunque allí el contexto es algo diferente.

[3] Las mejores pruebas históricas indican que el oficio de Jesús no se limitaba a trabajar la madera (lo que puede sugerir el término «carpintero»; por eso hemos elegido la expresión «artesano» para transmitir el alcance más amplio de la ocupación de Jesús. Véase el ensayo de Ken M. Campbell, «What Was Jesus' Occupation?» en *Journal of the Evangelical Theological Society* 48 (2005): 501-20.

[4] Cf. James Francis, «Children and Childhood in the New Testament», en *The Family in Theological Perspective,* ed. Stephen C. Barton (Edimburgo: T & T Clark, 1996) con referencia a Hans R. Weber, *Jesus and the Children* (Ginebra: Consejo Mundial de Iglesias, 1979), 52-53. Véase Johannes P. Louw y Eugene A. Nida, *Greek-English Lexicon of the New Testament Based on Semantic Domains*, 2nd ed. (Nueva York: Sociedades Bíblicas Unidas, 1989), 1.109-11, dominio semántico «niños».

[5] Observe que Hugenberger considera esto como una prueba de que el matrimonio es un pacto; véase Gordon P. Hugenberger, *Marriage as a Covenant: Biblical Law and Ethics as Developed from Malachi* (Grand Rapids: Baker, 1998), 176-81. Para un interesante material de fondo, véase Joseph H. Hellerman, *The Ancient Church as Family* (Minneapolis: Fortress, 2001).

distintivos y centrales del llamamiento de Jesús al discipulado.[6] En palabras de Jesús, «si alguien viene a mí y no odia a su padre, a su madre, a su mujer, a sus hijos, a sus hermanos, a sus hermanas, y hasta su propia vida, no puede ser mi discípulo».[7] De acuerdo con la predicción del Antiguo Testamento, Jesús no vino a traer paz, sino espada, «para poner al hombre contra su padre, a la hija contra su madre y a la nuera contra su suegra. Y los enemigos de una persona serán los de su propia casa» (Mt. 10:34-36).

En su experiencia personal, Jesús conoció el rechazo espiritual incluso dentro de su familia natural (Mc. 3:21; 6:1-6a; Jn. 7:1-9) y afirmó que su lealtad principal y la de sus seguidores debía ser hacia Dios Padre (Lc. 2:49; Mc. 3:31-35). Se esperaba que los primeros seguidores de Jesús abandonaran su familia natural, incluso literalmente, al menos durante los tres años que duró su ministerio terrenal (aunque parece que posteriormente los discípulos reanudaron sus relaciones familiares normales, 1 Cor. 9:5). Esto queda claro en el tal vez sea el primer relato del llamado de Jesús a sus discípulos en el Evangelio de Marcos, donde Jesús llama a Simón, a su hermano Andrés y a los hijos de Zebedeo, y estos pescadores dejan su vocación natural y sus contextos familiares para seguir a Jesús (Mc. 1:16-20 par. Mt. 4:18-22; cf. Lc. 5:2-11).

Aquellos que se resisten al llamado de Jesús al discipulado no suelen estar dispuestos a renunciar a sus vínculos naturales en favor de una lealtad total a Jesús. Lucas registra una serie de casos memorables de este tipo, en donde los aspirantes a convertirse en discípulos de Jesús no están dispuestos a seguirle incondicionalmente y les hace retroceder, diciéndoles, respectivamente, que «las zorras tienen madrigueras y las aves del cielo nidos, pero el Hijo del Hombre no tiene dónde reposar su cabeza»; «Deja que los muertos entierren a sus muertos, pero tú ve a anunciar el reino de Dios»; y «Nadie que ponga su mano en el arado y mire hacia atrás es apto para servir en el reino de Dios» (Lc. 9: 58, 60, 62; cf. Mt. 8: 19-22).

Los tres evangelios sinópticos también registran la negativa de un joven rico a desprenderse de sus riquezas para seguir a Jesús, contrastando su negativa con el compromiso incondicional de los

---

[6] Nótese la conclusión de Stephen C. Barton, *Discipleship and Family Ties in Mark and Matthew* (Cambridge: Cambridge University Press, 1994), 56, de que hay «un fuerte precedente para la aparente "hostilidad" hacia la familia en el contexto del discipulado de Jesús que se encuentra en los evangelios», señalando al judaísmo desde la historia de Abraham en adelante, la renuncia a la vida familiar en Qumrán (como la idealizan Filón y Josefo), y las comunidades de «Therapeutae» (Filón). Pero véase la perspicaz revisión y crítica de John Barclay en Studies en *Christian Ethics* 9, nº 1 (1996): 47-50.

[7] Lucas 14:26; cf. Mateo 10:37: «ama al padre o a la madre/hijo o hija *más* que a mí».

discípulos con su Maestro (Mc. 10:17-31 pars. Mt. 19:16-30; Lc. 18:18-30). Ante la observación de Pedro de que él y sus discípulos lo han dejado todo para seguirle, Jesús responde con la promesa: «De cierto os digo que no hay ninguno que haya dejado casa, o hermanos, o hermanas, o padre, o madre, o mujer, o hijos, o tierras, por causa de mí y del evangelio, que no reciba cien veces más ahora en este tiempo; casas, hermanos, hermanas, madres, hijos, y tierras, con persecuciones; y en el siglo venidero la vida eterna». (Mc. 10:29-31).

Jesús mismo dio el ejemplo al renunciar repetidamente a sus propios lazos familiares naturales cuando éstos podían entrar en conflicto con las lealtades espirituales más elevadas.[8] Así, el Jesús de doce años respondió a la angustiosa preocupación de sus padres: «¿Por qué me buscabais? ¿No sabíais que debía estar en la casa de mi Padre?» (Lc. 2:49). Más tarde, Jesús reprende primero a su madre y luego a sus hermanos por no haber comprendido el tiempo divino que subyace a su ministerio (Jn. 2:4; 7:6-8).

Una vez más, se negó a volver a los confines de sus relaciones naturales cuando su preocupada familia fue a hacerse cargo de él, temiendo que las tensiones de su ajetreado ministerio le hubieran hecho perder la cabeza. Cuando le dijeron que su familia le esperaba fuera, preguntó con un gesto dramático: «¿Quiénes son mi madre y mis hermanos?». Respondiendo a su propia pregunta, miró a los que estaban sentados en un círculo a su alrededor y pronunció la famosa declaración: «¡Aquí están mi madre y mis hermanos! Porque todo el que hace la voluntad de Dios es mi hermano, mi hermana y mi madre» (Mc. 3:31-35; véase también Mc. 3:20-21). A su debido tiempo, parece que la madre de Jesús y (al menos algunos de) sus hermanos reconocieron que ellos también debían subordinar sus pretensiones familiares a la lealtad a Jesús como su Salvador y Señor (E.g., He. 1:14; pero véase también Lc. 1:46-47).[9]

Los ejemplos podrían multiplicarse (véase Lc. 11:27-28; Jn. 19:26-27), pero las implicaciones de la enseñanza de Jesús sobre el discipulado son claras. En lugar de predicar un evangelio que inste a

---

[8] Cf. el creativo y sugerente tratamiento de Cynthia Long Westfall, «Family in the Gospels and Acts», en *Family in the Bible*, ed. Richard S. Hess y M. Daniel Carroll R. (Grand Rapids: Baker, 2003), 125-47, que analiza los vínculos familiares de Jesús bajo las rúbricas «María la madre soltera», «José el padrastro», «Jesús el hijo ilegítimo» y «El desplazamiento de la familia de Jesús», y cuyo ensayo completo se centra casi exclusivamente en la propia identidad y experiencia de Jesús en su familia terrenal.

[9] El hecho de que Francis califique (en un artículo por lo demás excelente) Hechos 1:14 como «una reafirmación de los lazos familiares» nos parece bastante curioso. James Francis, «Children and Childhood in the New Testament», 81.

los creyentes a hacer del matrimonio y la familia[10] su máxima prioridad —aunque, obviamente, éstos ocupan un lugar vital en los propósitos de Dios para la humanidad—, Jesús situó los lazos naturales de parentesco en el contexto más amplio del reino de Dios.[11] Por lo tanto, mientras Jesús afirmaba la relación natural, como la institución divina del matrimonio y la necesidad de honrar a los padres (Mc. 10:8-9, 19.), reconoció el llamamiento superior del discipulado. El compromiso con la verdad puede llevar a la división, y no a la paz, en la familia natural (Mt. 10:34), y en este caso seguir a Jesús debe tener prioridad (Lc. 9:57-62).[12]

Aunque Jesús situó las obligaciones de las personas en el marco más amplio del reino de Dios,[13] esto no debe interpretarse como que los cristianos deben descuidar sus responsabilidades familiares. Como escribiría Pablo más adelante, «El que no provee para los suyos, y sobre todo para los de su propia casa, ha negado la fe y es peor que un incrédulo» (1 Tim. 5:8). Está claro que la presencia física de Jesús en esta tierra y su ministerio público de tres años exigían un seguimiento físico incondicional del maestro de una manera única. Al mismo tiempo, se sigue aplicando el principio espiritual de que seguir a Jesús debe ser la prioridad principal de todo cristiano, y cuando esto hace que un individuo entre en conflicto con sus obligaciones familiares naturales, debe buscar primero el reino de Dios y su justicia (Mt. 6:33).

Los niños en el ministerio de Jesús

Jesús no se ocupó de los niños simplemente en el nivel de lo que debían hacer o pensar, sino en el nivel de lo que eran a los ojos de Dios. Estudiar cómo entendía Jesús a los niños puede ayudarnos a saber cómo debemos ver y relacionarnos con nuestros propios hijos y con los de los demás. El ministerio terrenal de Jesús se cruzó con los niños en varias

---

[10] Cf. Rodney Clapp, *Families at the Crossroads: Beyond Traditional and Modern Options* (Leicester; Downers Grove: InterVarsity, 1993); y la crítica en Stephen C. Barton, «Biblical Hermeneutics and the Family», *Family in Theological Perspective*, 10-16; así como Nicholas Peter Harvey, «Christianity against and for the Family», *Studies in Christian Ethics* 9, no. 1 (1996): 34-39; y la respuesta de Linda Woodhead en ibíd, 40-46.

[11] Cf. Barton, *Discipleship and Family Ties*.

[12] Cf. Stephen C. Barton, «Family», *Dictionary of Jesus and the Gospels*, ed. Joel B. Green, Scot McKnight e I. Howard Marshall (Downers Grove: InterVarsity, 1992), 226-29.

[13] Aunque Westfall, «Family in the Gospels and Acts», 146, puede erigir una dicotomía quizá demasiado tajante cuando escribe: «Sin embargo, Jesús no pretendía que la familia fuera la institución más importante de la tierra o la unidad central de la identidad y el propósito de un cristiano».

ocasiones.[14] Como ya se ha mencionado, *Jesús devolvió más de una vez los niños a sus padres por medio de curaciones milagrosas.*[15] En una ocasión, Jesús puso a un niño en medio de los discípulos como ejemplo de la *naturaleza del discipulado*, afirmando que «quien recibe a un niño así en mi nombre, me recibe a mí; y quien me recibe a mí, no me recibe a mí, sino al que me ha enviado» (Mc. 9:36-37). Esto debió ser sorprendente para el público de Jesús, ya que en su época no era común que los adultos pensaran que podían aprender algo de un niño. En otro momento, los niños fueron llevados a Jesús para recibir una bendición de él (Mc. 10:13-16).[16]

El pronunciamiento culminante: «Os aseguro que el que no reciba el reino de Dios como un niño no entrará en él» (Mc. 10:15), une los casos registrados anteriormente de la receptividad de Jesús hacia los niños con una importante característica del reino, una humilde despreocupación por el estatus propio (cf. Lc. 22:26): «Al contrario, el mayor de vosotros debe ser como el más pequeño»). Para Jesús, no hay mejor manera de ilustrar la gracia gratuita e inmerecida de Dios que señalando a un niño.[17] Porque, a diferencia de muchos adultos, los niños no suelen tener ninguna pretensión al recibir un regalo. Además, los «pequeños», es decir, los más pequeños, independientemente de su edad, son un foco de atención que se repite constantemente en las enseñanzas de Jesús sobre el discipulado (Mt. 18:5; Lc. 9:48).[18] De

---

[14] Véase el cap. 4, «The Gospel Tradition», en Peter Balla, *The Child-Parent Relationship in the New Testament and Its Environment* (Wissenschaftliche Untersuchungen zum Neuen Testament 155), 114-56; John T. Carroll, «Children in the Bible», *Interpretation* 55 (2001): 121-34; William A. Strange, *Children in the Early Church: Children in the Ancient World, the New Testament and the Early Church* (Carlisle: Paternoster, 1996), esp. 38-65; y Judith M. Gundry-Volf, «The Least and the Greatest: Children in the New Testament» 29-60 (con bibliografía adicional en las pp. 29-30 n. 2), en *The Child in Christian Thought and Practice*, ed. Marcia Bunge (Grand Rapids: Eerdmans, 2000), que analiza los niños en los Evangelios bajo los siguientes cinco epígrafes (1) y (2) los niños como receptores y modelos para entrar en el reino de Dios (Marcos 10:13-16 y pars.); (3) humilde como un niño (Mateo 18:1-5); (4) servir a los niños y ser grande; (5) acoger a los niños y acoger a Jesús (Marcos 9:33-37 pars.). Obsérvese que, aparte de los siguientes ejemplos, Jesús también se refirió a los niños jugando en Mateo 11:16-19.

[15] Algunos ejemplos son la hija de Jairo en Marcos 5:21-24, 35-43; la hija de la mujer sirofenicia en Marcos 7:24-30; y un niño poseído por el demonio en Marcos 9:14-29. Véanse especialmente Stephen C. Barton, «Child, Children», *Dictionary of Jesus and the Gospels*, 100-104; y Francis, «Children and Childhood in the New Testament», 65-85 (obsérvense más referencias bibliográficas sobre la infancia en el mundo antiguo en la p. 66 n. 2 y sobre la infancia y la enseñanza de Jesús en la p. 72 n. 12).

[16] Véase James D. M. Derrett, «Why Jesus Blessed the Children (Mk 10.13-16 Par.)», *Novum Testamentum* 25 (1983): 1-18; James I. H. McDonald, «Receiving and Entering the Kingdom: A Study of Mk 10.15», *Studia Evangelica* 6 (1973): 328-32.

[17] Cf. Francis, «Children and Childhood in the New Testament», 75, que correlaciona esto con el recuerdo de la propia experiencia de Israel con Dios en pasajes como Dt. 7:7-8; Os. 11:1-4; Ez. 16:3-8; y Sl. 74:21.

[18] Para una bibliografía sobre los niños en el Evangelio de Lucas, véase ibíd., 78 nn. 26 y 27.

hecho, se debe entrar en el reino de Dios con un espíritu infantil, una lección los seguidores de Jesús aún no habpian entendido.

En dichos preservados por Mateo, Jesús se enfoca aún más específicamente en el sentido de dependencia y confianza que es característico de los niños, los cuales son rasgos esenciales para aquellos que desean entrar en su reino. En Mateo 11:25-26, Jesús alaba al Padre por ocultar su verdad a quienes se autoproclaman sabios y entendidos y revelarla a los niños pequeños. Esta afirmación resulta siendo profética cuando en Mateo 21:15 los niños gritan en el templo: «¡Hosanna al Hijo de David!», mientras los sumos sacerdotes y los maestros de la ley se indignan al ver las alabanzas de los niños a Jesús y a «las maravillas que hizo».

Según Jesús, la cualidad en los niños que es más emblemática de las virtudes del reino, es su *baja condición.* Por eso, si un individuo no se convierte en un niño, no entrará en el reino de los cielos (Mt. 18:3). Aunque los niños no sean necesariamente humildes en un sentido espiritual —y mucho menos «inocentes»—, su falta de estatus, su falta de pretensiones y su dependencia de los demás, los convierten en ilustraciones adecuadas sobre la necesidad de que los aspirantes al reino de Jesús «se conviertan en nada» y se despojen de su estatus terrenal (cf. Flp. 2:6-7). De ahí que encarnen el llamamiento radical de Jesús al discipulado y su exigencia de que sus seguidores «tomen su cruz» en total auto-abandono (e.g., Mc. 8:34-38).

Existen otras formas en las que los niños llegaron a tipificar actitudes deseables en los creyentes de la iglesia primitiva: como una imagen que representa a los necesitados, los «pequeños» que son miembros de la iglesia (Mc. 9:42; Mt. 18:6-14; cf. He. 20:35); como metáfora del aprendizaje al expresar la relación del alumno con el maestro, como del niño con el padre (Mc. 10:24b; 2 Cor. 12:14; 1 Tim. 1:2; 1 Jn. 2:1); y como símbolo de esperanza y nuevo comienzo (Is. 9:6 cf. Lc. 2:12-14) en asociación con la imagen del nacimiento como nueva creación, ya sea en la elaboración de la relación alumno-maestro (Ga. 4:19) o en referencia a los dolores de parto de la era mesiánica (Jn. 16:21; Ro. 8:22; 1 Te. 5:3; Ap. 12:2; cf. Is. 26:16-19; 66:7-14).[19]

Entonces, en general, aprendemos de Jesús que no debemos despreciar a los niños porque no hayan crecido del todo y, por lo tanto, tengan un estatus social inferior al de los adultos. Como Jesús, debemos tratar a los niños con respeto y dignidad, como criaturas únicas y preciosas hechas por Dios y valiosas ante sus ojos. Es más, en contra

[19] Ibíd, 79. Francisco también señala las connotaciones negativas que transmiten los niños en el NT —pero notablemente no en la enseñanza de Jesús—, como la falta de madurez (p. 80).

de nuestra inclinación natural que puede decirnos que no podemos aprender nada de los niños y que la relación es estrictamente unidireccional de padres o adultos hacia hijos, deberíamos mirar a los niños también desde el punto de vista de los rasgos deseables del reino que pueden ejemplificar de una forma más pronunciada que nosotros mismos. Esta es una de las formas en las que Dios desafía la sabiduría de los que son sabios a sus propios ojos y el orgullo de los quienes piensan que son algo en sí mismos (Mt. 11:25-27; cf. 1 Cor. 1:27-29).

El ministerio con los niños, por lo tanto, debe ser conducido con un espíritu humilde de servicio y no de manera condescendiente, y debe ser visto como un privilegio y no como una tarea indeseable dejada a aquellos que no pueden alcanzar una vocación más alta. Aunque los niños tienen mucho que aprender, también tienen mucho que enseñarnos, si somos lo suficientemente humildes para escucharlos y observarlos. Su fe sencilla que toma a Dios por su palabra, su oración de fe confiando en que Dios hará lo que le piden, su disposición a explorar cosas nuevas y a seguir el ejemplo de otro —son sólo algunos ejemplos de las cualidades de los niños que los adultos encontrarán inspiradoras y dignas de emular. Al señalar repetidamente a los niños como modelos de valores y actitudes del reino, Jesús elevó a los más humildes de este mundo y humilló a los que tenían estatus, poder y posición.

La enseñanza de Pablo sobre el rol de los padres, las madres y los hijos

El hogar antiguo y los «códigos del hogar»

Para llegar a una comprensión más profunda de las enseñanzas del Nuevo Testamento sobre las diversas funciones y responsabilidades de los respectivos miembros de una familia, será instructivo examinar brevemente el hogar antiguo y el género del «código del hogar». A diferencia del hogar moderno, los hogares antiguos incluían no sólo a una pareja casada y a sus hijos, sino también a otras personas dependientes, como los esclavos, y el jefe del hogar ocupaba una posición de autoridad a la que debían someterse la esposa, los hijos y los esclavos. El Nuevo Testamento presenta algunas adaptaciones del «código doméstico» grecorromano (especialmente Ef. 5:21-6:9; Col. 3:18-4:1), un recurso literario o una especie de lista que se dirige a los distintos miembros de la casa en cuanto a sus deberes, normalmente progresando desde el «menor» (i.e., el que está bajo autoridad) hasta el «mayor» (i.e., el que está en posición de autoridad).[20] La suposición subyacente de este código es que el orden en el hogar promoverá el orden también a una escala social más amplia. La conformidad de los creyentes, con las normas éticas de dicho código harían que el cristianismo fuera respetable en la cultura circundante (1 Tim. 3:7; 6:1; Tit. 2:5, 8, 10; 3:8; 1 Pe. 2:12) y serían de gran ayuda a la misión evangelística de la iglesia (1 Te. 4:12).[21] Siguiendo el patrón paulino, profundizaremos en primera instancia en el grupo subordinado, i.e., los hijos, y después pasaremos a hablar de los padres, tanto de los padres como de las madres.[22]

Los niños en la enseñanza de Pablo

Antes de dirigir nuestra atención a la enseñanza de Pablo sobre los hijos, será útil situar este tema en su contexto bíblico y cultural más amplio.[23] Como hemos mencionado, en el Antiguo Testamento, honrar a los padres es un mandato, mientras que la rebelión contra los padres equivale a una falta de respeto hacia Dios mismo. La desobediencia a

---

[20] Cf. David L. Balch, «Household Codes», en *Graeco-Roman Literature and the New Testament: Selected Forms and Genres*, ed. David E. Aune, Society of Biblical Literature Sources for Biblical Study 21 (Atlanta: Scholars Press, 1988); *Let Wives Be Submissive: The Domestic Code in 1 Peter, Society of Biblical Literature Monograph Series* 26 (Chico, CA: Scholars Press, 1981); Craig S. Keener, «Family and Household», *Dictionary of New Testament Background*, 353-68; ídem, «Marriage», *Dictionary of New Testament Background*, 687; y Philip H. Towner, «Households and Household Codes», Gerald F. Hawthorne, Ralph P. Martin y Daniel G. Reid, eds, *Dictionary of Paul and His Letters* (Leicester; Downers Grove, IL: InterVarsity, 1993), 417-19, que también señala los pasajes relacionados 1 Tim. 2:1-15; 5:1-2; 6:1-2, 17-19; Tito 2:1-3:8; y 1 Pe. 2:13-3:7; «Household Codes», *Dictionary of the Later New Testament and Its Developments*, ed., Ralph P. Martin y Peter H. Reid, «Household Codes». Ralph P. Martin y Peter H. Davids (Downers Grove, IL: InterVarsity, 1997), 513-20; y James D. G. Dunn, «The Household Rules in the New Testament», *Family in Theological Perspective*, 43-63 (incluyendo la lista de las páginas 44-46, además de la bibliografía que aparece en la página 49 nn. 7 y 8).

[21] Esto no significa, por supuesto, que hacer que el cristianismo sea respetable en la cultura circundante sea el principio supremo o el único que está en juego a la hora de vivir la relación matrimonial según la verdad y la revelación bíblicas. Incluso si ciertos aspectos del mensaje cristiano o de la vida cristiana son contraculturales, esto puede desafiar a la cultura circundante a reflexionar sobre la distinción y la diferencia del evangelio. La iglesia no está autorizada a alterar los principios bíblicos para acomodarse a la cultura circundante, ya sea en forma de igualitarismo o diluyendo los principios expuestos en los capítulos 2 y 3, así como en el presente capítulo.

[22] Para un tratamiento de la responsabilidad de los hijos y los padres en la enseñanza de Pablo, con especial énfasis en la adaptación cristiana del formato del código del hogar, véase Gundry-Volf, «The Least and the Greatest», 53-58.

[23] Sobre las condiciones de la antigüedad con respecto a los niños, incluidas las tasas de mortalidad infantil y la exposición de los niños, véase Keener, «Family and Household», 359-60. En un nivel figurativo, los niños se presentan a menudo en el NT como metáfora de aquellos que son deficientes en la comprensión (1 Cor. 3:1-4; Heb. 5:13). En 1 Corintios 13:11-12, Pablo contrasta la edad adulta con la infancia como etapa de entrada en la madurez. Los creyentes deben «dejar de ser niños, zarandeados por las olas y llevados de un lado a otro por todo viento favorable» (Ef. 4: 14); juntos, deben crecer en Cristo (Ef. 4: 15).

los padres se coloca al mismo nivel que la traición y la adoración de ídolos (véanse, por ejemplo, Ex. 21:15, 17; Lv. 19:3; 20:9; Dt. 21:18-21; 27:16).[24] Los judíos del siglo I (así como el mundo grecorromano en general) también valoraban la obediencia en los hijos.[25] Sin embargo, se reconocía que no se podía dar por sentado que dicha obediencia surgiera de forma natural, sino que debía inculcarse desde la infancia. En última instancia, estaban en juego la posición y el honor de toda la familia. Es más, la mano de la bendición divina podría retirarse si se desobedeciera el mandamiento de Dios de honrar a los padres y su mandato de criar a los hijos los preceptos y amonestación del Señor. Por eso, el hombre de Dios debe procurar «que sus hijos le obedezcan con el debido respeto» (1 Tim. 3:4; cf. Tit. 1:6). En el Nuevo Testamento, la desobediencia a los padres se considera un fenómeno característico de los últimos tiempos (Mc. 13:12; 2 Tim. 3:1-2; cf. 1 Tim. 1:9) que atraería el juicio divino (Ro. 1:30, 32).[26]

El apóstol Pablo consideraba vital la obediencia de los hijos. El principal mandamiento paulino relativo a los hijos se encuentra como parte del «código del hogar» en Efesios 6:1-3: «Hijos, obedeced en el Señor a vuestros padres, porque esto es justo. Honra a tu padre y a tu madre, que es el primer mandamiento con promesa; para que te vaya bien, y seas de larga vida sobre la tierra».[27] Aunque el mandamiento de honrar a los padres se cita otras cinco veces en el Nuevo Testamento (Mt. 15:4; 19:19; Mc. 7:10; 10:19; Lc. 18:20), la promesa adjunta sólo se cita en Efesios. Las palabras de Pablo en Colosenses 3:20-21 son similares: «Hijos, obedeced a vuestros padres en todo, porque esto agrada al Señor. Padres, no provoquéis a vuestros hijos, para que no se desanimen» (NET: «descorazonados»). En el pasaje más extenso de Efesios, Pablo indica que la sumisión de los hijos a sus padres es el resultado de la llenura del Espíritu (Ef. 6:1; cf. Ef. 5:18: «sed llenos del Espíritu»), lo que sugiere que sólo los hijos regenerados pueden vivir sistemáticamente este modelo de relación en el poder del Espíritu Santo.[28] ¿Por qué deben los hijos obedecer a sus padres? Con la frase

---

[24] Véase Peter T. O'Brien, *The Letter to the Ephesians, Pillar New Testament Commentary* (Grand Rapids: Eerdmans, 1999), 442 n. 13.

[25] Para un tratamiento monográfico completo de los niños en el TN y su entorno, véase Balla, *Child-Parent Relationship.*

[26] Ibíd.

[27] La frase «porque esto es justo» probablemente no indica una razón independiente para que los hijos obedezcan a sus padres, sino que introduce la siguiente cita del decálogo. Para reflejar esta interpretación, hemos cambiado el punto por dos puntos en la traducción de la RVS. Véase O'Brien, *The Letter to the Ephesians*, 442, con referencia a Thorsten Moritz, *The Use of the Old Testament in Ephesians* (Leiden: Brill, 1966 [sic; debería ser 1996]), 171-74, esp. 171.

[28] Cf. O'Brien, *Letter to the Ephesians*, 439, quien señala que éste es el quinto resultado participado en este pasaje; y la discusión de Ef. 5:18 en el contexto de la carta en su conjunto en

«esto es lo correcto» en Efesios 6:1, Pablo arraiga la obligación de los hijos de obedecer a sus padres en el decálogo del Antiguo Testamento (Ex. 20:12 LXX; cf. Dt. 5:16).[29] Curiosamente, el mandato de honrar a los padres sigue inmediatamente después de los cuatro primeros mandamientos (que tienen que ver con la santidad de Dios), como el primer mandamiento que se refiere a las relaciones correctas entre los seres humanos en un nivel horizontal. En el presente pasaje, Pablo trata a los hijos como miembros responsables de la congregación cuya obediencia a sus padres «es parte de su sumisión a Cristo».[30] La frase «en el Señor» en Efesios 6:1 es equivalente a «como al Señor» o «como a Cristo» (cf. Ef. 5:22; 6:5) e indica que la obediencia de los hijos es parte de su discipulado cristiano. La obediencia significa honor, respeto e, interpretado correctamente, «temor» a los padres (Lv. 19:3; cf. Lv. 19:14). En el contexto del presente pasaje, la obediencia de los hijos a sus padres personifica una sumisión que surge de un temor piadoso a Cristo mismo (Ef. 5:21).
La promesa de que les irá bien a los hijos que honren a sus padres se refería en el contexto original a una larga vida en la tierra (prometida) de Israel (Ex. 20:12: «para que tus días se alarguen en la tierra que el Señor tu Dios te da»). Pablo universaliza la promesa e indica así su continua relevancia y aplicabilidad. La promesa ya no está limitada geográficamente; a los hijos obedientes se les promete una larga vida en la tierra dondequiera que vivan. Efesios 6:1-3 parece dirigirse principalmente a los hijos «que están en proceso de aprendizaje y crecimiento» o, al menos, lo suficientemente mayores como para que puedan ser «provocados a la ira» (cf. Ef. 6:4).[31] Sin embargo, aunque las responsabilidades de los hijos hacia sus padres cambian una vez que establecen su propia familia, no cesan. En una carta posterior, Pablo señala que la responsabilidad de los hijos de honrar a sus padres también implica cuidar de ellos en su vejez (1 Tim. 5:8),[32] lo que se

---

el cap. 3 de este volumen. 3 de este volumen. Sobre la noción de «estar lleno del Espíritu», véase Andreas J. Köstenberger, «What Does It Mean to Be Filled with the Spirit? A Biblical Investigation» *Journal of the Evangelical Theological Society* 40 (1997): 229- 40, quien señala que no hay ninguna referencia bíblica a que los creyentes pidan ser llenos del Espíritu, sino que en las Escrituras se muestra que Dios llena a los creyentes en su momento y a su discreción para capacitarlos para el ministerio o el testimonio audaz (cf. Hechos 2:4; 4:8, 31; 9:17; 13:9, 52). Los cristianos ya tienen el Espíritu Santo que mora en ellos en todo momento (E.g., Rom. 8:9-11) y deben centrarse en vivir en obediencia a la voluntad de Dios revelada en las Escrituras y en no apagar o contristar al Espíritu Santo (1 Tes. 5:19; Ef. 4:30).

[29] Nótese también la referencia de Jesús al quinto mandamiento en Mateo 15:4 par. Marcos 7:10 (así como a las consecuencias negativas de la desobediencia en Ex. 21:17 par. Lv. 20:9).

[30] See O'Brien, *Letter to the Ephesians*, 441.

[31] Ibíd., 440-41.

[32] Esta enseñanza se hace eco de una preocupación que se encuentra tanto en el AT (especialmente en Proverbios) como en el judaísmo (como Filón, Josefo, 4 Macabeos y algunos

considera una compensación adecuada por haber sido criados por ellos (1 Tim. 5:4).

Por consiguiente, es fundamental que los padres enseñen a sus hijos la importancia de la obediencia. Los padres que no exigen a sus hijos que rindan cuentas de su obediencia les fallan, ya que no les ayudan en el camino del discipulado cristiano, del que la obediencia es un componente central. Por lo tanto, la importancia primordial de la obediencia no es que los padres reciban la obediencia de sus hijos, sino que los padres ayuden a los niños a aprender a ejercer la obediencia en última instancia *en su relación con Dios.* El hecho de que la obediencia adecuada sea posible, tanto para los niños como para adultos, en última instancia, sólo como resultado de un compromiso de fe con Jesucristo y en el poder del Espíritu Santo, sugiere que introducir al niño en una relación personal con Dios en Cristo debería ser un fuego ardiente en el corazón de todo padre cristiano (principalmente por su preocupación por la salvación de su hijo). Sin embargo, la obediencia debe ser exigida y la desobediencia castigada, incluso en los niños no cristianos (hasta ahora).

Los padres y la importancia de la paternidad en la enseñanza de Pablo

En Efesios 6:4, Pablo escribe: «Padres, no provoquéis a ira a vuestros hijos, sino educadlos en la disciplina y la instrucción del Señor». El paralelo en Colosenses dice: «Padres, no provoquéis a vuestros hijos, para que no se desanimen» (Col. 3:21).[33] Aunque los hijos deben obedecer a ambos padres (Ef. 6:1; Col. 3:20), los padres tienen una responsabilidad especial en la disciplina de sus hijos y son específicamente señalados por Pablo en el presente pasaje.[34] Aunque las madres pueden pasar más tiempo con ellos, al padre se le da la responsabilidad principal de disciplinar a sus hijos. La exhortación del

---

rabinos); véase Thorsten Moritz, *A Profound Mystery: The Use of the Old Testament in Ephesians,* NovTSup 85 (Leiden: Brill, 1996),159-63.

[33] En Ef. 6:4, la palabra griega traducida como «provocar» es *parorgizø* (en otras partes del NT sólo con el mismo significado en Rom. 10:19; variante en Col. 3:21; véase también Dn. 11:36 LXX; Sir. 4:3 LXX; T. Job 43:9; T. Lv. 3:10; 3 Bar. 16:2). En Col. 3:21, la palabra griega traducida «pro-voke» es *erethizø* (en otras partes del NT sólo en 2 Cor. 9:2, donde la expresión tiene un sentido positivo; cf. 1 Mac. 15:40 y otros ejemplos griegos extrabíblicos en BDAG 391, que incluyen las ideas de «irritar» o «amargar»; de hecho, muchos padres «irritan» a sus hijos, lo cual es un abuso de su autoridad).

[34] O'Brien, *The Letter to the Ephesians*, 445, señala que mientras *hoi pateres* en ciertos contextos puede significar «padres» en general (Heb. 11:23), en Efesios 6:4 hay un cambio de redacción de *goneis*, «padres», en Efesios 6:1 a *pateres* en Efesios 6:4, lo que hace probable que la presente referencia sea específicamente a los padres. Esto se ve apoyado también por el hecho de que los padres eran responsables de educar y disciplinar a sus hijos tanto en el mundo judío como en el grecorromano.

apóstol hacia los padres para que no exasperen a sus hijos (Ef. 6:4) se hace eco de su anterior preocupación por la ira en Efesios 4:26-27, 31, mientras que el mandato positivo de educar a los hijos en la formación y amonestación del Señor recuerda el anterior énfasis en el aprendizaje de la enseñanza cristiana en Efesios 4:20-21.[35]

Es importante que los padres no provoquen la ira de sus hijos (cf. Ef. 4:26-27, 31). Si la ira se prolonga, satanás tratará de explotar la discordia familiar para lograr sus propios fines. Por lo tanto, los padres deben evitar cualquier actitud, palabra o acción que tenga el efecto de provocar la ira en sus hijos, incluyendo «la disciplina excesivamente severa, las exigencias irrazonablemente duras, el abuso de autoridad, la arbitrariedad, la injusticia, el regaño y la condena constantes, el sometimiento del niño a la humillación, y todas las formas de insensibilidad a las necesidades y la sensibilidad del niño».[36] Los niños son personas con dignidad por derecho propio. No son esclavos de sus padres, sino que Dios se los ha confiado como una administración sagrada. En el pasaje de Colosenses, Pablo señala que, como resultado de un trato inadecuado, los niños pueden desanimarse (Col. 3:21). De hecho, pocas cosas son más desgarradoras que un niño que ha «perdido el ánimo» debido a una mala crianza.

Positivamente, los padres deben educar a sus hijos «en la disciplina e instrucción del Señor». El término «criar» o «alimentar», utilizado en Efesios 5:29 para la crianza de Cristo de su iglesia, transmite el sentido de criar a los hijos hasta la madurez, lo que incluye, pero no se limita a, proveer sus necesidades físicas y psicológicas. La «disciplina» (*paideia*) y la «instrucción» (*nouthesia*) están estrechamente relacionadas, pero probablemente no son sinónimos. En su uso en el Nuevo Testamento, el término traducido como «disciplina» (*paideia*) o el verbo relacionado *paideuø* pueden referirse a la educación o la formación en general (He. 7:22; 22:3; 2 Tim. 3:16; Tit. 1:2) o específicamente al castigo por las malas acciones (1 Cor. 11:32; 2 Cor. 6:9; Heb. 12:5, 7, 8, 11). En Efesios 6:4, la referencia es, con toda probabilidad, a la formación en general, aunque también abarca la disciplina por las malas acciones. La frase «en el Señor» (Efesios 6:4) implica que los padres mismos deben ser discípulos cristianos, para que puedan educar a sus hijos y administrar la disciplina de una manera verdadera y completamente cristiana.

Más allá de nuestro análisis de Efesios 6:4 y de otras referencias relevantes del Nuevo Testamento, observamos que el papel principal

---

[35] Ibíd., 440.

[36] Andrew T. Lincoln, *Ephesians, Word Biblical Commentary* (Dallas, TX : Word, 1990), 406.

de los padres es proveer a sus hijos y asegurar su correcta crianza y disciplina. Esto implica tanto la educación formal como la informal y conlleva el ejercimiento de diversas formas de disciplina, incluida la física (Pr. 13:24; 22:15; 23:13-14; Heb. 12:6; Ap. 3:19; cf. 3:23; 30:1-3, 12).[37]

Al igual que en el mundo grecorromano, donde la autoridad del padre (*patria potestas*) tenía un peso inigualable en su hogar, tanto en la cultura judía como en la enseñanza bíblica el padre debe inspirar un gran respeto. Sin embargo, como ya se ha dicho, los padres no deben utilizar su posición de autoridad para exasperar a sus hijos, sino que deben tratarlos con dulzura (1 Cor. 4:15, 21; 1 Tes. 2:11; Col. 3:21; Ef. 6:4).[38] Además, es interesante observar que las habilidades necesarias para gestionar el hogar privado, son las mismas que se necesitan para gobernar en un entorno público (1 Tim. 3:4-5).[39]

Por consiguiente, los padres (y las madres) deben encontrar un equilibrio entre la disciplina adecuada, la crianza y el apoyo cariñoso. Ni el «padre alentador» que descuida la disciplina de su hijo, ni el disciplinador estricto, cumplen con el ideal bíblico de la crianza. Pablo trató de lograr ese equilibrio cuando escribió a los creyentes de Tesalónica que él y sus asociados habían tratado de ser «mansos entre vosotros, como una madre que cuida de sus hijos pequeños» (1 Te. 2: 7), tratando «con cada uno de vosotros como un padre trata con sus propios hijos, animándoos, consolándoos y exhortándoos a vivir una vida digna de Dios» (1 Te. 2: 11-12). En última instancia, los padres deben darse cuenta de que su paternidad deriva del «único Dios y Padre de todos» «de quien procede toda familia en el cielo y en la tierra» (Ef. 4:6; 3:15) y que cuida y provee fielmente a todos sus hijos y actúa como un Padre perfecto con todos ellos (Heb. 12:5-10).[40]

---

[37] Véase Balla, *Child-Parent Relationship*, 83-84. Es un indicio de la poderosa dinámica de las relaciones naturales entre padre e hijo que este tipo de lenguaje se aplicaba también a los hombres mayores y menores que no estaban biológicamente relacionados. Así, los hombres más jóvenes podían llamar a los mayores «padres» y los mayores podían dirigirse a los más jóvenes como «hijos». Los maestros también podían referirse a sus discípulos como hijos (Jn. 13:33; 21:5; 3 Jn. 4), mientras que los discípulos podían llamar a sus maestros «padres» (2 Re. 2:12; Mt. 23:9).

[38] Cf. Filón, *Special Laws 2*.232, que escribe sobre la autoridad de los padres para «imponer duros castigos» a los niños (citado en Carroll, «Children in the Bible», 123).

[39] Véanse los paralelos en Keener, «Family and Household», *Dictionary of New Testament Background*, 357.

[40] De hecho, ¿cuántos hijos tienen una visión distorsionada de nuestro Padre celestial a causa de un padre terrenal pobre o incluso abusivo? En esos casos, lo que hay que hacer es perdonar y centrarse en Dios Padre, que es el único perfecto y capaz de satisfacer todas nuestras necesidades. Véase, E.g., Mary A. Kassian, *In My Father's House: Women Relating to God as Father* (Nashville: LifeWay, 1999).

Las madres y la importancia de la maternidad en la enseñanza de Pablo

El apóstol Pablo enseñó que una de las principales funciones de la mujer es la de «dar a luz», es decir, no sólo el acto de dar a luz, sino su función doméstica relacionada con la crianza de los hijos y la gestión del hogar (1 Tim. 2:15; cf. 5:14).[41] Así pues, la maternidad no es menospreciada en la enseñanza bíblica; al contrario de lo que ocurre con muchos en la sociedad moderna, se considera la vocación y el privilegio más altos de la mujer. De hecho, en su primera carta a Timoteo, el apóstol da a entender que, para las mujeres, alejarse del hogar es ceder a la tentación del diablo de forma similar a como Eva se extralimitó en la caída original (1 Tim. 2:14-15).[42] Esto expone la naturaleza antibíblica de un feminismo que promueve la igualdad de género entendida como «ser iguales» y anima a las mujeres a abandonar su vocación en el hogar en aras de encontrar la realización personal en una carrera fuera del hogar.[43]

De hecho, 1 Timoteo 2:15 transmite un poderoso mensaje a nuestra cultura «en la que muchos pretenden "liberar" a las mujeres de todos los estorbos de las responsabilidades familiares para desatarlas en la búsqueda de su autorrealización al margen de esas funciones». Por el contrario, «es precisamente participando en su papel relativo a la familia como la mujer cumple su vocación central».[44] No se trata de buscar restringir a la mujer al hogar, sino de determinar la esencia del llamado de la mujer por parte de Dios y animarla a vivirlo. Esto resultará no sólo en una mayor bendición y plenitud para las mujeres mismas, sino también para sus esposos y familias, y traerá honor al Dios que nos creó hombre y mujer.

---

[41] Este pronunciamiento es casi insoportable para algunos eruditos contemporáneos, como Carolyn Osiek y David L. Balch, *Families in the New Testament World: Households and House Churches* (Louisville, KY: Westminster, 1997), 122, que escriben: «Es teológica y moralmente escandaloso que este autor "paulino" sostenga que una mujer "se salvará por tener hijos" (1 Tim. 2:15)». Para un tratamiento detallado de la interpretación de 1 Tim. 2:15, véase Andreas J. Köstenberger, «Ascertaining Women's God-Ordained Roles: An Interpretation of 1 Timothy 2:15», *Bulletin of Biblical Research* 7 (1997): 107-44. Sobre la hospitalidad, véase Stephen C. Barton, «Hospitality», *Dictionary of the Later New Testament and Its Developments*, 501-7.

[42] Véase Köstenberger, «Ascertaining Women's God-Ordained Roles», 142-44, especialmente 143.

[43] Sobre esta cuestión, véase especialmente Larry Burkett, *Women Leaving the Workplace* (Chicago: Moody, 1999); Cheryl Gochnauer, *So You Want to Be a Stay-at-Home Mom* (Downers Grove, IL: InterVarsity, 1999); y Donna Otto, *The Stay-at-Home Mom: For Women at Home and Those Who Want to Be* (Eugene, OR: Harvest, 1997).

[44] Köstenberger, «Ascertaining Women's God-Ordained Roles», 143.

La importancia de que las mujeres mayores asesoren a las jóvenes

En su carta a Tito, Pablo delinea los deberes de las mujeres cristianas mayores y jóvenes.

Mujeres mayores

Las mujeres mayores deben ser tratadas con respeto (1 Tim. 5:1-2), y tienen la importante obligación de ser mentoras de las mujeres más jóvenes en cuanto a sus responsabilidades familiares (Tit. 2:3-5). Las mujeres mayores deben exemplificar las siguientes cuatro características: (1) ser reverentes en su manera de vivir; (2) no ser calumniadoras;[45] (3) no ser adictas (literalmente, «atadas» o «esclavizadas») al mucho vino;[46] y (4) enseñar lo que es bueno. Las mujeres mayores que evitaban la calumnia y el vino seguramente destacaban en su entorno inmoral en Creta (el destino de la epístola de Pablo a Tito). El movimiento restringido a menudo provocado por la edad avanzada hace que las personas mayores (desde entonces como hasta ahora) sean especialmente susceptibles de llenar sus días con pasatiempos como la bebida o los chismes; esto exige piedad y autocontrol.

Las mujeres mayores deben cultivar la virtud, no como un fin en sí mismo, sino con el propósito de formar a las jóvenes.[47] Sin embargo, es imposible formar a otros en cualidades que uno mismo no posee. Hay una gran necesidad en la iglesia contemporánea de mujeres mayores que sean piadosas y que obedezcan el mandato bíblico de formar a las jóvenes en la fe. Muchas mujeres jóvenes anhelan que mujeres más maduras las tomen bajo sus alas y les enseñen a vivir la vida cristiana, especialmente porque muchas de ellas carecen de tales modelos piadosos en su propia familia o viven a gran distancia de su hogar. En particular, esta formación —que suele ser privada y no pública— se enfoca en la esfera doméstica.[48]

---

[45] La palabra griega es *diabolos;* cf. 1 Tim. 3:11; 2 Tim. 3:3.

[46] Cf. 2 Pe. 2:19; Rom. 6:18, 22; 1 Cor. 7:15; Gal. 4:3. Este atributo también se exige a los ancianos y diáconos (1 Tim. 3:3, 8).

[47] Cf. 1 Tim. 5:2. «Y así», al principio de Tito 2:4, es una cláusula de propósito (*hina*) en el original. Al contrario de lo que implican algunas obras sobre disciplinas espirituales, el crecimiento del carácter piadoso no debe verse aislado del servicio a los demás en el contexto de unas relaciones sanas en la iglesia. De lo contrario, esa «espiritualidad» puede fomentar fácilmente el orgullo espiritual y una actitud de juicio hacia otros que se perciben como menos «espirituales». En una nota diferente, curiosamente, a Tito no se le dice que enseñe directamente a las mujeres jóvenes.

[48] Véase ya el retrato de la mujer (madre y esposa) virtuosa en Proverbios 31, que se analiza en el capítulo 2 de este volumen.

Mujeres jóvenes

Pablo agrupa las instrucciones para las mujeres más jóvenes en tres pares, más un último mandato general, que comienza y termina con la relación con su marido (Tit. 2:4: amantes de sus maridos y amantes de sus hijos). En segundo lugar, deben *cultivar el carácter cristiano*: dominio propio y pureza (Tit. 2:5; cf. 1 Tim. 5:22; 2 Cor. 11:2; Flp. 4:8; 1 Pe. 3:2; 1 Jn. 3:3). En tercer lugar, deben dedicarse a actividades con la *actitud adecuada*: trabajadoras en el hogar (Tit. 2:5; cf. 1 Tim. 5:14) y amables (literalmente «buenas»; cf. 1 Te. 5:15; Ef. 4:28). Por último, deben estar *sujetas a sus propios maridos* (cf. Ef. 5:24; Col. 3:18; 1 Pe. 3:1, 5).

¿Qué podemos aprender de la enseñanza de Pablo en relación con la crianza de los hijos? Tal vez las siguientes observaciones resulten útiles:

1) Aunque los matrimonios deben ser fuertes, las mujeres jóvenes necesitan otras relaciones significativas. Necesitan ser asesoradas por mujeres mayores dotadas de experiencia en la vida, con la habilidad y la sabiduría que se derivan de años de práctica de las virtudes cristianas.

2) El amor a los maridos es anterior al amor a los hijos (nótese la secuencia «amar a sus maridos e hijos» en Tit. 2:4). Ambas cualidades eran admiradas en las esposas tanto en la cultura judía como en la grecorromana. Poner el amor al marido en primer lugar es importante, ya que permite a los padres modelar una relación matrimonial sana y bíblica ante sus hijos (cf. Pr. 14:26). Además, si se descuida la relación matrimonial de una pareja, es probable que la crianza de los hijos y toda la familia también sufran como resultado.

3) Las esposas están llamadas a amar y a someterse a sus maridos.[49] La sumisión no debe ser a regañadientes ni superficial, sino amorosa y voluntaria. La palabra griega para «someterse», *hypotassø,* transmite la noción de «ponerse bajo» la autoridad de otra persona, lo que implica que se hace voluntariamente y no por obligación. Efesios 5:21-33 vincula la sumisión de las esposas con el respeto a su marido (Ef. 5:22, 33). Este respeto debe darse

[49] Véase en el cap. 3 para un análisis de la sumisión femenina en Ef. 5:21-33. La dicotomía erigida por John R. W. Stott, *Guard the Truth: The Message of 1 Timothy and Titus* (Downers Grove, IL: InterVarsity, 1996), 189, de que «la "jefatura" masculina [es una] no de autoridad... sino de responsabilidad y cuidado amoroso» es falsa.

libremente. El respeto no significa adoración acrítica, como la sumisión no significa servilismo.

4) Las mujeres necesitan *autocontrol* en el trato con sus maridos e hijos. Como esposas, deben mostrar fidelidad sexual. Como madres, deben mantener una disposición amorosa hacia sus hijos en lugar de irritarse, resistiendo la tentación de considerarlos como cargas en lugar de bendiciones de Dios.

5) Los corazones de las mujeres deben ser puros y su actitud hacia los demás en el hogar debe ser amable en lugar de antagónica u hostil.

6) Las mujeres deben *dedicarse en primer lugar al hogar*, «supervisando sus hogares con discreción y laboriosidad».[50]

7) En nuestra época, en la que la devoción a la vida conyugal y a la crianza de los hijos es a menudo despreciada (en contraste con la antigüedad, en la que era una virtud muy alabada), Pablo habla de la *bendición* que Dios tiene reservada para las mujeres que desafían los estereotipos seculares y se centran en la vocación que Dios les ha dado en relación con la familia y el hogar.

8) El resultado deseado de la adecuada sumisión de la esposa y de la diligencia en el hogar será que nadie ultraje la Palabra de Dios (cf. 1 Pe. 3:16). En otras palabras, las esposas que viven de acuerdo con estos principios harán más difícil que los incrédulos digan cosas malas sobre el cristianismo, y quizás esto abra la puerta para comunicarles el evangelio.

Los roles y responsabilidades en el hogar según las Escrituras

ROLES	RESPONSABILIDADES	TEXTOS
PADRES	Proveer a la familia, a los hijos	2 Cor. 12:14
	Garantizar la crianza y la disciplina adecuadas	Ef. 6:4; Col. 3:21; Heb. 12:6
MADRES	Crianza de los hijos, maternidad	1 Tim. 2:15
	Gestión del hogar	1 Tim. 5:14
HIJOS	Obediencia a los padres	Ef. 6:1–3; Col. 3:20
	Cuidado de los padres en la vejez	1 Tim. 5:8

[50] Stanley N. Helton, "Titus 2:5—Must Women Stay at Home?" *Essays on Women in Earliest Christianity*, ed. Carroll D. Osburn (Joplin, MO: College, 1995), 376.

Perspectivas sobre las relaciones familiares en el Nuevo Testamento

El Nuevo Testamento incluye un buen número de ejemplos de buena y mala crianza. En el lado positivo, pensamos en María, la madre de Jesús, y su respuesta piadosa a la anunciación del ángel (Lc. 1:38). Cuando Jesús tenía doce años, María y José perdieron a Jesús durante varios días, y cuando lo encontraron en el templo, expresaron la típica preocupación paterna: «Hijo, ¿por qué nos has tratado así? He aquí que tu padre y yo te hemos buscado con gran angustia» (Lc. 2:48). Ellos no entendieron la respuesta de Jesús, que debía estar en la casa de su Padre. Entonces Jesús volvió con ellos a Nazaret «y se sometió a ellos. Y su madre atesoraba todas estas cosas en su corazón» (Lc. 2:51). Por tanto, Jesús es un modelo de obediencia filial, y María es ejemplar como madre piadosa y cuidadosa que se preocupa profundamente por el bienestar de su hijo.

Aunque más tarde, durante su ministerio público, Jesús se ve obligado a trazar ocasionalmente una línea entre sus relaciones naturales y las exigencias del discipulado (e.g., Jn. 2:4; Mt. 12:46-50; Mc. 3:20-21, 31-35; Lc. 11:27-28), se ocupa de su madre (Jn. 19:26-27) y sin duda mantiene un estrecho vínculo filial. De acuerdo con la profecía de Simeón: «una espada atravesará también tu propia alma» (Lc. 2:35), María tuvo que contemplar impotente la crucifixión de su hijo (Jn. 19:25). La última vez que menciona a María en el Nuevo Testamento, «la madre de Jesús» se encuentra en el aposento alto orando junto a los hermanos de Jesús, los apóstoles y otras mujeres piadosas (He. 1:14).

En el Nuevo Testamento también aparecen muchos padres preocupados y angustiados que llevan a sus hijos a Jesús para que los sane. Me vienen a la mente el hijo de la viuda de Naín (Lc. 7:11-15) y la hija del jefe de la sinagoga Jairo (Mc. 5:21-43, Lc. 8:40-56), ambos resucitados por Jesús. Otros incluyen a la mujer gentil sirofenicia que ejerce una fe inusual y de cuya hija Jesús exorciza un demonio (Mt. 15:21-28; Mc. 7:24-30). Otro hombre trae a su hijo que sufre de epilepsia, y el niño es curado al instante (Mt. 17:14-18). Un funcionario de Capernaúm viaja a Caná para suplicar a Jesús que sane a su hijo, y éste le obliga a realizar una sanidad milagrosa «a distancia» (Jn. 4:46-54).

Las relaciones de las madres con sus hijos solían ser especialmente estrechas, como en el caso de María y Jesús (Lc. 2:48-51; Jn. 2:1-5; 19:25-27) o el hijo de la viuda, «hijo único de su madre» (Lc. 7:12). La petición de la madre de los hijos de Zebedeo, que le pide a Jesús que conceda a sus hijos lugares de preeminencia en su reino, ilustra que, a veces, las madres pueden ser demasiado entusiastas en favor de sus hijos (Mt. 20:20-21). La respuesta de Jesús, amable pero firme, deja claro que, en este caso, el celo y la ambición de la madre por sus hijos estaban fuera de lugar (Mt. 20:22-28).

Implicaciones

Sobre la base de nuestro estudio de la enseñanza bíblica sobre la familia, incluyendo los roles del padre, la madre y los hijos, tanto en el Antiguo, como en el Nuevo Testamento, extraemos las siguientes implicaciones para la crianza cristiana y bíblica.[51]

Fundamentalmente, los hijos, al igual que todas las personas, deben ser considerados individuos espirituales que han sido creados por Dios de forma única y que, sin embargo, son pecadores caídos, de modo que la tarea de la crianza no es meramente la de condicionar el comportamiento, sino la de nutrir y entrenar espiritualmente. El uso de una metodología particular en el ejercicio de la disciplina externa o de los ejercicios parentales tiene algún valor, pero su utilidad es limitada. El objetivo debe ser el compromiso con la causa raíz de todo comportamiento humano injusto, el pecado (Ro. 3:23; 6:23). En realidad, sólo aquellos niños y jóvenes que experimentan la regeneración personal a través de la fe en Cristo y reciben la presencia del Espíritu Santo, pueden vivir verdadera y permanentemente una vida agradable a Dios y beneficiarse cuando sus padres los guían hacia una mayor sabiduría. Esto, sin embargo, no elimina la necesidad de la disciplina y la formación de los padres antes de la conversión del niño. En cambio, significa que los esfuerzos de los padres sólo pueden llegar hasta cierto punto, a menos que sean ayudados por la habilitación interna y sobrenatural en la respuesta del hijo. Por ello, la conversión del hijo es un aspecto verdaderamente importante de la orientación de los padres.

Por esta razón, los padres no deben sorprenderse ni escandalizarse cuando sus hijos desobedecen. *Por supuesto* que los hijos desobedecerán —¡son pecadores! Los padres más bien deberían esperar que sus hijos pequen, incluso después de haber llegado a la fe en Cristo. Tal expectativa es realista y permite a los padres tratar cada infracción con calma y deliberadamente, administrando la disciplina

---

[51] Véase también la discusión de los temas contemporáneos de la crianza de los hijos, incluyendo la crianza de los padres solteros, la disciplina física y los principios de la disciplina de los hijos, en el cap. 7 de este volumen.

con equidad, justicia y consistencia (cf. Ef. 6:4; Col. 3:21). Sean o no creyentes, los niños necesitan que sus padres establezcan y hagan cumplir las normas de comportamiento correcto e incorrecto. Así es como los niños aprenden a asumir la responsabilidad de sus acciones y se dan cuenta de que existen consecuencias tanto para la obediencia como para la desobediencia. Por lo tanto, el rol de los padres es tanto positivo como negativo, similar al efecto de las Escrituras en la vida de una persona —deben enseñar y formar a sus hijos en la justicia, pero también deben disciplinarlos y corregirlos (2 Tim. 3:16-17).

El rol de los padres en la vida de un hijo convertido no es el de un sustituto del Espíritu Santo (aunque antes de la conversión de un hijo, el padre puede tener un papel más directo en la convicción del pecado del hijo). Los padres tampoco pueden tomar decisiones morales *por* sus hijos. Los padres deben considerar que se les ha confiado la responsabilidad (temporal) y la administración de nutrir y cultivar el corazón y la mente del hijo a la luz de las Escrituras y en nombre de Dios (Sl. 127:3; 128:3-4). Esto también implica el respeto a la individualidad y autenticidad única del hijo a los ojos de Dios (Sl. 139:13-14; Pr. 22:6). Cada hijo es diferente y único, y las técnicas parentales que pueden funcionar bien con un niño, podrían no funcionar muy bien con otro.[52]

En todos estos casos, por lo tanto, no hay nada que sustituya la guía del Espíritu Santo en cada situación individual. Los padres deben escudriñar en oración las Escrituras, asociarse con otras familias que vivan cerca y con otros padres cristianos de su iglesia. Hablar entre ellos para llegar a una filosofía de crianza conjunta es esencial para una pareja casada, de modo que estén unificados en su enfoque y estén tirando juntos en lugar de moverse en diferentes direcciones. Además, los padres deben hacer los ajustes necesarios en su enfoque de la crianza a lo largo del camino.

Sin duda, ningún padre humano es adecuado para esta tarea sin la ayuda divina, ni los hijos son capaces de perseguir estas características sin la habilitación divina. Los padres pueden necesitar ocasionalmente pedir perdón a sus hijos, lo que puede ayudarles a comprender que sus padres también son pecadores. Los padres deben modelar una actitud de oración de dependencia de Dios en todas las cosas para que los niños

---

[52] Los niños superdotados, por ejemplo, pueden aburrirse fácilmente y mostrarse irrespetuosos o rebeldes. Limitarse a exhortarles a ser respetuosos sin abordar la cuestión de la necesidad del niño de desafíos adicionales resultará inadecuado. Algunos niños prosperan con la estructura formal; otros necesitan un mayor ámbito de libertad. Algunos niños tienden a ser más complacientes; otros superan los límites con frecuencia. Por lo tanto, un enfoque disciplinario único es inadecuado.

lleguen a comprender que incluso sus padres y otros adultos tienen limitaciones y necesitan la ayuda de Dios. Por último, la adoración conjunta, tanto como parte de una congregación local como en familia, es una parte fundamental para unir a la familia como hermanos y hermanas en Cristo.[53]

Conclusión

El estudio que hemos realizado en este capítulo sobre los hijos y la crianza en el Nuevo Testamento, tiene su punto de partida en el propio ejemplo de Jesús y en sus enseñanzas y encuentros con los niños durante su ministerio terrenal. En esta ocasión nos enfocamos en los antiguos «códigos del hogar» y en las enseñanzas de Pablo sobre los hijos y la paternidad. En cuanto a los hijos y los padres, enfatizamos especialmente en Efesios 6:1-4. En cuanto a la maternidad y a las mujeres mayores que ejercen como mentoras de las más jóvenes, 1 Timoteo 2:15 y Tito 2 resultaron especialmente útiles.

Al final de nuestro estudio de la enseñanza bíblica sobre el matrimonio y la familia, haremos bien en recordar que estas instituciones no son fines en sí mismas ni existen principalmente para nuestro propio bien, sino que Dios ha creado ambas instituciones para *su* mayor glorificación. Como escribió el teólogo alemán Dietrich Bonhoeffer:

> A través del matrimonio los hombres son creados para la glorificación y el servicio de Jesucristo y para el crecimiento de su reino. Esto significa que el matrimonio no es sólo una cuestión de producir hijos, sino también de educarlos para que sean obedientes a Jesucristo… el matrimonio es para el servicio de Jesucristo se crean nuevos hombres.[54]

Por eso, el matrimonio y la familia cristianos deben estar comprometidos y sometidos a Jesucristo. Por eso, el matrimonio y la familia no deben considerarse en modo alguno como un obstáculo para la verdadera santidad, pureza y santificación personales, sino como una clave importante para el desarrollo de estas y otras virtudes. En los hogares piadosos, el marido y la mujer se afilan mutuamente como «el

---

[53] Sobre el culto familiar, véase especialmente James W. Alexander, *Thoughts on Family Worship* (Morgan, PA: Soli Deo Gloria, 1998); Kerry Ptacek, *Family Worship: The Biblical Basis, Historical Reality and Current Need* (Greenville, SC: Greenville Seminary Press, 2000). Véase además la sección «prácticas familiares» en el cap. 8 de este volumen.

[54] Dietrich Bonhoeffer, *Ethics*, trans. Neville Horton Smith (London: SCM, 1955), 183.

hierro afila el hierro» (Pr. 27:17), y sus hijos son atraídos a la vida comunitaria de la familia y al camino del discipulado perseguido y modelado por sus padres, que cumple el deseo del Señor de tener una descendencia piadosa (Ml. 2:15).

Esto también forma parte del cumplimiento de la comisión de Cristo resucitado a sus seguidores de «ir y hacer discípulos» (Mt. 28:18-20). Además, también en el caso de los propios hijos, el discipulado implica el bautismo en el nombre del Padre, del Hijo y del Espíritu Santo, y la enseñanza de todo lo que Jesús ordenó a sus seguidores (cf. v. 19). El bautismo y la instrucción comprometida, tanto formal (como el catecismo, la escuela dominical o programas como Awana en el contexto de la iglesia, o como parte de un plan deliberado e intencional de instrucción en el hogar) como informal (según surjan las oportunidades), no son opcionales, sino que forman una parte esencial de la vida en el diseño integral de Dios del matrimonio y la familia.

No sólo debemos instruir a los hijos en la fe cristiana y ayudarles a seguir el camino del discipulado, sino que debemos incluirlos en el ministerio en el contexto de la familia y la iglesia. Lo que Dios desea son familias felices, seguras y satisfechas, donde las necesidades individuales de cada miembro sean atendidas, pero donde esta satisfacción no es un fin en sí mismo, sino que se convierte en un vehículo para el ministerio a los demás. De este modo, Dios utiliza a las familias para glorificarse a sí mismo y hacer avanzar su reino, mostrando al mundo cómo es él —mediante el amor y la unidad que se expresan en una familia y por el respeto del marido a su mujer, la sumisión de la mujer a su marido y la obediencia de los hijos (aunque sea imperfecta). Además, la relación marido-mujer expresa también la relación de Dios con su pueblo, la iglesia, a través de Cristo. Por tanto, puede decirse que las familias tienen un papel vital en el plan de Dios de «reunir todas las cosas del cielo y de la tierra bajo una sola cabeza, Cristo», «para alabanza de su gloria» (Ef. 1:10, 12).

7

TENER O NO TENER HIJOS:
CUESTIONES ESPECIALES RELACIONADAS CON LA FAMILIA, PARTE 1

Excepto para aquellos que son llamados por Dios a una vida de soltería, el ideal de Dios es el de un matrimonio monógamo para toda la vida, coronado con el don de los hijos. Sin embargo, debido en parte a la presencia del pecado en este mundo caído, han surgido muchos factores y problemas complicados que trataremos en el presente capítulo.[1] Aquí y en el siguiente capítulo, examinaremos cuestiones como la ausencia de hijos y la ética médica moderna, el aborto, la anticoncepción, las tecnologías de reproducción artificial, la adopción y algunas cuestiones contemporáneas de la paternidad cristiana, como la paternidad sin pareja, el castigo físico, el fomento de la masculinidad y la feminidad, y los principios de la disciplina parental. A diferencia de los demás capítulos de este libro, estos dos capítulos parten de cuestiones contemporáneas relacionadas con el matrimonio y la familia, más que del argumento bíblico directamente. No obstante, siempre que sea posible, citaremos las enseñanzas y/o los principios bíblicos sobre el tema en cuestión.

[1] Para las implicaciones contemporáneas en relación con el matrimonio y la familia, véase especialmente la parte 2 de Stephen C. Barton, *The Family in Theological Perspective* (Edimburgo: T & T Clark, 1996), un volumen que refleja las preocupaciones del editor tal como se articulan por primera vez en «Marriage and Family Life as Christian Concerns», *Expository Times* 106, no. 3 (1994): 69-74.

La ausencia de hijos y cuestiones médicas relacionadas

Quizá nadie que pueda apreciar mejor el valor de los hijos hoy en día que una mujer que no puede concebir y que desea desesperadamente tener sus propios hijos. No es que las parejas sin hijos o las personas solteras no estén en la voluntad de Dios o no puedan hacer contribuciones significativas al reino; la fecundidad física es sólo una parte del deseo general de Dios de que los seres humanos sean fructíferos; Él también desea la fecundidad espiritual. Como dijo Jesús a sus discípulos: «En esto es glorificado mi Padre, en que llevéis mucho fruto, y seáis así mis discípulos… yo os elegí a vosotros, y os he puesto para que vayáis y llevéis fruto, y vuestro fruto permanezca». (Jn. 15:8, 16). Esto se aplica tanto a las personas solteras y a las parejas sin hijos como a los casados.

Sin embargo, la procreación y la crianza de los hijos sigue siendo una parte fundamental del diseño divino para los hombres y mujeres de hoy. El plan global de Dios para que la humanidad «fructifique y se multiplique» tiene numerosas implicaciones contemporáneas que abarcan una amplia gama de cuestiones, como el aborto, la anticoncepción, la infertilidad y la adopción. Con los avances de la medicina moderna, las parejas que no tienen hijos disponen de un abanico de posibilidades mucho más amplio que antes. Esto, a su vez, plantea a los creyentes cuestiones sobre la idoneidad de procedimientos como la fecundación in vitro, la maternidad subrogada y la inseminación artificial.[2] En las siguientes páginas trataremos cada uno de estos temas por separado.

---

[2] Sobre las antiguas actitudes judías hacia el aborto, véase Craig S. Keener, «Marriage», Craig A. Evans y Stanley E. Porter, eds., *Dictionary of New Testament Background* (Downers Grove, IL: InterVarsity, 2000), 681. Sobre la anticoncepción, véase John T. Noonan Jr *Contracepcion: A History of its Treatment by the Catholic Theologians and Canonists* (Cambridge, MA: Harvard University Press, 1965); Angus S. McLaren, *A History of Contraception* (Oxford: Blackwell, 1992). Véase también William A. Strange, *Children in the Early Church: Children in the Ancient World, the New Testament and the Early Church* (Carlisle: Paternoster, 1996), 4-5, quien cita la práctica antigua común de exponer a los niños no deseados, en particular a las niñas (Oxyrhynchus Papyrus 744) y a los que tenían defectos de nacimiento. Los judíos, por el contrario, tomaron la ley de Moisés para condenar el aborto (Ex. 21:22-25). Sobre el control de la natalidad, véase Helmut Thielicke, *The Ethics of Sex*, trad. John W. Doberstein (Nueva York: Harper & Row, 1964), 200-225, cuya discusión es considerablemente matizada en comparación con la de Mary Pride, *The Way Home: Beyond Feminism, Back to Reality* (Wheaton, IL: Crossway, 1985), que aboga por dejar que Dios dé a una pareja tantos hijos como desee no practicando ningún control de la natalidad. Sobre la infertilidad, véase Martha Stout, *Without Child: A Compassionate Look at Infertility* (Grand Rapids: Zondervan, 1985); Kaye Halverson, *The Wedded Unmother* (Minneapolis: Augsburg, 1980); y John y Sylvia Van Regenmorter, *When the Cradle Is Empty: Answering Tough Questions about Infertility* (Carol Stream, IL: Tyndale; Focus on the Family, 2004).

Aborto

El aborto no es una práctica aprobada por las Escrituras, tanto por su enseñanza general sobre el valor de la vida humana, como por pasajes específicos.[3] Ambos Testamentos enseñan que los niños son una bendición de Dios (Sl. 127:3-5; Mc. 10:13-16) y consideran el asesinato de niños con especial horror (E.g., Ex. 1:16-17, 22; Lv. 18:21; Jr. 7:31-32; Ez. 16:20-21; Mi. 6:7; Mt. 2:16-18; He. 7:19). Dios se muestra activo en la creación de seres humanos desde el momento de la concepción (los ejemplos del Antiguo Testamento incluyen los nacimientos de Sara [Gn. 17:15-22; 21:1-7], Lea, Raquel [Gn. 30:1-24], Rut [Rut 4:13-17] y Ana [1 Sam. 1:19-20]; en el Nuevo Testamento, ver especialmente a Isabel en Lc. 1:24-25, 39-44), de modo que la procreación humana representa de hecho «un proceso co-creador que involucra al hombre, a la mujer y a Dios».[4] El salmista ofrece un tributo particularmente conmovedor a la participación de Dios en la creación de un ser humano incluso en el vientre de la madre:

> Porque tú formaste mis entrañas;
> Tú me hiciste en el vientre de mi madre.
> Te alabaré; porque formidables, maravillosas son tus obras;
> Estoy maravillado,
> Y mi alma lo sabe muy bien.
> No fue encubierto de ti mi cuerpo,
> Bien que en oculto fui formado,
> Y entretejido en lo más profundo de la tierra.
> Mi embrión vieron tus ojos,
> Y en tu libro estaban escritas todas aquellas cosas
> Que fueron luego formadas,
> Sin faltar una de ellas (Sl. 139:13-16)

---

[3] Para un estudio sobre la enseñanza bíblica del aborto, véase Charles H. Scobie, *Ways of Our God: An Approach to Biblical Theology* (Grand Rapids; Cambridge: Eerdmans, 2003), 801, 834, 862, quien señala que «el AT no tiene nada que decir directamente sobre el aborto, el asesinato de los no nacidos, probablemente porque tal práctica habría sido impensable para el pueblo de Dios» (p. 801). Véase también Michael A. Grisanti, «The Abortion Dilemma», *The Master's Seminary Journal* 11, no. 2 (otoño de 2000): 169-90.

[4] James K. Hoffmeier, ed., *Abortion: A Christian Understanding and Response* (Grand Rapids: Baker, 1987), 55, citado en Scobie, *Ways of Our God*, 801. Scobie, en ibíd., 834, también señala que la misma palabra (*brephos*) utilizada para el hijo no nacido de Isabel en Lucas 1:41, 44 se utiliza para un niño recién nacido (Jesús) en Lucas 2:12 (y, para el caso, para los niños traídos a Jesús en Lucas 18:15). Grisanti, «Abortion Dilemma», 178, también cita Génesis 4:1 y Job 3:3 en apoyo de la noción de que «la Biblia no reconoce ninguna diferencia esencial entre el ser en el útero y el ser después del nacimiento».

Otro pasaje bíblico deja claro que Dios forma al feto en el vientre materno y que, de hecho, tiene un conocimiento personal del niño no nacido: «*Antes que te formase* en el vientre *te conocí,* y antes que nacieses te santifiqué, te di por profeta a las naciones». (Jr. 1:5; véase también Job 10:9-12; 31:15; Sl. 119:73; Ec. 11:5). Aunque el Antiguo Testamento no ofrece ninguna discusión teórica sobre si un feto es una «persona», sí «describe al feto como la obra de Dios y objeto de su conocimiento, amor y cuidado, y por tanto su destrucción debe considerarse contraria a la voluntad de Dios».[5]

El «profundo respeto del Antiguo Testamento por la vida en la etapa prenatal»[6] también se revela en la estipulación mosaica que afirma que quien daña a un niño no nacido en el vientre de su madre debe ser castigado «vida por vida, ojo por ojo, diente por diente, mano por mano, pie por pie, quemadura por quemadura, herida por herida, raya por raya» (Ex. 21:22-25).[7] Todos estos pasajes implican claramente que las Escrituras consideran que la vida humana comienza en la concepción y que no existe tal cosa como un «derecho humano» a quitar la vida a un niño no nacido. Esto está en consonancia con la afirmación bíblica de que Dios es un Dios de vida y que todo lo que ha creado (especialmente los seres humanos) es precioso y digno de ser

---

[5] Scobie, *Ways of Our God*, 801, quien también señala que la LXX tiene una variante significativa que distingue entre los fetos que están y los que no están «completamente formados» (ibíd., citando a Michael J. Gorman, *Abortion and the Early Church* [Nueva York: Paulist, 1982], 35). Véase también Bruce K. Waltke, «Reflections from the Old Testament on Abortion», *Journal of the Evangelical Theological Society* 19 (1976): 13: «El feto es humano y, por tanto, se le debe conceder la misma protección a la vida que se otorga a cualquier otro ser humano».

[6] C. Hassell Bullock, «Abortion and Old Testament Prophetic and Poetic Literature», *Abortion: A Christian Understanding*, 68.

[7] Algunos exégetas pro-aborto citan Ex. 21:22-25 para apoyar su postura. Sin embargo, este punto de vista se basa en la dudosa traducción del hebreo *yeled* como «aborto espontáneo». Para un tratamiento exhaustivo del pasaje y una refutación de la opinión sobre el «aborto», véase John S. y Paul D. Feinberg, *Ethics for a Brave New World* (Wheaton, IL: Crossway, 1993), 63-65, quienes demuestran que (1) incluso si se tratara de un aborto, en contraste con el aborto (que es una intervención intencional con el propósito expreso de poner fin a una vida no nacida) la muerte que se produce en el v. 22 es accidental; y (2) los términos hebreos utilizados en el v. 22 se refieren a un parto prematuro (en lugar de un aborto) en otras partes del AT (cf. la traducción de Ex. 21:22 «abortar prematuramente»). Véase también el tratamiento exhaustivo en Grisanti, «Abortion Dilemma», 180-87, que señala que el término hebreo para «niño» en Ex. 21:22 es *yeled*, que «nunca se refiere en ningún otro lugar [en el AT] a un niño irreconocible como humano o incapaz de existir fuera del vientre materno» (se refiere a los recién nacidos en Ex. 1:17-18; 3:6-9; a los niños destetados en Gn. 21:8; y a los adolescentes, jóvenes u hombres jóvenes en Gn. 21:14-16; 2 Re. 2:24; Dn. 1:4, 10, 15, 17) y registra importanteso bservaciones clave en las pp. 186-87; y los breves comentarios de Scobie, *Ways of Our God,* 801, quien también cita a Walter C. Kaiser, *Toward Old Testament Ethics* (Grand Rapids: Zondervan, 1983), 102-4, 170-72; Hoffmeier, *Abortion: A Christian Understanding*, 57-61; y John Jefferson Davis, *Evangelical Ethics: Issues Facing the Church Today*, 2d ed., (Phillipsburg, NJ: The Church of the World). (Phillipsburg, NJ: P&R, 1993), 136-37.

preservado (e.g., Sl. 8). En este sentido, la Escritura difiere notablemente de las antiguas culturas paganas.

Si bien en el mundo antiguo se practicaba a menudo el aborto, lo más común era exponer a un niño recién nacido después del nacimiento.[8] Una de las principales razones por las que el aborto no era tan común es que las madres probablemente habrían muerto como resultado. Además, se valoraba más a los niños que a las niñas, por lo que se esperaba hasta después del nacimiento para ver si el niño era niño o niña. Si era esta última, a menudo se optaba por exponer al pobre infante, como lo ilustra un papiro no literario precristiano de Egipto escrito por un hombre llamado Hilarión de Alejandría a su esposa Alis en el interior de su casa: «Te ruego y te suplico que cuides del pequeño, y en cuanto recibamos la paga te la enviaré. Si por casualidad tienes un hijo, si es un niño, déjalo, si es una niña, expúlsala» (P. *Oxyrhynchus* 744).[9] Ese niño expuesto se dejaba morir en un montón de basura o en algún lugar aislado. Por desgracia, a veces los traficantes de esclavos se llevaban a un niño para criarlo como esclavo o, si era una niña, para que se prostituyera (Justino, 1 *Apol.* 27). En el mundo grecorromano, la exposición no se consideraba infanticidio, sino rechazo en la sociedad, lo cual no conllevaba implicaciones morales negativas.

Esto contrastaba con la ley judía, que, basándose en Éxodo 21:22-25, prohibía el aborto (Josefo, *Ag. Ap.* 2.25 §202; Ps.-Phoc. 184-85; b. *Sanh.* 57b) y la exposición (Philo, *Spec. Laws* 3.110-19; *Virtues* 131-33; *Sib. Or.* 3.765-66; Tácito, *Hist.* 5.5). El pasaje de Éxodo citado anteriormente estipula que cualquiera que golpee a una mujer embarazada y le cause daño será castigado «vida por vida, ojo por ojo, diente por diente, mano por mano, pie por pie, etc.» (la *lex talionis*), lo cual fue interpretado por la ley judía para implicar el reconocimiento de que la vida de un no nacido tiene el mismo valor que la vida después del nacimiento. El escritor judío del siglo I, Filón, en la parte citada de las *Special Laws*, distinguió entre los abortos tempranos y tardíos y se pronunció en contra de estos últimos.[10]

---

[8] Véase Everett Ferguson, *Backgrounds of Early Christianity*, 2ª ed. (Grand Rapids: Eerdmans, 1993), 73-74. (Grand Rapids: Eerdmans, 1993), 73-74, que cita otras fuentes en la p. 73 n. 27. Véase también Gorman, *Abortion and the Early Church*, 24-32, e ídem, «Abortion and the New Testament», *Abortion: A Christian Understanding*, 74-75.

[9] Citado en Ferguson, Backgrounds of Early Christianity, 74; véase también Strange, *Children in the Early Church*, 4-5. La palabra aparece en Hechos 7:19, 21 con referencia a la exposición del bebé Moisés en Egipto, aunque las circunstancias eran, por supuesto, muy diferentes. Véase también Keener, «Marriage», *Dictionary of New Testament Background,* 681, que cita a Quintiliano, *Institutio Oratoria* 8.1.14 (escrito antes del año 96) y a Juvenal, Satires 6.602-9 (siglo II d.C.).

[10] Véase la discusión en David W. Chapman, «Marriage and Family in Second Temple Judaism», en *Marriage and Family in the Biblical World* (Downers Grove, IL: InterVarsity,

Los primeros cristianos, siguiendo el ejemplo de los judíos, también condenaron el aborto y la exposición. En *la Didaché*, un antiguo manual de instrucción eclesiástica, leemos: «"No cometerás asesinato...": no procurarás el aborto, ni cometerás infanticidio» (*Did.* 2:2). La carta de Bernabé afirma algo similar: «No procurarás el aborto, no cometerás infanticidio» (*Bern.* 19:5). Justino escribe: «Pero en cuanto a nosotros, se nos ha enseñado que exponer a los niños recién nacidos es cosa de hombres malvados... en primer lugar, porque vemos que casi todos los que son expuestos de este modo... son educados para la prostitución» (1 *Apol.* 1.27). La Carta a Diogneto describe a los cristianos de la siguiente manera: «Se casan como todos los hombres, tienen hijos, pero no exponen a su descendencia» (*Dio.* 5,6; véase también Atenágoras, *Plea* 35; Minucio Félix, *Oct.* 30-31).[11]

No es nuestro propósito aquí abordar directamente el debate contemporáneo sobre el aborto.[12] Sin embargo, como dejan claro los pasajes bíblicos y extrabíblicos citados anteriormente, el mundo antiguo fue testigo de una marcada diferencia entre el mundo pagano y la enseñanza judeocristiana sobre el tema. Aunque algunos aspectos de la complejidad se han introducido en el debate moderno, muchas de las cuestiones pertinentes ya se trataban desde los primeros siglos de la era cristiana (e incluso antes de este periodo). Como se ha mostrado en el estudio anterior, la opinión de que la vida comienza en la concepción ha sido el punto de vista tradicional judeocristiano, y sólo este punto de vista parece hacer justicia a la enseñanza de las Escrituras y a la vida y práctica de la iglesia primitiva. Por esta razón, el aborto debe ser considerado como la toma no autorizada de una vida humana antes de nacer, que es contraria a la voluntad de Dios.[13]

2003), 224-27, esp. 226-27. Sobre las actitudes antiguas hacia el aborto, véase Keener, «Marriage», *Dictionary of New Testament Background*, 681, quien señala que, a muchos filósofos, médicos y otros no les gustaba el aborto y los antiguos debatían si el embrión era o no una persona y, por tanto, el aborto debía ser legal. Para el aborto y el control de la natalidad en el antiguo Oriente Próximo, véase Victor H. Matthews, «Marriage and Family in the Ancient Near East», *Marriage and Family in the Biblical World*, 21-22; y Andrew E. Hill, «Abortion in the Ancient Near East», *Abortion: A Christian Understanding*, 31-36.

[11] Cf. Andreas Lindemann, «"No dejes que una mujer destruya al bebé no nacido en su vientre": Abortion in Ancient Judaism and Christianity», *Studia theologica* 49 (1995): 253-71.

[12] Para un útil estudio de los antecedentes legales del aborto en Estados Unidos, véase Grisanti, «Abortion Dilemma», 171-73, quien en las pp. 176-78 también proporciona un espectro de puntos de vista sobre el aborto, que van desde (1) «siempre» («aborto a petición») a (2) «a veces» (en ciertas circunstancias, como violación, incesto y amenazas a la salud de la madre, ver también pp. 187-90) a (3) «raramente» (embarazo ectópico o tubárico; su opinión) a (4) «nunca». Para las cuestiones éticas relacionadas con el aborto, véase «Chapter 6: Abortion» en Davis, *Evangelical Ethics*.

[13] La única excepción posible pueden ser los casos en los que el principio de la santidad de la vida del no nacido entra en conflicto con el de la preservación de la vida de la madre, principalmente en el caso de embarazos ectópicos o tubáricos (cf. Grisanti, «Abortion Dilemma»,

Anticoncepción[14]

La Escritura no aborda directamente la cuestión de si es bíblicamente apropiado utilizar medidas anticonceptivas. No hay ningún pasaje bíblico explícito que mencione el término anticoncepción, ni hay textos claros que aborden específicamente la cuestión de si puede ser apropiado utilizar medidas anticonceptivas. Sin embargo, no debemos suponer que las Escrituras guardan silencio absoluto sobre el asunto.

La cuestión de la legitimidad de la anticoncepción en general

Como se ha señalado anteriormente, Génesis 1:28 identifica la procreación como un fin primordial de la unión matrimonial, mientras que el Salmo 127 describe a los hijos como una bendición de Dios. Por lo tanto, al considerar la cuestión de si debemos o no usar métodos anticonceptivos, se debe partir de la perspectiva de que tener hijos es la norma esperada para los matrimonios y debe entenderse como un buen regalo de un Padre celestial amoroso. En palabras de Albert Mohler, «Debemos empezar por rechazar la mentalidad anticonceptiva que ve al embarazo y a los hijos como imposiciones que debemos evitar en lugar de como regalos que debemos recibir, amar y cuidar. Esta mentalidad anticonceptiva es un ataque insidioso a la gloria de Dios en la creación, y al don del Creador de la procreación a la pareja casada».[15]

Sin embargo, habiendo reconocido la importante conexión entre la expresión sexual y el cuidado de los hijos, ¿se deduce que todo acto sexual debe estar «abierto» a la concepción? Quienes responden a esta pregunta de manera afirmativa suelen citar el relato de Génesis 38:6-

---

177-78 y la nota anterior). Véanse también las discusiones bajo los títulos «Abortion» y «Prochoice o Prolife» en Scobie, *Ways of Our God*, 862, 864. Scobie señala acertadamente las alternativas al aborto e insta a la iglesia a ayudar a quienes se enfrentan a esta cuestión. Las siguientes organizaciones ofrecen ayuda en este ámbito: National Right to Life (http://www.nrlc.org), Prolife America (http://www. pro-lifeinfo.org), Life Issues Institute (http://www.lifeissues.org), America's Pregnancy Helpline (http://www.thehelpline.org), CareNet (http://www.care-net.org), y Hope After Abortion (http://www.hopeafterabortion.com). Véase también John Piper, *A Hunger for God: Desiring God through Fasting and Prayer* (Wheaton, IL: Crossway, 1997), 155-72; Stanley J. Grenz, *Sexual Ethics: A Biblical Perspective* (Dallas, TX: Word, 1990), 135-38; y Richard B. Hays, *The Moral Vision of the New Testament: A Contemporary Introduction to New Testament Ethics* (San Francisco: Harper, 1996), 456-60. Contra Beverly W. Harrison, *Our Right to Choose: Toward a New Ethic of Abortion* (Boston: Beacon, 1983), 70, quien afirma que «el antiguo ethos moral reflejado en las Escrituras... ha sido sustituido por una moral más adecuada».

[14] La atribución de esta subsección y la que sigue, «Artificial Reproductive Technologies (ART)», pertenece a Mark Liederback, profesor asociado de ética cristiana en el Southeastern Seminary.

[15] R. Albert Mohler Jr., «Can Christians Use Birth Control? (Parts 1 and 2)» Marzo 29, 2004 y Marzo 30, 2004, http://www.albertmohler.com/radio_archive.html.

10 sobre Onán y Tamar en apoyo de su postura. En este pasaje, Dios quita la vida a Er, el hijo mayor de Judá, porque era «malo ante los ojos de la Jehová», dejando viuda a su esposa Tamar. La costumbre hebrea conocida como levirato (Dt. 25:5-10) estipulaba que cuando un hombre casado moría sin dejar descendencia, su viuda debía casarse con el pariente masculino más cercano del difunto. El primer hijo de ese matrimonio posterior tomaría el nombre del primer marido y se convertiría en su heredero para que el nombre del hombre fallecido «no fuera borrado de Israel» (Dt. 25:6).

Por lo tanto, en este caso, Onán, como el siguiente hermano mayor de Er, debían asumir la responsabilidad de dar un hijo a Tamar. Sin embargo, según Génesis 38:9, aunque Onán tuvo relaciones sexuales con Tamar, impidió que ésta concibiera un hijo al extraerlo de ella antes de la eyaculación. En lugar de proporcionar un heredero a su primer marido, la Escritura indica que «desperdició su semilla en la tierra». Como resultado, su acción fue «desagradable ante los ojos de Jehová», y Dios le quitó la vida también (Gn. 38:10).

Los católicos romanos suelen citar este pasaje para sugerir que aquello que fue particularmente desagradable para Señor fue la interrupción del proceso sexual con el propósito de impedir la procreación. Cada acto sexual, se argumenta, debería estar abierto a la procreación. Por lo tanto, la interrupción de Onán, así como cualquier forma de interrupción o uso de medios artificiales para evitar la concepción durante el acto sexual, es moralmente reprobable. En su opinión, todos los medios anticonceptivos que interrumpen el proceso natural de procreación son contrarios a la voluntad de Dios.[16]

Sin embargo, tras un análisis más detallado, parece que el disgusto del Señor en Génesis 38:10 no debe equipararse con la prevención del embarazo per se, sino con la forma particularmente explotadora, abusiva y derrochadora en que Onán llevó a cabo sus relaciones sexuales con Tamar.[17] Deuteronomio 25:5-10 indica que si el hermano se niega a cumplir con su «deber» de proporcionar una descendencia, la pena no es la muerte sino la vergüenza (Dt. 25:9-10). Entonces, parece que la severidad del castigo indica que otras razones, además de la negativa a dar descendencia a su hermano fallecido, impulsaron a Dios a quitarle la vida a Onán.

¿Cómo, entonces, se debe razonar bíblicamente con respecto a la anticoncepción? Las Escrituras indican que, además de la procreación,

[16] Papa Pablo VI, *Humanae Vitae* 14-17.

[17] Ver Deuteronomio 22 para los «crímenes» y castigos relacionados.

Dios creó el matrimonio para alcanzar otros fines.[18] La compañía a través del desarrollo de un vínculo matrimonial sagrado (Gn. 2:18, 24), el placer sexual (Pr. 5:15-23, Cantar de los Cantares) y la fidelidad matrimonial (1 Cor. 7:1-9), por nombrar sólo algunos, son propósitos bíblicamente apropiados para los que Dios creó la unión sexual matrimonial. Por lo tanto, aunque parece claro que en el transcurso de su matrimonio una pareja debería intentar tener hijos (tal vez incluso muchos, véase el Sal. 127:5), no se deduce que *en cada encuentro sexual particular la pareja deba abstenerse del uso de anticonceptivos*. El encuentro sexual en el matrimonio conserva un alto valor a efectos de unión, placer, fidelidad, etc., incluso en el caso de que una pareja utilice anticonceptivos como parte de su planificación familiar. De hecho, «la atención hacia "todos y cada uno de los actos" de las relaciones sexuales dentro de un matrimonio fiel y abierto al don de los hijos, va más allá de la exigencia bíblica».[19]

Por esta razón, «en el contexto de la relación vitalicia de un matrimonio, valorar la procreación como una bendición no implica necesariamente la apertura a la procreación en cada acto de unión sexual, sino más bien que deberían (salvo quizás en algunas circunstancias...) estar abiertos a la posibilidad (de hecho, la esperanza y el deseo) de que Dios bendiga su unión con un hijo o más».[20]

Formas de anticoncepción moralmente permisibles e impermisibles

Concluir que el uso de anticonceptivos es moralmente permisible en general, sin embargo, no significa que todas y cada una de las formas particulares de control de la natalidad sean moralmente aceptables. De hecho, debido a que pasajes como Éxodo 20:13 prohíben específicamente quitar la vida, el «profundo respeto por la vida en la etapa prenatal» que se encuentra en la ética judeocristiana también debe

---

[18] Véase la sección «Teología del sexo» al final del cap. 4 del presente volumen.

[19] Mohler, «Can Christians Use Birth Control?» (¿Pueden los cristianos utilizar métodos anticonceptivos?) Otros recursos sobre la cuestión de la anticoncepción en general identificados en los sitios web de Ethics and Medicine (Ben Mitchell; http://www.ethicsandmedicine.com) y del Center for Bioethics and Human Dignity (Presidente John Kilner; http://cbhd.org), Oliver O'Donovan, *Begotten or Made?* (Oxford, Reino Unido: Clarendon/Oxford University Press; repr. 2002 [1984]); y Brent Waters, *Reproductive Technology: Towards a Theology of Procreative Stewardship* (Cleveland, OH: Pilgrim Press, 2001; publicado originalmente en Londres: Darton, Longman & Todd, 2001; el cap. El capítulo 3 trata más específicamente la cuestión de la falta de hijos y la ética).

[20] Christopher Ash, *Marriage: Sex in the Service of God* (Leicester: Inter-Varsity, 2003), 183.

influir en la perspectiva que tenemos sobre las formas de control de la natalidad, y cuáles de ellas son bíblicamente permisibles.[21]

Formas aceptables de anticoncepción

¿Qué formas de control de la natalidad son moralmente aceptables? En resumen, la respuesta es *sólo aquellos que son de naturaleza anticonceptiva, es decir, aquellos que prohíben exclusivamente la concepción.* Partiendo de este principio fundamental, se puede evaluar fácilmente qué formas de planificación familiar son adecuadas y cuáles no.

Entre las formas aceptables se encuentran los métodos naturales, como la *abstinencia* (la única opción bíblicamente legítima para quienes no están casados) y el *método del ritmo o del calendario* (en sus diversas formas, como el que se basa en los ciclos de temperatura corporal o en la sincronización de los períodos de ovulación y fertilidad).[22]

Además, los métodos artificiales que buscan exclusivamente evitar la concepción también son moralmente aceptables. Entre ellos se encuentran los «*métodos de barrera*», como el diafragma, el capuchón cervical, los preservativos y espermicidas, como espumas, cremas, esponjas o supositorios vaginales.

Formas inaceptables de anticoncepción

Las formas inaceptables de planificación familiar incluyen todas las formas de aborto inducido. Así, el dispositivo intrauterino, o DIU, es un método inaceptable porque su función principal es crear un entorno

---

[21] Para entender cómo se aplica el principio bíblico del respeto a la vida humana a esta cuestión, es importante hacer una distinción con respecto a los términos que a menudo se utilizan erróneamente de forma intercambiable. El término anticoncepción viene de la raíz de las palabras *contra*, que significa «contra», y *cepcion*, que se refiere a «concepción». Así, el término significa literalmente prohibir la fecundación y, por tanto, impedir la concepción que daría lugar a un embarazo una vez que el cigoto se implante en la pared uterina. En cambio, el término *control de la natalidad* tiene un alcance mucho más amplio. El control de la natalidad *puede* incluir medidas anticonceptivas, *pero no se limita a la prevención de la concepción* como medio para controlar el nacimiento de un niño. También puede incluir prácticas de naturaleza abortiva, es decir, aquellas que matan a un niño en crecimiento después de que se haya producido la concepción (ya sea antes o después de que el niño concebido se implante en la pared uterina de la madre). Sobre la base de la discusión anterior sobre el aborto, cualquier forma de «control de la natalidad» que ponga en peligro la vida de un niño o que intente acabar con la vida de un niño, ya sea antes o después de la implantación en la pared uterina, como medio de control de la natalidad y planificación familiar, es moralmente reprobable y debe ser rechazada.

[22] La forma más popular del método del ritmo (método del calendario) se llama Método Billings, que se explica en el siguiente título: Evelyn Billings y Ann Westmore, *The Billings Method*, ed. actualizada. (Melbourne: Penguin, 2003 [1980]).

inestable para que el óvulo fecundado se implante en la pared uterina. El DIU agota el revestimiento del endometrio, haciéndolo incapaz de soportar la vida del niño.[23]

La RU-486, o la llamada píldora abortiva o del día siguiente, es igualmente inaceptable desde el punto de vista moral, ya que su función principal es impedir la implantación de un nuevo feto en la pared uterina. El fármaco prohíbe directamente el establecimiento y la continuación del embarazo al bloquear la secreción natural de progesterona del cuerpo, la hormona vital que prepara al útero para recibir un óvulo fecundado y para ayudar a mantener el embarazo una vez que se produce.

Métodos que requieren una mención especial y un cuidado extra

Es necesario hacer una mención especial en este punto sobre dos formas de control de la natalidad ampliamente practicadas por cristianos y no cristianos: la esterilización y el uso de la «píldora».

La *esterilización* como método anticonceptivo implica un procedimiento quirúrgico diseñado para terminar permanentemente con la vida fértil de una persona. En el caso del varón, la vasectomía bloquea los *conductos deferentes* (conducto eyaculador) e impide que los espermatozoides salgan del cuerpo durante la eyaculación. En el caso de la mujer, la oclusión tubaria es el procedimiento que bloquea eficazmente las trompas de Falopio de la mujer para evitar que los espermatozoides entren en contacto con el óvulo, impidiendo así la fecundación.

Existen diversas consideraciones importantes sobre la esterilización que pueden advertirnos contra su uso. Por ejemplo, se trata de un procedimiento electivo que implica la anulación o inactivación intencional y permanente de una función corporal. La permanencia del procedimiento lo convierte en un caso diferente del uso del preservativo u otras medidas temporales. Además, cabe preguntarse si es correcto extirpar una parte del cuerpo (cf. Lv. 21:20; Dt. 23:1; 1 Cor. 6:19) simplemente por conveniencia,[24] y si ésta es la

[23] Esto se aplica a los DIU hormonales. Sin embargo, existe un segundo tipo de DIU que utiliza cobre para eliminar todos los espermatozoides y no afecta al revestimiento uterino. Previene el embarazo como método de barrera y no es permanente como la esterilización. Este método parece necesitar una consideración especial.

[24] Mateo 5:29-30 no es relevante aquí, ya que la referencia de Jesús a sacar un ojo o cortar una mano es de naturaleza hiperbólica y se relaciona no con partes del cuerpo que están funcionando normalmente pero que son inconvenientes, sino con aquellas que están «causando» que la gente peque.

forma adecuada de tratar el cuerpo como «templo del Espíritu Santo» (1 Cor. 6:19).

Tanto en el Antiguo, como en el Nuevo Testamento, las Escrituras indican que, si bien el cuidado del cuerpo físico no debe ser una preocupación primordial, debe ser tratado con honor y respeto (cf., E.g., 2:7; Ex. 21:22-25; 1 Cor. 6:12-20). Como sostiene el especialista en ética John Jefferson Davis:

> El punto del apóstol es que el creyente no tiene derecho a ejercer un dominio ilimitado sobre su cuerpo, sino que debe considerarlo como una encomienda del Señor, que debe cuidarse de manera que glorifique a Dios. Y una operación quirúrgica —como la esterilización— no es simplemente una «elección» personal, sino una decisión que debe considerarse dentro del marco bíblico de la administración del cuerpo humano. Dado el hecho de que nuestros cuerpos humanos son una encomienda de Dios, y a la luz de la valoración positiva que se hace de las facultades procreadoras del ser humano y de las familias numerosas en el Antiguo Testamento, estas facultades no deben ser rechazadas o destruidas quirúrgicamente sin una justificación convincente.[25]

Si bien el tema todavía no ha recibido la atención adecuada entre los evangélicos,[26] algunos podrían responder que el mismo razonamiento aducido anteriormente sobre la conveniencia de utilizar ciertas formas de anticoncepción se aplica también aquí. Dios nos ha dado inteligencia y capacidad de juicio para cumplir su mandato de «fructificar y multiplicarse» en nuestras circunstancias personales, de acuerdo con los mandatos y principios bíblicos (como el carácter sagrado de la vida humana). A la luz de nuestra conclusión de que es falaz interpretar este mandamiento en el sentido de que todo acto sexual conyugal debe estar abierto a la procreación, parece apropiado que una

---

[25] John Jefferson Davis, «Theologically Sound», en David B. Biebel, ed., *The Sterilization Option: A Guide for Christians* (Grand Rapids, MI: Baker, 1995), 72.

[26] Prácticamente todas las discusiones sobre la moralidad de la esterilización son de teólogos morales católicos romanos, debido en gran parte a su oposición a las medidas anticonceptivas en general. El Papa Pablo VI expuso la doctrina católica oficial sobre esta cuestión en el par. 14 de la encíclica papal Humanae Vitae. Entre los teólogos morales católicos que han discrepado expresamente del Papa se encuentran James Burtchaell («"Human Life' and Human Love», *Commonweal* [13 de noviembre de 1968]: 248-50) y Richard A. McCormick, S. J. («Sterilization and Theological Method», *Theological Studies* 37, no. 3 [septiembre de 1976]: 471-77). *First Things* publicó un debate muy interesante e informativo sobre el tema de la anticoncepción titulado «Contraception: A Symposium» que incluía respuestas de pensadores protestantes, católicos y judíos (First Things 88 [diciembre de 1988]: 17-29). Lamentablemente, el tema de la esterilización recibió muy poca atención directa. Está claro que es un área en la que se necesita un mayor debate entre los evangélicos.

pareja determinada pudiera decidir que ha llegado al punto en el que cree que Dios no quiere que conciban más hijos. La cuestión, entonces, es si la esterilización es un medio legítimo para asegurar que no se conciban más hijos. De hecho, aunque no todos los cristianos estarían de acuerdo en que la esterilización implica una violación indebida del propio cuerpo como templo del Espíritu Santo,[27] es vital que los creyentes sometan sus deseos personales a una consideración en oración de lo que es bíblicamente permisible.

Aunque se pueden presentar argumentos tanto en contra como a favor de la esterilización como forma de control de la natalidad para los cristianos, y dado que las Escrituras no abordan directamente las diversas formas de prácticas modernas de esterilización, parece apropiado abstenerse de dogmatizar en este ámbito. Cuando las Escrituras no abordan directamente un asunto determinado, los principios bíblicos deben aplicarse a cuestiones específicas con sabiduría y cuidado. Hemos conocido a parejas piadosas que nos aseguraron que persiguieron la esterilización en una actitud de oración y confianza en el Señor. También hemos conocido a otras parejas, igualmente piadosas, que más tarde se arrepintieron de haber seguido este procedimiento y trataron de revertirlo para tener más hijos. Ambos casos sugieren que es imperativo que una pareja que desee usar un método determinado busque honestamente en sus corazones y las razones durante el proceso de tomar tal decisión y esté segura de que las consideraciones pragmáticas y los deseos personales no anulen los principios bíblicos o moldeen indebidamente lo que perciben como la guía del Espíritu Santo.

Otro método anticonceptivo que requiere una mención especial y un cuidado extra es «la píldora». Debido a su amplia aceptación en la cultura, algunos cristianos pueden sorprenderse al saber que la aceptabilidad moral de la píldora (y las muchas y variadas aplicaciones de los mismos productos químicos básicos) es cuestionada por los éticos cristianos. Sin embargo, aunque la comodidad y la eficacia de esta forma de control de la natalidad ha sido recomendada a muchos, hay serias cuestiones morales que deben abordarse antes de tomar una decisión sobre si la píldora es una forma aceptable de anticoncepción.

Existen dos categorías básicas de anticonceptivos químicos de base hormonal: los anticonceptivos combinados y los de sólo progestina. Los anticonceptivos combinados (que contienen estrógeno y

[27] Por ejemplo, se podría argumentar que el propio Dios ha introducido la menopausia, momento en el que la capacidad reproductiva de la mujer llega a su fin. Por lo tanto, no sería inapropiado concluir la actividad reproductiva de una pareja mediante la esterilización en un momento anterior.

progestina) se presentan en forma oral (normalmente denominados AOC —anticonceptivos orales combinados— como *Ortho Cyclen®* u *Ortho-trycyclen*) y en forma inyectable (AIC —anticonceptivos inyectables combinados— como *Cyclofem* y *Mesigyna*). Los anticonceptivos de sólo progestina también se producen en forma oral e inyectable. Las píldoras de sólo progestina (PSP) contienen la hormona progestina y se toman diariamente, mientras que los anticonceptivos inyectables de sólo progestina (SPI), como *Depo-Provera* y *Noristerat*, requieren una inyección aproximadamente cada dos o tres meses. *Norplant* es otra versión de anticonceptivo basada en progestágenos que implica un procedimiento quirúrgico para insertar pequeños túbulos que contienen progestágenos bajo la piel. Se dice que este método es eficaz durante años.[28]

Según el *Physician's Desk Reference*, todas estas versiones, tanto de los anticonceptivos combinados como de los anticonceptivos con progestina, funcionan empleando los mismos tres mecanismos básicos de acción. El primero de ellos es impedir la *ovulación* (un mecanismo anticonceptivo). El segundo consiste en alterar la acumulación de moco cervical, lo que aumenta la dificultad para que los espermatozoides entren en el útero y fecunden el óvulo (un mecanismo anticonceptivo). El tercer mecanismo, tanto en los anticonceptivos combinados como en los anticonceptivos con progestina, es la inhibición del *endometrio* (revestimiento uterino), lo cual lo hace incapaz de sostener la vida del niño recién concebido si se produce la fecundación. Por lo tanto, este tercer mecanismo no es una medida anticonceptiva, sino un *abortivo*; es decir, el mecanismo funciona como un medio a prueba de fallos para controlar el nacimiento si los otros dos mecanismos no impiden la concepción.[29]

PDRHealth.com, un proveedor de servicios web que basa su información en el material del *Physician's Desk Reference*, describe estos tres mecanismos de la siguiente manera:

> La supresión de la ovulación es la forma principal por la cual los anticonceptivos orales, *DepoProvera* y *Lunelle* impiden el embarazo;

---

[28] *Physician's Desk Reference*, 50ª ed. (Montvale, NJ: Medical Economics Co., 1996): Norplant, p. 3281; Depa-Provera, p. 2435.

[29] Desde el punto de vista estadístico, cuando se toman según lo previsto, estos diversos tipos de métodos anticonceptivos basados en hormonas son eficaces el 99,5% de las veces, lo que significa que incluso cuando se toman según las indicaciones, uno de cada 200 actos sexuales (de media) dará lugar a un embarazo. A partir de este hecho se puede saber con certeza que, si bien la «píldora» es eficaz para prevenir la ovulación y evitar la fecundación, no impide toda la fecundación. Aunque no hay datos estadísticos que indiquen cuántos nacimientos se interrumpen por el tercer mecanismo, se puede asegurar que sí ocurre.

el sistema de implantes *provoca la supresión de la ovulación aproximadamente el 50% de las veces.* Sin embargo, a lo largo de cada ciclo de píldoras, y de forma continua con los implantes *Norplant* y *DepoProvera*, la mucosa que cubre el cuello uterino —el lugar por el que los espermatozoides entran en el útero— se mantiene espesa y pegajosa, dificultando el paso de los espermatozoides. Este impedimento pegajoso también actúa sobre el propio espermatozoide. Impide la fecundación al interferir con los cambios químicos que se producen en el interior de los espermatozoides y que les permiten penetrar en el revestimiento exterior del óvulo.

Aunque se produzca la ovulación y la fecundación, los métodos hormonales proporcionan otra medida de protección: los cambios en el revestimiento del útero. Normalmente, el estrógeno inicia el engrosamiento del revestimiento del útero en la primera parte del ciclo, mientras que la progesterona entra en acción más tarde para ayudar a que el revestimiento madure. Dado que ambas hormonas están presentes durante todo el ciclo de la píldora, y que la progestina se suministra de forma continua a través de los implantes y la inyección, *las variaciones hormonales habituales quedan enmascaradas y el revestimiento rara vez tiene la oportunidad de desarrollarse lo suficiente como para albergar un óvulo fecundado.*[30]

En resumen, tanto en el caso de los anticonceptivos combinados, como en el de los anticonceptivos con progestina, el principal problema moral se produce cuando fallan el primer y segundo mecanismo de acción (prevención de la ovulación y de la fecundación debido a la acumulación de moco), y se produce la fecundación de un óvulo. En este momento, estos métodos dejan de ser anticonceptivos por naturaleza y funcionan como abortivos. Si bien es cierto que las posibilidades de que los dos primeros métodos fallen son bajas (más aún con los anticonceptivos combinados), dado el hecho de que tantas mujeres utilizan estas formas de control de la natalidad, no cabe duda de que para algunas la píldora o sus equivalentes funcionan, al menos en ocasiones, para poner fin a la vida de un niño concebido.[31] De hecho,

---

[30] http://www.pdrhealth.com/content/women_health/chapters/fgwh21.shtml (énfasis añadido).

[31] A continuación, se presenta una lista de anticonceptivos orales combinados que funcionan de la manera descrita anteriormente, organizados alfabéticamente por marca. También se incluye el número de página de la 54ª edición del *Physician's Desk Reference* para comodidad del lector. Esta es una lista actualizada y ampliada de la compilada originalmente por Debra Evans, The Christian Woman's Guide to Sexuality (Wheaton, IL: Crossway, 1996), 290. La lista es la siguiente: ALESSE - 21 (Wyeth-Ayerst), p. 3203; ALESSE - 21 (Wyeth-Ayerst), p. 3209; BREVICON-21® (Searle), p. 2891; BREVICON-28® (Searle), p. 2891; DEMULEN 1/35 (Searle), p. 2911; DEMULEN 1/50 (Searle), p. 2911; DESOGEN® (Organon), p. 2085; LO/OVRAL® (Wyeth- Ayerst), p. 3267; ESTROSTEP 21 (Parke-Davis), p. 2246; ESTROSTEP Fe (Parke-Davis), p. 2246; LEVLEN 21 (Berlex), p. 749; LEVLEN 28 (Berlex), p. 749; LEVLITE

si el «profundo respeto por la vida en las etapas prenatales» del desarrollo de un niño, del que se ha hablado anteriormente, tiene la autoridad moral que debería tener, entonces quizá sea correcto reevaluar si merece la pena correr el riesgo de abortar a un hijo.[32]

Por último, debido al uso un tanto enigmático de la terminología relacionada con este tema, quienes busquen sabiamente el consejo de un médico de atención primaria y/o de un ginecólogo-obstetra deben hacer preguntas con precisión y cuidado. Por ejemplo, una pareja joven puede preguntar a su médico si un determinado tipo de anticonceptivo oral o químico corre el riesgo de provocar un aborto. Dependiendo de cómo defina el médico el aborto y el embarazo, la respuesta puede variar. Para algunos, la palabra aborto se entiende como la interrupción de un embarazo. Sin embargo, el término embarazo puede entenderse

---

21 (Berlex) p. 749; LEVLITE 21 (Berlex), p. 749; LEVORA (Watson), p. 3174; LOESTRIN 21 (Parke- Davis), p. 2257; LOESTRIN 28 (Parke-Davis), p. 2257; LO/OVRAL 28® (Wyeth-Ayerst), p. 3272; MICRONOR (Ortho-McNeil), p. 2165; MIRCETTE (Organon), p. 2097; MODICON -21® (Ortho), p. 2184; MODICON -28® (Ortho), p. 2184; NECON 0,5/35 (Watson), p. 3180; NECON 1/35 (Watson), p. 3180; NECON 1/50 (Watson), p. 3180; NECON 10/11 (Watson), p. 3180; NORDETTE 21 (Wyeth-Ayerst), p. 3275; NORDETTE 28 (Wyeth-Ayerst), p. 3277; NORINYL 1+35-21 (Searle), p. 2891; NORINYL 1+35-28 (Searle), p. 2891; NORINYL 1+50-21 (Searle), p. 2891; NORINYL 1+50-21 (Searle), p. 2891; NOR-QD p. 3184; ORTHO-CEPT (Ortho-McNeil), p. 2168; ORTHO-CYCLEN® (Ortho-McNeil) p. 2198; ORTHO-NOVUM 1/35® (Ortho-McNeil), p. 2184; ORTHO-NOVUM 1/50® (Ortho-McNeil), p. 2178; ORTHO-NOVUM 7/7/7 (Ortho-McNeil), p. 2184; ORTHO TRI- CYCLEN® (Ortho-McNeil), p. 2191; OVCON® (Bristol-Meyers Squibb), p. 838; OVRAL (Wyeth-Ayerst), p. 3289; OVRETTE (Wyeth-Ayerst), p. 3289; PLAN B (Women's Capitol) p. 3201; PREVEN EMERGENCY (Gynetics), p. 1335; TRI-LEVLEN® (Berlex), p. 749; TRI- NORINYL® (Searle), p. 2929; TRIPHASIL-21® (Wyeth-Ayerst), p. 3328; TRIPHASIL-28® (Wyeth-Ayerst), p. 3333; TIVORA (Watson), p. 3187; ZOVIA 1/35E (Watson), p. 3190; ZOVIA 1/50E (Watson), p. 3190.

[32] El lector puede encontrar interesante la declaración de posición de la Asociación Médica y Dental Cristiana (CMDA) en relación con esta cuestión. Dice en parte lo siguiente: «La CMDA reconoce que existen diferentes puntos de vista entre los cristianos respecto a la amplia cuestión del control de la natalidad y el uso de anticonceptivos. Sin embargo, el tema en cuestión es si los métodos anticonceptivos hormonales tienen o no efectos posconcepcionales (i.e., causan el aborto). La CMDA ha consultado a muchos expertos en el campo de la reproducción que han revisado la literatura científica. Aunque hay datos que preocupan, nuestros conocimientos científicos actuales no establecen una relación causal definitiva entre el uso rutinario de anticonceptivos hormonales y el aborto. Sin embargo, tampoco hay datos para negar un efecto postconcepcional». Para más información, se puede acceder al resto de la declaración de posición en http://www.epm.org/articles/CMDAstate. html. Asimismo, el sitio web de Randy Alcorn para sus *Eternal Perspectives Ministries* muy útil e intenta tratar ambos lados de la cuestión de forma justa, al tiempo que adopta un enfoque conservador sobre este tema. Véase http://www.epm.org/prolife.html o http://www.epm.org/articles/26doctor.html para dos de los diversos debates relacionados con este tema. Véase también Tom Strode, «To Be or Not to Be: The Pill May Be Controlling Births in Ways You've Never Considered» (Ser o no ser: la píldora puede estar controlando los nacimientos de maneras que nunca se han considerado), *Light* (Nov./Dic. 2002): 8-9; y Walter L. Larimore y Randy Alcorn, «Using the Birth Control Pill Is Ethically Unacceptable» (El uso de la píldora anticonceptiva es éticamente inaceptable), en John F. Kilner, Paige C. Cunningham y W. David Hager, editores, *The Reproduction Revolution: A Christian Appraisal of Sexuality, Reproductive Technologies and the Family* (Grand Rapids: Eerdmans, 2000), 179-91.

como que el óvulo fecundado ya se ha implantado en la pared uterina. Si es así como el médico define el embarazo, puede indicar que los anticonceptivos combinados y los anticonceptivos que sólo contienen progestina no provocan el aborto porque no interrumpen el crecimiento del óvulo fecundado una vez que se ha implantado en la pared uterina. Sin embargo, la pareja podría no darse cuenta de que la píldora puede acabar con la vida de un niño recién concebido. Este sería el caso si impidiera que el óvulo fecundado se implantara en la pared uterina, donde comenzaría el embarazo de otro modo.

Por esta razón, en lugar de preguntar si una determinada forma de anticonceptivo combinado y de anticonceptivo con progestina «puede funcionar para provocar un aborto», la pareja sabia tratará de determinar si el anticonceptivo combinado o el anticonceptivo con progestina funciona para inhibir el crecimiento del revestimiento del endometrio. De ser así, podría impedir que un óvulo fecundado se implantara en la pared uterina y, por tanto, causar la muerte de un niño recién concebido. Otros puntos de aclaración que pueden resultar útiles al tratar este tema con el médico son los siguientes: (1) si el método anticonceptivo impide la fecundación del óvulo el 100% de las veces; (2) si existe algún producto en el mercado que haya demostrado y documentado claramente que impide la fecundación del óvulo el 100% de las veces; y (3) si hay alguna forma de anticonceptivos combinados o de anticonceptivos con sólo progestina que no cambie el endometrio de modo que no pueda sostener un óvulo fecundado que, de otro modo, podría implantarse y crecer hasta el nacimiento.[33] Hasta la fecha, este autor no ha podido fundamentar una respuesta afirmativa a ninguna de estas preguntas.[34]

[33] Evans, *Christian Woman's Guide to Sexuality*, 196.

[34] Para más información sobre este tema, véase Randy Alcorn, *Does the Birth Control Pill Cause Abortions?* (Gresham, OR: Eternal Perspective Ministries, 2000); Linda K. Bevington y Russell DiSilvestro, eds., *The Pill: Addressing the Scientific and Ethical Question of the Abortifacient Issue* (Bannockburn, IL: The Center for Bioethics and Human Dignity, 2003).

Formas aceptables e inaceptables de control de la natalidad

FORMAS ACEPTABLES DE CONTROL DE LA NATALIDAD	FORMAS INACEPTABLES DE CONTROL DE LA NATALIDAD	MÉTODOS QUE REQUIEREN UNA CONSIDERACIÓN ESPECIAL
Principio general: Los métodos que son de naturaleza anticonceptiva, i.e., que prohíben exclusivamente la concepción	Principio general: Todas las formas de aborto inducido	Principio general: Los métodos que requieren una mención especial y un cuidado extra
Abstinencia	Aborto	Esterilización (vasectomía, oclusión tubaria)
«Ritmo o método del calendario»	DIU (dispositivo intrauterino)	«La píldora» y sus múltiples aplicaciones (anticonceptivos combinados y con progestina)
«Métodos de barrera» (diafragma, capuchón cervical, preservativos y espermicidas)	RU-486 («abortiva» o «píldora del día siguiente»)	«La píldora» y sus múltiples aplicaciones (anticonceptivos combinados y con progestina)

A modo de conclusión, con respecto a la esterilización es importante reiterar la necesidad de tener mucho cuidado en evitar el dogmatismo en asuntos que la Escritura no prohíbe o no aborda directamente. Es el principio de honrar «el templo del Espíritu Santo» lo que debemos considerar seriamente antes de decidir emplear este método. Con respecto al uso de la píldora, la justificación moral para su uso es mucho más tenue debido al simple hecho de que el principio de la santidad de la vida se aplica directamente. En ambos casos, sin embargo, parece que la consideración de los principios bíblicos debería alejarnos del uso de la esterilización o de la píldora y sus múltiples variantes como medio de planificación familiar.

Tecnologías de reproducción artificial (TRA)

El desafío de la infertilidad

A la luz del claro mandato bíblico de que las parejas «fructifiquen y se multipliquen» (Gn. 1:28), una de las pruebas más difíciles que puede enfrentar una pareja casada es la incapacidad de tener hijos.[35] El Antiguo Testamento registra las emociones y experiencias tanto de Sara (Gn. 15-17) como de Ana (1 Sam. 1:1-11) mientras luchaban con sus experiencias de infertilidad. El Nuevo Testamento también indica que Isabel no tuvo hijos hasta bien entrada su vejez (Lc. 1:7). En cada uno de estos casos, Dios se mostró bondadoso y permitió que las mujeres concibieran y dieran a luz a niños que, a su debido tiempo, desempeñarían un papel importante en su plan redentor. Sin embargo, se podría decir que Dios no siempre actúa por medios milagrosos para superar la infertilidad de una pareja.

En los últimos años, los avances en la tecnología reproductiva moderna han allanado el camino para que las parejas infértiles tengan sus propios hijos. A la luz de estos avances, ¿cómo deben responder los cristianos? ¿Es apropiado aprovechar estas nuevas tecnologías?[36] Hay quienes sostienen que la oración y la fe son la respuesta adecuada de los cristianos ante la infertilidad.[37] La mayoría de los cristianos, sin embargo, basándose en el hecho de que Dios creó a los seres humanos con la capacidad de razonar y les dio el dominio sobre la tierra (Gn. 1:28-31), no rechazan el uso de la intervención médica siempre que esta no viole otros principios claros de las Escrituras (i.e., la santidad de la vida humana).[38]

Como resultado del progreso de la medicina moderna, quienes en generaciones anteriores no habrían tenido ninguna esperanza de dar a luz a un hijo propio ahora tienen a su disposición muchas opciones. Estos avances médicos incluyen algo tan sencillo y poco técnico como

---

[35] Para un tratamiento sensible de la falta de hijos involuntaria, véase Ash, *Marriage*, 180-81, quien señala que (1) el propósito principal del matrimonio es servir a Dios; (2) los hijos son un don y una bendición, no un derecho; (3) la iglesia debería afirmar la bondad de dar a luz a los hijos y lamentarse y rezar por aquellos que no pueden tener hijos.

[36] Para un tratamiento reciente, véase Dennis P. Hollinger, *The Meaning of Sex: Christian Ethics and the Moral Life* (Grand Rapids: Baker, 2009), cap. 8. 8, que trata de la inseminación artificial, la fecundación in vitro y las tecnologías relacionadas, los «bebés de diseño», la subrogación, la selección del sexo y la clonación.

[37] Sin embargo, esto no es satisfactorio, ya que, para ser coherentes, los defensores de este tipo de argumento también tendrían que concluir que el uso de cualquier intervención médica para un problema médico es igualmente inapropiado.

[38] Aunque su naturaleza es diferente a la de la intervención directa y bondadosa de Dios en favor de Sara, Ana e Isabel, estos nuevos procedimientos médicos son, no obstante, maravillosos por derecho propio.

animar a un hombre a que aumente su número de espermatozoides simplemente cambiando el tipo de ropa interior que usa, hasta los procedimientos fuertemente dependientes de la tecnología de la inseminación artificial, la fecundación in vitro o incluso la clonación con fines reproductivos.[39] Aunque todas las tecnologías reproductivas disponibles requieren al menos cierto nivel de evaluación ética, las más complicadas y dependientes tecnológicamente también suelen ser más complicadas desde el punto de vista ético.

A continuación, describiremos brevemente cada una de las principales tecnologías de reproducción artificial y, en seguida, analizaremos las diversas cuestiones éticas implicadas utilizando cuatro importantes principios rectores.

Descripción de los métodos

A continuación, explicaremos brevemente cinco de las formas más frecuentes de tecnologías reproductivas.

Inseminación intrauterina (IIU), también conocida como *inseminación artificial* (IA), suele ser la primera opción elegida por las parejas infértiles cuando el problema de la infertilidad reside principalmente en el varón. El problema habitual es el bajo recuento de espermatozoides o, por la razón que sea, espermas defectuosos. Este procedimiento, relativamente sencillo, consiste en la recogida y acumulación de esperma masculino y la posterior inyección de ese esperma (normalmente con una jeringa sin aguja) en el útero femenino durante la parte más fértil del ciclo de la mujer. La esperanza es que el proceso reproductivo se desarrolle a partir de ese momento de manera «natural». Este procedimiento puede realizarse con el esperma del esposo (IAH: inseminación artificial del hombre) o con el esperma de un donante (IAD: inseminación artificial del donante). Desde el punto de vista ético, la IAH plantea muchos menos problemas que la IAD (véase más adelante).

Transferencia intratubárica de gametos (GIFT, por sus siglas en inglés) es el procedimiento mediante el cual se cosechan óvulos femeninos a partir el uso de fármacos hormonales súper ovulatorios que

[39] Véase más adelante la descripción. Aunque el tema de la clonación está fuera del alcance de este capítulo, véanse los siguientes recursos para una discusión útil del tema: Scott B. Rae, *Moral Choices: An Introduction to Ethics,* 2nd ed. (Grand Rapids: Zondervan). (Grand Rapids: Zondervan, 2000), 169-80; y la breve pero útil discusión de Glen H. Stassen y David P. Gushee en Kingdom *Ethics: Following Jesus in Contemporary Context* (Downers Grove, IL: InterVarsity, 2003), 262-64.

estimulan la maduración y liberación de varios óvulos. Estos óvulos se recogen mediante una pequeña intervención quirúrgica en la que se utiliza la guía de ultrasonidos en la vagina. El semen masculino que también se recoge, es tratado para hacerlo menos viscoso, facilitando el proceso de concepción. A continuación, estos gametos se colocan juntos en un único catéter, separados únicamente por una pequeña burbuja de aire, y se colocan juntos en las trompas de Falopio de la mujer. El procedimiento facilita el proceso reproductivo asegurando el contacto entre el óvulo y el esperma y aumentando así la probabilidad de que se produzca la concepción y comience el embarazo.

Fecundación in vitro (FIV) es muy similar a la GIFT en cuanto al procedimiento técnico, pero tiene una diferencia importante. Mientras que en el procedimiento GIFT la fecundación y la concepción tienen lugar dentro del cuerpo de la mujer, en el caso de la FIV la fecundación tiene lugar en un entorno artificial (in vitro significa literalmente «en vidrio», en referencia al tubo de ensayo o placa de Petri donde se produce la concepción). Al igual que en el caso de la GIFT, la mujer recibe tratamientos hormonales para estimular la liberación de múltiples óvulos, que se recogen para utilizarlos en el procedimiento. También se recoge el esperma masculino, y estos gametos (óvulos y esperma) se colocan en la misma placa de Petri con la esperanza de que se produzcan múltiples concepciones. A continuación, el técnico de reproducción examinará los embriones recién formados y, mediante la *transferencia de embriones* (TE), intentará implantar hasta cuatro de ellos en el útero de la mujer con la esperanza de que la mujer quede embarazada al menos de uno. Los embriones restantes se destruyen o se congelan para utilizarlos en futuros intentos de gestación. Los estudios indican que aproximadamente el 25% de los embriones congelados no sobreviven al proceso de congelación y descongelación antes del próximo intento.[40]

Subrogación o maternidad subrogada se refiere al procedimiento en el que la gestación y el nacimiento de un bebé se producen en una mujer que, o bien no es la madre biológica del niño, o bien está dispuesta a donar su óvulo y gestar a un niño, pero cede los derechos de paternidad a quienes contraten con ella la gestación. Así pues, la «subrogación genética» es el resultado de un procedimiento de IIU en el que el varón de una determinada pareja dona su esperma para que la madre de alquiler conciba, lleve al niño durante la gestación y dé a luz. Aunque está genéticamente emparentado con la madre de alquiler, el

---

[40] Karen Dawson, *Reproductive Technology: The Science, the Ethics, the Law and the Social Issues* (Melbourne: VCTA Publishing, Macmillan Education Australia, 1995), 49.

bebé «pertenece» a la pareja que la contrató para gestar y dar a luz. La subrogación gestacional difiere de la subrogación genética en que la concepción del niño tiene lugar mediante GIFT o FIV y el embrión se coloca entonces mediante TE en la madre subrogada. El papel de la madre de alquiler en este caso es gestar y dar a luz al niño, no concebir ni donar su óvulo. En ambas formas de subrogación, la madre subrogada, a cambio de honorarios, normalmente se compromete a ceder todos los derechos de paternidad del niño una vez que nazca.[41]

Principios de evaluación

Como en el caso de la anticoncepción, es importante reconocer que el simple hecho de que una tecnología esté disponible, no significa necesariamente que sea éticamente permisible emplearla. Más bien, es imperativo explorar las opciones disponibles con respecto a cómo se alinean con los principios bíblicos que deben guiar el proceso de toma de decisiones. En el caso de las tecnologías reproductivas, hay cuatro principios que son particularmente pertinentes.

En primer lugar, como en el caso de los anticonceptivos, *el respeto a la santidad de la vida humana* se relaciona directamente con la cuestión de las tecnologías reproductivas, por las siguientes razones. Algunas formas de tecnología reproductiva, como la clonación, suponen una amenaza directa para la vida del niño debido a la naturaleza inexacta y al desarrollo de la tecnología. Otras formas de tecnología reproductiva pueden no ser una amenaza directa para la vida, pero sí la manera en que se emplean. Por ejemplo, en ciertos métodos de inseminación artificial o fecundación in vitro, es una práctica común fecundar cinco o seis óvulos a la vez. Cada una de las concepciones resultantes es un niño que espera ser colocado en el útero de la mujer para crecer hacia el nacimiento. Desgraciadamente, también es una práctica habitual que los médicos seleccionen sólo uno o dos de estos óvulos para su implantación, dejando que los demás sean destruidos.

Otra forma en que una tecnología reproductiva amenaza la santidad de la vida es cuando la técnica utilizada (como la inseminación artificial o el uso de fármacos para la fertilidad) da lugar a un embarazo múltiple.

---

[41] Rae, *Moral Choices*, 149. Para obtener más información sobre la inseminación artificial, la fecundación in vitro y otras cuestiones relacionadas, véase Gary P. Stewart, John F. Kilner y William R. Cutrer, editores, *Basic Questions on Sexuality and Reproductive Technology: When Is It Right to Intervene?* (Grand Rapids: Kregel, 1998); Kilner et al., *Reproduction Revolution;* y John F. Kilner, C. Ben Mitchell, Daniel Taylor, eds., *Does God Need Our Help? Cloning, Assisted Suicide, and Other Challenges in Bioethics* (Carol Stream, IL: Tyndale, 2003).

En estos casos, una mujer puede llevar ahora cuatro o cinco hijos en su vientre. Dado que el riesgo de aborto es mayor en estas condiciones, los especialistas en reproducción suelen recomendar un procedimiento conocido como «reducción selectiva». Aunque a menudo se describe como un medio para aumentar las posibilidades de que algunos de los bebés nazcan vivos, el término «reducción selectiva» no es en realidad más que una forma de aborto en la que se mata a uno o más de los niños para aumentar las probabilidades de que los demás nazcan vivos.

Por lo tanto, en estos procedimientos (inseminación artificial, fecundación in vitro) una pareja debe estar dispuesta a que todos los embriones se implanten y lleven a término para que esta tecnología cumpla con las normas bíblicas respecto a la santidad de la vida (con la posible excepción de los casos en los que la vida de la madre está en juego). Como aconseja John Van Regenmorter, «no permita que se formen más embriones que el número de hijos que está dispuesto a engendrar».[42] Del mismo modo, los que utilizan fármacos para la fertilidad deben reconocer de antemano que es posible que se produzca un parto múltiple y que la «reducción selectiva» no es una opción bíblicamente legítima.

Un segundo principio bíblico que debe considerarse es el del *respeto a todos los seres humanos como portadores de la imagen.* Debido a que todos los seres humanos son portadores de la imagen de Dios (Gn. 1:27), es incorrecto utilizar o tratar a otro sólo como un medio para conseguir un fin o ponerlo a propósito en peligro cuando no ha incurrido en culpa y cuando no hay más razón que la conveniencia para tal elección. Una vez más, en el caso de algunas formas de tecnologías reproductivas, es una práctica común fecundar varios óvulos y luego congelar a estos niños por un tiempo indefinido para ser utilizados o descartados si los padres optan por renunciar a tener más hijos. Estas prácticas son intrínsecamente irrespetuosas y utilizan a estos niños simplemente como un medio para alcanzar los objetivos elegidos por los padres y, por lo tanto, deben descartarse como vías inapropiadas para los cristianos.

Un tercer principio rector para determinar el valor moral de una determinada tecnología reproductiva es el *respeto a la fidelidad del vínculo matrimonial*. En Génesis 2:24 se afirma que el hombre debe «dejar a su padre y a su madre y unirse a su mujer, y serán una sola carne». Es dentro del contexto de esta relación de una sola carne entre marido y mujer que Dios dio el mandato de fructificar y multiplicarse.

---

[42] John Van Regenmorter, «Congelados: What to Do with Those Extra Embryos», *Christianity Today* 48, no. 7 (julio de 2004): 33.

Asimismo, las Escrituras no sólo condenan las relaciones adúlteras (Ex. 20:14; Dt. 5:18; Ro. 13:9), sino que también afirman la naturaleza exclusiva del vínculo matrimonial (Mt. 19:5; 1 Cor. 6-7; Ef. 5:28-31). Este énfasis bíblico en la unidad y la exclusividad del vínculo matrimonial tiene implicaciones directas en el uso de las tecnologías reproductivas, en particular los métodos que utilizan el material genético (óvulo del donante, esperma del donante, ADN del donante) de alguien que no es el marido o la mujer. Dado que el uso de los óvulos o espermas del donante introduce en el matrimonio (concretamente en el ámbito sexual) material genético relacionado con el sexo de una tercera persona, existen considerables dudas respecto a la moralidad de dicha práctica.

Aunque sería difícil situar esto en la categoría exacta de lo que la sociedad ha entendido históricamente como adulterio, se podría argumentar fácilmente que el uso de un óvulo o esperma de un donante equivale a un adulterio o, como mínimo, a una intromisión inadecuada en la naturaleza exclusiva de la fidelidad y la sexualidad matrimoniales.[43] Como señala acertadamente Scott Rae, «el peso de la enseñanza bíblica sugiere que los colaboradores externos no son la norma para la procreación. Las Escrituras miran con escepticismo cualquier intervención reproductiva que salga del vínculo matrimonial en busca de material genético. Eso significaría que tecnologías como la inseminación de donantes, la donación de óvulos y la maternidad subrogada son moralmente problemáticas».[44]

Un cuarto y último principio que debería guiar la evaluación del *uso de las tecnologías* reproductivas se refiere no tanto a la forma de la tecnología, sino *al corazón de quien desea utilizarlas.* Aunque el deseo de tener y criar hijos genéticamente emparentados se fundamenta en las

[43] Una posible analogía es la práctica veterotestamentaria de los hombres que buscaban descendencia de otras mujeres en caso de infertilidad de sus esposas, a menudo con el consentimiento de éstas (e.g., Abraham y Agar, a instancias de Sara; Gn. 16:1-4). Sin duda, la analogía se rompe en el sentido de que en el contexto moderno no es necesario mantener relaciones sexuales con una persona del sexo opuesto que no sea el propio cónyuge. Sin embargo, en ambos casos se hace un esfuerzo por tener hijos mediante la participación de alguien ajeno al vínculo matrimonial. En la Escritura, al menos en el caso de Abraham, esto se considera el resultado de una falta de fe. Por lo tanto, confiar en que Dios elimine la esterilidad, si es posible, o elegir la adopción, pueden parecer alternativas preferibles.

[44] Rae, *Moral Choices*, 154. Algunos han sugerido que la práctica veterotestamentaria del levirato (Dt. 25:5-10) legitima el uso de esperma de un donante que no sea el cónyuge. Sin embargo, parece prudente no establecer un paralelismo demasiado estrecho, ya que existen diferencias notables e importantes entre ambas prácticas. Para empezar, el pariente cercano del marido fallecido se casó realmente con la mujer, lo cual es muy diferente a aceptar el esperma de un donante que no sea el propio marido. Además, en el caso del levirato, no se hacían provisiones para ayudar al cónyuge vivo a tener hijos. El propósito era más bien proporcionar una herencia y una seguridad material cuando el marido de la mujer había fallecido.

normas creadas y se cimienta en el imperativo de Dios de que «fructifiquemos y nos multipliquemos», es importante, sin embargo, no cifrar demasiado la esperanza o el sentido de la valía en la capacidad de tener hijos. La esperanza final del cristiano no reside en la capacidad de manipular los sistemas reproductivos humanos ni en la capacidad de tener hijos. Ya sea a través de una intervención milagrosa directa (como en el caso de Ana) o a través de los avances tecnológicos que son posibles gracias a las mentes que Dios nos ha dado, los hijos son un regalo de Dios. Más allá de esto, las Escrituras indican que nuestra última esperanza no reside en nuestra capacidad de tener hijos, sino en nuestro Salvador Jesucristo.

En conclusión, si bien el uso de la tecnología reproductiva puede ser *generalmente* permisible, no se debe suponer que *todas las formas* de tecnología reproductiva son bíblica y moralmente aceptables. La preocupación por el respeto a la vida humana, la dignidad humana y la fidelidad al vínculo matrimonial deben regir la evaluación de cualquier forma particular de tecnología reproductiva. De hecho, una vez que se considera la gran incertidumbre ética y las zonas grises en relación con muchas de estas tecnologías (por no mencionar los costes financieros), quizás la sabiduría sugiera limitar los esfuerzos en esta dirección en favor de la adopción. Este puede ser el camino de la sabiduría si se tiene en cuenta la descripción bíblica explícita y positiva de la adopción, tema que abordaremos a continuación.

Tecnologías de reproducción artificial (TRA) y posibles problemas

MÉTODO REPRODUCTIVO	PRINCIPIO DE EVALUACIÓN	ÁREAS DE INTERÉS
Inseminación intrauterina (IIU) o Inseminación artificial (IA)	#1 Respeto a la santidad de la vida humana	Inseminación artificial, fecundación in vitro
Transferencia intratubárica de gametos	#2 Respeto por todos los seres humanos como portadores de la imagen	Fertilización, congelación, luego renunciar a la descendencia

Tener o no tener hijos: Cuestiones especiales relacionadas con la familia, parte 1

Fecundación in vitro (FIV)	#3 El respeto a la fidelidad en el vínculo matrimonial	Inseminación de donante, donación de óvulos donación de óvulos, maternidad subrogada
Subrogación o maternidad subrogada	#4 Corazón de quien desea utilizar un método determinado	Principio general para el uso de tecnologías modernas de reproducción artificial

Adopción

Existen algunos casos de adopción en ambos testamentos.[45] En el Antiguo Testamento, Dan y Neftalí, y más tarde Efraín y Manasés, fueron adoptados por Jacob (Gn. 30:1-13; 48:5); Moisés fue adoptado por la hija del Faraón (Ex. 2:10); y Ester fue adoptada por Mardoqueo (Est. 2:7). En lo que sigue, discutiremos cada uno de estos casos de adopción en el Antiguo Testamento con más detalle.[46] En lo que respecta a las adopciones a través de Jacob, Dan y Neftalí fueron hijos de Jacob y Raquel a través de la sierva de Raquel, Bilhah, a quien Raquel dio a Jacob como esposa ya que no le había dado hijos (Gn. 30:1-8). Análogamente, Jacob adoptó a Gad y Asher, sus hijos con Lea, a través de su sierva Zilpa (Gn. 30:9-13), incorporándolos oficialmente a su familia. Más tarde, Jacob también adoptó a los hijos de José, Manasés y Efraín (Gn. 48:5) y los bendijo (vv. 8-22), y posiblemente también a sus bisnietos, los hijos de Maquir, hijo de Manasés (Gn. 50:23). Los hijos adoptivos de Jacob recibieron derechos y herencia iguales a los de sus hijos biológicos a través de Lea y Raquel.[47]

Moisés nació de padres judíos, Amram y Jocabed, en una época en la que todos los bebés varones debían ser asesinados por veredicto del Faraón, rey de Egipto. Para salvar la vida de Moisés, su madre ideó un plan que dio como resultado que la hija del faraón adoptara a Moisés como su hijo. Sin embargo, cuando Moisés creció, «se negó a ser

[45] Para un tratamiento útil y compasivo del tema, véase June M. Ring, «Partakers of the Grace: Biblical Foundations for Adoption», http://www.ppl.org/adopt.html. June Ring es la coordinadora de recursos para la adopción de Presbiterianos Pro-Vida. Véase también Roland de Vaux, *Ancient Israel: Its Life and Institutions*, trad. John McHugh (Nueva York: McGraw-Hill, 1961), 51-52.

[46] Otros posibles ejemplos son Abram adoptando a Eliezer de Damasco (Génesis 15) y Elí y Samuel (1 Samuel 1).

[47] Cf. Daniel I. Block, «Marriage and Family in Ancient Israel», en Ken M. Campbell, ed., *Marriage and Family in the Biblical World* (Downers Grove, IL: InterVarsity, 2003), 87-88.

llamado hijo de la hija del faraón» (Heb. 11:24), regresó con su familia biológica y se reunió con su hermano biológico Aarón. La adopción de Moisés, así como su regreso a su familia biológica, formaban parte del plan de salvación de Dios, que consistía en que Moisés sacara a su pueblo Israel de la esclavitud en Egipto y lo llevara a la tierra prometida. El plan de la madre de Moisés para salvar la vida de su hijo es un maravilloso ejemplo del amor de una madre biológica por su hijo.

Ester, huérfana, fue adoptada por su primo Mardoqueo. Su historia es un maravilloso testimonio de la estrecha relación entre un padre adoptivo y su hijo (aunque a algunos padres cristianos de la actualidad les resulte difícil ver la sabiduría en dejar que Ester participe en un concurso de belleza). El libro de Ester del Antiguo Testamento relata cómo «todos los días Mardoqueo se paseaba por el patio del harén para saber cómo estaba Ester y qué le sucedía» (Est. 2:11). Ester, a su vez, seguía las instrucciones de su padre adoptivo y «no había dado a conocer su parentela ni su pueblo, como le había ordenado Mardoqueo, pues Ester obedecía a Mardoqueo como cuando fue criada por él» (Est. 2:20). Al final, Ester es utilizada providencialmente por Dios para salvar a la nación judía.

En el Nuevo Testamento, el ejemplo más destacado es la adopción de Jesús por parte de José, que actuó como su padre terrenal, participando en su nombramiento (Mt. 1:25), presentándolo en el templo (Lc. 2:22-24), protegiéndolo del peligro al llevarlo a él y a su madre a Egipto (Mt. 2:13-15) y enseñándole un oficio (Mt. 13:55; Marcos 6:3). Estos ejemplos bíblicos pueden servir como una prueba alentadora para algunos matrimonios de que la práctica de la adopción tiene un precedente bíblico honorable. Junto con el uso metafórico de la adopción en el Nuevo Testamento, que se discutirá más adelante, estos pasajes muestran que los niños adoptados deben ser acogidos en el contexto amoroso, íntimo y permanente del matrimonio y la familia en el contexto bíblico.[48]

En un sentido espiritual, Pablo enseña que los creyentes son adoptados en la familia de Dios como sus hijos e hijas (Ro. 8:15, 23; 9:4; Ga. 4:5; Ef. 1:5).[49] En lugar de basarse en la noción de adopción

---

[48] Para un análisis de la práctica contemporánea de la adopción a la luz de sus fundamentos bibliográficos, véase el mencionado artículo de June M. Ring, «Partakers of the Grace». Véase también Lois Gilman, *The Adoption Resource Book* (San Francisco: HarperCollins, 1998); Jorie Kincaid, *Adopting for Good: A Guide for People Considering Adoption* (Downers Grove, IL: InterVarsity, 1997); Jayne Schooler, *The Whole Life Adoption Book* (Colorado Springs, CO: NavPress, 1993); y Russell D. Moore, *Adopted for Life: The Priority of Adoption for Christian Families and Churches* (Wheaton, IL: Crossway, 2009).

[49] Véase especialmente James M. Scott, *Adoption as Sons of God: An Exegetical Investigation into the Background of UIOFESIA in the Corpus Paulinum* (Wissenschaftliche Untersuchungen

divina de la mitología grecorromana o en la ceremonia romana de la *adoptio* (en la que un menor era transferido de la autoridad de su padre natural a la de su padre adoptivo), el apóstol desarrolla este concepto apropiándose de la tipología del éxodo del Antiguo Testamento y de la fórmula de adopción mesiánica de 2 Samuel 7:14 («Yo seré un padre para él y él será un hijo para mí»; cf. 2 Cor. 6:18; véase también Sl. 2:7; 89:26-27) en el contexto de la teología del nuevo pacto. Así como Israel fue redimido y recibió los privilegios del pacto en el éxodo (Ex. 4:22; Dt. 1:31; Os. 11:1), los creyentes del Nuevo Testamento fueron redimidos de su esclavitud al pecado en y por medio de Cristo, recibiendo su adopción como hijos de Dios (cf. 2 Cor. 6:18 citando 2 Sam. 7:14).[50] Es significativo que esto sólo se realizará plenamente en el futuro en la resurrección final (Ro. 8:23).

Mientras que en los tiempos del Antiguo Testamento se aplicaban ciertas restricciones étnicas, ahora los creyentes son «todos hijos de Dios por la fe en Cristo Jesús» (Ga. 3:26). Si alguien pertenece a Cristo, es descendiente de Abraham y está incluido en la promesa (Ga. 3:28). Se trata de un acontecimiento histórico-salvífico de primera magnitud: por medio de la adopción, los creyentes son introducidos en la relación filial entre Jesús el Hijo y Dios su Padre, compartiendo juntos la nueva familia de Dios.[51] Aunque la distinción entre Jesús como el único Hijo de Dios y los creyentes como hijos e hijas de Dios en Cristo no es eliminada (e.g., Jn. 20:17), los creyentes se convierten en un sentido real y espiritual en hermanos y hermanas de Jesús, así como los unos de los otros. «Porque el que santifica y los que son santificados, de uno son todos; por lo cual no se avergüenza de llamarlos hermanos» (Heb. 2: 11). Incluso la fecundidad se transforma hasta cierto punto en la operación armoniosa y productiva de los diversos miembros del cuerpo

---

zum Neuen Testament 2/48; Tübingen: Mohr-Siebeck, 1992). Sobre el uso espiritual de Pablo del lenguaje familiar, véase Reider Aasgaard, "*My Beloved Brothers and Sisters*": *Christian Siblingship in the Apostle Paul*, Studies of the New Testament and Its World (Edimburgo: T & T Clark, 2003).

[50] Para un resumen conciso, véase James M. Scott, «Adoption», *Dictionary of Paul and His Letters*, 15-18. Véase también John T. Carroll, «Children in the Bible», *Interpretation* 55 (2001): 123.

[51] Cf. Jn. 1:12-13; Rom. 8:14-17, 29; Gal. 3:23-36; 4:1-7; Ef. 1:5; 1 Jn. 3:1-2, 10; 5:19. Véase especialmente Edmund P. Clowney, «Interpreting the Biblical Models of the Church: A Hermeneutical Deepening of Ecclesiology», *Biblical Interpretation and the Church: Text and Context*, ed. D. A. Carson (Exeter: Paternoster, 1984), 75-76, quien también hace referencia a Ef. 3:14; 2 Cor. 6:18; Mat. 12:49-50; 23:28; y 1 Juan 4:21.

de Cristo según los dones espirituales suministrados por Dios el Espíritu.[52]

Conclusión

El mundo actual nos presenta una cantidad considerable de cuestiones relacionadas con la reproducción, algunas de las más importantes se han tratado en el presente capítulo. Nuestro primer tema fue el del aborto. Llegamos a la conclusión de que el punto de vista de que la vida comienza en la concepción tiene un fuerte apoyo bíblico y, por lo tanto, ha sido el punto de vista judeo-cristiano tradicional. Por esta razón, el aborto no puede justificarse bíblicamente.

El siguiente tema fue la anticoncepción. Después de determinar que la anticoncepción en general es una opción cristiana legítima en principio, discutimos formas moralmente aceptables e inaceptables del control de la natalidad. Se prestó especial atención a la esterilización y a la píldora anticonceptiva, que exigen especial cuidado y discernimiento. Aunque los cristianos pueden utilizar anticonceptivos, deben abstenerse de utilizar métodos de control de la natalidad que sean realmente abortivos.

Nuestro tratamiento de las tecnologías reproductivas artificiales, igualmente, intentó vadear las problemáticas cuestiones éticas planteadas por la variedad de nuevos procedimientos utilizados para ayudar a las parejas sin hijos y adjudicar las opciones éticamente permisibles para los cristianos de hoy.

Nuestro último tema de debate fue la adopción. Encontramos en las Escrituras una cantidad considerable de material que aborda este tema, tanto en términos literales como figurativos. Esto se suma a un sólido precedente bíblico para la adopción como una honrosa vía cristiana para glorificar a Dios y construir una familia cristiana, especialmente para las parejas que tienen dificultades para concebir sus propios hijos.

[52] 1 Corintios 12-14; Romanos 12; Efesios 4. Sobre los dos párrafos anteriores, véase Ray Anderson, «God Bless the Children-and the Childless», *Christianity Today*, 7 de agosto de 1987, 28.

8

REQUIRIENDO LA SABIDURÍA DE SALOMÓN:

CUESTIONES ESPECIALES RELACIONADAS CON LA FAMILIA, PARTE 2

El desafío de la crianza de los hijos plantea una gran cantidad de cuestiones, algunas de las cuales se tratarán a continuación. Una cuestión fundamental es qué método o filosofía de crianza elegirán los padres. Los padres solteros se enfrentan a muchos desafíos propios de su situación particular. Otro tema controversial es la legitimidad o ilegitimidad de la disciplina física, que también abordaremos aquí. Otros temas tratados son la tarea de cultivar la masculinidad y la feminidad en los hijos, los principios básicos de la disciplina paterna y la guerra espiritual en lo que respecta al matrimonio y la familia.

La crianza de los hijos en el mundo actual

¿Qué método?

Muchos libros populares sobre la crianza buscan impartir un método determinado, a menudo centrado en la adecuada administración de la disciplina.[1] Este enfoque en el método tiene algunas ventajas. En

[1] Véase, e.g., Gary y Anne M. Ezzo, *Growing Kids God's Way: Biblical Ethics for Parenting*, 4ª ed. (Chatsworth, CA: Growing Families International, 1997, pero nótese la controversia que rodea a este ministerio: véase http://www.ezzo.info y la crítica en dos partes en el Christian Research Journal, http://www.equip.org/free/DG233.htm y http://www.equip.org/

primer lugar, seguir un método determinado aumenta la confianza de los padres en que tienen un plan y un propósito en su crianza. En segundo lugar, centrarse en el método proporciona previsión y coherencia. Puede ser que ciertos tipos de comportamiento den lugar a recompensas o castigos. Esto aumenta el éxito en el acondicionamiento, ya que, en igualdad de condiciones, los niños tenderán a evitar las consecuencias negativas y a esforzarse por obtener recompensas positivas. En tercer lugar, la adopción de un método une a los padres con otros padres que deciden adoptar ese tipo de sistema. Los grupos de apoyo de padres con ideas afines ofrecen un foro de discusión y auxilio ante las dificultades que puedan surgir.

Centrarse en el método también tiene algunas desventajas. En primer lugar, la confianza de los padres puede darles una falsa seguridad de que todo va bien cuando, al menos a largo plazo, podría no ser así. El condicionamiento conductual a corto o mediano plazo puede tener éxito, pero a largo plazo los jóvenes podrían rebelarse contra la rigidez de los padres. En segundo lugar, centrarse en el método podría poner énfasis en un conjunto abstracto de principios más que en las personas. La crianza de los hijos no puede reducirse a una ciencia exacta, ya que se trata de personas y relaciones. En tercer lugar, un enfoque en el método tiende a dar un peso inadecuado a la individualidad y singularidad de cada niño. Si bien todos los niños necesitan ser disciplinados cuando hay desobediencia, *la forma en que se administra* esta disciplina podría tener la necesidad de ser ajustada para hacer justicia a las características personales de cada niño en particular.

Por lo tanto, al final, un enfoque adecuado de la crianza de los hijos debe dejar un espacio adecuado para el componente *relacional* de la crianza. La crianza cristiana debe estar respaldada por la *sabiduría derivada de la meditación en las Escrituras, la llenura del Espíritu Santo, el consejo de otros* (aquí es donde la literatura de calidad sobre la crianza de los hijos puede ser muy útil si es equilibrada y se basa en principios bíblicos) y la *experiencia relacional* con el niño. En última instancia, debemos tener cuidado de no confiar en ningún método humano que, por muy bíblico que pretenda ser, esté siempre a un paso de la Biblia. Nuestra confianza suprema debe estar en Dios y en su

---

free/DG234.pdf). Menos regimentado y más dirigido a captar la esencia de la tarea de crianza es Tedd Tripp, *Shepherding a Child's* Heart (Wapwallopen, PA: Shepherd Press, 1998). Véanse también los diversos recursos para padres publicados por William y Martha Sears. Como nota de interés, la primera obra que ofrece consejos sobre la crianza de los hijos en el período patrístico fue escrita por Juan Crisóstomo (c. 347-407 d.C.), Sobre la vanagloria del mundo y sobre la educación de los hijos.

palabra, y debemos reconocer humildemente que nuestra comprensión de la Escritura no debe equipararse a la enseñanza de la misma. En esta relación de paternidad, debe existir un equilibrio de amor incondicional, crianza espiritual y disciplina (Ef. 6:4) en un contexto de discipulado y crecimiento cristiano (2 Pe. 3:18). La paternidad bíblica requiere que los padres entiendan que sus hijos no son simplemente desobedientes, sino que también son pecadores, y son desobedientes *porque* son pecadores. Por lo tanto, los niños necesitan en última instancia la salvación, no sólo la disciplina de los padres. Además, como se mencionó en un capítulo anterior, los niños también son «sencillos» (en el sentido bíblico de ese término; véase Pr. 1:22), lo que requiere la instrucción, el entrenamiento y el cultivo constante de los padres, al igual que un jardín necesita ser atendido de forma continua y constante.

Los padres también son pecadores, y por ello deben evitar poner sus propios intereses por encima de los de sus hijos. ¿Les preocupa que sus hijos desobedezcan en público simplemente porque esto les causa vergüenza? ¿Quieren que les vaya bien en la escuela simplemente porque eso les da prestigio y reconocimiento como padres? ¿Quieren que elijan una determinada carrera o una determinada pareja porque eso les hace socialmente más aceptables o deseables? ¿Toman las decisiones relativas a la educación de sus hijos principalmente en función de su propia conveniencia (guardería, niñeras, abuelos, etc.) en lugar de basarse en lo que es mejor para sus hijos?[2]

---

[2] E.g., educación en casa, escuelas cristianas privadas, escuelas concertadas, etc. Sobre algunos antecedentes antiguos de la educación en casa y las escuelas cristianas privadas, véase William A. Strange, *Children in the Early Church: Children in the Ancient World, the New Testament and the Early Church* (Carlisle: Paternoster, 1996), 80-81, quien señala: «En los primeros siglos, los padres cristianos todavía se contentaban con que sus hijos compartieran la educación común con los demás. Los padres cristianos seguían contentándose con que sus hijos compartieran una educación común con sus vecinos paganos, y la iglesia tardó en copiar a la sinagoga en la provisión de un modelo alternativo de educación. Incluso cuando Juan Crisóstomo... escribió el primer tratado cristiano sobre la educación de los niños, se dirigió a los padres y no dijo nada sobre enviar a los niños a escuelas específicamente cristianas. Las primeras escuelas cristianas parecen haber sido las fundadas por los monasterios a partir del siglo IV». Strange señala que, al menos en aquella época, «establecer una oferta educativa propia y separada habría sido apartarse de la vida común que compartían con sus vecinos paganos».

Ventajas y debilidades de un enfoque «metodológico» de la crianza de los hijos

VENTAJAS	DEBILIDADES
Aumenta la confianza de los padres en que tienen un plan y un propósito en su crianza	La confianza de los padres puede, de hecho, darles una falsa seguridad de que todo está bien cuando, al menos a largo plazo, podría no estarlo
Proporciona previsibilidad y coherencia	Hace hincapié en un conjunto de principios abstractos en lugar de enfocarse las personas
Reúne a los padres con otros padres que utilizan el mismo método	Tiende a dar un peso inadecuado a la individualidad y singularidad de cada niño
	Tiende a perder de vista las distintas etapas de desarrollo de la vida del niño y del joven, que requieren flexibilidad y ajustes constantes

Padres solteros

La crianza de los hijos por parte de un solo padre no formaba parte del propósito de Dios en un principio. Por esta razón, la enseñanza bíblica sobre la crianza de los hijos monoparental es difícil de entender. Puede existir cierta afinidad entre las cuestiones relacionadas con la crianza de los niños sin pareja y los pasajes bíblicos relativos a los huérfanos, por un lado, y a las viudas, por el otro, aunque existen diferencias evidentes. En aquellos casos en los que la monoparentalidad es el resultado de un divorcio, el término *monoparental* no refleja plenamente la realidad, ya que el hijo sigue teniendo a ambos padres, aunque ya no estén casados. En esos casos, el término *monoparental* se refiere más bien al cónyuge al que se le otorga la custodia del hijo (o hijos) de un matrimonio roto, de modo que se puede distinguir entre el progenitor «custodio» y el «no custodio» del niño.

La monoparentalidad como resultado de un divorcio conlleva diversas dificultades para el cónyuge custodio y el no custodio, así como para los hijos implicados. En primer lugar, los hijos pueden (y con frecuencia lo hacen) acabar divididos emocionalmente entre los padres como resultado de la ruptura matrimonial y sus consecuencias.[3]

[3] Cf. Alice B. Tolbert, «The Crisis of Single-Parent Families» (La crisis de las familias monoparentales), *Urban Mission* 7 (1989): 9-15, especialmente 11-12.

Esto tendrá con toda probabilidad un efecto negativo en el desarrollo psicológico del hijo o hijos a partir del divorcio. No es raro que los hijos se sientan culpables, como si fueran responsables del fracaso del matrimonio de sus padres.

Además, en la mayoría de los casos estos niños crecen en un entorno bipolar, relacionándose tanto con la madre como con el padre. Mientras que el pago de la pensión alimenticia o la manutención de los hijos es un requisito legal para los hijos hasta los dieciocho años, para las madres solteras el empleo tiende a ser prácticamente una necesidad para poder mantener adecuadamente a su hijo o hijos. Por lo tanto, no sólo una persona tiene que desempeñar el papel de madre y de padre, sino que también tiene que actuar como proveedor. La disciplina también se convierte en la única responsabilidad del padre soltero.[4]

Así como Dios es el Dios de los huérfanos y las viudas, el corazón de Dios se dirige de manera especial a los padres solteros que cargan con el peso de ser padre y madre de un hijo o más. La Biblia presenta a Dios como el defensor de los huérfanos (Dt. 10:18; 27:19; Sl. 10:18; 82:3), como su sostén y ayuda (Sl. 10:14; 146:9), y como su padre (Sl. 68:5).[5] Puesto que Dios mismo actúa como protector y proveedor de los huérfanos (así como de las viudas y los extranjeros), ordena a su pueblo del pacto que haga lo mismo.

A los israelitas se les ordenó proporcionar a los huérfanos alimentos y otras necesidades materiales (Dt 14:29; 24:19-21; 26:12-13), y debían defender la causa de los huérfanos protegiéndolos de la injusticia.[6] Los profetas advirtieron de las graves consecuencias que tendría el fracaso del pueblo de Dios en este sentido.[7] En el Nuevo Testamento, Santiago hace eco de estos mandatos cuando escribe que «la religión que Dios,

[4] La ausencia del padre en una familia en la que la madre ejerece ambos roles es difícil de compensar. Entre las obras que describen la importancia del padre en el desarrollo de los hijos se encuentra Don E. Eberly, «The Collapse and Recovery of Fatherhood», *The Faith Factor in Fatherhood: Renewing the Sacred Vocation of Fathering,* ed., Don E. Eberly. Don E. Eberly (Lanham: Lexington Books, 1999), 4-20; Rob Palkovitz, *Involved Fathering and Men's Adult Development: Provisional Balances* (Mahwah, NJ: Lawrence Erlbaum Associates, 2002); Paul C. Vitz, *Faith of the Fatherless: The Psychology of Atheism* (Dallas, TX: Spence, 1999); David Blankenhorn, *Fatherless America: Confronting Our Most Urgent Social Problem* (Nueva York: HarperCollins, 1995); y Frank Minirth, Brian Newman y Paul Warren, *The Father Book: An Instruction Manual, Minirth-Meier Clinic Series* (Nashville: Nelson, 1992).

[5] Cf. F. Charles Fensham, «Widow, Orphan, and the Poor in Ancient Near Eastern Legal and Wisdom Literature», *Journal of Near Eastern Studies* 21 (1962): 129-39; Mark Sneed, «Israelite Concern for the Alien, Orphan, and Widow: Altruism or Ideology?» Zeitschrift für die alttestamentliche Wissenschaft 111 (1999): 498-507; Harold V. Bennett, *Injustice Made Legal: Deuteronomic Law and the Plight of Widows, Strangers, and Orphans in Ancient Israel* (Grand Rapids: Eerdmans, 2002).

[6] Dt. 24:17; 27:19; Sl. 23:10; Is. 1:17; Jr. 7:6; 22:3; Za. 7:10. Véase también Dt. 26:12 que instruye que una parte de los diezmos debía distribuirse al «forastero, al huérfano y a la viuda».

[7] Is. 1:23; 10:2; Jr. 5:28; 7:6; Ez. 22:7; Za. 7:10-14; Ml. 3:5.

nuestro Padre, acepta como pura e intachable es ésta: cuidar de los huérfanos y de las viudas en su desgracia y no dejarse contaminar por el mundo» (Sant. 1:27).

La iglesia actual puede ayudar a aliviar la carga que afrontan los padres solteros de diversas maneras.[8] Para empezar, los padres solteros no deben ser señalados como un «proyecto ministerial», sino que deben ser tratados con normalidad como creyentes fieles en Cristo. Con sensibilidad y empatía, los creyentes individuales y la iglesia en su conjunto no tendrán dificultad en identificar diversas áreas de necesidad que típicamente enfrentan los padres solteros en las que pueden ofrecer ayuda, ya sea llenando el vacío dejado por la ausencia del otro padre, el apoyo financiero, o la satisfacción de las necesidades sociales y otras.[9]

Disciplina física

También existe un debate sobre el uso del castigo físico (nalgadas) como medio válido o apropiado para que los padres disciplinen a sus hijos.[10] El punto de partida para la presente discusión son las referencias en el libro de Proverbios a la «vara» de la corrección, la cual es útil para tres propósitos principales: (1) como medio para disciplinar a un hijo basado en el amor paterno (Pr. 13:24); (2) como forma de eliminar la necedad e impartir sabiduría (Pro. 22:15; 29:15); y (3) como posible ayuda para la salvación del hijo (Pr. 23:13-14). La

---

[8] Para materiales relacionados con la crianza de los hijos y el ministerio con padres solteros, véase, e.g, Blake J. Neff, «The Diverse-Traditional Family», *Handbook of Family Religious Education,* ed. Blake J. Neff y Donald Ratcliff (Birmingham, AL: Religious Education Press, 1995), 121-24; Jane Hannah y Dick Stafford, *Single Parenting with Dick and Jane: A Biblical, Back-to-basics Approach to the Challenges Facing Today's Single Parent* (Nashville: Family Touch, 1993); Ramona Warren, Parenting Alone, *Family Growth Electives* (Elgin, IL: David C. Cook, 1993); Robert G. Barnes, *Single Parenting* (Wheaton, IL: Living Books, 1992); Greg Cynaumon, *Helping Single Parents with Troubled Kids: A Ministry Resource for Pastors and Youth Workers* (Colorado Springs, CO: NavPress, 1992); Gary Richmond, *Successful Single Parenting* (Eugene, OR: Harvest, 1990); Richard P. Olsen y Joe H. Leonard Jr., *Ministry with Families in Flux: The Church and Changing Patterns of Life* (Louisville, KY: Westminster, 1990); Patricia Brandt con Dave Jackson, *Just Me and the Kids: A Course for Single Parents* (Elgin, IL: David C. Cook, 1985); Gerri Kerr, «Making It Alone: The Single-Parent Family», *Family Ministry*, ed. Gloria Durka y Joanmarie Smith (Minneapolis: Winston, 1980), 142-67. Véase también Andrew J. Weaver, Linda A. Revilla y Harold G. Koenig, *Counseling Families across the Stages of Life: A Handbook for Pastors and Other Helping Professionals* (Nashville: Abingdon, 2002), 101-18; y David Blackwelder, «Single Parents: In Need of Pastoral Support», *Clinical Handbook of Pastoral Counseling*, vol. 2, ed. Robert J. Wicks y Richard D. Wicks. Robert J. Wicks y Richard D. Parsons (Mahwah, NJ: Paulist, 1993), 329-59.

[9] Véase Susan Graham Mathis, «Good Samaritans for Single Parents», *Focus on the Family*, abril de 2004, 20-21. La revista enfoque a la familia tiene una edición especial sólo para padres solteros, que puede pedirse en http://www.family.org.

[10] Agradecemos la ayuda de Alan Bandy en la investigación para esta sección y la anterior.

«vara» se menciona en Proverbios también como medio para corregir o castigar a los necios (Pr. 10:13; 14:3; 22:8; 26:3).

En el momento de escribir este libro, la corrección física ya está prohibida en Austria, Bulgaria, Croacia, Alemania, Letonia y todos los países escandinavos, y entre las naciones que están considerando su prohibición se encuentran Canadá, Inglaterra, Italia, Bélgica y la República de Irlanda. El Comité de los Derechos del Niño de las Naciones Unidas presiona cada vez más a los países para que prohíban los castigos físicos a los niños o se enfrenten a la censura y la crítica pública.[11] El uso del castigo físico en la crianza de los niños se ha cuestionado de tres maneras principales: (1) pegarle a un niño equivale a un abuso físico; (2) pegar es arcaico y psicológicamente perjudicial; y (3) existe una discontinuidad entre las opiniones del Antiguo y del Nuevo Testamento sobre los niños y la disciplina, y el Nuevo Testamento sustituye los mandatos del Antiguo Testamento sobre la disciplina física.

La acusación de que los azotes equivalen a un abuso se deriva de una gran sensibilidad a los efectos traumatizantes del abuso infantil. La cuestión de los derechos de los niños pasó al primer plano de la discusión cuando 1979 fue declarado el «Año Internacional del niño».[12] Uno de esos derechos fue el de «estar libre de temor o daño físico y abuso».[13] Posteriormente, Suecia promulgó leyes contra la corrección física.[14] Aunque algunos legisladores en años anteriores concedieron expresamente el derecho de los padres a la corrección física, muchos estadounidenses y europeos están de acuerdo en que la ley debería prohibirla.[15] La distinción entre corrección y abuso físico se difumina aún más como resultado de la retórica empleada frecuentemente por los defensores de la corrección física. Palabras como *golpear*, *pegar* y *brutalizar* sustituyen a las *nalgadas* o *corrección*.[16] Además,

---

[11] Estamos en deuda por la información anterior con R. Albert Mohler Jr., «Should Spanking Be Banned? Parental Authority under Assault», 22 de junio de 2004, http://www.crosswalk.com/news/weblogs/mohler/1269621.html. Mohler responde a la pregunta: «¿Instruye la Biblia a los padres que den nalgadas a sus hijos?» con un enfático «Sí», sosteniendo que «el brote actual de niños fuera de control puede ser rastreado directamente al fracaso de los padres en disciplinar a sus hijos». Señala que el castigo físico debe ser «no el resultado de una pérdida de temperamento de los padres, ni de un capricho, sino de una necesidad moral».

[12] Alyce Oosterhuis, «Abolishing the Rod», *Journal of Psychology and Theology* 21, no. 2 (verano de 1993): 132.

[13] Ibíd.

[14] Cf. Robert R. Gillogly, «Spanking Hurts Everybody», *Theology Today* 37, no. 4 (enero de 1981): 415. Pero véase Robert E. Larzelere, «Child Abuse in Sweden» (Abuso infantil en Suecia), http://people. biola.edu/faculty/paulp/sweden2.html, que señala un posible aumento del abuso infantil como una de las consecuencias indeseables de la prohibición del castigo físico.

[15] Alice Miller, «Against Spanking», *Tikkun 15*, no. 2 (marzo/abril de 2000): 19.

[16] Ibíd., 17.

Oosterhuis cita a Van Leeuwen para señalar que «aunque el ochenta por ciento de los abusos sexuales y la violencia familiar se producen en familias alcohólicas, la siguiente incidencia más alta de ambos abusos tiene lugar en hogares intactos y altamente religiosos».[17] Este lenguaje, junto con los casos de abuso real, transmite la idea de que la disciplina corporal es equivalente al abuso físico.[18]

En segundo lugar, la disciplina física se ha considerado arcaica y psicológicamente perjudicial para los niños. Oosterhuis sostiene que las sociedades antiguas consideraban a los niños como una propiedad, por lo que el niño no se diferenciaba de un esclavo. Por ello, los niños desobedientes y los esclavos recibían el mismo castigo. Afirma que «como las leyes antiguas aplicaban castigos físicos severos por las infracciones, los padres y los amos utilizaban libremente el dolor físico para corregir el mal comportamiento».[19] Por lo tanto, sostiene que como la sociedad actual tiene una mayor consideración por los niños, los golpes representan una forma de disciplina inválida.[20]

Otra escritora, Alice Miller, sostiene que el castigo físico provoca graves traumas psicológicos. Cita los descubrimientos de los neurobiólogos que «han establecido que los niños traumatizados y descuidados muestran lesiones graves que afectan hasta el 30 por ciento de las áreas del cerebro que controlan nuestras emociones»[21] y sugiere que Hitler y sus seguidores nazis fueron el subproducto de la disciplina física cuando eran niños.[22] También insinúa que los golpes harán que los niños se conviertan en adultos delincuentes, señalando que el 90 por ciento de los estadounidenses que están en la cárcel fueron maltratados

---

[17] Mary S. Van Leeuwen, *Gender and Grace* (Downers Grove, IL: InterVarsity, 1990), 170; citado en Alyce Oosterhuis, «Abolishing the Rod», 131.

[18] Virginia Ramey Mollenkott, «Gender, Ethics and Parenting», reseña de *The Case Against Spanking: How to Discipline Your Child Without Hitting*, de Irwin A. Hyman, *The Witness* (abril de 2000): 28. Señala que «Irwin Hyman, que enseña psicología escolar en la Universidad de Temple, es conocido a nivel nacional por su campaña contra los golpes en programas de televisión como Oprah, *Today* y *Good Morning America*. En 1996, cuando los legisladores de California votaron sobre la reintroducción de los castigos físicos en sus sistemas escolares, la moción fue derrotada en parte por las fotografías de Hyman de niños maltratados y con ampollas; evidencia de que habían sido azotados legalmente en uno de los 23 estados que todavía permiten tales abusos. Cualquier adulto que agrediera a otro adulto y le dejara golpes y moratones sería procesado; ¿por qué iba a ser legal hacer a los niños indefensos lo que a los adultos no se les permite hacer entre ellos?»

[19] Oosterhuis, «Abolishing the Rod», 128.

[20] Véase también Gillogly, «Spanking Hurts Everybody», 40.

[21] Miller, «Against Spanking», 17. Afirma, además: «Los traumas graves infligidos a los bebés provocan un aumento de la liberación de hormonas del estrés que destruyen las neuronas existentes, recién formadas, y sus interconexiones». Una vez más, utiliza una fuerte retórica que asume que los golpes son abusivos y traumatizantes. Además, los «traumas graves» que experimentan los bebés sugieren algo mucho más siniestro y dañino que un par de nalgadas.

[22] Ibíd., 18.

cuando eran niños.[23] Por lo tanto, aunque históricamente los padres pueden haber golpeado a sus hijos, la sociedad moderna ha aprendido desde entonces que el castigo físico los traumatiza gravemente.

La última acusación afirma que existe una discontinuidad entre los puntos de vista del Antiguo Testamento sobre los niños y la disciplina, y que el Nuevo Testamento sustituye los mandatos del Antiguo Testamento sobre la disciplina física.[24] Tanto Gillogly como Oosterhuis se refieren a la forma cariñosa y de aceptación con la que Jesús trataba a los niños como el establecimiento de un nuevo paradigma para verlos.[25] En lugar de considerar a los niños como una propiedad que debemos administrar, «los hijos de Cristo debían tener derechos de persona con independencia y responsabilidades».[26] Cristo no sólo elevó la condición de los niños, sino que también abolió la noción de disciplina física.[27] Por lo tanto, los padres deben reconocer los desarrollos históricos de la obra creadora de Dios.[28]

¿Deben los padres aplicar la disciplina física? Las críticas modernas contra los golpes suelen emplear una retórica exagerada e incendiaria.[29] Apelar a casos excesivos que implican abuso no justifica el abandono de los golpes como forma de disciplina.[30] Los niños necesitan aprender las consecuencias del comportamiento incorrecto, y los golpes pueden ser un medio útil para transmitir esa lección.[31] Sin embargo, los padres deben tener en cuenta la personalidad y el

---

[23] Ibíd. Equipara los golpes con el abuso físico.

[24] Kenneth O. Gangel y Mark F. Rooker, «Response to Oosterhuis: Discipline vs Punishment», *Journal of Psychology and Theology* 21, no. 2 (Verano 1993): 135. Escriben: «Aunque es cierto que algunas prácticas del Antiguo Testamento (e.g., los sacrificios) no debían continuar en la época del Nuevo Testamento, existe más continuidad entre los Testamentos de lo que el autor supone. En su afán por señalar el carácter anticuado del uso de la vara en el Antiguo Testamento, Oosterhuis hace demasiado hincapié en la diferencia o discontinuidad entre la enseñanza del Antiguo y el Nuevo Testamento».

[25] Gillogly, «Spanking Hurts Everybody», 41; *Oosterhuis*, «Abolishing the Rod», 129.

[26] Oosterhuis, «Abolishing the Rod», 129.

[27] Patricia Pike, «Response to Oosterhuis: To Abolish or Fulfill?» *Journal of Psychology and Theology* 21, no. 2 (1993): 138–41.

[28] Ibíd., 132. Afirma: «Negar el desarrollo histórico como algo central en la gestión de Dios resulta en una adhesión anquilosada al pasado a costa de que la palabra de Dios hable al presente». Cabe señalar en este punto que Hebreos 12:5-11 sugiere de hecho una continuidad entre los conceptos de disciplina del AT y del NT. Aunque Hebreos 12 no menciona específicamente el uso de la «vara», su referencia directa a Pr. 3:12 justifica esta conclusión.

[29] Para el aspecto legal relativo a los derechos de los padres a dar azotes, véase *Child Protection Reform*, «Spanking as Discipline, Not Abuse», http://www.childprotectionreform.org/policy/spanking_ home.htm.

[30] Robert E. Larzelere, «Response to Oosterhuis: Empirically Justified Uses of Spanking: Toward a Discriminating View of Corporal Punishment», *Journal of Psychology and Theology* 21, no. 2 (1993): 142-47.

[31] Para información sobre los beneficios de los azotes desde una perspectiva cristiana, véase Walter L. Larimore, «¿Son los azotes realmente perjudiciales para los niños?» *Focus on Your Family's Health,* http://www.health.family.org/children/articles/a0000513.html.

temperamento únicos de sus hijos[32] y ser conscientes de que algunos niños pueden responder mejor a formas alternativas de secuencias positivas o negativas y de refuerzo (i.e., tiempo fuera, recompensas, pérdida de privilegios).[33] Tal vez lo más importante es que se necesita un enfoque integral de la disciplina de los padres que tenga en cuenta toda la gama de formas de disciplina establecidas en las Escrituras. Con ese fin, el erudito del Antiguo Testamento Paul Wegner ofrece una investigación bíblica exhaustiva del tema en su ensayo «*Discipline in the Book of Proverbs: "To Spank or Not to Spank?"*» [La disciplina en el Libro de los Proverbios: ¿Golpear o no golpear?][34] Trabajando principalmente con el libro de los Proverbios, Wegner identifica hasta ocho niveles de disciplina parental:[35]

- *Nivel 1:* Fomentar el comportamiento adecuado: Un padre sabio anima a su hijo a comportarse correctamente (Pr. 1:8-9; 2:2-5; 3:13-15; 4:7-8);
- *Nivel 2:* Informar del comportamiento inadecuado: Un padre sabio es proactivo y aborda ciertas cuestiones antes de que el niño pueda enfrentarse a ellas (Pr. 1:10-15; 3:31-32);
- *Nivel 3:* Explicar las consecuencias negativas del pecado: Un padre sabio señala las consecuencias negativas del pecado que se encuentran en el camino de la vida (Pr. 1:18-19; 5:3-6);
- *Nivel 4:* Exhortar con delicadeza: Los padres sabios aconsejarán y exhortarán continuamente a sus hijos contra el pecado que puede convertirse fácilmente en un patrón y los animarán a usar la sabiduría (Pr. 4:1-2, 14-16);
- *Nivel 5:* Reprender o castigar suavemente: El padre sabio sabe cuándo usar la reprimenda adecuadamente (Pr. 3:12; 24:24-25; cf. Pr. 9:7-8; 15:12);
- *Nivel 6:* Castigo corporal que no causa daño físico: Un padre sabio sabe cuándo usar el castigo corporal, no abusivo (Pr. 13:24; 19:18; 23:13-14; 29:15);
- *Nivel 7:* Castigo corporal que causa daño físico: El libro de los Proverbios no sugiere que los padres utilicen esta técnica

[32] E.g., algunos niños pueden responder adecuadamente a una severa reprimenda verbal, mientras que otros pueden captar claramente el mensaje cuando reciben una nalgada. Jesse Florea, «¿Funcionan los azotes para todos los niños?» *Focus on Your Child,* http://www.focusonyourchild.com/develop/art1/A0000507.html.

[33] Véase Lisa Whelchel, *Creative Correction: Extraordinary Ideas for Everyday Discipline* (Minneapolis: Bethany House, 2000).

[34] Paul D. Wegner, «Discipline in the Book of Proverbs: "To Spank or Not to Spank"», *Journal of the Evangelical Theological Society* 48, no. 4 (December 2005): 715–32.

[35] Ibíd., 720-28.

para disciplinar, sino que el pecado grave puede llevar a un castigo grave (Pr. 10:31; 20:30);
- *Nivel 8:* Muerte: El libro de Proverbios tampoco lo incluye en el ámbito de la disciplina de los padres, sino en el de las consecuencias impuestas por el gobierno (o los líderes de la sociedad; Pr. 19:18; cf. Gn. 9:6; Dt. 21:18-21).

Wegner resume las implicaciones de su estudio como sigue:[36]

1) Como principio general, «todos los niños necesitan alguna forma de disciplina (aunque no todos pueden necesitar el castigo corporal). Los padres sabios utilizan la menor cantidad de castigo necesaria para frenar el comportamiento inadecuado».
2) Los padres sabios «utilizan una variedad de niveles de disciplina cuando encuentran un comportamiento inadecuado... con una severidad cada vez mayor hasta que el comportamiento es frenado». Esto incluye tanto el razonamiento como las técnicas disciplinarias apropiadas para la edad que se aplican con coherencia y diligencia.
3) Los padres sabios fomentan el comportamiento adecuado de diversas maneras, ya sea relatando ejemplos negativos de las consecuencias del pecado o estableciendo y comunicando pautas de comportamiento adecuadas. También se esfuerzan por modelar un comportamiento adecuado en sus propias vidas, dándose cuenta del poder del ejemplo personal.
4) Los padres sabios disciplinan con amor, no con ira, teniendo en cuenta el interés superior del niño.
5) Los padres sabios reconocen los límites de la disciplina establecidos por Dios, dejando la administración de ciertas formas de disciplina a la iglesia, al gobierno o a Dios mismo.

La difícil tarea de criar y disciplinar a los hijos requiere una gran sabiduría por parte de los padres cristianos. Al fin y al cabo, los padres son los instrumentos de Dios en la vida de sus hijos, y los agentes temporales de Dios en la formación de sus hijos e hijas en el camino que deben seguir para que, cuando sean mayores, no se aparten de él (Pr. 22:6). Como recuerda el escritor del libro de Hebreos a sus lectores, citando Proverbios 3:11-12:

---

[36] Ibíd., 728.

No menosprecies, hijo mío, el castigo de Jehová,
Ni te fatigues de su corrección;
Porque Jehová al que ama castiga,
Como el padre al hijo a quien quiere.

…y habéis ya olvidado la exhortación que como a hijos se os dirige, diciendo: Hijo mío, no menosprecies la disciplina del Señor, Ni desmayes cuando eres reprendido por él;
Porque el Señor al que ama, disciplina,
Y azota a todo el que recibe por hijo.
Si soportáis la disciplina, Dios os trata como a hijos; porque ¿qué hijo es aquel a quien el padre no disciplina?
Pero si se os deja sin disciplina, de la cual todos han sido participantes, entonces sois bastardos, y no hijos.
Por otra parte, tuvimos a nuestros padres terrenales que nos disciplinaban, y los venerábamos. ¿Por qué no obedeceremos mucho mejor al Padre de los espíritus, y viviremos?
Y aquéllos, ciertamente por pocos días nos disciplinaban como a ellos les parecía, pero éste para lo que nos es provechoso, para que participemos de su santidad.
Es verdad que ninguna disciplina al presente parece ser causa de gozo, sino de tristeza; pero después da fruto apacible de justicia a los que en ella han sido ejercitados (Heb. 12:5-11)[37]

---

[37] William J. Webb, «Rod, Whip and Meat Cleaver: Spanking Kids and Cutting a Wife's Hand» (presentación en la reunión anual de la ETS, noviembre de 2007) objetó que la presentación anterior está «desprovista de correlación sustantiva con una teología bíblica más amplia del castigo corporal dentro de las Escrituras» sobre la base de que administrar disciplina física equivale a adherirse a una ética anticuada, del AT.

El provocativo artículo de Webb pretendía demostrar cómo Andreas Köstenberger, Albert Mohler y Paul Wegner han «distorsionado involuntariamente (a) el retrato bíblico del castigo corporal casi hasta hacerlo irreconocible y (b) han perdido sus bases en un mar de incoherencias aplicativas». Examinando todos los textos del AT relacionados con todas las formas de castigo corporal o físico tanto de adultos como de niños, Webb esperaba demostrar que los eruditos bíblicos que abogan por los azotes van más allá de los mandatos bíblicos relativos al castigo corporal en un esfuerzo por hacerlos conformes a las sensibilidades modernas sobre tales asuntos, sosteniendo: «si pensamos en términos de las instrucciones y enseñanzas específicas concretas de las Escrituras, los eruditos cristianos partidarios de los azotes se han apartado radicalmente de la comprensión "bíblica" del castigo corporal». Los partidarios de los azotes, según Webb, han ignorado indebidamente otros mandatos del Antiguo Testamento que, para ser coherentes, deberían aplicarse también. En este sentido, Webb aplicó su «hermenéutica del movimiento redentor», expuesta en su anterior obra *Slaves, Women, and Homosexuals* (Downers Grove, IL: InterVarsity, 2001), a la presente cuestión. Afirmó que sus oponentes practican involuntariamente la hermenéutica del movimiento redentor cuando «disminuyen» la severidad de la aplicación de los pasajes del AT sobre el castigo físico cuando se aplica a los niños. Según Webb, existen al menos seis áreas clave en las que los defensores actuales de los azotes distorsionan repetidamente el retrato bíblico del castigo corporal: (1) las limitaciones de edad; (2) el número de latigazos o

Cultivar la masculinidad y la feminidad

Otro tema sobre la crianza de los hijos que es de gran relevancia en la actualidad es el de cultivar la masculinidad y la feminidad en nuestros hijos. Aunque el tema es muy amplio y no se puede tratar aquí en su totalidad, algunos comentarios podrían ser útiles. Como se mencionó en el capítulo inicial, el mundo actual se caracteriza por un creciente grado de confusión de género.[38] Al menos en parte, éste es uno de los

---

golpes; (3) la localización corporal de los golpes; (4) los hematomas, ampollas y heridas resultantes; (5) la frecuencia, y las ofensas punibles; y (6) la disposición emotiva del padre.

Sin embargo, al presentar sus acusaciones, Webb, en su caricatura de los defensores de los azotes, cayó en al menos tres falacias que ponen en duda los méritos de su crítica. En primer lugar, Webb cometió la «falacia lógica del hombre de paja» al caracterizar erróneamente la hermenéutica de sus oponentes. Asumió que seguían un literalismo rígido al afirmar que, si uno defendía una visión bíblica del castigo corporal, debía adoptar toda la severidad descrita en diversos textos legales. Webb parecía pensar que todos los defensores de esta postura operaban bajo una especie de hermenéutica fundamentalista que exigía la interpretación más estricta, concreta y rígidamente literal de las Escrituras, sin tener en cuenta el género y otras cuestiones relacionadas con la hermenéutica especial. También discernió inadecuadamente el principio subyacente en la administración de la disciplina física, i.e., la corrección amorosa, y no apreció suficientemente el hecho de que los azotes no son más que una de las muchas formas de disciplina parental que se practican (véase especialmente la discusión del artículo de Wegner más arriba).

En segundo lugar, Webb no tuvo en cuenta adecuadamente las distinciones de género entre los textos legales de la Torá y la literatura sapiencial, tratando estos diferentes tipos de textos en igualdad de condiciones. Sin embargo, aunque ambos forman parte de las Sagradas Escrituras, no se debe interpretar un texto legal de Deuteronomio o Levítico de la misma manera que un pasaje de Proverbios o Salmos. La naturaleza proverbial de la literatura sapiencial no requiere un literalismo estricto, sino que proporciona principios universales sobre la disciplina de los hijos. En contraste con ciertas estipulaciones legales, la sabiduría del AT es perennemente relevante en lugar de ser algo que debe ser relegado a una etapa ya pasada en el desarrollo de la ética bíblica.

En tercer lugar, Webb tiende a hacer generalizaciones sobre el lenguaje y la aplicación de los textos de castigo corporal en el AT, sin distinguir entre castigo y disciplina. Los padres disciplinan a sus hijos con el fin de corregir su mal comportamiento y desarrollar un carácter piadoso. Esto no es necesariamente lo mismo que una medida punitiva por violar la ley. Webb parece decir que como los castigos por violaciones de la Torá (A) y el disciplinar a un niño (B) se refieren ambos al uso de la vara, entonces lo que es cierto para A también lo es para B (la falacia de confundir el sentido y el referente). Aunque Webb examinó con gran ayuda todos los pasajes que se refieren a los castigos corporales, no es legítimo equiparar los pasajes que tienen que ver con el castigo a los delincuentes con la disciplina de los niños.

Por estas razones, el esfuerzo de Webb por desacreditar una teología bíblica que incluya la disciplina física correctiva mediante una *reductio ad absurdum* no convence.

[38] R. Albert Mohler Jr. (www.albertmohler.com) relata un caso reciente de confusión de género en una entrada del blog, «Worldview Test: Can We Do Without "Male" and "Female"? (13 de mayo de 2009). Mohler comenta un artículo de Jennifer Finney Boylan, profesora de inglés en el Colby College de Maine, publicado el 12 de mayo de 2009 en la página de opinión del New York Times, en el que la autora argumentaba que, incluso antes de la legalización del matrimonio entre personas del mismo sexo en Maine, había matrimonios del mismo sexo legalmente reconocidos en los casos en los que uno de los dos contrayentes cambiaba su género después de la boda. La propia historia de Boylan es que, como hombre, se casó con una mujer llamada Deidre Finney en 1998. Luego, en 2002, cambió de género y fue declarada legalmente como mujer. No obstante, la unión de Boylan y Finney siguió siendo un matrimonio del mismo sexo legalmente reconocido. Boylan se opone a «los esfuerzos por legislar una verdad binaria [i.e., la existencia de dos géneros, masculino y femenino] sobre el amplio espectro del género», afirmando que definir

resultados no tan positivos de la revolución feminista. James Dobson, en su libro *Bringing Up Boys*, da un testimonio elocuente del hecho de que los niños se encuentran en un estado de crisis en nuestra cultura porque a menudo han perdido el sentido de lo que significa para ellos ser hombres.[39] Robert Lewis comparte la misma carga en su libro *Raising a Modern-Day Knight: A Father's Role in Guiding His Son to Authentic Manhood.*[40]

La convicción de que el sexo y el género no son meras funciones biológicas y sociológicas, sino que definen quiénes somos como hombres y mujeres de una manera más profunda, tiene sus raíces en el relato bíblico de la creación. En Génesis 1:27, leemos que Dios creó al hombre a su imagen y semejanza como varón y mujer. Sin embargo, aunque el hombre y la mujer fueron creados a imagen y semejanza de Dios, no fueron creados de la misma manera. Como aclara Génesis 2, Dios hizo primero al hombre y después a la mujer como su «ayuda idónea» (Gn. 2:18, 20). Su unión no se presenta como un matrimonio entre personas del mismo sexo, sino como la asociación de un hombre y una mujer, individuos que son distintos en su identidad de género y que, por tanto, se complementan entre sí.[41]

Alimentar las identidades masculinas y femeninas distintivas de los y las adolescentes es una parte importante de la crianza cristiana. En lo que respecta a los jóvenes que avanzan hacia el matrimonio, y en el noviazgo, parecen estar de acuerdo con las funciones distintivas asignadas por Dios al hombre y a la mujer (véase el capítulo 2) que los hombres tomen la iniciativa y las mujeres respondan al liderazgo de los hombres. Aunque puede haber excepciones, en principio esto no es simplemente una cuestión de división tradicional de roles, sino una implicación del hecho —atestiguado por las Escrituras— de que Dios

---

«masculino» y «femenino» puede ser una «tarea finalmente frustrante», y pide a la sociedad que acepte y celebre «la elusividad del género».

[39] See James Dobson, *Bringing Up Boys* (Carol Stream, IL: Tyndale, 2001).

[40] Robert Lewis, *Raising a Modern-Day Knight: A Father's Role in Guiding His Son to Authentic Manhood* (Carol Stream, IL: Tyndale, 1997). Lewis enumera los siguientes principios de hombría (1) rechazar la pasividad; (2) aceptar la responsabilidad; (3) liderar con valentía; y (4) esperar una recompensa mayor (p. 60); y enumera diez ideales bíblicos que un padre sabio puede impartir a su hijo: lealtad, liderazgo de servicio, amabilidad, humildad, pureza, honestidad, autodisciplina, excelencia, integridad y perseverancia.

[41] Sobre el matrimonio entre personas del mismo sexo, véase James Dobson, *Marriage under Fire: Why We Must Win This Battle* (Sisters, OR: Multnomah, 2004); Erwin Lutzer, *The Truth about Same-Sex Marriage* (Chicago: Moody, 2004); Glenn T. Stanton y Bill Maier, *Marriage on Trial: The Case Against Same-Sex Marriage and Parenting* (Downers Grove, IL: InterVarsity, 2004); Matthew D. Staver, *Same-Sex Marriage: Putting Every Household at Risk* (Nashville: Broadman, 2004); y James R. White y Jeffrey D. Niell, *The Same Sex Controversy: Defending and Clarifying the Bible's Message About Homosexuality* (Minneapolis: Bethany, 2002).

puso a los hombres a cargo tanto del hogar como de la iglesia y les asignó la responsabilidad y la autoridad finales de estas instituciones.

Si existe alguna confusión en este sentido durante el noviazgo, esto no augura nada bueno para la pareja después del matrimonio. Cuánto mejor es que los roles bíblicos adecuados se practiquen antes del matrimonio, durante el período de cortejo. Por esta razón, animamos a los lectores que aún no se han casado, pero que prevén hacerlo en el futuro, a que lean los capítulos anteriores sobre el matrimonio y, especialmente, el tratamiento sostenido de Efesios 5:21-33 en el capítulo 3, y a que se decidan a poner en práctica este modelo de relación con los miembros del sexo opuesto, incluso mientras estén solteros.

Principios de la disciplina de los padres

Como nota práctica, al llegar al final de nuestra sección sobre temas especiales en la crianza de los hijos hoy en día, nos gustaría aducir algunos principios bíblicos para disciplinar a los hijos. Aunque la crianza de los hijos no puede reducirse a una fórmula (a pesar de los muchos libros sobre el tema), las Escrituras ofrecen importantes instrucciones y directrices para administrar la disciplina.

En primer lugar, para ser eficaz, la disciplina debe ser coherente. Los hijos deben saber lo que constituye un comportamiento correcto e incorrecto, y deben saber que el comportamiento incorrecto será castigado (y el comportamiento correcto recompensado), y que esto se hará de una manera predecible y equitativa en lugar de arbitraria.

En segundo lugar, la disciplina debe ser *de acuerdo a la edad* (Lc. 2:51-52). Un ejemplo obvio es que los golpes podrían no funcionar eficazmente con los hijos mayores. Cuanto mayor sea el niño, más importante será razonar con él sobre por qué un determinado tipo de comportamiento es inaceptable y explicarle por qué se elige una determinada forma de castigo.

En tercer lugar, la disciplina debe adherirse a los principios bíblicos universales de *equidad* y *justicia.* Una de las consecuencias de esto es que *el castigo debe ajustarse a la ofensa*. La sabiduría práctica sugiere que una sanción excesivamente dura probablemente amargará al niño y no tendrá consecuencias correctivas. A la inversa, un castigo excesivamente indulgente probablemente enviará el mensaje de que el padre no se toma en serio la disciplina. La equidad también significa que los padres, antes de decidir un castigo concreto, deben dar al niño la oportunidad de exponer su punto de vista sobre la situación. De lo contrario, es posible que él no acepte la disciplina como justa y se desanime y amargue con el tiempo (Col. 3:21).

En cuarto lugar, la disciplina debe ser *específica para el niño* (una función de la individualidad y la creación única de cada niño por parte de Dios; ver arriba). El propósito de la disciplina es ayudar a los niños a evitar comportamientos y actitudes erróneas en el futuro y fomentar actitudes y conductas correctas. Para ello, lo que funciona bien con un hijo podría no funcionar tan efectivamente con otro. Un niño al que no le gusta leer no percibirá una limitación del tiempo de lectura como un verdadero castigo. Cada niño es diferente.

En quinto lugar, la disciplina debe administrarse *con amor* y *no con ira* (cf. Ef. 6:4; Col. 3:21). Los padres no deben tomar la desobediencia del niño como algo personal, sino que deben actuar teniendo en cuenta los intereses de sus hijos. Los padres son los instrumentos de Dios para ayudar a los niños a aprender la obediencia, que es uno de los principios que Dios ha construido en este universo.

En sexto lugar, la disciplina debe estar orientada *hacia el futuro* y con una *visión del futuro*. El propósito principal no debe ser el cumplimiento inmediato (aunque esto es deseable), sino el desarrollo a largo plazo del hijo en un adulto cristiano maduro y responsable. Debemos «Instruir al niño en su camino, y aun cuando fuere viejo no se apartará de él». (Prov. 22:6). «ninguna disciplina al presente parece ser causa de gozo, sino de tristeza; pero después da fruto apacible de justicia a los que en ella han sido ejercitados». (Heb. 12:11).

En séptimo lugar, y por último (aunque podríamos continuar), la disciplina debe formar parte de una *relación* entre padres e hijos que sea más amplia y permanente que cualquier forma temporal de disciplina. Limitar la disciplina a la modificación de la conducta mediante un sistema de premios y castigos puede ser eficaz a corto plazo, pero al final puede conducir a la rebelión. Los niños no son ratas de laboratorio a las que se puede condicionar mediante estímulos para que se comporten de una determinada manera —son criaturas preciosas y únicas de Dios, quien les otorgó valor y dignidad personales. Si respetamos y abrazamos este contexto relacional más amplio, tenemos muchas más posibilidades de cosechar una relación con nuestro hijo que continúe mucho más allá de los años de la infancia y el crecimiento.

La crianza de los adolescentes

Características de los adolescentes

En la actualidad hay 33,5 millones de adolescentes en Estados Unidos.[42] Los adolescentes suelen buscar la aprobación de sus compañeros y la autonomía. Buscan formas de ser relevantes en la cultura actual, de ser auténticos y reales, y de estar conectados con otros en relaciones significativas. Se sienten cómodos con el cambio, e incluso lo esperan. Muchos están estresados; bastantes están hastiados. Al mismo tiempo, al 70% de los adolescentes estadounidenses les gusta hacer cosas con su familia, y el 60% dice que ser virgen está «de moda».

Hay quienes se muestran imperturbables ante los datos anteriores y afirman que la noción de adolescencia no es más que un mito.[43] Apuntan a la cultura judía, en la que la edad de doce años marcaba el punto de transición de la niñez a la virilidad y no se producía una transición necesaria de la adolescencia. Sin embargo, es innegable que, al menos en la cultura actual, la adolescencia no es sólo un mito, sino una etapa distinta que debemos tratar, durante la cual los jóvenes pasan de la infancia a la edad adulta, independientemente de que se considere deseable o no. La cuestión, entonces, es cómo los padres pueden servir mejor como instrumentos de Dios durante este período crítico en la vida de sus hijos e hijas.

La edad de las oportunidades

En su libro *Age of Opportunity: A Biblical Guide to Parenting Teens,* Paul Tripp observa que los adolescentes comparten diversas características distintivas: con frecuencia son inseguros, se preocupan por su apariencia física, valoran la libertad y la independencia, tienden a estar a la defensiva y a protegerse a sí mismos, prueban continuamente los límites, anhelan ser aceptados y, como resultado, se

---

[42] Las siguientes estadísticas están tomadas de www.tru-insight.com.

[43] E.g., David Alan Black, *The Myth of Adolescence: Raising Responsible Children in an Irresponsible Society* (Yorba Linda, CA: Davidson, 1999). Véase también Robert Epstein, *The Case against Adolescence: Rediscovering the Adult in Every Teen* (Sanger, CA: Quill Driver, 2007); y Dianna West, *The Death of the Grownup: How America's Arrested Development Threatens Western Civilization* (Nueva York: St. Martin's, 2008), quien sostiene que al rechazar las nociones convencionales de la edad adulta, como la modestia, la autodisciplina y el respeto a la autoridad, los baby boomers han forjado una cultura de adolescencia perpetua que ha erosionado la identidad cultural occidental.

adaptan a las expectativas de sus compañeros.[44] Los adolescentes experimentan un mundo que se amplía rápidamente: nuevos amigos, nuevos lugares, nuevas responsabilidades, nuevos pensamientos, nuevos planes, nuevas libertades, nuevas tentaciones, nuevas experiencias y nuevos descubrimientos.

En este contexto, los padres de los adolescentes tienen el reto, y la oportunidad, de fomentar cualidades espirituales como el autocontrol, la satisfacción, la confianza, la responsabilidad y la rendición de cuentas. Pueden ayudar a sus hijos adolescentes a comprender la naturaleza de las tentaciones a las que se enfrentan y a descubrir y utilizar sus dones espirituales. Desde el punto de vista bíblico, los adolescentes se ajustan a la descripción del joven simple o ingenuo del libro de Proverbios. Es decir, se confirma que no son ni sabios ni insensatos, sino que requieren instrucción paterna y bíblica para que adquieran sabiduría y discernimiento y tomen decisiones que honren a Dios y sean beneficiosas para ellos y sus familias y crezcan hasta la madurez. Necesitan aprender a no apoyarse en su propio entendimiento, sino a confiar en Dios, quien dirigirá su camino (Pr. 3:5-6).

Una batalla por el corazón y el rol de los padres

Como toda la vida, la crianza de los adolescentes es «una intensa batalla espiritual, una batalla por el corazón».[45] En este sentido, la crianza de los adolescentes, concebida como el pastoreo de los corazones de estos jóvenes, es como la crianza de los niños más pequeños,[46] aunque los desafíos son considerablemente más complejos. Mientras que los padres se sienten a menudo frustrados, impotentes o incluso enfadados con sus adolescentes, los «años de la adolescencia son a menudo años cataclísmicos de conflicto, lucha y dolor. Son años de nuevas tentaciones, de pruebas y dificultades».[47] Si los padres se dan cuenta de la oportunidad del ministerio y se ven a sí mismos como agentes de

---

[44] Paul David Tripp, *Age of Opportunity: A Biblical Guide to Parenting Teens* (Phillipsburg, NJ: P&R, 2001), «Chapter 1: Age of Opportunity or Season for Survival?». Para una lista similar, véase John Stonestreet, «Our Adolescent Culture», *Greenhouse Report* 27, no. 5 (mayo/junio de 2009): 11, quien cita las siguientes marcas de una cultura con mentalidad adolescente (1) esperar una gratificación inmediata; (2) falta de pensamiento a largo plazo sobre la vida y el mundo; (3) motivación por los sentimientos más que por la verdad; (4) querer cosas de adultos sin crecer; (5) esperar que le den un respiro en lugar de aceptar las consecuencias; y (6) centrarse en la apariencia en lugar de en la profundidad.

[45] Stonestreet, «Our Addescent Culture», 16. Véase la discusión «El matrimonio, la familia y la guerra espiritual» más adelante.

[46] See Tripp, *Shepherding a Child's Heart.*

[47] Tripp, *Age of Opportunity*, 19.

Dios para el cambio y el crecimiento en las vidas de sus adolescentes, los años de la adolescencia pueden ser años de gran oportunidad para el crecimiento espiritual y el desarrollo del carácter.

Sin embargo, antes de que los padres puedan ayudar a sus adolescentes, deben mirarse a sí mismos y a sus propias motivaciones para ser padres. Tripp identifica algunos posibles ídolos en las vidas de los padres que se interponen en el camino de la obra de Dios: comodidad, respeto, aprecio, éxito y control. Los padres suelen creer que tienen derecho a la armonía y la paz. Anhelan el respeto y exigen el aprecio. Desean el éxito de la crianza más que la obra de Dios en la vida de sus adolescentes y se resisten a ceder el control. Sin embargo, aunque es cierto que los jóvenes deben respetar y honrar a sus padres, deben aprender a hacerlo libremente, y los padres deben resistir el impulso de intentar hacer el trabajo que sólo Dios puede hacer en los corazones de sus jóvenes. Así, los padres deben morir a sí mismos, renunciar a sus derechos y considerar a los demás más importantes que ellos mismos. No deben utilizar a sus hijos como peones en su búsqueda del éxito y vivir su vida indirectamente a través de sus hijos adolescentes. La crianza horizontal —que se centra en el rendimiento del joven, en el trabajo duro de los padres, o en la reputación de la familia— debe ser sustituida por la atención que se presta a la dimensión vertical de la crianza: La gracia de Dios actúa tanto en la vida de los padres como en la de sus hijos e hijas.

El objetivo de la crianza de los adolescentes

Entonces, ¿cuál es el objetivo de la crianza de los adolescentes? Según Tripp, es «criar a los hijos que antes dependían totalmente de nosotros para que sean personas independientes y maduras que... sean capaces de valerse por sí mismas». Los padres deben esforzarse por «ser utilizados por Él [Dios] para inculcar en nuestros hijos un autocontrol cada vez mayor a través de los principios de la palabra y permitirles ejercer círculos cada vez más amplios de elección, control e independencia».[48] Los signos de madurez espiritual incluyen: (1) una vida independiente de adoración y devoción personal; (2) un deseo de adoración e instrucción corporativa; (3) la búsqueda de la comunión en el cuerpo de Cristo; (4) una apertura para discutir las cosas espirituales; (5) el enfoque de la toma de decisiones desde una perspectiva bíblica;

---

[48] Ibíd., 36, 38.

(6) un deseo de servir a los demás y compartir su fe; y (7) un deseo de dar de sus recursos financieros para apoyar la obra de Dios.[49]

En este sentido, las familias cumplen una función vital, sirviendo como *comunidades primarias de aprendizaje y teología.* Los padres deben aprovechar los momentos de enseñanza, modelar una conducta semejante a la de Cristo en sus propias vidas, y ayudar a sus hijos adolescentes a interpretar la vida correctamente, es decir, de acuerdo con las Escrituras. Centrarse únicamente en el comportamiento es inadecuado, porque los adolescentes, como todas las personas, se comportan desde el corazón. Además, los padres deben enseñar a sus jóvenes a amar y a perdonar. La familia debe ser una comunidad redentora en la que los adolescentes aprendan a perdonar y a recurrir a Dios cuando sus propias fuerzas o su sabiduría sean insuficientes. Como padres, debemos modelar esta actitud admitiendo nuestro propio pecado y señalando a nuestros adolescentes la gracia de Dios.

Para cumplir los objetivos mencionados, los padres deben enseñar a los adolescentes a vivir su vida con una conciencia de la voluntad de Dios en cada momento y a ver todo en referencia a Dios. Deben guiarlos para que vivan la vida con un propósito más elevado —la voluntad, el placer y la gloria de Dios— y no sólo su propio placer, felicidad y satisfacción. Deben ayudarles no sólo a vivir el presente y a pensar poco en el futuro, sino a encontrar su lugar en la historia *de Dios* y a abrazar el propósito para el que fueron creados.

Es más, el desafío de criar a los adolescentes requiere de *dos* padres: un padre y una madre que estén unidos en el propósito de criar a sus hijos de acuerdo al plan de Dios y que actúen de acuerdo con las funciones que les han sido dadas por Dios en su matrimonio y en su vida familiar.[50] Esto significa que el padre sirve como líder espiritual en el hogar y que la madre se somete amorosa, voluntaria e inteligentemente al liderazgo de su marido como coheredera de la gracia y como compañera en toda la vida (1 Pe. 3:7; cf. Gn. 1:27-28). Los padres deben hacer todo lo posible por enseñar a sus hijos adolescentes este orden y modelo de relación entre marido y mujer ordenado por Dios, tanto mediante la instrucción explícita, como modelando el liderazgo y la sumisión bíblicos. Al hacerlo, honrarán a Dios y a Cristo (Ef. 1:10; 5:21-32) y ayudarán a sus hijos adolescentes

[49] Adaptado y ampliado de ibíd., 180-84.

[50] Véase W. Bradford Wilcox, Soft Patriarchs, *New Men: How Christianity Shapes Fathers and Husbands* (Chicago: University of Chicago Press, 2004) y el útil comentario y reseña del libro en http://www.albertmohler.com.

a establecer patrones relacionales bíblicos y roles que llevarán la bendición de Dios con ellos y les servirán para el resto de sus vidas.

Además, mientras los adolescentes buscan su lugar en este mundo y luchan con la autoestima, los padres pueden ayudarles a ver que su valor se basa en su posición en Cristo, no en la aprobación de sus compañeros o en cómo se sienten ellos mismos. Un estudio cuidadoso de Efesios 1:3-14 y otros pasajes bíblicos similares puede ser una gran bendición en este sentido. En esos años sensibles, vulnerables y delicados, los padres deben perseguir con amor a sus hijos adolescentes, expresarles su amor, hacerles partícipes de los problemas con los que están lidiando en un momento dado, tomarse el tiempo y hacer el esfuerzo de comprenderlos y escucharlos, haciendo preguntas que revelen su corazón. En este sentido, su papel principal no será el de detective, ni el de carcelero, ni el de juez, sino el de pastor amoroso.

Comprender la cultura

Dado que la cultura contemporánea es tan importante en la vida de nuestros adolescentes, los padres deben desarrollar una filosofía consciente de compromiso con la cultura. En un extremo del espectro está la *separación*, siguiendo la máxima «Salid de ellos y apartaos» (2 Cor. 6:17; Ap. 18:4; cf. Is. 52:11; Jr. 51:45). Si «el mal se encuentra en algo», la santidad exige que se evite «ese algo». En el otro extremo del espectro está la estrategia de *asimilación*, bajo la premisa de que los creyentes deben estar «en el mundo», pero no ser «del mundo» (Jn. 17:6, 11; pero véase 1 Jn. 2:15). Puesto que «las cosas son neutrales», no existe ningún daño en participar en una práctica determinada como tal.

¿Cómo debemos juzgar estas afirmaciones y estrategias aparentemente contradictorias? Lo fascinante es que ambas máximas son bíblicas. En efecto, Dios llamó a Israel a salir de las naciones paganas del mundo antiguo para ser una nación santa, y los escritores del Nuevo Testamento aplicaron este principio a los cristianos que deben renunciar a participar en prácticas paganas (véase especialmente 2 Cor. 6:17). Al igual que el Israel del Antiguo Testamento, los creyentes del Nuevo Testamento están llamados a ser santificados, santos, consagrados a Dios, y separados de todo mal o incluso de la apariencia de mal (véase, e.g., 1 Pe. 1:15-16, citando Lv. 11:44-45; 19:2).

Al mismo tiempo, también es cierto que los creyentes están en el mundo. Jesús no llamó a sus seguidores a retirarse a un monasterio y pasar su tiempo en silencio y soledad. Como «amigo de los pecadores», modeló un compromiso activo y redentor con los demás. Como quienes han sido apartados para Dios y su santo uso y servicio, los cristianos son, por tanto, enviados en misión al mundo (Jn. 17:18; 20:21), donde han de ser «sal» y «luz» (Mt. 5:13-16). Esto requiere un compromiso activo, no una retirada pasiva. Al mismo tiempo, será vital que los jóvenes, al igual que todos los creyentes, se vistan con «toda la armadura de Dios» (Ef. 6:10-18).

Por lo tanto, al educar a los adolescentes, debemos enseñarles la necesidad *tanto* de la consagración espiritual *como* del compromiso redentor con el mundo, y en ese orden. Jesús no envió a sus seguidores sin prepararlos primero; asimismo, nosotros también debemos preparar a nuestros adolescentes y establecerlos en su fe antes de que puedan ser enviados y actuar de manera redentora hacia sus compañeros y otros.[51] Enviar a nuestros jóvenes al mundo sin una preparación espiritual adecuada probablemente dará resultados catastróficos. La guerra espiritual a la que se enfrentan es real, y las bajas son elevadas; sólo el soldado que esté preparado saldrá victorioso de la batalla.[52]

Por lo tanto, para ser eficaces a la hora de equipar a nuestros adolescentes para enfrentarse al mundo, necesitamos una teología de la cultura. ¿Qué es la cultura? Aunque se trata de una cuestión excesivamente compleja y el espacio no permite una discusión completa, en resumen, la cultura puede definirse como «las personas hechas a imagen de Dios, interactuando con el mundo que Dios hizo». Aunque originalmente fue buena en la creación, la cultura se vio sumida en la confusión con la caída, cuando el pecado y la rebelión contra Dios introdujeron una lucha feroz. Ahora el aire cultural que respiramos está contaminado, y el creyente necesita filtros espirituales para discernir las influencias negativas «para no mancharse del mundo» (Sant. 1:27).

Además, la cultura, a su vez, es el vehículo que transmite y promueve la filosofía de la cultura. ¿Cuál es esta filosofía? En el fondo, se trata de poner el yo en primer lugar, de satisfacer los deseos propios y de ejercer el juicio independiente al margen de las normas morales externas. Esto se ve reforzado por el pluralismo y el posmodernismo imperantes en la cultura.[53] En este contexto, los adolescentes necesitan

---

[51] Una herramienta útil para la preparación doctrinal es Wayne A. Grudem, *Christian Beliefs: Twenty Basics Every Christian Should Know*, ed. Elliot Grudem (Grand Rapids: Zondervan, 2005). Elliot Grudem (Grand Rapids: Zondervan, 2005).

[52] Véase más adelante la discusión «El matrimonio, la familia y la guerra espiritual».

[53] Véase especialmente Andreas J. Köstenberger, ed., *Whatever Happened to Truth?* (Wheaton, IL: Crossway, 2005).

entender que la palabra de Dios se enfrenta al mundo con un mensaje claro y contracultural. Los cristianos deben poner a los demás en primer lugar, vivir para la gloria de Dios y someterse a sus directrices morales con el poder del Espíritu Santo.

Una nota práctica

Los padres de los adolescentes deben esforzarse por animar a sus hijos e hijas a desarrollar las siguientes cinco características principales (1) alimentar un corazón que ama, teme y desea una relación personal estrecha y creciente con Dios; (2) fomentar una actitud sumisa hacia quienes tienen autoridad; (3) mantener una separación adecuada de los caminos del mundo y vivir en compañía de los sabios; (4) fomentar el pensamiento bíblico e interpretar la vida desde una perspectiva bíblica; y (5) desarrollar un autoconocimiento bíblico, que incluya conocer sus dones espirituales y la voluntad de Dios para sus vidas. Aunque no existen garantías absolutas, y aunque puede haber contratiempos en el camino, si procuramos avanzar en estas líneas, lo haremos bien.

También es fundamental que los padres oren por sus hijos adolescentes. Pueden orar por su salvación, para que se arrepientan de sus pecados y confíen en el Señor Jesucristo. También por la elección de sus amigos y por sus futuros cónyuges. Pueden adaptar la oración final de Jesús en Juan 17, pidiendo a Dios que sus adolescentes sean guardados en el nombre de Jesús (v. 11) y del maligno (v. 15); que sean apartados en la verdad (v. 17); que experimenten la unidad espiritual como Jesús y el Padre son uno (v. 21); y que estén con Jesús para poder ver su gloria (v. 24). Si desean a Jesús más que nada en este mundo, no sucumbirán a las cosas que el mismo ofrece (Sl. 27:4; 84:1-4, 10; cf. 1 Jn. 2:15).

Sobre todo, necesitamos hombres que, por la gracia de Dios, estén a la altura del desafío de ser los líderes espirituales que Dios quiere que sean. ¿Cuáles son las señales de hombría? Albert Mohler sugiere la siguiente lista:[54]

1) Madurez espiritual suficiente para liderar a una esposa e hijos.
2) Madurez personal suficiente para ser un esposo y padre responsable.
3) Madurez económica suficiente para tener un trabajo y manejar el dinero.

[54] R. Albert Mohler Jr., *From Boy to Man: The Marks of Manhood* (Louisville, KY: Southern Baptist Theological Seminary, 2005).

4) Madurez física suficiente para trabajar y proteger a una familia.
5) Madurez sexual suficiente para casarse y cumplir los propósitos de Dios.
6) Madurez moral suficiente para liderar como ejemplo de rectitud.
7) Madurez ética suficiente para tomar decisiones responsables.
8) Madurez de visión del mundo suficiente para entender lo que es realmente importante.
9) Madurez relacional suficiente para comprender y respetar a los demás.
10) Madurez social suficiente para hacer una contribución a la sociedad.
11) Madurez verbal suficiente para comunicarse y articularse como un hombre.
12) Madurez de carácter suficiente para demostrar valor bajo el fuego.

Concluimos con una nota práctica. Cada vez se reconoce más que los padres en general y en particular, tienen la responsabilidad de guiar a sus hijos e hijas en el ámbito de la búsqueda de un cónyuge.[55] Douglas Wilson ha publicado dos listas útiles, «*21 Questions for a Prospective Suitor*» y «*21 Questions for a Prospective Wife*», que se adaptan en forma combinada a continuación.[56] Lo importante no es el cuestionario exacto o la secuencia de preguntas, sino el reconocimiento de que los padres tienen la obligación bíblica de guiar y proteger a sus hijos e hijas en esta área vulnerable y sumamente importante de sus vidas. He aquí, pues, una lista de preguntas para un futuro esposo o esposa:

1) ¿Es usted cristiano? Cuénteme su testimonio sobre cómo llegó a la fe en Cristo. Hábleme también de sus lecturas cristianas actuales y de su vida devocional.
2) ¿Cuál es su trasfondo eclesiástico y denominacional? ¿A qué iglesias ha asistido en el pasado y de qué iglesia es miembro actualmente?
3) ¿Asiste a la iglesia con regularidad y participa activamente en la vida y el ministerio de la iglesia? Hábleme de su participación.

---

[55] A modo de antecedente, véase el análisis del papel y las responsabilidades de los padres y las madres en el capítulo 5 de este volumen. Véase también Dennis Rainey, *Interviewing Your Daughter's Date: 8 Steps to No Regrets* (Little Rock, AR: FamilyLife, 2007); y Voddie Baucham Jr. *If He Wants to Marry My Daughter* (Wheaton, IL: Crossway, 2009).

[56] Para la lista original, véase http://www.dougwils.com.

4) Hábleme de su familia. ¿A qué tipo de estilo de vida están acostumbrados? ¿Cómo describiría el matrimonio de sus padres y cómo fue el crecimiento de su familia?

5) ¿Cómo es su relación con sus padres y como se lleva con sus hermanos y hermanas?

6) ¿Cómo describiría su ética de trabajo? ¿Cuántos trabajos ha tenido en su vida y cuál ha sido su experiencia?

7) ¿Cuál es su ocupación actual, cuáles son sus objetivos profesionales, y qué se ve haciendo dentro de diez años?

8) ¿Tiene alguna deuda? Si es así, ¿qué tipo de deuda y de qué cantidad? ¿Cómo toma las decisiones financieras? ¿Qué nivel de vida espera tener?

9) Hábleme de tu experiencia en la escuela. ¿Cuáles son sus objetivos educativos y cómo piensa alcanzarlos?

10) ¿Hay algo en su historial que, si lo supiera, me haría menos propenso a aprobar que pase tiempo con mi hijo o hija? ¿Ha tenido alguna vez problemas con la ley? ¿Puede hablarme de sus relaciones anteriores? *Para los jóvenes*: ¿Tiene problemas con la pornografía? *Para las mujeres jóvenes*: ¿Cree que las mujeres deben vestirse y comportarse con modestia?

11) Si Dios quiere, ¿espera tener hijos algún día? Para los jóvenes: ¿Cómo piensa mantener una familia? ¿Cómo ve su rol en relación con su futura esposa? Para las jóvenes: ¿Le gusta ejercer la hospitalidad? ¿Le gustan los niños? ¿Cómo ve su rol en relación con su futuro marido?

12) ¿Qué le atrae de mi hijo o hija? ¿Qué cree que puede ofrecer a esta relación? ¿Cuál cree que es la voluntad de Dios al respecto y cómo lo sabe?

Conclusión

Estas son cuestiones en las que no podemos profundizar aquí, pero que ilustran la complejidad y la responsabilidad (a veces casi abrumadora) de ser padre o madre en la actualidad. Está claro que la Escritura es suficiente para proporcionar los parámetros de la crianza de los hijos. En lugar de depender indebidamente de la cultura circundante y de ajustarse a los valores, normas y expectativas culturales, los padres cristianos deben basarse en la Escritura, y sólo en la Escritura. Al mismo tiempo, sin embargo, la Escritura no aborda todos los problemas imaginables a los que un padre puede enfrentarse. Por lo tanto, no hay sustituto para la sabiduría, la consulta con otros padres cristianos, la guía del Espíritu Santo y el cultivo de la mente de Cristo.

Los hijos son una bendición del Señor y una recompensa suya. Invertir en nuestros hijos merece nuestros mejores esfuerzos. Si sembramos fielmente las semillas de las Escrituras y de la semejanza con Cristo en la vida de nuestros hijos, es muy probable que un día recojamos una cosecha de bendiciones. Sin embargo, hay aún más en juego. El mismo creador que dijo al primer hombre y a la primera mujer que fuesen fructíferos, se multiplicasen y llenasen la tierra, recibirá gloria si vivimos el diseño de su creación en nuestros matrimonios y familias. Por lo tanto, es por nuestro propio bien, así como por la gloria de Dios, que debemos esforzarnos por ser los mejores padres que podamos ser, con su ayuda.

El matrimonio, la familia y la guerra espiritual

El matrimonio y la familia no están exentos del conflicto cósmico que se libra entre Dios y sus ángeles, por un lado, y satanás y sus demonios, por el otro. Dado que el matrimonio y la familia no son meras convenciones humanas o costumbres culturales, sino instituciones divinas, es de esperar que satanás, quien busca robarle su gloria a Dios, los ataque. También por esta razón, debemos tratar el matrimonio y la familia no sólo en el contexto de la actual crisis cultural (véase el capítulo 1), sino también en el marco del perenne conflicto cósmico que requiere una perspectiva espiritual y un hábil compromiso con el enemigo en la guerra espiritual.

Está claro que la guerra espiritual que rodea al matrimonio y a la familia es una realidad, y que la conciencia de este conflicto, así como la habilidad para enfrentarse a él, son imprescindibles. Sin embargo, aunque existe una plétora de materiales sobre el matrimonio y la familia, así como un cuerpo considerable de literatura sobre la guerra espiritual,[57] rara vez se abordan estos temas en conjunto. No conocemos ningún volumen actual sobre el matrimonio y la familia que

---

[57] Véase especialmente Clinton E. Arnold, *Three Crucial Questions about Spiritual Warfare* (Grand Rapids: Baker, 1997) y *Powers of Darkness: Principalities and Powers in Paul's Letters* (Leicester; Downers Grove, IL: InterVarsity, 1992); Sydney H. T. Page, *Powers of Evil: A Biblical Study of Satan and Demons* (Grand Rapids: Baker, 1995); y los artículos «Elements/Elemental Spirits of the World», «Power» y «Principalities and Powers», Gerald F. Hawthorne, Ralph P. Martin y Daniel G. Reid, eds., *Dictionary of Paul and His Letters* (Leicester; Downers Grove, IL: InterVarsity, 1993), 229-33, 723-25 y 746-52. Véase también la útil entrada de estudio de David Beck, «Spiritual Warfare», en *Evangelical Dictionary of Christian Education*, ed. Michael J. Anthony (Grand Rapids, EE.UU.). Michael J. Anthony (Grand Rapids: Baker, 2001), 660-62.

ofrezca un tratamiento, aunque sea superficialmente, sobre la guerra espiritual.[58] Por lo general, la atención se centra en satisfacer las necesidades de la pareja en el matrimonio, en mejorar las habilidades de comunicación o en resolver los conflictos matrimoniales. Al leer cualquiera de estos libros, uno nunca sabría que la guerra espiritual es un tema fundamental en el matrimonio y la familia. Sin embargo, de hecho, la guerra espiritual es una realidad que lo abarca todo.

Una lucha desde el principio

La guerra espiritual ha formado parte de la vida matrimonial y de la crianza de los hijos desde el principio. El relato bíblico fundacional de Génesis 3 cuenta cómo el tentador, satanás, convenció a la primera mujer de violar el mandamiento de Dios y cómo su marido la siguió en el pecado. Desde entonces, el matrimonio se parece más a una lucha por el control y a esfuerzos conscientes e inconscientes de manipulación mutua que a un paraíso edénico. El primer caso conocido de rivalidad entre hermanos se produjo cuando Caín mató a su hermano Abel por envidia y celos. El resto del Antiguo Testamento relata toda una serie de formas en las que el pecado ha afectado las relaciones matrimoniales y familiares desde la caída.[59]

El mensaje del Nuevo Testamento no es diferente. Podría decirse que el tratamiento más importante de la guerra espiritual, Efesios 6:10-20, está precedido por extensos tratamientos sobre el matrimonio (Ef. 5:21-33) y la crianza de los hijos (Ef. 6:1-4). Estos pasajes, a su vez, van precedidos de secciones sobre las bendiciones espirituales de los creyentes en Cristo (Ef. 1:3-14), sobre el hecho de haber sido vivificados en Cristo (Ef. 2:1-10), de ser hechos uno en Cristo con otros creyentes (Ef. 2:11-22; 4:1-16), y en vivir como hijos de la luz,

---

[58] Las únicas excepciones son Tripp, *Age of Opportunity,* especialmente el «Capítulo 7: There's a War Out There»; y Evelyn Christenson, *What Happens When We Pray for Our Families* (Colorado Springs, CO: Chariot Family Publishers, 1992). No se habla de la guerra espiritual en libros tan populares sobre el matrimonio como los cinco lenguajes del amor, de Gary Chapman (Chicago: Northfield, 1995), *The Marriage Builder*, de Larry Crabb (Grand Rapids: Zondervan, 1992); *A Marriage Without Regrets*, de Kay Arthur (Eugene, OR: Harvest, 2000); *His Needs, Her Needs* de Willard Hartley (Ada, MI: Revell, 1990); *The Language of Love* de Gary Smalley y John Trent (Pomona, CA: Focus on the Family, 1988); y Dated Jekyll, Married Hyde de Laura Walker (Minneapolis: Bethany, 1997). No hay nada en los libros más vendidos sobre paternidad como *Relational Parenting* de Ross Campbell (Chicago: Moody, 2000); *Raising Heaven-bound Kids in a Hell-bent World de Eastman Curtis* (Nashville: Nelson, 2000); *Children at Risk* de James Dobson y Gary Bauer (Dallas, TX: Word, 1990); y *The Gift of Honor* de Gary Smalley y John Trent (Nashville: Nelson, 1987).

[59] Para un ejemplo de la vida de David, véase Andreas Köstenberger, «Marriage and Family in the New Testament», en *Marriage and Family in the Ancient World*, ed. Ken Campbell (Downers Grove, IL: InterVarsity, 2003), 279.

despojándose de la vieja naturaleza pecaminosa y vistiendo la nueva naturaleza, «creada para ser como Dios en verdadera justicia y santidad» (Ef. 4:17-5:20, especialmente 4:20-24; el pasaje citado es 4:24). Por desgracia, estas secciones se comparan con frecuencia. Sin embargo, según el pensamiento de Pablo, es precisamente en las relaciones entre las personas, ya sea en el trabajo o en el hogar, entre los cristianos o entre los creyentes y los incrédulos, donde se manifiesta la guerra espiritual, y es necesario afrontarla conscientemente.

De hecho, Efesios 6:10-20 es «un elemento crucial al que apunta el resto de la carta».[60] En la estructura de toda la carta, la enseñanza práctica de los capítulos 4-6 se basa en la instrucción doctrinal de los capítulos 1-3. Por esta razón, todo creyente debe conocer a fondo lo que significa ser elegido en Cristo para ser santo e irreprochable (Ef. 1:4, 11); haber sido predestinado para ser adoptado como hijo o hija de Dios en Cristo por voluntad de Dios y para alabanza de su gloria (Ef. 1:5-6, 11); tener redención mediante su sangre y el perdón de los pecados (Ef. 1:7); y haber sido sellados con el Espíritu Santo como depósito que garantiza nuestra herencia en Cristo (Ef. 1:13-14). Los creyentes deben comprender que su conversión implica apartarse del pecado, para no seguir cumpliendo las órdenes de su naturaleza pecaminosa, volverse a Dios y servirle con el poder del Espíritu Santo (Ef. 2:1-10). Deben comprender su unidad en Cristo con los demás creyentes (Ef. 2:11-22; 4:1-16) y enfrentarse al pecado en sus propias vidas al considerar que su vieja naturaleza pecaminosa está muerta en Cristo y ellos mismos están vivos en su Señor resucitado (Ef. 4:17-5:20).

En el contexto más inmediato de Efesios 6:10-18, el principal mandato que rige el tratamiento de Pablo sobre el matrimonio y la familia en Efesios 5:21-6:4 es «sed llenos del Espíritu» (Ef. 5:18).[61] El pasaje de la guerra en Efesios 6:10-18 se retoma sin problemas donde lo dejó Efesios 5:18, llamando a los creyentes a tomar la espada del Espíritu (Ef. 6:17) y a orar en el Espíritu (Ef. 6:18), recordando siempre que su «lucha no es contra la carne y la sangre, sino contra los gobernantes, contra las autoridades, contra los poderes del mundo de tinieblas y contra las fuerzas espirituales del mal en las regiones celestes» (Ef. 6:12).[62] Por lo tanto, es vital considerar la enseñanza

[60] Peter T. O'Brien, *The Letter to the Ephesians, Pillar New Testament Commentary* (Grand Rapids: Eerdmans, 1999), 457.

[61] Véase Andreas J. Köstenberger, «What Does It Mean to Be Filled with the Spirit? A Biblical Investigation», *Journal of the Evangelical Theological Society* 40 (1997): 229–40.

[62] Sobre Ef. 6:10-20 en el contexto de la carta de los Efesios en su conjunto, véanse especialmente los escritos de Peter T. O'Brien: *Gospel and Mission in the Writings of Paul: An*

bíblica sobre el matrimonio y la familia, por un lado, y sobre la guerra espiritual, por el otro, de manera integral. Al vivir su fe cristiana en sus matrimonios y familias, los creyentes deben reconocer que su naturaleza pecaminosa los llevará a rebelarse contra el plan de Dios, a menos que sean ayudados por el Espíritu Santo, y que el diablo intentará usar sus tendencias e inclinaciones pecaminosas para desviarlos.

Una batalla por la mente

¿Cuál es el elemento clave en la guerra espiritual? Según las Escrituras, es la mente humana. «Pero temo que, así como la serpiente con su astucia engañó a Eva, vuestras *mentes* sean desviadas de la sencillez y pureza de la devoción a Cristo» (2 Cor. 11:3 LBLA). «Pues, aunque andamos en la carne, no militamos según la carne; porque las armas de nuestra milicia no son carnales, sino poderosas en Dios para la destrucción de fortalezas, derribando argumentos y toda altivez que se levanta contra el *conocimiento* de Dios, y llevando cautivo todo pensamiento a la obediencia a Cristo» (2 Cor. 10: 3-5). Al igual que satanás razonó con Eva sobre por qué debía desobedecer a Dios en el jardín, los pensamientos de las personas son el terreno donde se ganan o se pierden sus batallas espirituales.[63]

Por esta razón, los creyentes deben saturar sus mentes con la enseñanza bíblica respecto a su nueva posición en Cristo. Sin ir más lejos, en el libro de Efesios, que contiene el pasaje principal sobre el matrimonio y la familia, Efesios 5:21-6:4, aprendemos que los cristianos han sido bendecidos con toda bendición espiritual en Cristo (Ef. 1:3): fueron elegidos en Cristo para ser santos e irreprochables (Ef. 1:4, 11); fueron predestinados para ser adoptados como sus hijos e hijas en Cristo (Ef. 1:5, 11); fueron redimidos y recibieron el perdón de los pecados por su sangre (Ef. 1:7); y se les dio el Espíritu Santo como depósito que garantiza su herencia (Ef. 1:13-14). Aunque antes de su conversión a Cristo solían satisfacer el apetito de su naturaleza pecaminosa (Ef. 2:3), fueron resucitados con Cristo y se sentaron con él en las regiones celestes (Ef. 2:6). Han sido salvados por la gracia

Exegetical and Theological Analysis (Grand Rapids: Baker, 1995), 109-31; *Letter to the Ephesians*, 456-90, esp. 457-60; y Andreas J. Köstenberger y Peter T. O'Brien, *Salvation to the Ends of the Earth: A Biblical Theology of Mission, New Studies in Biblical Theology* (Leicester; Downers Grove, IL: InterVarsity, 2001), 196-98.

[63] Véase, igualmente, Beck, «Spiritual Warfare», 661, quien identifica cuatro cuestiones críticas: (1) subestimar al enemigo; (2) identificar al enemigo; (3) la naturaleza de las armas; y (4) el objetivo de la guerra.

mediante la fe (Ef. 2:8). Sobre la base de esta comprensión de su nueva posición en Cristo, los creyentes serán capaces de lidiar efectivamente con las diversas tentaciones y luchas que enfrentan en sus matrimonios y familias.

La caja de herramientas del diablo: tentación sexual, ira e insensibilidad

Diversos pasajes del Nuevo Testamento enseñan que los esfuerzos del diablo por destruir los matrimonios y subvertir la vida familiar no se detuvieron en la caída, sino que continúan hasta el día de hoy. Aunque se señalan tres infracciones en particular, se podrían añadir otras, sin lugar a dudas. La primera área de vulnerabilidad que satanás tratará de atacar es la susceptibilidad a la *tentación sexual.*[64] En 1 Corintios 7:5, Pablo aconseja a los creyentes casados que no se abstengan de tener relaciones sexuales, «salvo quizás de común acuerdo por un tiempo limitado» con el propósito de orar, pero que luego vuelvan a reunirse para que satanás no los tiente por su falta de autocontrol. Esto parece indicar que el componente sexual de la relación matrimonial es un objetivo habitual del ataque de satanás y debe ser cuidadosamente protegido por los cónyuges.[65]

La segunda área de debilidad que satanás atacará es la *ira no resuelta*. Como escribe Pablo en Efesios 4:26-27, «No se ponga el sol sobre vuestro enojo, y no deis lugar al diablo». Aunque no se limita al matrimonio, este pronunciamiento incluye ciertamente la relación matrimonial, advirtiendo a los creyentes que no permitan que las relaciones fracturadas los hagan vulnerables al diablo. En las cartas de Pablo a los Efesios y a los Colosenses se encuentran mandatos relacionados con la crianza de los hijos, en los que se ordena a los padres que no provoquen la ira de sus hijos para que no se desanimen (Ef. 6:4; Col. 3:21).

En tercer lugar, Satanás tratará de perjudicar los matrimonios sembrando las semillas del *conflicto marital* a través de la *insensibilidad del marido hacia su esposa*. El apóstol Pablo dice a los maridos que amen a sus esposas y no sean duros con ellas (Col. 3:19). Pedro escribe de forma similar: «Vosotros, maridos, igualmente, vivid

---

[64] Para una discusión de los principios bíblicos para lidiar con la tentación sexual, ver la rúbrica «Hombres jóvenes» en el cap. 9 de este volumen.

[65] Sobre el trasfondo de 1 Corintios 7 y para una exposición del v. 5, véase especialmente Gordon D. Fee, *The First Letter to the Corinthians, New International Commentary on the New Testament* (Grand Rapids: Eerdmans, 1987), 266-83. Para una impugnación de la reconstrucción de Fee de la base de 1 Corintios 7, véase la disertación de Barry Danylak.

con ellas sabiamente, dando honor a la mujer como a vaso más frágil, y como a coherederas de la gracia de la vida, para que vuestras oraciones no tengan estorbo». (1 Pe. 3:7). Según Pedro, la insensibilidad del marido hacia su esposa puede causar trastornos espirituales en el matrimonio, y la discordia conyugal, a su vez, se convierte en un obstáculo para la oración reunida y respondida.[66]

Ya sea sobre la vida sexual de la pareja, de un conflicto no resuelto, de la desconsideración hacia la esposa o de cualquier otra área, el Nuevo Testamento deja claro que todo forma parte de la guerra espiritual y que los esposos deben tomar las precauciones necesarias para no perder en la guerra espiritual que se libra en torno a su matrimonio. Además, es importante darse cuenta de que el enemigo (i.e., el diablo) no es sólo externo, sino que nuestros primeros antepasados permitieron que el enemigo entrara, por así decirlo, al sucumbir al señuelo del diablo y rebelarse contra el creador. De este modo, el diablo puede utilizar el mundo en general, que está separado de Dios, así como nuestra naturaleza pecaminosa innata para reforzar el poder del pecado sobre nosotros (1 Jn. 2:15-17). La única manera de vencer este poder de manera consistente y efectiva es que el creyente se reconozca a sí mismo como una nueva criatura en Cristo y viva bajo la dirección y guía del Espíritu Santo (1 Jn. 4:4).

Cómo librar la batalla: tres lecciones importantes

¿Cómo, entonces, debemos luchar en esta guerra espiritual en la que estamos comprometidos? Al menos tres lecciones importantes surgen de la enseñanza bíblica sobre la guerra espiritual. En primer lugar, *la conciencia del hecho de que existe una batalla* es imperativa para el éxito. Cualquiera que, en el caso de la guerra, no se dé cuenta de que está involucrado en un conflicto, será sin duda una víctima por no haberse protegido adecuadamente. Lo mismo ocurre en el ámbito del matrimonio. Podría decirse que las tasas de divorcio se están disparando, no principalmente por la falta de buenas intenciones, la falta de disponibilidad de recursos e instrucción sobre cómo llevar a cabo un matrimonio bíblico fuerte, o incluso la falta de amor, sino porque muchos —tanto incrédulos como creyentes— reconocen

[66] La cuestión de si son sólo las oraciones del esposo (probablemente el enfoque inmediato) o las oraciones de la pareja (la implicación necesaria) las que se ven obstaculizadas no tiene por qué preocuparnos aquí (véase la literatura de comentarios relevante; e.g., P. H. Davids, *The First Letter of Peter, New International Commentary on the New Testament* [Grand Rapids: Eerdmans, 1990], 123 n. 20). Al final, es evidente que las oraciones de toda la pareja se ven afectadas negativamente por la insensibilidad del marido hacia su mujer.

inadecuadamente que la guerra espiritual es una realidad que exige una respuesta concreta y deliberadamente planificada.

En segundo lugar, *es esencial conocer al enemigo espiritual*. Este enemigo no es la pareja matrimonial. Tampoco son los hijos. Es satanás, el enemigo de nuestras almas, que emplea una variedad de estrategias y métodos (cf. 2 Cor. 10:4; Ef. 6:11; 1 Pe. 5:8-9), incluyendo el de explotar e incitar nuestra naturaleza pecaminosa y los aspectos pecaminosos del mundo impío que nos rodea. Aunque el diablo es muy inteligente, sigue siendo una criatura. Por lo tanto, no es omnisciente ni omnipresente; Dios y satanás no están en igualdad de condiciones. El diablo puede calcular mal y, de hecho, lo hace; el ejemplo más llamativo es la cruz, cuando satanás pensó que sería su mayor triunfo se convirtió en su derrota final cuando Jesús resucitó de entre los muertos. Satanás apunta específicamente a las áreas de debilidad y mayor vulnerabilidad de las personas, y cada individuo debe estar preparado para no ser sorprendido. Sin embargo, al igual que Pablo, los creyentes de hoy en día encontrarán que la gracia de Dios es más que suficiente para cada desafío que enfrentan en el poder de Cristo, siempre y cuando sean diligentes para «ponerse toda la armadura de Dios» (ver más adelante).

En tercer y último lugar, *las batallas espirituales deben librarse mediante el uso de las armas adecuadas*. Como se ha mencionado, algunos pierden un conflicto espiritual en el que están comprometidos porque no se dan cuenta de que en realidad se está librando una batalla y que su participación no es opcional sino esencial. Sin embargo, otros pueden darse cuenta de que están en una guerra, pero no utilizan las armas espirituales adecuadas (o el equipo de protección, por así decirlo). Una vez más, estas personas pronto se convertirán en víctimas. En el contexto de los matrimonios cristianos, así como en la crianza de los hijos, es imperativo que los creyentes, para vencer a un enemigo espiritual —ya sea su propia pecaminosidad o una oposición sobrenatural maligna— se pongan «toda la armadura de Dios» (Ef. 6:10-18):

- *Verdad*. Al igual que todos los creyentes, los cónyuges deben «despojarse de la mentira y hablar con la verdad» el uno al otro (Ef. 4:25), pero deben hablar «la verdad en amor» y, por lo tanto, «crecer en todo en aquel que es la cabeza, es decir, Cristo» (Ef. 4:15). Al hablar, deben esforzarse por «no dejar salir de su boca ninguna palabra corrompida», «sino la que sea buena» para edificar a los demás «según sus necesidades» (Ef. 4: 29).

- *Justicia*. La justicia es tanto la posición correcta con Dios en y por medio de Cristo (e.g., Ro. 5:1, 9; 2 Cor. 5:21) como el trato íntegro con Dios y con los demás seres humanos (e.g., Sl. 15). Por esta razón, sólo los matrimonios en los que ambos cónyuges son cristianos, pueden vivir de forma verdadera y coherente con la voluntad de Dios (Ef. 5:18; cf. Ro. 8:9).
- *Paz*. Como creyentes, el esposo y la esposa han recibido la paz de Cristo en el Espíritu Santo (Jn. 14:27; 16:33); saben que han sido eternamente perdonados y que son hijos e hijas de Dios (Jn. 1:12; 1 Jn. 3:1). Al estar en paz con Dios (Ro. 5:1), pueden estar en paz con los demás y actuar como hombres de paz en el mundo que los rodea (Mt. 5:9; 2 Cor. 5:17-18).
- *Fe*. Como sucede con todos los creyentes, los esposos deben seguir al Señor Jesucristo en el discipulado y aprender a confiar en él para satisfacer todas sus necesidades y superar todos los desafíos y adversidades. Su principal preocupación no deben ser las necesidades materiales, sino la extensión del gobierno de Dios en el mundo (Mt. 6:25-34). La fe en Dios también implica confiar en Dios con su marido o esposa y confiar en la continua obra transformadora de Dios el Espíritu Santo en sus vidas.
- *Salvación*. Debido a que una pareja casada está segura de su salvación y destino eterno, pueden amarse mutuamente de manera incondicional y desinteresada; el esposo puede proporcionar un liderazgo responsable y amoroso sin abusar de su autoridad, y la esposa puede confiar y someterse con gracia a la dirección de Dios a través de su esposo (Ef. 5:21-33).
- *Palabra de Dios*. Puesto que no hay otro fundamento duradero para nuestras vidas que la palabra de Dios (Mt. 7:24-27; Heb. 4:12-13; 1 Pe. 1:23-25), una pareja casada debe comprometerse y «permanecer en la palabra [de Dios]» (Jn. 8:31; 15:4, 7) mediante el estudio personal y conjunto de las Escrituras y la asistencia y participación fiel en una iglesia local donde se predique la palabra de Dios (1 Tim. 4:2).
- *Oración*. La oración conjunta y regular es esencial para los cónyuges en todo momento para «mantener la unidad del Espíritu mediante el vínculo de la paz» (Ef. 4: 3). El marido y la mujer deben tener la costumbre de presentar acción de gracias y sus peticiones ante Dios y confiar en que él actuará en su favor (Flp. 4: 6-7; 1 Pe. 5: 7). En circunstancias excepcionales, una pareja puede incluso optar por abstenerse de mantener relaciones sexuales durante un tiempo con el fin de orar conjuntamente (1 Cor. 7:5).

Además, aunque es responsabilidad de cada creyente, pareja y familia librar una guerra espiritual de acuerdo con los principios bíblicos, no hay que olvidar el contexto más amplio de la iglesia local, que implica el principio de responsabilidad a esta escala mayor y, si es necesario, incluso la disciplina de la iglesia.

Implicaciones

Cuando los cristianos se ven envueltos en un conflicto espiritual, deben aceptar la verdad de que existe una batalla espiritual; deben esforzarse por conocer a su enemigo, el diablo, quien incita a la naturaleza pecaminosa humana a resistirse a Dios; y deben luchar utilizando las armas espirituales adecuadas. Como escribe el apóstol Pablo, «Nuestra lucha no es contra carne ni sangre… así que, póngase la armadura completa de Dios, para que cuando llegue el día malo, podáis manteneros firmes, y después de haber hecho todo, resistir» (Ef. 6: 12-13).

La guerra espiritual, el matrimonio y la familia

TRES ÁREAS DE DEBILIDAD ATACADAS POR SATANÁS	TRES LECCIONES SOBRE LA GUERRA ESPIRITUAL
Tentación sexual (1 Cor. 7:5)	Conciencia de que existe una batalla
Ira no resuelta (Ef. 4:26-27; 6:4)	Conocimiento del propio enemigo espiritual
Desconsideración del marido (Col. 3:19; 1 Pe. 3:7)	Hacer la guerra con las armas espirituales adecuadas

La guerra espiritual es la realidad que abarca y gobierna la relación matrimonial. Quienes la ignoran lo hacen por su propia cuenta y bajo su propio riesgo. Al igual que el diablo ataca a los que tienen potencial para el liderazgo de la iglesia, busca subvertir los matrimonios humanos, porque tienen el mayor potencial para mostrar al mundo la naturaleza de la relación entre Cristo y su iglesia (Ef. 5:31-32).

Si los creyentes quieren participar en reflejar al mundo mediante sus matrimonios al Dios glorioso y bueno que tienen, deben, por el bien de Dios y por el suyo, participar en la guerra espiritual, y deben hacerlo utilizando armas espirituales. Entonces, y sólo entonces, los matrimonios cristianos reflejarán la imagen y el diseño del creador. Porque al final, es la gloria de Dios, y no la mera realización y satisfacción humana, el objetivo de los matrimonios cristianos.[67]

Prácticas familiares

Concluimos con algunas sugerencias sobre cómo proteger nuestros matrimonios y familias cristianas y construir tradiciones familiares fuertes y positivas. Aquellos de nosotros que no crecimos en hogares cristianos nos enfrentamos al reto y a la oportunidad de construir cohesión y un sentido de identidad en nuestras familias estableciendo prácticas familiares distintivas.

Una práctica importante es la del *culto familiar, los devocionales o el estudio de la Biblia.*[68] Aunque es útil que nuestros hijos reciban la enseñanza de la Biblia en la escuela dominical, Awana u otros programas similares, los padres cristianos nunca deben abdicar o delegar en otros la responsabilidad de enseñar la Biblia a sus hijos. Como cabeza del hogar, el padre debe asumir la responsabilidad de llevar a sus hijos a Cristo y de animarlos en el camino del discipulado cristiano. Esto incluye leer y estudiar las Escrituras juntos, cantar y orar juntos, y enfrentar los desafíos y la adversidad (así como los éxitos y los triunfos) juntos como familia en un espíritu de fe y confianza en Cristo.

Otra forma importante de fortalecer a nuestras familias es instituir *tradiciones familiares* específicas.[69] Esto incluye la forma en que

---

[67] Hay muchos ministerios excelentes destinados a fortalecer los matrimonios y las familias cristianas. Entre los mejores están enfoque a la familia (http://www.family.org), FamilyLife (http:// www.familylife.com), *Family Dynamics* (http://www.familydynamics.net) y la «Iniciativa de la familia del reino», que forma parte del movimiento «Empowering Kingdom Growth» de la Convención Bautista del Sur (http://www.sbc.net/ekg/default.asp; ver especialmente los siete pilares de una familia del reino en http://www.sbc.net/ekg/EKG-7pillars.asp). Otra organización que incluye la promoción de principios bíblicos para el matrimonio y la familia es el *Council on Biblical Manhood and Womanhood* (http://www.cbmw.org).

[68] Véase, E.g., Donald Whitney, *Family Worship: In the Bible, in History, and in Your Home* (n.p. 2006); James W. Alexander, *Thoughts on Family Worship* (Morgan, PA: Soli Deo Gloria, 1998 [1847]); Clay Clarkson, *Our 24 Family Ways: Family Devotional Guide* (Colorado Springs, CO: Whole Heart Press, 2004); Jim Cromarty, *A Book for Family Worship* (Harrisburg, PA: Evangelical Press, 1997); Terry L. Johnson, *The Family Worship Book: A Resource Book for Family Devotions* (Fearn: Christian Focus, 2000); David E. Prince, «Family Worship: Calling the Next Generation to Hope in God», http://www.cbmw.org; Kerry Ptacek, *Family Worship: The Biblical Basis, Historical Reality and Current Need* (Greenville, SC: Greenville Seminary Press, 2000).

[69] Véase, e.g., Gloria Gaither y Shirley Dobson, *Creating Family Traditions: Making Memories in Festive Seasons* (Sisters, OR: Multnomah, 2004); Noël Piper, *Treasuring God in Our Traditions* (Wheaton, IL: Crossway, 2003); Kent y Barbara Hughes, *Disciplines of a Godly Family* (Wheaton, IL: Crossway, 2004), 43-56.

celebramos las fiestas principales, ya sean fiestas religiosas como la navidad y la pascua o fiestas nacionales como el día de acción de gracias y el día de los caídos. Será aconsejable en cada caso filtrar los acrestos seculares o paganos y centrarse en el contenido o la esencia cristiana de estas fiestas. Todo esto forma parte de inculcar a los niños el sentido de su herencia religiosa y nacional, de forma similar a como se dijo a los israelitas que enseñaran a sus hijos el significado de la pascua y el éxodo.

Además, debemos fomentar las *actividades saludables*, como la lectura, las actividades al aire libre y pasar tiempo con otros niños que puedan servir de modelos positivos. Así será más fácil limitar las actividades perjudiciales, como ver la televisión en exceso, navegar compulsivamente por internet o la adicción a los juegos de computadora. También es importante enseñar a nuestros hijos el valor de la amistad, cómo seleccionar sabiamente a sus amigos y cómo ser buenos amigos de los demás.

Por último, debemos prestar atención a los principios de la *guerra espiritual* discutidos anteriormente. Esto será importante sobre todo a la hora de resolver conflictos. Porque, en última instancia, nuestro enemigo no es la carne ni la sangre, sino el diablo y el mal sobrenatural. De ahí que debamos cultivar el respeto mutuo y el centrarse en los demás con el espíritu de Cristo (Flp. 2:1-11).

En todo esto, que nuestras familias se sometan totalmente al señorío de Cristo, que se caractericen por el amor y la fe, y que den gloria, en lugar de deshonra, a nuestro Señor y Salvador Jesucristo.

Conclusión

En este capítulo hemos discutido una variedad de temas contemporáneos en la crianza cristiana de los hijos, padres y madres solteros, la disciplina física, el cultivo de la masculinidad y la feminidad, y los principios de la disciplina parental. Al inicio, destacamos los peligros de los enfoques que se centran en el método en detrimento del cultivo de una relación con el niño y subrayamos la importancia de confiar en la guía del Espíritu en la crianza. Al tratar el tema de la crianza de los hijos por parte de los padres solteros, se presentaron las enseñanzas bíblicas sobre la preocupación de Dios por los huérfanos y se discutieron algunas de las formas en que la iglesia puede ayudar a quienes están atravesando dicha situación. También se analizó el debate sobre el castigo físico, y aunque la enseñanza bíblica no nos impide rechazar esta forma de disciplina, se registraron importantes advertencias.

El fomento de la masculinidad y la feminidad se identificó como de suma importancia en nuestra cultura, que está cosechando cada vez más el fruto del sesgo anti-homosexual del feminismo radical. También identificamos algunos principios bíblicos de disciplina paterna que pueden utilizarse como marco general para responsabilizar a los hijos de sus acciones, y discutimos los principios bíblicos para la crianza de los adolescentes. Para finalizar, abordamos el tema fundamental de la guerra espiritual en relación con el matrimonio y la familia, y sugerimos formas en las que los creyentes pueden instituir el culto familiar y cultivar tradiciones familiares cristianas particulares.

Somos conscientes de que existen muchos otros temas que podrían haber merecido ser incluidos en este capítulo, pero esperamos que los asuntos que hemos elegido cubrir ilustren la necesidad de basar la aplicación en la enseñanza bíblica y que sirvan como estudios de caso para los temas que no hemos podido tratar. Con esto concluye nuestro enfoque de la enseñanza bíblica sobre el matrimonio y la familia. Pasaremos ahora a discutir algunos temas específicos relacionados con el matrimonio y la familia, como la soltería (capítulo 9), así como las distorsiones del modelo bíblico para el matrimonio y la familia en la homosexualidad (capítulo 10) y el divorcio (capítulo 11).

9

DEVOCIÓN INDIVISA AL SEÑOR:

EL DON DIVINO DE LA SOLTERÍA

Los solteros post-adolescentes son probablemente el grupo social más olvidado en la iglesia occidental contemporánea. Aunque las congregaciones más grandes suelen tener ministerios de «universidad y carrera» (algunos de los cuales parecen funcionar, al menos en parte, como servicios de citas patrocinados por la iglesia), y aunque el tema de la soltería ocasionalmente engendra un breve capítulo en un libro sobre el matrimonio y la familia (véase el ejemplo actual), en su mayor parte los solteros han sido marginados dentro de la iglesia moderna.[1] Para la mayoría de los cristianos occidentales parece evidente que el *matrimonio es el estado normal*. Por lo tanto, cuando un soltero post-adolescente se encuentra dentro del cuerpo de Cristo, muchos creyentes bien intencionados consideran que es su deber cristiano encontrar una pareja compatible para ese individuo.

Además, cuando alguien permanece soltero hasta bien entrados los veintes y los treintas, ya sea por elección o por las circunstancias, muchas personas comienzan a tratar de diagnosticar el problema (ya sea la orientación sexual, la apariencia física, la capacidad intelectual, la ineptitud social, los estándares excesivamente altos, u otros factores) que ha atrapado a la persona soltera en la condición antinatural e

---

[1] Un indicador de la marginación de los solteros en la iglesia contemporánea es la falta de literatura cristiana disponible sobre el tema. Por ejemplo, mientras que tenemos literalmente cientos de títulos cristianos impresos sobre temas relacionados con el matrimonio, un examen de las principales editoriales cristianas revela que hay menos de veinte títulos impresos dedicados exclusivamente a la soltería y temas relacionados.

indeseable de no estar casada. Probablemente no sea exagerado decir que la idea de que la soltería podría ser un estado permanente aceptable ni siquiera se les ha ocurrido a muchas personas en nuestras iglesias hoy en día. Es más, el único llamado de Dios que los cristianos occidentales temen más que el llamado a las misiones es al de una vida de celibato.

Teniendo en cuenta que el 46% de la población de Estados Unidos mayor de quince años era soltera a principios del siglo XXI,[2] la negligencia y la distorsión del estado de soltería por parte de la iglesia occidental es cualquier cosa menos justificada. Aunque la mayoría terminará casándose, las estadísticas indican que un número cada vez mayor no lo hará nunca, y muchos de los que lo hacen volverán a encontrarse solteros a causa del divorcio o la muerte de su cónyuge. Por estas razones, y a la luz del hecho de que muchos de los héroes de la fe cristiana han sido solteros (incluido Jesús)[3] —por no mencionar la enseñanza bíblica de que la soltería puede ser un don de Dios (Mt. 19:11-12; 1 Cor. 7:7), la iglesia contemporánea necesita urgentemente reevaluar su postura sobre la cuestión de la soltería.

---

[2] Rose M. Kreider y Tavia Simmons, *Marital Status: 2000* (Washington DC: U.S. Census Bureau, 1993), 3. Nótese que este porcentaje incluye a los viudos, divorciados, separados y personas que nunca se casaron. Véanse también las estadísticas más recientes de 2008 de la oficina del censo de EE.UU. (publicación en Internet el 25 de febrero de 2009, http://www.census.gov/population/www/socdemo/hh-fam/cps2008.html, cortesía de Barry Danylak), según las cuales en 2008 el 54.1% de las personas de quince años o más se clasificaban como casadas, el 30% como solteras, el 9.8% como viudas y el 6% como divorciadas (véase el gráfico reproducido en el texto siguiente). Esto se compara con las siguientes cifras de 1960: 67.6% de los mayores de catorce años casados, 22% solteros, 8.1% viudos y 2.3% divorciados. Tendencias similares son reportadas por la oficina de estadísticas nacionales, tendencias de la población, informe No. 124, Tabla 1.5 (Verano 2006) para Inglaterra y Gales (también cortesía de Barry Danylak; ver «A Biblical-Theological Perspective on Singleness», Versión 2.3, 2006, pp. 1-2): en 2004, el 51% de las personas de dieciséis años o más estaban casadas, el 32.2% solteras, el 7.9% viudas y el 8.9% divorciadas, en comparación con las cifras de 1971 de 68.1% casadas, 21.1% solteras, 9.5% viudas y 1.3% divorciadas.

[3] Una encuesta realizada en 1989 entre más de 20.000 misioneros de diecinueve de las principales agencias de envío de misiones reveló que el 16.3% de sus misioneros eran solteros. Sin embargo, lo más sorprendente es el hecho de que casi el 85% de los misioneros solteros encuestados eran mujeres. Howard Erickson, «Single Missionary Survey», *Fundamentalist Journal* 8, no. 1 (enero de 1989): 27.

Evolución del estado civil

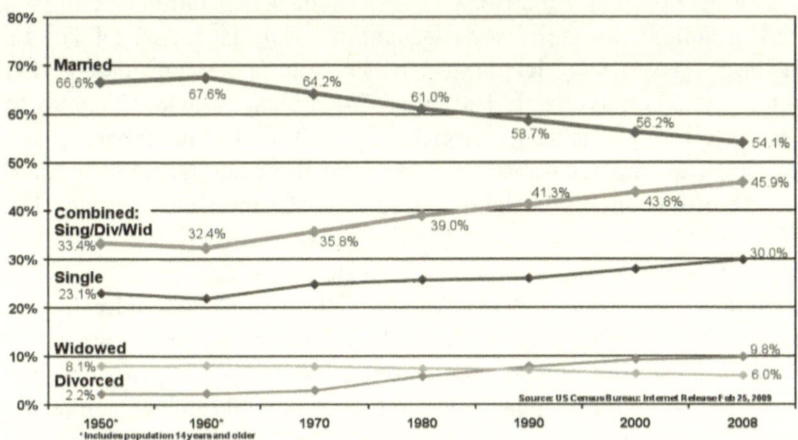

Soltería en el Antiguo Testamento

En la época del Antiguo Testamento, la soltería era poco frecuente entre los individuos con edad suficiente para casarse, que solía ser a los doce o trece años en el caso de las mujeres, y a los quince o dieciséis años en el caso de los hombres.[4] De hecho, debido en gran medida al mandato de Dios de procrear (Gn. 1:28), la gente de la cultura del Antiguo Testamento carecía del concepto de algo parecido a la noción contemporánea de adolescencia o el equivalente a un periodo prolongado de madurez adulta sin cónyuge e hijos.[5] La soltería era vista por la mayoría de las personas como una vida contraria a la creación. De hecho, si alguien era soltero en la época del Antiguo Testamento, generalmente entraba en una de las siguientes categorías.

La primera categoría de solteros en la época del Antiguo Testamento es la de las *viudas*.[6] En resumen, al igual que hoy, la viudez

[4] Daniel I. Block, «Marriage and Family in Ancient Israel», en Ken M. Campbell, ed., *Marriage and Family in the Biblical World* (Downers Grove, IL: InterVarsity, 2003), 57 n. 113. Una fuente más Antigua, es el cap. 9 de Alfred Edersheim, *Sketches of Jewish Social Life in the Days of Christ* (Londres: Hodder & Stoughton, 1876).

[5] Algunos sostienen que, incluso hoy, la adolescencia no es más que un mito: véase David Alan Black, *The Myth of Adolescence: Raising Responsible Children in an Irresponsible Society* (Danbury, CT: Davidson, 1999).

[6] Sobre las viudas, véanse los respectivos ensayos en *Marriage and Family in the Biblical World: Victor H. Matthews*, «Marriage and Family in the Ancient Near East», 22-24; Daniel I. Block, «Marriage and Family in Ancient Israel», 71-72; S. M. Baugh, «Marriage and Family in Ancient Greek Society», 111-12; y David W. Chapman, «Marriage and Family in Second Temple Judaism», 215-17. Obsérvese que, al menos por dos razones, había muy pocas viudas solteras en el AT. En primer lugar, al igual que en la actualidad, en la antigüedad las mujeres disfrutaban de una vida más larga que los hombres. Por lo tanto, si una pareja matrimonial fallecía, normalmente

no era una posición deseable en la antigüedad. Las viudas solían pasar apuros económicos (cf. 2 Re. 4:1) y, sin duda, se encontraban entre los más desamparados de la sociedad antigua (Dt. 10:18; Is. 54:4).[7] La historia revela que, debido a que la soltería se consideraba tan antinatural, la mayoría de las viudas intentaban casarse de nuevo lo antes posible, y muchas lo hicieron (e.g, Rut 3-4).[8] Sin embargo, para las viudas que no se casaban o no podían volver a casarse, el Señor hizo ciertas provisiones especiales, como la institución del levirato (Dt. 25:5-6)[9] y la concesión de que las viudas sin hijos de familias sacerdotales pudieran volver a la casa de su padre y participar de la comida sacerdotal (Lv. 22:13). Además, Dios recordaba con frecuencia a su pueblo su deber sagrado de cuidar a las viudas necesitadas,[10] y el Señor se describió repetidamente como defensor de las viudas.[11] Sin embargo, la viudez era una posición poco envidiable en los tiempos del Antiguo Testamento que se consideraba en gran medida una recriminación (Is. 4:1). El concepto de viudez fue incluso utilizado ocasionalmente por el Señor como una amenaza de castigo por la desobediencia espiritual de Israel (Is. 47:8-9).

Una segunda categoría para los solteros en la época del Antiguo Testamento es la de los *eunucos*. Al igual que quienes se encontraban viudos, ser eunuco no era una posición envidiable en la antigüedad. Aunque los eunucos formaban parte de muchas cortes reales orientales, sirviendo en puestos como guardianes de vírgenes o concubinas (Est. 2:3, 14-15), asistentes de reinas (Est. 4:5), confidentes (Est. 1:12), supervisores (Dn. 1:7), e incluso líderes en la comunidad militar (2 Re. 25:19; Jr. 52:25), para los antiguos judíos, ser eunuco habría sido una posición detestable, ya que lo excluía de la congregación de adoradores del Señor (Dt. 23:1), así como de la participación en el sacerdocio (Lv.

---

era el marido. En segundo lugar, si un hombre se quedaba soltero debido a la muerte de su esposa, era relativamente fácil que volviera a casarse, especialmente si estaba establecido económicamente (E.g., Abraham en Génesis 25:1). El ejemplo más notable de un viudo en el AT es el de Ezequiel, cuya esposa, «la delicia de [sus] ojos», fue tomada por Yahvé como señal de la próxima aflicción de Jerusalén (Ez. 24:15-27). El término para viudo, *'almån*, sólo se encuentra en sentido metafórico en Jr. 51:5.

[7] Block, «Marriage and Family in Ancient Israel», 71, señala que casi un tercio de las apariciones de la palabra para viuda, *'almånâ*, se encuentran en la legislación mosaica que prevé el bienestar de otros grupos vulnerables, como los huérfanos, los extranjeros y los levitas.

[8] Sin embargo, los sumos sacerdotes tenían explícitamente prohibido casarse con viudas (Lv. 21:14). Curiosamente, a los sacerdotes regulares se les permitía casarse con viudas (Lv. 21:7), pero tanto a los sacerdotes regulares como a los sumos sacerdotes se les prohibía casarse con divorciadas, prostitutas o mujeres impuras.

[9] Véase Block, «Marriage and Family in Ancient Israel», 93-94; Chapman, «Marriage and Family in Second Temple Judaism», 216-17.

[10] Cf. Ex. 22:22; Dt. 14:29; 16:11, 14; 24:19-21; 27:19; Is. 1:17; Jr. 22:3; Zac. 7:10.

[11] Cf. Ex. 22:23; Sl. 68:5; 146:9; Pr. 15:25; Ml. 3:5.

21:20). Además, aunque en el Antiguo Testamento se presenta a diversos eunucos bajo una luz «favorable», como los tres eunucos que arrojaron a Jezabel por la ventana hasta su muerte (2 Re. 9:32-33) y los hijos mencionados por Isaías que servirían en el palacio del rey de Babilonia (Is. 39:7), en general se miraba a los eunucos con desdén. Convertirse en eunuco se incluía ocasionalmente en la amenaza de juicio divino por alejarse del Señor (2 Re. 20:18; Is. 39:7), e Isaías señala que el Señor pondrá remedio al estado antinatural de los eunucos en los últimos tiempos (Is. 56:3-5).

Una tercera categoría para los solteros en la época del Antiguo Testamento era la de *aquellos que no podían casarse debido a una enfermedad* (e.g., la lepra) o a graves dificultades económicas.[12]

En cuarto lugar, hubo quienes no se casaron debido a algún tipo de *llamado divino*. Quizás el mayor ejemplo de un individuo que permaneció soltero, al menos durante un tiempo debido a esto, fue el del profeta Jeremías (aunque la orden puede haberse debido a la falta de mujeres adecuadas «en este lugar»). En Jeremías 16:1-4 el profeta escribe:

> Vino a mí palabra de Jehová, diciendo: *No tomarás para ti mujer*, ni tendrás hijos ni hijas en este lugar. Porque así ha dicho Jehová acerca de los hijos y de las hijas que nazcan en este lugar, de sus madres que los den a luz y de los padres que los engendren en esta tierra: De dolorosas enfermedades morirán; no serán plañidos ni enterrados; serán como estiércol sobre la faz de la tierra; con espada y con hambre serán consumidos, y sus cuerpos servirán de comida a las aves del cielo y a las bestias de la tierra. (RV1960)

[12] S. Safrai, «Home and Family», *The Jewish People of the First Century,* ed. S. Safrai y M. Stern (Filadelfia: Fortress, 1987), 748. Cf. m. Ketub. 13:5; b. Ketub. 82b.

Sin embargo, un llamado divino o incluso una elección consciente de una vida de soltería era raro en la antigüedad,[13] ya que éste es el único ejemplo explícito a la soltería en el Antiguo Testamento.[14]

Una quinta categoría para los solteros en tiempos del Antiguo Testamento eran los *divorciados*.[15] Los divorcios eran casi siempre iniciados por el marido (Dt. 24:1-4; pero véase Jue. 19:1-2). La legislación deuteronómica trataba de proteger a la mujer divorciada exigiendo a su marido que emitiera un certificado de divorcio como prueba legal de la disolución del matrimonio. Al igual que la muerte del cónyuge de la mujer, el divorcio la pondría en una posición económica muy vulnerable. Al igual que una viuda o una huérfana, la mujer divorciada se quedaría sin provisión ni protección masculina. Si no pudiera volver a casarse, probablemente se encontraría en una situación de miseria económica y necesitaría urgentemente la ayuda de otros.

La sexta y última categoría para los solteros en el antiguo Israel eran *los jóvenes solteros*. Los padres solían arreglar el matrimonio de sus hijos con parejas adecuadas (Gn. 24; Jue. 14). Trataban de proteger a sus hijas de los depredadores masculinos para asegurarse de que se casaran siendo vírgenes (cf. Ex. 22:16-17; Dt. 22:13-21) y proporcionaban a sus hijas una dote, que les sería devuelta si el matrimonio fracasaba. Como se ha mencionado, en el antiguo Israel las hijas solían casarse al inicio de la pubertad, alrededor de los trece años, mientras que los hijos se casaban un par de años más tarde.[16] Por esta

---

[13] Safrai afirma que «ninguna de las tendencias ascéticas dentro del judaísmo farisaico abogaba por el celibato, como tampoco lo hacían la mayoría de los demás movimientos» («Home and Family», 748). Sin embargo, tanto Filón como Plinio señalan que los esenios rechazaban el matrimonio (Filón, *Hypoth.* 2.14-17; Plinio, *Nat.* 5.73), aunque Josefo conocía una rama de los esenios que sí permitía el matrimonio (J.W. 12.160-61). Para más información sobre el celibato en el judaísmo antiguo, incluida la comunidad de Qumrán, véase Craig S. Keener, «Marriage», en Craig A. Evans y Stanley E. Porter, eds., *Dictionary of New Testament Background* (Downers Grove, IL: InterVarsity, 2000), 682-83; véase también Chapman, «Marriage and Family in Second Temple Judaism», 211-15.

[14] Tal vez otro ejemplo extrabíblico de un llamado divino al celibato se registra en *b. Yebamoth* 63b, donde se menciona a un judío del siglo I llamado Simeón ben Azzai que no se casó porque «mi alma desea la Torá». Obsérvese también el requisito de que los sacerdotes levitas se abstengan de mantener relaciones sexuales en aras de la pureza ceremonial que, aunque difiere del celibato obligatorio, puede presentar ciertos paralelismos con la categoría de «eunucos para el reino» de Jesús (véase más adelante).

[15] Véase Block, «Marriage and Family in Ancient Israel», 49-52.

[16] Para la preocupación de un padre por el hecho de que su hija no encuentre marido, véase Sir. 42: 9a: «La hija desvela a su padre en secreto, y la preocupación por ella le quita el sueño, cuando es joven, para que no se case». Sin embargo, las preocupaciones de un padre respecto a su hija se extienden aún más. El pasaje continúa: «. . . o si está casada, para que no sea odiada; siendo virgen, para que no se contamine o quede embarazada en casa de su padre; o teniendo marido, para que no sea infiel, o, estando casada, para que no sea estéril» (Eclo. 42:9b-10).

razón, apenas había un intervalo entre la infancia y el estado de casado que pudiera denominarse significativamente «soltería».

Soltería en el Nuevo Testamento

Al igual que en los tiempos del Antiguo Testamento, en la época del Nuevo Testamento la soltería no era un concepto tan claramente definido como lo es en el mundo occidental actual. De hecho, en la época de Cristo, si una persona era soltera, lo más probable es que estuviera en transición, ya sea porque era demasiado joven para casarse, porque la muerte de su cónyuge la había dejado viuda o por alguna otra razón. En resumen, en los tiempos del Nuevo Testamento, la soltería como un estado establecido y una elección consciente de estilo de vida era poco común, y el matrimonio era la norma.[17]

Sin embargo, Juan el Bautista, Jesús y el apóstol Pablo eran solteros,[18] y a pesar de que hay relativamente poca información sobre la soltería en el Nuevo Testamento, tanto Jesús como Pablo mencionan

[17] Así, Pablo puede estipular que los líderes de la iglesia deben ser maridos fieles (1 Tim. 3:2, 12). Véase el cap. 11 de este volumen.

[18] Está claro que sus razones son diferentes. La vocación y el estilo de vida del bautista habrían hecho muy difícil el matrimonio. En el caso de Jesús, habría sido impensable que Cristo y el Hijo de Dios contrajeran matrimonio con una mujer humana durante su breve estancia en la tierra, hecho que está respaldado bíblica, histórica y teológicamente. En contra de la teología *pop* poco convincente presentada en obras como Dan Brown, El Código Da Vinci (Nueva York: Doubleday, 2003); William E. Phipps, *Was Jesus Married? The Distortion of Sexuality in the Christian Tradition* (Nueva York: Harper & Row, 1970); Margaret Starbird, *The Woman with the Alabaster Jar: Mary Magdalene and the Holy Grail* (Santa Fe, NM: Bear, 1993); y la enseñanza de la iglesia mormona de que Jesús tuvo múltiples esposas. E.g., Darrick T. Evenson, *The Gainsayers* (Bountiful, UT: Horizon, 1988). Contra también Darrell L. Bock, *Breaking the DaVinci Code* (Nashville: Nelson , 2004), 33-34, quien, aunque se opone a la opinión de que Jesús estuvo casado, escribe: «Si Él [Jesús] hubiera estado casado y hubiera tenido hijos, su relación marital y su paternidad no habrían socavado teóricamente su divinidad, sino que habrían sido reflejos de su completa humanidad y aún así hubiera hecho todo lo que hizo». Sin embargo, es difícil ver cómo la deidad de Jesús (nótese el milagroso nacimiento virginal) le habría permitido entablar una unión sexual con una mujer humana. La discusión de Bock sobre el argumento de que Jesús, como judío, y como rabino judío, habría estado casado, tampoco está exenta de problemas. Su argumento sobre que «Jesús no tenía un papel oficial reconocido dentro del judaísmo» y, por tanto, «no era técnicamente un rabino» (37) no reconoce adecuadamente el hecho de que Jesús, de acuerdo con la costumbre judía del siglo I, asumió el papel de rabino judío y sus seguidores y otras personas se dirigían a él como tal (véase Andreas J. Köstenberger, «Jesus as Rabbi in the Fourth Gospel», Bulletin of Biblical Research 8 [1998]: 97-128; su distinción entre «rabino» y «maestro» del Evangelio de Lucas también está mal fundamentada; véase Jn. 1:38: «Rabbi» [que significa Maestro]; igualmente, Juan 20:16). Además, en su discusión «¿Ser soltero hace que Jesús no sea judío?» en las páginas 47-59, Bock parece exagerar lo común y culturalmente aceptable que habría sido para los varones judíos del primer siglo permanecer solteros (véase la discusión anterior sobre la cuarta categoría de soltería en los tiempos del AT, que estaba relacionada con algún tipo de llamamiento divino). En cuanto a Pablo, véase la discusión más abajo.

que existe el celibato, el «don de Dios» (1 Cor. 7:7),[19] o, como dijo Jesús, ser «eunucos por el reino de los cielos» (Mt. 19:12). Tanto Jesús como Pablo indican que ese llamado a la soltería permite a los solteros dedicar una atención mayor y más indiferente al servicio religioso.[20] Como comenta Pablo en su tratamiento principal sobre el tema:

> Quisiera, pues, que estuvieseis sin congoja. El soltero tiene cuidado de las cosas del Señor, de cómo agradar al Señor; pero el casado tiene cuidado de las cosas del mundo, de cómo agradar a su mujer. Hay asimismo diferencia entre la casada y la doncella. La doncella tiene cuidado de las cosas del Señor, para ser santa así en cuerpo como en espíritu; pero la casada tiene cuidado de las cosas del mundo, de cómo agradar a su marido. Esto lo digo para vuestro provecho; no para tenderos lazo, sino para lo honesto y decente, y para que *sin impedimento os acerquéis al Señor.* (1 Cor. 7:32-35)

Un estudio de los comentarios de Jesús y Pablo sobre la soltería da lugar a dos observaciones. En primer lugar, a diferencia de la interpretación judía tradicional del Antiguo Testamento (aunque no necesariamente del propio Antiguo Testamento), en las enseñanzas de Jesús y Pablo la soltería es un concepto *positivo*. Mientras que en la época del Antiguo Testamento la soltería tendía a considerarse de forma negativa —si no completamente contraria a la naturaleza—, tanto Jesús como Pablo afirman, además de modelar, la idea de que la soltería es aceptable, aunque no la norma (cf. 1 Cor. 7:9; 1 Tim. 4:1-3). Es más, la soltería se considera un *don* concedido por Dios. Esto debió ser una enseñanza revolucionaria para los oyentes del siglo I, impregnados de las tradiciones del Antiguo Testamento.

Además, en el libro de Apocalipsis, el profeta elogia el celibato, al menos metafóricamente, al describir a los 144.000 evangelistas judíos apocalípticos como aquellos «que no se han contaminado con mujeres… *son vírgenes*. Estos son los que siguen al Cordero

[19] Contra Albert Y. Hsu, que ha argumentado que la soltería no debe entenderse como un don en el mismo sentido que otros dones espirituales revelados en la Escritura. Cf. cap. 3, «The Myth of the Gift» en Albert Y. Hsu, *Singles at the Crossroads: A Fresh Perspective on Christian Singleness* (Downers Grove, IL: InterVarsity, 1997).

[20] Por supuesto, Pablo también enseñó que incluso los casados deben dedicar toda la atención posible al avance del reino de Dios. En palabras del apóstol, «Pero esto digo, hermanos: que el tiempo es corto; resta, pues, que los que tienen esposa sean como si no la tuviesen; y los que lloran, como si no llorasen; y los que se alegran, como si no se alegrasen; y los que compran, como si no poseyesen; y los que disfrutan de este mundo, como si no lo disfrutasen; porque la apariencia de este mundo se pasa». (1 Cor. 7:29-31). También Jesús señaló que la familia puede ser un obstáculo en el servicio a Dios (cf. Mt. 24:19; Lc. 14:26).

dondequiera que vaya. Estos han sido rescatados de la humanidad como primicias para Dios y el Cordero, y en su boca no se ha encontrado ninguna mentira, porque son irreprochables» (Ap. 14:4-5). Curiosamente, el impulso para el celibato de los 144.000 evangelistas es el mismo que el mencionado por Jesús y Pablo —es decir, una mayor devoción al Señor, o en palabras del profeta, «seguir al Cordero dondequiera que vaya». En general, entonces, la soltería se considera positiva en todo el Nuevo Testamento, desde los Evangelios hasta el Apocalipsis.

Una segunda observación que se desprende de la lectura de las declaraciones de Jesús y de Pablo sobre la soltería es que no sólo el celibato es un *don* divino, sino que también es una vocación divina que se limita a unos *pocos* elegidos y que se *elige* libremente, en lugar de imponerse al individuo por sus circunstancias o condiciones. Para citar las observaciones de Jesús que introducen y concluyen su pronunciamiento sobre ser un eunuco para el reino de los cielos, «No todos pueden recibir esta palabra, sino sólo aquellos a quienes se les ha dado... el que pueda recibirlo, que lo reciba» (Mt. 19:11-12). Las palabras de Jesús parecen indicar que se necesita una gracia especial de Dios para que las personas llamadas a la soltería por el reino de Dios reconozcan esta vocación.

El apóstol Pablo, escribiendo a los corintios, plantea la cuestión de la siguiente manera: «Pero a causa de la tentación de la inmoralidad sexual, cada hombre debe tener su propia esposa y cada mujer su propio marido... *pero si ellos no pueden ejercer autocontrol*, deben casarse. Porque es mejor casarse que arder de pasión... pero si se casan, no han pecado» (1 Cor. 7:2, 9, 28). Está claro, entonces, aunque la soltería es una condición positiva en la que los cristianos son libres de permanecer si no están casados, especialmente si están dotados para ello, es un error esperar que alguien adopte una vida de soltería contra su voluntad.[21] De hecho, como Pablo escribió más tarde a Timoteo, prohibir el matrimonio es una de las «enseñanzas de los demonios» (cf. 1 Tim. 4:1-3).

En tercer lugar, como se ha mencionado, nuestra comprensión de la enseñanza de Pablo sobre la soltería depende en gran medida de nuestra *reconstrucción del contexto corintio* en el que Pablo formuló sus declaraciones en 1 Corintios 7. El consenso reciente a este respecto

[21] Una forma de saber, entonces, si una persona puede ser llamada a la soltería es ver si puede ejercer el autocontrol y permanecer sexualmente pura (1 Cor. 7:9). Más allá de esto, no hay nada que sustituya a la guía personal de Dios, paso a paso, a través del Espíritu Santo, y la comprensión de la propia vocación será necesariamente provisional, ya que es imposible saber lo que Dios puede tener reservado para alguien en el futuro.

está representado por comentaristas como Gordon Fee y David Garland, entre otros, que sostienen que 1 Corintios 7:1-7 debe leerse como la respuesta de Pablo a quienes en Corinto abogaban por el cese de las relaciones sexuales en el matrimonio con fines ostensiblemente ascéticos. Según esta interpretación, 1 Corintios 7:1b, «Es bueno que el hombre no tenga relaciones sexuales con la mujer», es una cita directa de la carta de Corinto, y la cuestión fundamental que los corintios plantean a Pablo en su carta tiene que ver con las relaciones sexuales *en el matrimonio* y no con la cuestión del matrimonio en sí.

Barry Danylak, sin embargo, sostiene que esta reconstrucción no encaja bien ni con el contexto corintio, ni con la lógica del argumento de Pablo.[22] Argumenta que, si Fee toma la «concesión» del versículo 6 como una abstinencia temporal, es difícil entender cuál es el propósito de la afirmación de la soltería de Pablo en el versículo 7. Dado que el verso 8 parece comenzar un nuevo tema, el verso 7 parece funcionar mejor como una base o razón para la declaración de Pablo en el verso 6. Con la lectura de Fee de la concesión, esperaríamos una declaración en el versículo 7 que afirmara la importancia de las relaciones sexuales en el matrimonio. La única manera de interpretar el versículo 7 en esta lectura parece ser poner un énfasis importante en el «pero» (Gr. *alla*) del versículo 7b, es decir, «Me gustaría que todos fueran como yo mismo. Pero cada uno tiene su propio don (Gr. *charisma*) de Dios, uno de una clase y otro de otra».

En otras palabras, el deseo declarado de Pablo de que todos sean como él en cuanto a tener el *charisma* de la soltería es incidental en el mejor de los casos. El énfasis retórico se basa en la idea de que, dado que son tan *pocos* los que son como Pablo, los maridos y las esposas deben continuar con fe las relaciones sexuales dentro del matrimonio. Incluso con esta lectura, la conexión parece muy forzada, ya que el foco de atención de Pablo estaría en la importancia de cumplir con el deber marital y no mantendría ninguna conexión obvia con el estatus o el don de la soltería. Aunque la interpretación de consenso encaja bien con la conclusión de que el *charisma* de la soltería es una condición extrema (en la línea de Debbie Maken y otros, véase más adelante), no es algo que los cristianos normales sean desafiados a explorar.

Alternativamente, el versículo 7a puede leerse como una base o apoyo para la declaración de Pablo en el versículo 6, como una afirmación cualificada de su propio estado el cual enseguida recomienda directamente a los solteros en el versículo 8 (si es así,

[22] Para el siguiente resumen estoy en deuda con una comunicación escrita por Barry Danylak, fechada el 27 de abril de 2009, que esboza el punto de vista que defiende en una disertación escrita en la Universidad de Cambridge.

obviamente no es una excepción tan extrema). En la reconstrucción de Fee, el versículo 7a parece sólo remotamente relevante para el punto que Pablo y los corintios están tratando en el párrafo, que es enfatizar la importancia de las relaciones maritales ininterrumpidas. Si, por el contrario, se eliminan las motivaciones ascéticas de la pregunta de los corintios en favor de la cuestión *práctica* del matrimonio (lo que concuerda completamente con la cuestión matrimonial grecorromana tal y como la conocemos históricamente), entonces estamos en condiciones de comprender todo el peso de la afirmación positiva de Pablo sobre la soltería, evitando al mismo tiempo el peligro de que esté abrazando cualquier noción de superioridad moral en el llamamiento.

Si esta lectura alternativa fuera correcta, la fuerza del texto sería tal que deberíamos animar de verdad a nuestras congregaciones a considerar la vocación y el *charisma* de la soltería como algo realmente bueno (i.e., «puedes quedarte como estás»), mientras que al mismo tiempo aseguramos plenamente a los que no se sienten cómodos con la vocación de la soltería que la provisión de Dios del matrimonio no es un compromiso moral, sino que es su excelente y noble provisión para la mayoría que está dotada de otra manera. Lo que queda claro en 1 Corintios 7:1-7 es que Dios nos llama a todos a una visión elevada (i.e., moralmente casta) tanto de la soltería como del matrimonio.

Soltería en la iglesia primitiva

Es un hecho notable que algunos de los protagonistas más importantes del cristianismo primitivo (incluido posiblemente el apóstol Pablo) fueran solteros.[23] Aunque es razonablemente claro que Pablo fue célibe

---

[23] Existe cierto debate sobre el estado civil de Pablo (véase especialmente F. F. Bruce, *Paul: Apostle of the Heart Set Free* [Grand Rapids: Eerdmans, 1990; orig. Exeter: Paternoster, 1977], 269-70; y David E. Garland, *1 Corinthians, Baker Exegetical Commentary on the New Testament* [Grand Rapids: Baker, 2003], 276-77). La referencia en 1 Cor. 7:8 («soltero, como yo») parece sugerir que Pablo era soltero al menos en el momento de escribir 1 Corintios, si no durante la mayor parte o toda su carrera apostólica. Sin embargo, basándose en el hecho de que Pablo era rabino y (posiblemente) miembro del Sanedrín (cf. Hechos 26:10; Fil. 3:5-6), lo cual, según algunos, habría exigido el matrimonio, así como en otras razones (véase más adelante), otros han argumentado que Pablo era viudo o divorciado. Independientemente del hecho de que no es nada seguro que Pablo fuera miembro del Sanedrín en primer lugar (Garland, *1 Corinthians*, 277), las mejores pruebas no apoyan el argumento de que la pertenencia al Sanedrín exigiera el matrimonio. La Mishnah judía considera que «el aprendizaje rabínico es la única prueba de elegibilidad de un candidato» (cf. m. Sanh. 4:4; puede darse por sentado que el Sanedrín estaba compuesto exclusivamente por judíos; cf. Emil Schürer, *The History of the Jewish People in the Age of Jesus Christ* (175 a.C.-A.D. 135), rev. y ed. Geza Vermes, Fergus Millar y Matthew Black [Edimburgo: T & T Clark, 1979], 2.211; es dudoso que b. Sanh. 36b, «No nombramos como miembros del Sanedrín a un anciano, a un eunuco o a uno que no tenga hijos», se aplicara en el siglo I d.C. [Garland, *1 Corinthians*, 277]; otro pasaje rabínico posterior que a veces se cita es m. *Yebamoth* 6:6; véase más adelante). Aunque sin duda muchos (si no la mayoría) de los miembros del

durante la mayor parte de, si no toda, su carrera apostólica (véase especialmente 1 Cor. 7:8: «soltero, como yo»),[24] algunos han sugerido que pudo haber enviudado[25] o haber sido abandonado por su esposa (incrédula) tras su conversión al cristianismo.[26] Sin embargo, las pruebas de un matrimonio anterior de Pablo son totalmente circunstanciales. El propio Pablo no aborda este tema, y al final debemos confesar que «sencillamente no lo sabemos».[27] En cualquier caso, el estado de soltería de Pablo durante la mayor parte de, si no

---

Sanedrín estaban casados, esto es diferente a decir que, porque Pablo fue miembro del Sanedrín en una época, debió estar casado.

[24] Pero véase la opinión altamente especulativa de que Pablo estuvo casado durante todo su ministerio apostólico, basada en la frase *gnΣsie syzyge* («verdadero compañero de yugo») en Flp. 4:3, que algunos han tomado como una referencia a la esposa de Pablo (C. Wilfred Griggs, «I Have a Question», *Ensign* 6 [feb. 1976]: 36, aduciendo a Clemente de Alejandría, *Stromata* 3.53.1; Orígenes, *Commentary on the Letter to the Romans* 1:1; cf. Sabine Baring-Gould, *A Study of St. Paul, His Character and Opinions* [Londres: Isbister, 1897], 213-14 [señalando la referencia de Eusebio a Clemente de Alejandría, véase la Historia Eclesiástica 3.20], que contempla la posibilidad de que la «verdadera compañera de yugo» en Flp. 4:3 puede haber sido Lidia [así lo hizo ya el erudito francés del siglo XIX Ernest Renan], con quien Pablo se había casado; véase también la útil entrada en BDAG 954). Según Griggs, Pablo en Fil. 4:3 pide «a su esposa que ayude a algunas de las mujeres que tanto habían hecho por él». Sin embargo, este argumento, muy conjetural y dudoso por motivos léxicos, ha resultado convincente para pocos y no invalida en absoluto la declaración explícita de Pablo en sentido contrario en 1 Cor. 7:8 (nótese que la opinión ni siquiera se menciona en el reciente comentario magistral de Garland, 1 Corintios, 276-77; y Peter T. O'Brien, *Commentary on Philippians, New International Greek Testament Commentary* [Grand Rapids: Eerdmans, 1991], 480 n. 22, la incluye bajo el epígrafe de «conjeturas extravagantes»). Véase también Veselin Kesich, «Paul: Ambassador of Christ or Founder of Christianity?» St. Vladimir's Theological Quarterly 43, no. 3-4 (1999): 375-401, quien afirma que «Pablo probablemente estaba casado» (p. 392).

[25] Véase el intercambio entre Joachim Jeremias, «War Paulus Witwer?» *Zeitschrift für die neutestamentliche Wissenschaft* 25 (1926): 310-12, quien sostiene que Pablo, como miembro del Sanedrín, debió estar casado (aduciendo m. *Yebamoth* 6:6) y que probablemente ya era viudo en el momento de su conversión; Erich Fascher, «Zur Witwerschaft des Paulus und der Auslegung von I Cor 7», *Zeitschrift für die neutestamentliche Wissenschaft* 28 (1929): 62-69; y Joachim Jeremias, «Nochmals: War Paulus Witwer?» *Zeitschrift für die neutes-tamentliche Wissenschaft* 28 (1929): 321-23; véase también C. K. Barrett, *The First Letter to the Corinthians, Harper's New Testament Commentaries* (Nueva York: Harper & Row, 1968), 161; Edmund Arens, «Was Paul Married?» Bible Today 66 (1973): 1191; Jeremy Moiser, «A Reassessment of Paul's View of Marriage with Reference to 1 Cor. 7», Journal for the Study of the New Testament 18 (1983): 108; Gordon D. Fee, *The First Letter to the Corinthians, New International Commentary on the New Testament* (Grand Rapids: Eerdmans, 1987), 288 n. 7; y Jerome D. Murphy-O'Connor, *Paul: A Critical Life* (Oxford: Clarendon, 1996), 62-65. Véase también John MacArthur Jr., 1 Corintios, *The MacArthur New Testament Commentary* (Chicago: Moody, 1984), 163, quien dice que Pablo «probablemente era viudo» principalmente por los otros casos de «soltero» (*agamos*) en 1 Corintios 7 (i.e., 1 Cor. 7:11: divorciado; 1 Cor. 7:34: divorciado o viudo). Sin embargo, parece mejor considerar que *agamos* es el término general para referirse a la soltería (BDAG 5), lo que dejaría abierto, al menos sobre la base de 1 Cor. 7:8, el estado civil anterior de Pablo.

[26] Considerado plausible y una posibilidad real por Bruce, *Paul: Apostle of the Heart Set Free,* 270. Véase también William E. Phipps, «Is Paul's Attitude toward Sexual Relations Contained in 1 Cor. 7.1?» *New Testament Studies* 28 (1982): 128; Simon J. Kistemaker, 1 *Corinthians, New Testament Commentary* (Grand Rapids: Baker, 1993), 215.

[27] Garland, *1 Corinthians,* 277, que sí reconoce que «muchos sostienen que [Pablo] no estaba» casado.

toda, su carrera apostólica permitió a este hombre estratégicamente llamado a encabezar la misión gentil de una manera que un hombre casado probablemente nunca podría haber hecho. Sus frecuentes viajes y encarcelamientos también habrían supuesto una gran presión para su matrimonio. Por el contrario, muchos de los otros apóstoles tenían esposas (cf. 1 Cor. 9:5, donde Pablo también afirma en principio el derecho a tener una esposa).

Soltería en el Antiguo y el Nuevo Testamento

<table>
<tr><th></th><th>ANTIGUO TESTAMENTO</th><th>NUEVO TESTAMENTO</th></tr>
<tr><td>OPINIÓN SOBRE SINGULARIDAD</td><td>A la luz de Génesis 2:24, el matrimonio se considera la norma; la soltería se considera generalmente indeseable.</td><td>El matrimonio se sigue considerando la norma, pero en vista de las preocupaciones del reino, la soltería se presenta como un estado ventajoso para los que están llamados a ella</td></tr>
<tr><td rowspan="6">CATEGORÍAS DE LA SOLTERÍA</td><td>Viudo (a)</td><td rowspan="3">Un regalo dado por Dios; no se exige a todos (1 Cor. 7:7)</td></tr>
<tr><td>Eunuco</td></tr>
<tr><td>Los que no pudieron casarse por razones de enfermedad o dificultad económica</td></tr>
<tr><td>Llamado divino</td><td rowspan="3">Un llamado extendido por Dios y aceptado por los llamados
(Mt. 19:11-12)</td></tr>
<tr><td>Hombres o mujeres divorciados</td></tr>
<tr><td>Hombres y mujeres antes del matrimonio</td></tr>
</table>

De acuerdo con la costumbre judía contemporánea, los hombres casados, con el permiso de sus esposas, podían salir de casa para estudiar con un rabino, como hicieron los discípulos de Jesús (Mc. 1:18-20; 10:28-29 par.). Pablo también reconoce que los cónyuges pueden abstenerse temporalmente de mantener relaciones sexuales «por mutuo acuerdo y durante un tiempo» con el fin de realizar una oración prolongada (1 Cor. 7:5) —sin duda una excepción rara vez invocada en la mayoría de los matrimonios cristianos.[28] Sin embargo, Pablo insta a los cónyuges a reanudar las relaciones sexuales después de este breve período de abstinencia para que satanás no les tiente por su falta de autocontrol. Sin embargo, como se ha mencionado, el celibato no era la norma para los apóstoles (1 Cor. 9:5).[29]

Al igual que en el caso de los apóstoles, en los primeros siglos de la iglesia la soltería era la excepción, no la norma. Aunque había algunos notables partidarios del celibato, como el teólogo alejandrino del siglo III Orígenes[30], la mayoría de los líderes de la iglesia primitiva estaban casados y enseñaban con frecuencia sobre la bondad del matrimonio. Sin embargo, debido a una confluencia de factores —entre ellos la filosofía gnóstica griega que exaltaba el espíritu sobre el cuerpo, la doctrina ascética de ciertos grupos cuasi-cristianos como los maniqueos, y el creciente deseo de la iglesia romana de centralizar su base de poder— el celibato fue gradualmente aceptado y posteriormente exaltado por la iglesia.[31] De hecho, ya a finales del siglo IV, muchos concilios eclesiásticos locales empezaron a pedir, y luego a exigir, que el clero permaneciera soltero, y el celibato se impuso a todos los dirigentes eclesiásticos en el Primer Concilio de Letrán en 1123.

Esta tendencia a la idealización de la soltería (o, como diría la iglesia católica romana, «estar casado con la iglesia») puede verse en el crecimiento de las instituciones del monacato y el convento a lo largo del primer milenio de la historia de la iglesia, así como en la evolución de los escritos de algunos de los teólogos más destacados. El padre de la Iglesia del siglo V, Agustín, por ejemplo, al escribir sobre las relaciones sexuales en el matrimonio, señaló que el matrimonio es bueno y que «un hombre y su esposa pueden desempeñar sus papeles activo y pasivo en el drama de la concepción sin los impulsos lascivos

---

[28] Para un intento de reconstrucción del trasfondo corintio de 1 Corintios 7, véase el cap. 10 de este volumen.

[29] Véase más adelante el debate.

[30] De Eusebio, *Ecclesiastical History* 6.8.1: «En este tiempo, mientras Orígenes dirigía la instrucción catequética en Alejandría, hizo un acto que evidenciaba una mente inmadura y juvenil, pero que al mismo tiempo daba la más alta prueba de fe y continencia. Pues tomó las palabras: "Hay eunucos que se han hecho eunucos por el reino de los cielos", en un sentido demasiado literal y extremo. Y para cumplir la palabra del Salvador, y al mismo tiempo para quitar a los incrédulos toda oportunidad de escándalo, pues, aunque joven, se reunía para el estudio de las cosas divinas con mujeres y con hombres, llevó a cabo en acción la palabra del Salvador».

[31] Cuando los sacerdotes pudieron casarse y tener hijos (de acuerdo con la tradición medieval), sus hijos a menudo se convirtieron también en sacerdotes. El efecto fue que cada vez había más sacerdotes, lo que provocó una dilución del poder eclesiástico. Promover el celibato era una forma de asegurar que sólo unos pocos elegidos como sacerdotes por la jerarquía eclesiástica, lo que le permitía recentralizar su control sobre la iglesia.

de la lujuria».[32] Aunque Agustín creía que la lujuria a menudo empaña las relaciones sexuales y que la procreación debe ser el objetivo del sexo, afirmaba que el acto en sí mismo es bueno dentro de los vínculos santificados del matrimonio. Agustín incluso apeló a la relación sexual entre Adán y Eva en el jardín del Edén como paradigma a imitar por los cónyuges cristianos.

Sin embargo, en el siglo XII, al escribir sobre las relaciones sexuales en el matrimonio, Tomás de Aquino señaló: «Incluso el sexo conyugal, adornado con toda la honorabilidad del matrimonio, lleva consigo una cierta vergüenza… ahora bien, la virginidad se define por una integridad moral… sin duda, el estado de virginidad es preferible».[33] Aunque Aquino creía que el matrimonio era honorable, de acuerdo con la doctrina eclesiástica de la época, consideraba que la soltería era el estado más deseable. Sin embargo, la creencia de Aquino de que el sexo conyugal «conlleva una cierta vergüenza» entra en conflicto directo con las Escrituras, que dicen que «todo lo creado por Dios es bueno, y nada debe rechazarse si se recibe con acción de gracias» (1 Tim. 4:4). Según Génesis 1:31, Dios consideró que la creación de la humanidad como hombre y mujer era «muy buena», y en Génesis 2:18 se muestra que Dios considera que la condición del hombre sin mujer «no es buena».

Hacia una teología bíblica de la soltería

Resumen de los resultados

Antes de discutir algunos temas relacionados con la soltería, puede ser útil resumir los principales hallazgos de nuestro estudio sobre la misma en el Antiguo y Nuevo Testamento y en la iglesia primitiva, y esbozar los contornos de una teología bíblica de la soltería. Nuestro estudio de las enseñanzas del Antiguo Testamento sobre la soltería puso de manifiesto seis categorías de personas solteras: (1) las viudas o viudos; (2) los eunucos; (3) los que no podían casarse por enfermedad o dificultad económica; (4) los que permanecían solteros por un llamado divino; (5) los divorciados; y (6) los jóvenes solteros antes de casarse.

Prácticamente todas estas categorías continúan en la era del Nuevo Testamento.[34] Sin embargo, mientras que la soltería en los tiempos del Antiguo Testamento parece haber sido incómoda y a menudo

---

[32] Augustine, *City of God,* 14.26.

[33] Aquinas, *Summa Theologica* 2.2.151–52.

[34] Aunque nótese que Jesús utiliza «eunucos» en sentido figurado y no literal en Mateo 19:12.

involuntaria, el Nuevo Testamento presenta declaraciones tanto de Jesús como de Pablo que elogian las ventajas de la soltería para el servicio del reino. Jesús dice que algunos son «eunucos por el reino de los cielos» (Mt. 19:12), mientras que Pablo califica el celibato como un «don de Dios» (1 Cor. 7:7) y procede a detallar las formas en que la soltería puede promover «la devoción indivisa al Señor» (1 Cor. 7:32-35).

Al igual que en el Antiguo y el Nuevo Testamento, el matrimonio continuó siendo la norma en la Iglesia primitiva (e.g., 1 Cor. 9:5), con la notable excepción del apóstol Pablo, que no se casó al menos durante la mayor parte (si no toda) de su ministerio apostólico. Sin embargo, algunos siglos después de la era cristiana, una convergencia de factores —como el dualismo gnóstico griego que elevaba el espíritu sobre el cuerpo, o el ascetismo de grupos cuasi-cristianos como los maniqueos— condujo a la exaltación gradual de la soltería como espiritualmente superior al matrimonio.

Aunque líderes eclesiásticos como Agustín afirmaron que el matrimonio es honorable y el sexo es bueno dentro de los lazos matrimoniales, los periodos patrístico tardío y medieval fueron testigos de una tendencia a exaltar la soltería. En el siglo XII d.C., el celibato era obligatorio para todos los dirigentes de la iglesia. Pasamos ahora a un debate sobre cuestiones relacionadas con la soltería en nuestros días, seguido de un estudio de la enseñanza bíblica sobre la soltería dirigido a diversos grupos.

Una propuesta de teología bíblica de la soltería

La pregunta sigue siendo por qué el tratamiento bíblico de la soltería muestra el notable grado de desarrollo que se demostró anteriormente.[35] Como muestra Barry Danylak, la procreación era una parte integral de los pactos del Antiguo Testamento, empezando por el pacto de Dios con Abraham (Gn. 12:1-9; 15:1-21; 18:1-15; 22:15-19) y continuando con el pacto davídico (2 Sam. 7:12-13).[36] Toda la estructura de la herencia familiar en los tiempos del Antiguo Testamento se basaba en la centralidad de la relación entre la descendencia y la bendición (Ex.

[35] La siguiente discusión, aunque fluye orgánicamente de las conclusiones anteriores, está significativamente en deuda con Barry Danylak, *A Biblical Theology of Singleness, Grove Biblical Series B 45* (Cambridge: Grove, 2007). También está en deuda con Danylak John Piper, «Single in Christ: A Name Better than Sons and Daughters» (sermón predicado el 29 de abril de 2007), www.desiringgod.org; véase también «Married or Single: For Better or Worse», John Piper, 3 de mayo de 2007, www.desiringgod.org.

[36] Ibíd., 8-12.

32:13; Dt. 4:20; 32:9; 1 Ro. 21:3; 1 Cr. 28:8), y el matrimonio por levirato asegura la continuidad del nombre de la familia (Rut).

Sin embargo, en Isaías y los Profetas empezamos a ver «indicios de un nuevo paradigma de cumplimiento de las bendiciones abrahámicas».[37] En el tercer «Canto del siervo» de Isaías, leemos que aunque el siervo sufriente sería «cortado de la tierra de los vivos» (Is. 53:8), sin embargo «vería a su descendencia» (Is. 53:10). Así pues, las nuevas bendiciones no llegan a través de la descendencia física, sino a través de la descendencia suscitada por Dios mismo. Este nacimiento sobrenatural es posible gracias al sacrificio vicario del siervo del Señor. Asombrosamente, el siguiente capítulo de Isaías continúa con el canto de la mujer estéril que se alegra de que «los hijos de la desolada serán más que los de la casada» (Is. 54:1).

Así, como explica Alec Motyer, «el canto [del siervo] simboliza la entrada en una bendición proporcionada por el esfuerzo de otro. Así que aquí, la *mujer estéril* canta, no porque haya dejado de serlo, sino porque el Señor ha actuado en su Siervo con el efecto de que su "semilla" se convierta en sus *niños*/"hijos"... por lo tanto, la familia reunida no puede explicarse de forma natural... la iglesia, el pueblo del Señor, es creada por un nacimiento sobrenatural».[38] La descendencia de la mujer poseerá las naciones (Is. 54:3), y el Señor es su esposo (v. 5) quien la abraza con un amor eterno (v. 8).

Además, en Isaías 56 encontramos otro retrato de la restauración, esta vez no para la mujer estéril, sino para el eunuco. El eunuco, que a causa de sus defectos físicos había sido excluido de la asamblea del Señor (Dt. 23:1), tiene ahora acceso al templo restaurado (Is. 56:5). El que era un árbol seco sin hijos (v. 3) recibe ahora «un nombre mejor que el de los hijos y las hijas», «un nombre eterno que no será cortado» (v. 5). Como señala Danylak, «este pasaje es un recordatorio para los solteros y los que no tienen hijos de que el legado que tienen como miembros de la casa eterna de Dios es algo muy superior a cualquier legado físico que puedan proporcionar los hijos y la descendencia. Dios mismo es su porción y herencia (Lam. 3:24; Ez. 44:28)».[39]

«El tema de la descendencia que surge en Isaías y el nuevo pacto que representa», observa Danylak, «reaparece de forma dramática en

---

[37] Ibíd., 14.

[38] J. Alec Motyer, *The Prophecy of Isaiah* (Downers Grove, IL: InterVarsity, 1993), citado en Danylak, *Biblical Theology of Singleness*, 15.

[39] Danylak, *Biblical Theology of Singleness*, 16. Obsérvese a este respecto el llamativo uso que hace Jesús del lenguaje «eunuco» en Mt. 19:12 (sobre el que véase la discusión de Danylak en las pp. 22-23). Véase también el relato del eunuco etíope en Hechos 8, que, entre otras cosas, está leyendo Isaías 53.

el Nuevo Testamento».[40] En Gálatas 3, Pablo deja claro que las bendiciones del pacto de Dios deben ser disfrutadas en Cristo mediante la fe por su descendencia espiritual, los hijos de la promesa. En Romanos 9, Pablo añade que pertenecer al pacto no es simplemente el resultado de ser un descendiente físico de Abraham, sino una cuestión de ser una descendencia espiritual a través de la fe en Cristo (véase especialmente Romanos 9:6, 8). En otras partes del Nuevo Testamento, el lenguaje de la «herencia» se aplica a la descendencia espiritual más que a la natural (e.g., Ef. 1:14, 18; 5:5; 1 Pe. 1:3-4).

Con respecto a la vida y las enseñanzas de Jesús, su mensaje a Nicodemo se centró en la necesidad de un nuevo nacimiento espiritual, incluso para los judíos (Jn. 3:3, 5). Tal y como se ha desarrollado con cierta amplitud en el capítulo 6, Jesús hizo hincapié en repetidas ocasiones en la naturaleza espiritual de aquellos que serían incluidos entre sus seguidores y en su familia, en contraste con los vínculos naturales de carne y hueso (e.g., Mt. 12:46-50; Lc. 14:26; 18:28-30). Aunque no socavó la estructura familiar tradicional, Jesús elevó el reino de Dios a una importancia suprema que exigía de sus seguidores una lealtad que superaba incluso la requerida por la familia natural. Jesús también enseñó que no habría matrimonio en el cielo (Lc. 20:34-36 y pars.).

En Mateo 19:11-12, Jesús habla de tres clases de eunucos: los que son eunucos de nacimiento (defecto congénito), los que fueron eunucos hechos por los hombres (castración física) y los que se hicieron eunucos por el reino de los cielos. El uso del lenguaje «eunuco» por parte de Jesús puede resultar sorprendente en un primer momento, debido al desprecio que se dirige a los eunucos en la cultura judía contemporánea. Sin embargo, en un segundo momento, los eunucos proporcionaron un modelo adecuado para el punto que Jesús estaba señalando. Como no tenían hijos, podían ofrecer un servicio devoto y sin distracciones al rey. Aunque no era para todo el mundo (Mt. 19:11), Jesús animó a los que podían recibir sus enseñanzas a que lo hicieran (Mt. 19:12).[41] Las enseñanzas de Pablo van en una línea similar (1 Cor. 7:32, 35).

Un estudio de la vida de Jesús revela además que, aunque era soltero, no vivía solo. Su círculo íntimo estaba formado por tres de sus seguidores, y le acompañaban los doce apóstoles, así como un grupo

---

[40] Ibíd., 17.

[41] No está claro que en la mente de Jesús los que eligieran hacerse eunucos por el bien del reino de Dios fueran tan «raros» como algunos piensan hoy. Danylak, *Biblical Theology of Singleness*,, 23, logra el equilibrio exacto aquí: «Por lo tanto, la iglesia... no debe imponer nunca la soltería a nadie que tenga un fuerte deseo innato de casarse, pero tampoco debe desanimar a nadie que pueda emprenderla fielmente».

de devotas seguidoras (Lc. 8:1-3). Jesús también mantuvo estrechas amistades con otras personas, quizá la más notable sea la familia de Lázaro, Marta y María en Betania, cerca de Jerusalén (Lc. 10:38-42; Jn. 11:1-12:19). Como predicador itinerante, Jesús disfrutaba de la hospitalidad de los demás y entraba en estrecho contacto con muchos necesitados y los atendía. Cuando por fin se reunió, como cabeza paterna, con sus seguidores antes de su muerte en la última cena para instituir el nuevo pacto, dejó un legado a su descendencia espiritual y presidió la nueva familia de Dios, que hizo realidad mediante su muerte sacrificial. En estos y otros aspectos, Jesús sirve como modelo de alguien que se dedicó al servicio del reino de Dios.[42]

¿Cómo explicar entonces el cambio en la presentación de la soltería del Antiguo Testamento al Nuevo? Como explica Danylak, «el significado de la soltería cambia del contexto del Antiguo Testamento al contexto del Nuevo Testamento a la luz de las diferencias intrínsecas entre el antiguo y el nuevo pacto que reflejan en gran medida».[43] Mientras que la descendencia física era vital para el cumplimiento del antiguo pacto, el nuevo pacto se basa en la noción de la producción de descendencia espiritual a través del sacrificio vicario del siervo sufriente del Señor. La vida de Jesús, por su parte, sirve como paradigma de servicio dedicado al reino para aquellos que son llamados y eligen ser «eunucos por el reino de los cielos».

¿Cuáles son, entonces, las implicaciones de la enseñanza bíblica sobre la soltería para la iglesia de hoy? Como señala Danylak, la soltería sirve como «un recordatorio de que la entrada al pueblo de Dios es a través del renacimiento espiritual más que de la pertenencia física a una familia». Del mismo modo, la presencia de solteros y casados en la iglesia significa que la iglesia vive entre las edades. Las personas casadas son necesarias porque la iglesia sigue formando parte de la era actual, pero las personas solteras le recuerdan que la era espiritual ya ha sido inaugurada en Cristo y espera una consumación inminente».[44] A la iglesia le corresponde fomentar el tipo de vida comunitaria y congregacional que reconoce y vive estas realidades espirituales.[45]

---

[42] Véase ibíd., 24-25.

[43] Ibíd., 26.

[44] Ibíd., 27.

[45] Yo (Andreas Köstenberger) tengo el privilegio de enseñar a un grupo de este tipo, la clase «familias del reino» en *Richland Creek Community Church* en Wake Forest, NC. Esta clase se compone tanto de familias como de solteros de muchas etapas y caminos de la vida, así como de muchas naciones de todo el mundo. Quiero expresar mi gratitud a mis hermanos y hermanas de esa clase por enseñarme en la práctica mucho de lo que he escrito en este capítulo.

El debate contemporáneo

Tras la publicación de la primera edición de *Dios, matrimonio y familia* en 2004, Debbie Maken creó un gran revuelo al publicar su libro *Getting Serious about Getting Married: Rethinking the Gift of Singleness.*[46] El libro fue respaldado por Albert Mohler, quien acreditó a Maken con «un consejo sólido, un pensamiento serio y un enfoque honesto». En su libro, Maken describe cómo se tomó en serio lo de casarse a los veintiocho años, se inscribió en una agencia cristiana de búsqueda de pareja por internet y poco después encontró a su compañero. Maken sostiene que las mujeres que tienen entre veinte y treinta años y aún no se han casado deberían «tomarse en serio la idea de casarse», como hizo ella, y dar los pasos necesarios en esa dirección, lo que puede incluir volver a casa y pedir a su padre o a una figura paterna que les ayude a localizar y seleccionar a posibles pretendientes.

El libro de Maken suscitó algunas respuestas críticas, entre ellas un artículo de Christianity Today, escrito por Camerin Courtney, titulado «*30 and Single? It's Your Own Fault*».[47] En este artículo, la autora objetó que el problema para ella y sus amigas solteras no era la falta de esfuerzo; ella se tomaba en serio lo de casarse pero hasta ahora no había encontrado pareja. Señaló que los argumentos de Maken a favor del matrimonio como voluntad de Dios para todos los creyentes se basaban en gran medida en el orden original de la creación, al tiempo que desestimaban indebidamente la postura positiva de Jesús hacia la soltería en Mateo 19. También se opuso a la «teología de molde» de Maken y a su curioso conjunto de soluciones, mencionadas anteriormente, que pueden deberse más a la herencia cultural de Maken o a un esfuerzo por reproducir la antigua cultura judía que a algo prescrito en las Escrituras.

Albert Mohler también se encontró en el punto de mira de las críticas tras un controversial discurso sobre el matrimonio pronunciado en la conferencia *New Attitude* en 2004, organizada por Joshua Harris, autor de *I Kissed Dating Goodbye*.[48] Al hablar sobre «el misterio del matrimonio», Mohler trató de abordar la crisis matrimonial actual haciendo un llamamiento a los jóvenes para que fueran más serios y responsables a la hora de buscar el matrimonio a una edad más temprana. En términos de convicción teológica, Mohler sostuvo que «desde el Génesis hasta el Apocalipsis, la Biblia asume que el

---

[46] Wheaton, IL: Crossway, 2005.

[47] Http://www.christianitytoday.com on June 21, 2006.

[48] Véase, e.g., Camerin Courtney, «Is Singleness a Sin?» Christianity Today, 11 de agosto de 2004.

matrimonio es normativo para los seres humanos». En términos de análisis cultural, Mohler denunció el problema de la adolescencia prolongada y el consiguiente retraso del matrimonio.[49]

En cuanto a su prescripción, Mohler hizo un claro llamamado a que «esta generación de jóvenes cristianos lidere la recuperación de la visión bíblica y construya una contracultura cristiana que vuelva a poner el matrimonio en el centro de la vida humana y de la vida cristiana». En lugar de que los creyentes se acomoden a la cultura circundante, deben «recuperar una visión bíblica completa y exhaustiva del matrimonio en todo su esplendor». Y «armados con un mandato bíblico y alimentados por la pasión cristiana», los jóvenes pueden «ser la vanguardia de la recuperación» si «persiguen la gloria de Dios en cada dimensión de [sus] vidas», y se casan.[50] Sin embargo, aunque las preocupaciones de Mohler parecen bien fundamentadas, su teología articulada de la soltería puede requerir más matices.

En otoño de 2006, yo (Andreas Köstenberger) mantuve un extenso intercambio con Debbie Maken que incluyó cinco entradas en el blog.[51] Aquí sólo se pueden resumir los puntos más destacados del intercambio; para una valoración completa de las cuestiones relevantes, se remite a los lectores a las entradas completas y a los debates subsiguientes. En primer lugar, está la cuestión de la terminología. Maken distingue entre «celibato» y «soltería» partiendo de la base de que sólo el celibato es un don y luego considera que la soltería —entendida como la elección de permanecer soltero sin tener el don del celibato— no es bíblica. Sin embargo, esto es un razonamiento circular indebido. En consecuencia, en este libro se utiliza «soltería» sin prejuzgar la cuestión de si una persona que actualmente no está casada tiene el don del celibato.

En segundo lugar, existe un acuerdo esencial entre las dos partes de que el matrimonio sigue siendo la norma hoy en día, mientras que la soltería es un don otorgado por Dios. Sin embargo, la cuestión sigue siendo cuán raro o común es el don de la soltería. Maken y Mohler sostienen que el don es extremadamente raro (Maken habla del «alto

[49] «El problema puede ser simple pereza», escribió Mohler, «la inmadurez personal, el miedo al compromiso o la prioridad desequilibrada que se da al trabajo y a la profesión, también puede adoptar la forma de un rechazo a crecer y tomar la iniciativa en el cortejo». Véase R. Albert Mohler Jr., «Reflecting on "The Mystery of Marriage"», publicado en dos partes en www.albertmohler.com y en una versión editada en www.boundless.org.

[50] Ibíd.

[51] Andreas Köstenberger, «The Gift of Singleness» (18 de agosto de 2006), «The Gift of Singleness (Part 2)», 25 de agosto de 2006, y «The Gift of Singleness (Part 3)», 21 de septiembre de 2006, todos en http://www.biblicalfoundations.org; Debbie Maken, «A Response to a Worthy Critic», 24 de agosto de 2006, y «Concluding Remarks in a Conversation with a Theologian», 8 de septiembre de 2006, http://debbiemaken.blogspot.com.

nivel de logros monumentales»), aunque no está claro sobre qué base exegética. Jesús, en Mateo 19:12, se refiere a «algunos... otros... y otros», añadiendo: «El que pueda aceptar esto, que lo acepte», y Pablo, en 1 Corintios 7:7, escribe: «Ojalá todos fueran como yo», es decir, solteros. Ninguno de estos pasajes, leídos en sus propios términos, sugiere que el «don» sea tan raro como afirman Maken y Mohler.

En tercer lugar, la cuestión también es cómo se determina si se tiene el don de la soltería. El asunto se complica aún más por el hecho de que esto puede no ser una proposición de una vez por todas. Por ejemplo, es posible que Pablo estuviera casado en algún momento y que posteriormente enviudara o fuera abandonado por su esposa incrédula, momento en el que se sintió llamado a permanecer soltero. El razonamiento de Pablo en 1 Corintios 7 es en parte circunstancial (véase, E.g, v. 26: «en vista de la presente angustia»; v. 29: «el tiempo señalado se ha acortado mucho»), por lo que, si las circunstancias cambian, el llamado al matrimonio o a la soltería podría cambiar también. También existe el problema, en cuarto lugar, de la postura crítica inherente al argumento de que el matrimonio es la norma aplastante, de modo que la mayoría de los que actualmente no están casados lo están por razones no bíblicas.

En quinto lugar, si la presentación anterior (apoyada también por la excelente monografía de Danylak) es una indicación, la teología de Maken (y en menor medida la de Mohler) sobre el matrimonio y la soltería carece de matices adecuados. No servirá decir, como hace Maken, por ejemplo, que como «Dios es el mismo ayer, hoy y siempre, y su ley no cambia», el matrimonio es la norma.[52] La Escritura deja claro que existe un desarrollo en el plan de Dios a lo largo de la Escritura a medida que se abordan las consecuencias de la caída y se lleva a cabo la consumación de la nueva creación de Dios. Como se ha mostrado anteriormente, la Biblia comienza con el matrimonio como norma, mientras que en el estado eterno el matrimonio se concibe en términos puramente espirituales; Maken, en particular, no parece apreciar suficientemente la trayectoria bíblica en funcionamiento aquí. También hay otras dificultades con la teología y la prescripción de Maken que se detallan y critican en las entradas del blog mencionadas anteriormente.

---

[52] E.g., Debbie Maken, *Getting Serious about Getting Married: Rethinking the Gift of Singleness* (Wheaton, IL: Crossway, 2006), 22. Continúa afirmando categóricamente: «La Biblia es clara: la voluntad de Dios es que las personas se casen» (el énfasis es original; aunque reconoce raras «excepciones a la regla»). Maken también apela a la ley natural (p.g., p. 27) y regularmente a su propia experiencia personal (ver, e.g., la introducción en las p. 11-18; ver también p. 25, 28, 41, passim).

A fin de cuentas, no hay nada que sustituya a un estudio exhaustivo de toda la trayectoria de la teología bíblica del matrimonio y la soltería, como se ha intentado en este capítulo. Tanto Jesús, en Mateo 19, como Pablo, en 1 Corintios 7, trataron de mantener dos perspectivas complementarias en tensión: afirmaron la legitimidad del matrimonio como institución divina y elogiaron el permanecer soltero por el bien del reino de Dios por parte de aquellos que estaban divinamente dotados y llamados a hacerlo. En última instancia, para los solteros, la necesidad principal es confiar en la providencia y la guía de un Dios bueno y soberano y entender que tanto el matrimonio como la soltería son llamados dignos y elevados utilizados por Dios en la construcción de su iglesia y en el avance de su reino.

Cuestiones relacionadas con la soltería

La soltería y el ministerio

A diferencia de la iglesia católica romana, que exige el celibato a todos sus sacerdotes (aparentemente porque el propio Jesús no estaba casado), los evangélicos no consideran el celibato como un requisito ministerial. Dado que, en su opinión, los líderes de la iglesia no encarnan a Cristo en un sentido sacramental (administrando la misa siguiendo el modelo del servicio sacerdotal del Antiguo Testamento), no hay necesidad de que se abstengan de mantener relaciones sexuales para permanecer ritualmente puros. Así, la soltería se considera un don concedido por Dios a unos pocos elegidos y no un requisito para todos los ministros.[53]

Aplicada al contexto contemporáneo, la soltería debe reconocerse como un don para unos pocos elegidos que tiene importantes ventajas para el ministerio, pero que no es intrínsecamente superior ni inferior a la institución del matrimonio. Aunque Pablo da por sentado que los dirigentes de la iglesia, por regla general, estarán casados (1 Tim. 3:2, 12; Tit. 1:6) y considera que el matrimonio y la familia son un campo de entrenamiento y prueba para los futuros líderes de la iglesia (1 Tim. 3:4-5; cf. 1 Tim. 3:15), esto no debe interpretarse como un requisito.[54]

---

[53] Véase la discusión anterior. A pesar de los esfuerzos por demostrar lo contrario, la concepción católica romana debe mucho más a la tradición eclesiástica posterior que a la enseñanza del NT. Véase Andreas J. Köstenberger, «Review Article: The Apostolic Origins of Priestly Celibacy», *European Journal of Theology* 1 (1992): 173-79.

[54] Véase el cap. 12 de este volumen. Véase también George W. Knight, *Commentary on the Pastoral Letters, New International Greek Testament Commentary* (Carlisle: Paternoster; Grand Rapids: Eerdmans, 1992), 173: «El hogar es el campo de pruebas de la fidelidad de todos los dirigentes».

La iglesia necesita tanto a sus miembros solteros como casados. Mientras que en la mayoría de las iglesias las parejas casadas con hijos forman el tejido de la congregación, los casados deben tratar a los solteros como miembros de pleno derecho de su congregación.

Esto es tanto más imperativo cuanto que los solteros tienen el privilegio de dedicarse más plenamente al servicio del reino, incluyendo el estudio de las Escrituras, la oración por las necesidades de los demás y el servicio en una variedad de funciones estratégicas (incluida la de misioneros). Socialmente, los casados deben incluir a los solteros en sus actividades y reuniones como parte del amor y la hermandad cristiana. Los solteros, por su parte, deben encontrar su suficiencia en Cristo y en servirle. Sin embargo, a menos que una persona soltera se sienta satisfecha en este estado, es probable que Dios acabe conduciendo a esa persona a casarse, que es el principal modelo de relaciones humanas instituido por Dios en el Antiguo Testamento y que se reafirma en el Nuevo.

Convivencia y sexo prematrimonial

Además de la soledad, una de las mayores tentaciones a las que se enfrentan los solteros es la de mantener relaciones sexuales ilegítimas. Sin duda, ésta es una de las razones por las que en las últimas décadas se ha visto un marcado aumento de la cohabitación sin matrimonio, así como de la práctica de las relaciones sexuales prematrimoniales.[55] Sin embargo, de la enseñanza bíblica se desprende claramente que tanto la cohabitación como las relaciones sexuales prematrimoniales son violaciones del diseño de Dios para las relaciones entre hombres y mujeres.[56] De hecho, en los tiempos bíblicos, los judíos consideraban

---

[55] Según la Oficina del Censo de Estados Unidos, en 2007 había más de 6,4 millones de parejas no casadas que vivían juntas. Hace treinta años, la cifra era inferior a un millón. Las parejas que cohabitan representan ahora casi el diez por ciento de todas las parejas del sexo opuesto de EE.UU., casadas y no casadas. Véase Sharon Jayson, «Census reports more unmarried couples living together», *USA Today*, 27 de julio de 2008. Otro estudio, *USA Today*, 13 de mayo de 2009, informó de que, según el Centro Nacional de Estadísticas de Salud, el porcentaje de todos los nacimientos vivos sin estar casados en EE.UU. en 2007 fue del 40%, frente al 18% de 1980; el aumento más pronunciado se produjo entre 2002 y 2007. (Las cifras del Reino Unido son del 44% en 2007, frente al 12% en 1980). Además, en 2007, el 60% de los nacimientos de mujeres de entre 20 y 24 años en EE.UU. se produjeron fuera del matrimonio, frente al 52% en 2002. Por lo tanto, si las tendencias continúan, muy pronto nacerán más niños fuera del matrimonio que de parejas casadas. Esto demuestra que no sólo las relaciones sexuales extramatrimoniales, sino también los hijos extramatrimoniales, se han convertido en un hecho cotidiano y ampliamente aceptado, sin más estigma. Véase el perspicaz editorial «Marriage: Now Just Another Option for Raising Children», Shepherd Press Newsletter 53, 15 de mayo de 2009, http://www.shepherdpress.com.

[56] Cf. Monford Harris, «Pre-Marital Experience: A Covenantal Critique», *Judaism* 19 (1970): 134-44; Christopher Ash, *Marriage: Sex in the Service of God* (Leicester: Inter-Varsity, 2003), 222-26. Véase también el cap. 5 en Dennis P. Hollinger, *The Meaning of Sex: Christian Ethics*

que la actividad sexual prematrimonial de una mujer equivalía a la prostitución, y la pena por mantener relaciones sexuales sensuales con una persona con la que no se estaba casado solía ser la muerte o el divorcio.[57]

Como ya hemos argumentado, la Escritura presenta el matrimonio como una relación sagrada, inviolable y exclusiva entre un hombre y una mujer, que se establece mediante el compromiso mutuo de fidelidad marital para toda la vida y que se consuma con las relaciones sexuales, lo que constituye el matrimonio como la unión de «una sola carne» (Gn. 2:23-24). Según Jesús, la unión conyugal hace que el hombre y la mujer ya no sean dos, sino uno solo, al haber sido unidos por Dios mismo (Mt. 19:6; Mc. 10:8-9). Pablo sostiene que incluso las relaciones sexuales con una prostituta dan lugar a la unión de una sola carne, aunque ilegítima (1 Cor. 6:15-17, en referencia a Gn. 2:24; cf. Ef. 5:31).[58] Lo mismo ocurre con cualquier forma de relación sexual fuera de una relación matrimonial monógama.[59]

---

and the Moral Life (Grand Rapids: Baker, 2009), que analiza las actitudes sobre el sexo antes del matrimonio, los argumentos inadecuados a favor de la abstinencia, los argumentos a favor del sexo prematrimonial y otras cuestiones sexuales como los límites de la expresión física, el sexo oral, la masturbación y el uso de la pornografía.

[57] E.g., Dt. 22:20-24; Jub. 20:4; 33:20. Véase Keener, «Adulterio, divorcio», en *Dictionary of New Testament Background*, 10, quien señala que esta pena no se aplicaba en tiempos del NT.

[58] Es importante señalar que en 1 Cor. 6:15-17 Pablo no dice que el coito con una prostituta signifique que uno está casado con ella. Más bien dice que resulta en una relación de una sola carne. Es importante hacer esta distinción, porque el matrimonio es mucho más que una relación sexual. De hecho, en el pasaje de 1 Cor. 6:15-17 el apóstol no está enseñando sobre el matrimonio en sí, sino sobre la inmoralidad sexual y su efecto en la relación espiritual con Dios. En este pasaje, Pablo señala que es la relación Cristo/iglesia la que se ve amenazada por la unión ilícita creyente/prostituta, no la relación matrimonial. Además, Pablo escribe que es a causa de la relación espiritual Cristo/iglesia, y no de la relación matrimonial, que el creyente debe abstenerse de tener relaciones sexuales con una ramera.

[59] Como señala David Clyde Jones, *Biblical Christian Ethics* (Grand Rapids: Baker, 1994), 158, «El problema moral esencial de las relaciones sexuales no matrimoniales es que realizan un acto que une la vida sin una intención que la une, violando así su significado intrínseco». Paul Ramsey, *One Flesh: A Christian View of Sex Within, Outside and Before Marriage, Grove Booklets on Ethics 8* (Bramcote, Notts: Grove Books, 1975), 13, señala en una línea similar que «los actos extraconyugales de amor sexual son... intentos de separar lo que Dios unió». Cf. Richard J. Foster, «Sexuality and Singleness», *Readings in Christian Ethics, vol. 2: Issues and Applications*, ed., David K. Clark y Robert V. David K. Clark y Robert V. Rakestraw (Grand Rapids: Baker, 1996), 157. Contra el intento poco convincente de John F. Dedek, «Premarital Petting and Coitus», *Chicago Studies* 9 (1970): 227-42, de argumentar que no existe condena bíblica del sexo prematrimonial. Según Dedek, *porneia* en Mateo 5:32 y 19:9 significa adulterio; en 1 Cor. 5:1 significa incesto; en 1 Cor. 6:12-20 (cf. 1 Tes. 4:3-4) significa unión con una prostituta; en Gal. 5:19-20 y Ef. 5:5 podría significar adulterio; en 1 Cor. 6:9 probablemente significa prostitución y relaciones sexuales promiscuas; y en He. 15:20, 29 se refiere a los matrimonios irregulares enumerados en Levítico 18, como las uniones incestuosas. Dt. 22:1-29 condena el hecho de que una mujer engañe a su marido antes del matrimonio haciéndole creer que es virgen cuando no lo es; la violación; y el acostarse con una mujer ya comprometida para casarse con otro hombre. Sin embargo, el intento de Dedek de determinar la postura de las Escrituras hacia el sexo prematrimonial exclusivamente mediante un estudio de la *porneia* es erróneo, en

Algunos podrían argumentar que la situación es diferente para las parejas comprometidas, porque en este caso una pareja está planeando unirse en matrimonio en el futuro. ¿Qué daño podría causar, se puede argumentar, si un futuro marido y su futura mujer mantienen relaciones sexuales entre sí antes del matrimonio, ya que tienen toda la intención de comprometerse a la lealtad mutua en cualquier caso? Sin embargo, independientemente del hecho de que no hay garantías y el compromiso puede terminar rompiéndose, mantener relaciones sexuales prematrimoniales incluso con la futura pareja matrimonial no es del todo responsable. Como un escritor lo caracteriza acertadamente, el sexo prematrimonial equivale a *un intento inútil de actuar como si estuvieran casados, mientras toman más y ofrecen menos de lo que el amor matrimonial requiere* en términos del «nivel de responsabilidad y el tipo de amor, confianza y fidelidad» que marido y la mujer están llamados a tener el uno por el otro.[60]

Si bien es inevitable que aquellos en la cultura más amplia que no se comprometen a observar la enseñanza bíblica en esta área persistan en la cohabitación o se involucren en el sexo ilícito, no puede haber duda de que esto no es una opción para los creyentes. *La abstinencia sexual antes del matrimonio y la fidelidad sexual en el matrimonio* son las expectativas bíblicas, y es evidente que la práctica de la primera constituye la mejor preparación para la observancia de la segunda.[61] Los solteros no sólo deben abstenerse de la actividad sexual antes del matrimonio, sino que también deben evitar todo lo que pueda conducir a ella, esforzándose por la pureza de palabra y de pensamiento.[62] Las mujeres deben mostrar modestia en la apariencia, y tanto las mujeres como los hombres están llamados a ejercer el autocontrol.[63]

---

primer lugar, porque ignora indebidamente el pasaje fundamental del AT sobre el matrimonio, Gn. 2:23-24, y su carácter de pacto. Además, incluso en los propios términos de Dedek, se deduce claramente que si *porneia* significa inmoralidad sexual —que está prohibida en todas partes en las Escrituras— y el único lugar en el que las relaciones sexuales se consideran morales en las Escrituras es dentro del pacto matrimonial, el sexo sin, fuera y antes del matrimonio están igualmente fuera de los límites de la moralidad bíblica.

[60] Ramsey, *One Flesh*, 18.

[61] Cf. Judith Treas y Deirdre Giesen, «Sexual Infidelity Among Married and Cohabiting Americans», *Journal of Marriage and the Family* 62 (2000): 48-60.

[62] Mt. 5:28; Ef. 5:3-4; 1 Tim. 4:12; 2 Tim. 2:22.

[63] Sobre la modestia, véase 1 Tim. 2:9-10; 1 Pe. 3:3-6. Sobre el autocontrol, véase 1 Tim. 2:9, 15; 3:2; Tit. 1:8; 2:2, 5, 6. Para una lista de las virtudes que deben cultivar las mujeres más jóvenes, véase la sección sobre las mujeres mayores que asesoran a las más jóvenes en el capítulo 5 de este volumen. Otros pasajes relevantes para los hombres jóvenes son 1 Pe. 5:5 y 1 Jn. 2:13b, 14b (ver más adelante). Para la literatura relevante sobre la modestia ver especialmente Wendy Shalit, *A Return to Modesty: Discovering the Lost Virtue* (Nueva York: Free Press, 1999); Jeff Pollard, *Christian Modesty and the Public Undressing of America* (San Antonio, TX: The Vision Forum, 2003); Mary K. Mohler, «Modeling Modesty» (Louisville, KY: Southern Baptist Theological Seminary, n.d.), http://www.albertmohler.com/ ModelingModesty.pdf; Nancy Leigh DeMoss,

¿Cuáles son las implicaciones para los cristianos que se dedican a la cohabitación y a las relaciones sexuales prematrimoniales, ya sea por ignorancia de la enseñanza bíblica sobre este tema o por violación deliberada y consciente de las Escrituras? ¿Y cuáles son las implicaciones para los no creyentes que viven juntos sin estar casados y/o practican el sexo prematrimonial o extramatrimonial? En el caso de los creyentes genuinos, si son miembros de una iglesia local, los líderes deben instruir a los jóvenes que las Escrituras no permiten la cohabitación y el sexo prematrimonial y exhortarlos a dejar de pecar contra el Señor de esta manera. Si la exhortación no es escuchada, la disciplina de la iglesia debería ser ejercida.

En el caso de los incrédulos, su principal necesidad es apartarse de su pecado y confiar en Cristo como su Señor y Salvador, lo que trasciende el tema de la cohabitación y el sexo prematrimonial. No obstante, es posible que Dios quiera utilizar este pecado concreto en la vida de estas personas para llamarlas al arrepentimiento y a la fe, y, cuando sea posible, los creyentes cuya relación con la pareja no cristiana lo permita deben aprovechar la oportunidad para abordar la cuestión, «con la esperanza de que Dios les conceda un arrepentimiento que les lleve al conocimiento de la verdad, y que entren en razón y escapen de la trampa del diablo, que los ha llevado cautivos para que hagan su voluntad» (2 Tim. 2: 25-26).

El noviazgo y las citas

En el antiguo Israel, el compromiso entre un joven y una joven se consideraba similar al matrimonio (excepto en lo que respecta a las relaciones sexuales, que se reservaban para este último) y, por tanto, la ruptura del compromiso requería la emisión de un divorcio formal.[64] En lo que respecta a la selección de una pareja y a las costumbres específicas del compromiso y las bodas, en los tiempos bíblicos solían ser negociados por los padres de la futura pareja. Los acuerdos prematrimoniales incluían la provisión de una dote o precio de la novia,[65] pero no el cortejo o las citas en el sentido moderno. Por lo

---

The Look: Does God Really Care What I Wear? (Buchanan, MI: Revive Our Hearts, s.f.). Las Escrituras no parecen abordar la modestia con respecto a los hombres.

[64] Sobre las costumbres esponsales en el mundo antiguo, véanse los respectivos ensayos en *Marriage and Family in the Biblical World* de Victor H. Matthews, «Marriage and Family in the Ancient Near East», 7-14; Daniel I. Block, «Marriage and Family in Ancient Israel», 54-58; S. M. Baugh, «Marriage and Family in Ancient Greek Society», 109-10; Susan Treggiari, «Marriage and Family in Roman Society», 151-53; y David W. Chapman, «Marriage and Family in Second Temple Judaism», 185-88.

[65] Véanse las fuentes mencionadas en la nota anterior.

tanto, el papel principal en la elaboración de los arreglos adecuados para el matrimonio de una joven pareja recaía en los padres, mientras que la participación de los jóvenes era mucho más limitada.[66]

En la cultura occidental contemporánea, el péndulo ha oscilado hacia el otro extremo. A menudo, los padres no tienen prácticamente nada que decir sobre con quién elige casarse su hijo o hija (aunque a menudo se espera que los padres paguen la boda de la hija).[67] El hecho de que hoy en día muchos retrasen el compromiso del estado de matrimonio para seguir un curso de educación, da lugar a un período de tiempo prolongado durante el cual los jóvenes ya no son una parte cercana de su familia original ni parte de una nueva familia, que algún día podrían establecer. Esto les coloca en una posición de independencia y falta de responsabilidad que puede tener consecuencias desastrosas, especialmente si no están preparados adecuadamente para el ejercicio de esta libertad. Además, dado que las relaciones sexuales prematrimoniales y la cohabitación están muy extendidas,[68] las ceremonias de boda modernas suelen ser anticlimáticas.

Una de las cuestiones clave en este ámbito es lo que constituye el verdadero amor. Los jóvenes suelen decir que no pueden controlar de quién se «enamoran», y Hollywood ha hecho lo suyo para perpetrar el estereotipo de que el amor tiene una atracción o un poder sobre las personas al que es imposible o inútil resistirse.[69] Si esto fuera cierto,

---

[66] Se plantea la cuestión de si las antiguas prácticas y costumbres matrimoniales (como los matrimonios concertados por los padres, el pago de una dote, etc.) son normativas también para los creyentes de hoy. La mayoría afirmaría que no lo son. Véase, e.g., Joshua Harris, *I Kissed Dating Goodbye* (Sisters, OR: Multnomah, 1997); idem, *Boy Meets Girl: Say Hello to Courtship* (Sisters, OR: Multnomah, 2000); Jeff and Danielle Myers, *Of Knights and Fair Maidens: A Radical New Way to Develop Old-fashioned Relationships* (Dayton, TN: Heartland Educational Consultants, 1996); y Michael y Judy Phillips, *Best Friends for Life* (Minneapolis: Bethany, 1997). Para los argumentos a favor de continuar con las antiguas prácticas de esponsales en la actualidad, véase Wayne Israel, «Betrothal: Should We Kiss Courtship Goodbye?» *Home School Digest* 11, no. 2 (primavera de 2000): 21-22; Jonathan Lindvall, «The Dangers of Dating: Scriptural Romance (Parts 1 and 2)», http://www.boldchristianliving.com/site/articles/romance1.php y http://www.boldchristianliving.com/site/articles/romance2.php (véase también el cuadro comparativo de las citas, el noviazgo y los esponsales en el mismo sitio web); y Michael Pearl, «To Betroth or Not to Betroth? That Is the Question», *No Greater Joy* (enero-febrero de 2000): 1-11, 13-15.

[67] Aunque véase Dennis Rainey, *Interviewing Your Daughter's Date: 8 Steps to No Regrets* (Little Rock, AR: FamilyLife, 2007); Voddie Baucham Jr. If He Wants to Marry My Daughter (Wheaton: Crossway, 2009).

[68] Véase el apartado anterior.

[69] Por no hablar de los escritos populares, que han hecho lo suyo para explorar la atracción por el sexo opuesto en términos evolutivos o meramente biológicos. Véase, E.g., Helen Fisher, *Why Him? Why Her? Finding Real Love by Understanding Your Personality Type* (Nueva York: Henry Holt, 2009). Fisher, antropóloga biológica, relaciona los cuatro sistemas químicos con los correspondientes tipos de personalidad. Véase también David Givens, *Love Signals: A Practical Field Guide to the Body Language of Counseling* (Nueva York: St. Martin's Griffin, 2005).

por supuesto, excusaría cualquier número de acciones, incluidas las relaciones sexuales prematrimoniales, el adulterio, el divorcio, y tal vez incluso la homosexualidad o la violación.[70] En cada uno de estos casos, si la llamada al amor es irresistible y excusa las acciones irresponsables, el amor (así definido) se convierte en el principio ético supremo que anula todas las demás consideraciones morales.

Frente a esta parodia de amor, la Escritura establece el ideal del amor humano centrado en el otro, abnegado y enfocado en el verdadero interior de la persona, más que en el cambio de las características externas (véase especialmente 1 Cor. 13; cf. Pr. 31:30). Este es el amor que los maridos están llamados a ejercer hacia sus esposas, un amor que sigue el modelo del amor de Cristo por la iglesia (Ef. 5:25-30). La búsqueda y la práctica de este tipo de amor no sólo marcan la diferencia en lo que uno busca en una pareja, sino que también marcan la diferencia en la relación matrimonial. El verdadero amor esperará tener relaciones sexuales hasta el matrimonio y tratará de mantener la dignidad de la otra persona.[71]

El libro de Proverbios deja claro que encontrar una esposa temerosa de Dios es una bendición especial del Señor (Pr. 18:22). Lo que los jóvenes deben buscar en una futura esposa no es tanto la belleza como el carácter piadoso y un espíritu apacible y tranquilo (1 Pe. 3:3-4). El apóstol Pablo enseña que los cristianos deben tener cuidado de no entablar relaciones estrechas con personas del sexo opuesto que no sean creyentes (cf. 1 Cor. 7:39; 2 Cor. 6:14). Sin duda, todos hemos oído historias de personas que terminaron llevando a sus futuros cónyuges al Señor, pero presumir de la voluntad del Señor en este sentido sería poner al Señor a prueba (Mt. 4:7 par. Lc. 4:12, citando Dt. 6:16), lo cual no es sabio.

---

[70] Cf. el incidente de Amnón y Tamar en 2 Samuel 13, donde se dice que Amnón «se enamoró» de su bella hermanastra Tamar (2 Sam. 13:1; cf. v. 4) y posteriormente la violó (2 Sam. 13:11-14).

[71] Dennis y Barbara Rainey, en Passport2Purity (Little Rock, AR: FamilyLife, 2004), un recurso excelente que se recomienda encarecidamente, defienden firmemente que la pureza sexual antes del matrimonio no implica simplemente abstenerse de mantener relaciones sexuales, sino abstenerse de toda actividad sexual. Véase también el movimiento Virgin Lips, que insta a los jóvenes de ambos sexos a que su primer beso sea el que se intercambia en la ceremonia de la boda. Como observa Albert Mohler, aunque «no existe una prohibición bíblica explícita de los besos prematrimoniales... estos jóvenes cristianos quieren ofrecer a su futuro cónyuge el regalo de unos labios monógamos». En una época de gratificación sexual instantánea, estos jóvenes creyentes creen que los verdaderos labios esperan. Esto es lo que parece una contrarrevolución. Véase R. Albert Mohler Jr., «True Lips Wait? Sexual Abstinence, Romantic Longing, and Monogamous Lips», 5 de mayo de 2009, http://www.albertmohler.com. Véase también el artículo de portada de Mark Regnerus, «The Case for Early Marriage», *Christianity Today* 53, nº 8, 25 de agosto de 2009, que defiende el matrimonio precoz sobre la base de que en muchos casos retrasar el matrimonio es antinatural y contrario al diseño del creador.

No tenemos ningún mandamiento bíblico directo que aborde la cuestión (a menudo planteada por los cristianos hoy en día) de si las citas son apropiadas para los cristianos y, en caso de ser afirmativo, a qué edad.[72] Los jóvenes, tanto hombres como mujeres, ciertamente deberían respetar la sabiduría de sus padres a la hora de establecer parámetros razonables a este respecto y confiar en el Señor, que en su momento, si quiere que se casen, les hará encontrar a su futuro cónyuge. Los solteros mayores harían bien en dedicar su tiempo al ministerio y al servicio y a la compañía de otros solteros y parejas maduras en grupos para evitar los desafíos que podrían presentar los entornos más íntimos. Si Dios se preocupa por nosotros y está íntimamente involucrado en cada faceta de nuestras vidas —y lo está—, ¿no nos guiará también activamente en esta área tan importante? Muchos de nosotros podemos atestiguar con gratitud que lo hace.[73]

Enseñanza bíblica sobre la soltería dirigida a grupos particulares

Si bien la Escritura aborda ocasionalmente el tema de la soltería en general, hay otras ocasiones en que tiene un mensaje específico para un grupo particular de personas solteras. Bajo el presente epígrafe examinaremos, sucesivamente, los mandatos bíblicos centrados en los siguientes grupos: hombres jóvenes; mujeres jóvenes; viudas o viudos; padres solteros; y hombres y mujeres divorciados.

Hombres jóvenes

Las Escrituras tienen mucho que decir a los hombres jóvenes (y a menudo solteros). En el Antiguo Testamento se habla de los jóvenes a lo largo del libro de Proverbios. Como se mencionó en el capítulo anterior, se advierte a los jóvenes de que no caigan en la trampa de la

---

[72] Véanse los recursos, tanto a favor de los esponsales como de la justicia, enumerados en la n.66 anterior. Parece razonable concluir que al menos ciertos aspectos de las antiguas costumbres esponsales, como el pago de una dote o la concertación previa de los matrimonios por parte de los padres de los cónyuges, son culturales más que de relevancia permanente y normativa. Al mismo tiempo, parece apropiado ser cauteloso y conservador en este ámbito, guardar el corazón en toda su pureza, y confiar en que el Señor dirija a su tiempo y a su manera. El hecho de que ni Jesús ni Pablo comenten directamente el tema parece sugerir que hay un cierto grado de latitud y libertad cristiana, lo que parece advertir contra el dogmatismo en este ámbito.

[73] Entre los recursos útiles en el área del asesoramiento prematrimonial se encuentran Howard A. Eyrich, *Three to Get Ready: Premarital Counseling Manual*, rev. and exp. ed. (Bemidji, MN: Focus, 2006); y David A. C. Powlison y John V. Yenchko, *Pre-Engagement: Five Questions to Ask Yourself, Resources for Changing Lives* (Phillipsburg, NJ: P&R, 2000).

mujer adúltera y se les exhorta a guardar sus corazones con toda pureza. Los ejemplos de jóvenes solteros buenos y piadosos incluyen a José, Samuel, David, Salomón y Daniel y sus amigos, por nombrar sólo algunos.

José, temeroso de Dios, eludió las garras de la mujer de Potifar cuando ésta le hizo insinuaciones sexuales (Gn. 39:12). El joven Samuel ayudó al sacerdote Elí y estuvo «ministrando ante el Señor» en Silo (1 Sam. 2:18), y «el joven Samuel creció en presencia del Señor» (1 Sam. 2:21; cf. 1 Sam. 2:26). David cuidó fielmente el rebaño de su padre (1 Sam. 16:11) incluso después de haber sido ungido por Samuel como futuro rey de Israel (1 Sam. 16:19) y prestó un servicio devoto al rey Saúl (1 Sam. 16:21-23), aunque más tarde Saúl trató de matarlo (1 Sam. 18:10-11). Uno de los siervos de Saúl describió a David como «un hombre hábil en el juego, un hombre de valor, un hombre de guerra, un hombre prudente en el discurso y un hombre de buena presencia, y el Señor estaba con él» (1 Sam. 16:18). Salomón, hijo de David, gobernó con sabiduría, fue utilizado por el Señor y estableció su reino incluso en sus años de juventud (1 Re. 2:12, 27, 46).

Daniel y sus amigos se contaban entre los «jóvenes sin mancha, de buena apariencia y hábiles en toda sabiduría, dotados de conocimientos, entendidos y competentes para estar en el palacio del rey» (Dn. 1:4). En su sabiduría y comprensión, así como en su integridad y diplomacia, el joven Daniel no tenía igual (Dn. 1:8-21). Entre los numerosos ejemplos negativos que encontramos de jóvenes impíos, están los hermanos de José (que por celos lo vendieron como esclavo, Gn. 37:12-36), los hijos de Elí (que tuvieron relaciones sexuales con las mujeres que servían a la entrada de la tienda de reunión e ignoraron las palabras de su padre, 1 Sam. 2:22-25) y los compañeros del rey Roboam (que le aconsejaron neciamente que respondiera con dureza a la petición del pueblo de aligerar su carga, 1 Re. 12:8-11).

En el Nuevo Testamento, la formación de los doce por parte de Jesús (aunque no eran necesariamente solteros, como Pedro; cf. Mt. 8:14 y pars.) ofrece amplias lecciones para los jóvenes que pueden ser dados a la impetuosidad (Pe; E.g, Mt. 16:22; 17:4), exceso de celos (Sant. y Jn; cf. Lc 9:54), cinismo o escepticismo (Tomás; cf. Jn. 11:16; 20:25), o competitividad (endémica entre los doce; E.g., Mt. 20:20-24 par. Mc. 10:35-41). En los escritos de Pablo, a Timoteo (quien probablemente no era soltero, aunque el Nuevo Testamento no dice nada al respecto) se le instruye para que no deje que nadie menosprecie su juventud, sino que dé ejemplo en su forma de hablar, en su conducta, en su amor, en su fe y en su pureza (1 Tim. 4:12). El discípulo más importante de Pablo debe limpiarse de todo lo deshonroso, estar apartado y ser útil a su maestro, dispuesto a toda buena obra (2 Tim. 2:21). Para ello debe «huir de las pasiones juveniles y perseguir la justicia, la fe, el amor y la paz, junto con los que invocan al Señor con un corazón puro» (2 Tim. 2:22).

Pablo también advierte en repetidas ocasiones que no se debe nombrar a los nuevos conversos a ocupar puestos de liderazgo en la iglesia (1 Tim. 3:6; 5:22). Si se les nombra prematuramente, pueden «envanecerse y caer en la condenación del diablo» (1 Tim. 3:6; el apóstol Pedro también subraya la necesidad de que los jóvenes sean humildes y se sometan a los mayores: véase 1 Pe. 5:5). Esto resalta la dimensión espiritual de la vida de un joven y su potencial de servicio en la iglesia. Los jóvenes son especialmente prometedores y tienen un gran potencial para el reino, pero también tienen puntos de vulnerabilidad que satanás atacará para hacerlos ineficaces.

Como se mencionó anteriormente, una de las principales áreas de vulnerabilidad para los hombres jóvenes (especialmente los que son solteros) es la de la *tentación sexual.* Si bien las Escrituras ordenan a las jóvenes cristianas que se vistan con modestia (véase más adelante), el hecho es que, tanto en la cultura general como en la iglesia, a menudo no es así. Los medios de comunicación muestran un diluvio de material lascivo y sexualmente tentador, y en la era de la pornografía en internet, está a sólo unos clics de distancia.[74] Muchos jóvenes también luchan con la masturbación.[75] Es esencial que no sólo se comprometan a

---

[74] Por supuesto, no sólo los jóvenes solteros tienen dificultades en este ámbito, sino también los hombres casados. Los hombres jóvenes solteros no deben pensar que el matrimonio por sí mismo eliminará las luchas. Tomar los pasos apropiados antes del matrimonio es esencial para experimentar un matrimonio bíblico y puro más adelante. Para ayuda con la pornografía, vea http://www.pureintimacy.org (un ministerio de *Focus on the Family*) así como http://www.settingcaptivesfree.com. Tres libros prácticos sobre la responsabilidad en esta área son Stephen Arterburn y Fred Stoeker, *Every Man's Battle: Winning the War on Sexual Temptation One Victory at a Time* (Colorado Springs, CO: WaterBrook, 2000); Stephen Arterburn, *Fred Stoeker y Mike Yorkey, Every Man's Battle Guide: Weapons for the War Against Sexual Temptation* (Colorado Springs, CO: WaterBrook, 2003); y Joshua Harris, *Not Even a Hint* (Sisters, OR: Multnomah, 2003).

[75] Aunque no hay una prohibición bíblica directa de la masturbación, el sexo solitario autoestimulado debería considerarse moralmente incorrecto porque, como señala Daniel R. Heimbach (*True Sexual Morality: Recovering Biblical Standards for a Culture in Crisis* [Wheaton, IL: Crossway, 2004], «A Note about Masturbation») señala que «va en contra de cada una de las características positivas que son esenciales en la visión de Dios sobre el sexo moral»: (1) el sexo es parte de una relación personal con otra persona —la masturbación no es relacional; (2) el sexo debe ser exclusivo —la masturbación típicamente implica pensamientos sexualmente impuros; (3) el sexo debe ser especial e íntimo —la masturbación es frecuente y superficial; (4) el sexo debe ser fructífero (productivo) —la masturbación trata el sexo como una mercancía para ser consumida; (5) el sexo debe funcionar dentro del contexto del amor desinteresado —la masturbación está diseñada para satisfacerse a sí mismo; (6) el sexo es multidimensional —la masturbación separa lo físico de todo lo demás; (7) el sexo debe ser complementario —la autoestimulación solitaria no es unitiva (i.e., no está diseñada para producir la unión sexual entre dos individuos). Véase también Steve Gerali, *The Struggle* (Colorado Springs, CO: NavPress,

mantener la pureza de pensamiento y conducta, sino que tengan un plan para protegerse de sucumbir a la tentación sexual. Dicho plan puede incluir (pero no limitarse) a los siguientes pasos.

En primer lugar, sería prudente que *oren y confíen en Dios* (en lugar de en sí mismos) para que les librara de la tentación (Mt. 6:13; Lc. 11:4; Mt. 26:36, 40-41 y pars.). Los Salmos están repletos del grito desesperado de los justos: «¡Señor, líbrame!» Al igual que los discípulos en el huerto de Getsemaní, los jóvenes deben darse cuenta de que, aunque el espíritu está dispuesto, la carne es débil (Mt. 26:41). No podrán resistir la tentación con sus propias fuerzas; deben mirar a Dios y apropiarse de su poder para fortalecerse en la hora de la tentación. Porque Dios es fiel:

> Así que, el que piensa estar firme, mire que no caiga.
> No os ha sobrevenido ninguna tentación que no sea humana; pero fiel es Dios, que no os dejará ser tentados más de lo que podéis resistir, sino que dará también juntamente con la tentación la salida, para que podáis soportar. (1 Cor. 10:12-13)

No sólo Dios es fiel, sino que Jesucristo, nuestro Señor, puede ayudarnos cuando somos tentados: «Porque habiendo padecido él mismo la tentación, puede ayudar a los que son tentados» (Heb. 2:18). No obstante, es importante ser proactivo y orar con antelación antes de enfrentarse a la tentación, para que «habiéndolo hecho todo» podamos resistir (Ef. 6:13). Si no estamos preparados, resistir la tentación puede ser demasiado difícil.

En segundo lugar, los jóvenes deben aspirar a *fortalecerse en el Señor y en el conocimiento de su palabra.* Así desarrollarán la verdadera confianza de que son fuertes, de que la palabra de Dios vive en ellos y de que, en Cristo, han vencido al maligno (1 Jn. 2:12, 14; cf. Pr. 20:29). Cuando Jesús se enfrentó a la tentación, se mostró como alguien que conocía a fondo la palabra de Dios y fue capaz de utilizarla eficazmente para contrarrestar las artimañas de satanás (Mt. 4:1-11; Lc. 4:1-13).

En tercer lugar, los jóvenes deben esforzarse por *cultivar las virtudes del autocontrol* (Tit. 2:6; cf. 1 Tim. 3:2; Tit. 1:8) y *la pureza de corazón* (1 Tim. 4:12; 2 Tim. 2:22). El autocontrol (muy alabado en el libro de Proverbios) es un rasgo de madurez espiritual y el resultado de años de práctica. Como señala el escritor de Hebreos, «el alimento

---

2003); y Stephen Arterburn, Fred Stoeker y Mike Yorkey, *Every Young Man's Battle: Strategies for Victory in the Real World of Sexual Temptation* (Colorado Springs, CO: WaterBrook, 2002).

sólido es para los que han alcanzado madurez, para los que por el uso tienen los sentidos ejercitados en el discernimiento del bien y del mal». (Heb. 5:14). La pureza de corazón es descrita por nuestro Señor como la cualidad del reino por la que veremos a Dios (Mt. 5:8). Esto significa que no debemos amar al mundo ni a las cosas del mundo —los deseos de la carne, los deseos de los ojos y el orgullo de las posesiones— porque el mundo pasará junto con sus deseos (1 Jn. 2:15-17).

En cuarto lugar, los jóvenes deben *buscar la compañía y la responsabilidad de otros creyentes masculinos* con ideas afines en esta área crítica. Pablo le dice a Timoteo que huya de las pasiones juveniles y que persiga las virtudes cristianas «junto con los que invocan al Señor de corazón» (2 Tim. 2:22). Si queremos protegernos con éxito de la tentación sexual, debemos vivir en relaciones responsables con otros hombres con ideas afines en la iglesia.

En quinto lugar, si los jóvenes entienden que la *tentación no es el pecado*, entonces podrán prepararse más adecuadamente para la tentación y será menos probable que sean vencidos por ella cuando ocurra. Como nos recuerda el escritor de Hebreos, incluso Jesús «fue tentado en todo como nosotros, pero sin pecado» (Heb. 4:15). Esto deja claro que no es pecado enfrentarse a la tentación, sino sólo sucumbir a ella. Todos nosotros seremos tentados muchas veces en un día, y la tentación sexual (especialmente para los hombres jóvenes) será uno de los desafíos más difíciles que enfrentemos. Según el apóstol Pedro, el diablo merodea como un león rugiente, buscando a quién devorar (1 Pe. 5:8). Sin embargo, estamos llamados a resistirle, firmes en nuestra fe (1 Pe. 5:9).

En sexto lugar, *cuando pecamos*, debemos darnos cuenta de que *Dios está dispuesto a perdonar* (1 Juan 1:9; 2:1). En lugar de quedarnos inmovilizados por la culpa, debemos confesar nuestros pecados y experimentar la limpieza y la renovación de Dios y seguir adelante con la plena seguridad de que el perdón está siempre disponible en Cristo. «Acerquémonos, pues, confiadamente al trono de la gracia, para recibir misericordia y hallar gracia para el oportuno socorro» (Heb. 4:16). Obviamente, esto no significa que debamos dar por hecho la gracia de Dios. Como escribió Pablo: «¿Debemos continuar en el pecado para que la gracia abunde [como se le acusó de enseñar]? De ninguna manera. ¿Cómo podemos seguir viviendo en el pecado los que hemos muerto para él?» (Rom. 6:1-2). Ahora que hemos sido liberados del pecado, debemos presentar los miembros de nuestro cuerpo como instrumentos de justicia (Rom. 6:15-23).

En séptimo lugar, estar en guardia contra la tentación sexual *no* significa que los jóvenes deban ser *paranoicos* con las mujeres jóvenes o evitarlas (como enseñaban y practicaban los rabinos judíos del primer siglo). Esto sería grosero e irrespetuoso. Por el contrario, el apóstol le dice a Timoteo (un hombre joven) que trate a las mujeres mayores como madres y a las más jóvenes como hermanas, «con toda pureza» (1 Tim. 5:2). Por lo tanto, los hombres jóvenes no deben rehuir a las mujeres más jóvenes, sino amarlas como sus hermanas en el Señor.

Octavo y último, *no sobrestimes tu capacidad de resistir la tentación ni subestimes el poder de la tentación ni al tentador en sí mismo.* Si tu poder es demasiado pequeño y la tentación demasiado grande, haz lo que hizo José cuando se le acercó la mujer de Potifar (Gn. 39) —¡huye mientras puedas!

Esta lista no es exhaustiva, pero ilustra la necesidad de que los jóvenes desarrollen una estrategia concreta para enfrentar la tentación sexual. Satanás quiere destruir nuestro testimonio e infligir daño a nuestra capacidad de hacer avanzar el reino de Dios. A menos que tomemos los pasos adecuados para marchar juntos en esta área, estamos destinados a convertirnos en una de las muchas víctimas y resultaremos ineficaces en lugar de ser «apartados como santos» y «útiles al maestro... dispuestos para toda buena obra» (2 Tim. 2:21).

Cerraremos esta sección con una cita pertinente de la carta de Pablo a los romanos:

> La noche está avanzada, y se acerca el día. Desechemos, pues, las obras de las tinieblas, y vistámonos las armas de la luz. Andemos como de día, honestamente; no en glotonerías y borracheras, no en lujurias y lascivias, no en contiendas y envidia, sino vestíos del Señor Jesucristo, y no proveáis para los deseos de la carne. (Rom. 13:12-14)

Mujeres jóvenes

La mayor parte del material bíblico relacionado con las mujeres se enfoca en las mujeres casadas. En el capítulo sobre la familia cristiana (capítulo 6) ya hemos tratado con bastante amplitud las instrucciones de Pablo para las mujeres casadas, tanto mayores como jóvenes. Sobre todo, porque las mujeres de la época bíblica solían casarse a una edad temprana, y porque las chicas solían pasar directamente de la jurisdicción y el hogar de su padre al de su nuevo marido; los autores del Nuevo Testamento tenían comparativamente menos necesidad de dar instrucciones explícitas a las jóvenes antes de casarse. Esto explica por qué la presente sección es considerablemente más breve que la que trata de los hombres jóvenes, arriba.

Mientras que los pasajes bíblicos dirigidos específicamente a los hombres jóvenes se centran en la necesidad de autocontrol y en la protección contra la tentación sexual, el énfasis principal de las Escrituras con respecto a las mujeres (incluidas las jóvenes) es el de la modestia en la apariencia (1 Tim. 2:9-10; 1 Pe. 3:3-6; aunque también se menciona repetidamente el autocontrol: véase 1 Tim. 2:9, 15; Tit. 2:3, 5).[76] Según el apóstol Pablo, «las mujeres se atavíen de ropa decorosa, con pudor y modestia; no con peinado ostentoso, ni oro, ni perlas, ni vestidos costosos, sino con buenas obras, como corresponde a mujeres que profesan piedad». (1 Tim. 2:9-10). Esto no significa que las mujeres no deban llevar ninguna joya o que no puedan peinarse. Más bien, deben centrarse en el desarrollo de las virtudes espirituales y en dedicarse a las buenas obras.

El apóstol Pedro hace eco del espíritu de las instrucciones de Pablo cuando escribe: «No dejéis que vuestro adorno sea externo —peinados ostentosos, la colocación de joyas de oro, o la ropa que lleváis— sino que vuestro adorno sea la persona oculta del corazón con la belleza imperecedera de un espíritu apacible y tranquilo, que a los ojos de Dios es muy valioso» (1 Pe. 3:3-4). Como bien sabe la «mujer virtuosa» de Proverbios 31, «Engañosa es la gracia, y vana la hermosura; la mujer que teme a Jehová, ésa será alabada». (Pr. 31:30). Ejemplos bíblicos destacados de mujeres modestas y temerosas de Dios son Rut (Rut 2:10, 13; 3:7, 14) y la madre de Jesús, María (Lc. 1:34, 38).

La modestia no se limita a la cuestión del tipo de ropa que llevan las mujeres. Se extiende también a las señales no verbales, los gestos, al comportamiento sugestivo y al comportamiento agresivo y a la toma de iniciativas indebidas. La modestia no significa llevar sólo ropa aburrida y poco elegante, evitar el maquillaje o el perfume, o permanecer en silencio en compañía del sexo opuesto. Así como la riqueza no es mala en sí misma (sino sólo el *amor* al dinero, 1 Tim. 6:10; cf. Mt. 6:24), la belleza física no es mala —es un don de Dios. Sin embargo, al igual que la riqueza, la belleza debe ser vista como una mayordomía de Dios y debe ir acompañada de sabiduría y discreción (Pr. 11:22).

---

[76] Para un análisis de las jóvenes casadas (especialmente en Tito 2), véase el cap. 5 de este volumen. Para una buena discusión reciente sobre el tema de la modestia, véase C. J. Mahaney, «God, My Heart, and Clothes», en *Worldliness: Resisting the Seduction of a Fallen World,* 117-38; véanse también sus Apéndices 1 y 2 (pp. 173-79).

Viudas o viudos

Otro grupo de hombres y mujeres solteros que recibe un tratamiento especial en las Escrituras son las viudas y los viudos.[77] «La viudez podía ser una prueba severa en el mundo grecorromano, ya que las mujeres no solían ser las herederas directas de los testamentos de sus maridos. Más bien, la viuda disponía de su dote, así como de cualquier estipulación que el testador hiciera para su cuidado a sus herederos Si el hijo o los hijos no cuidaban de su madre (o a menudo, de su madrastra), la mujer podía estar en una condición extrema si su dote no era sustancial».[78] Según Santiago, la religión pura es, por tanto, ésta «cuidar de los huérfanos y de las viudas en su aflicción» (Sant. 1:27).[79]

Las viudas son vulnerables a quienes se aprovechan de ellas y explotan su situación para obtener beneficios económicos. Jesús denunció a los líderes religiosos judíos por «devorar las casas de las viudas» (Mc. 12:40 par. Lc. 20:47). Una de las viudas más conocidas en las Escrituras es la viuda sin nombre que echó su blanca en el tesoro del templo y fue alabada por Jesús debido a su devoción (Mc. 12:41-44 par. Lc. 21:1-4). Lucas es uno de los evangelistas que muestran un especial interés por las viudas. Presenta a Ana, una viuda que profetizó sobre el niño Jesús (Lc. 2:36-38); conserva la referencia de Jesús a la viuda de Sarepta en tiempos de Elías (Lc. 4:25-26; cf. 1 Re. 17:8-24); registra la historia de la resurrección del hijo de una viuda (Lc. 7:12); e incluye la parábola de la viuda persistente (Lc. 18:1-8). Jesús se preocupó por las viudas, y así deberían hacerlo sus seguidores.

El cuidado de las viudas era también una parte importante del ministerio de la iglesia primitiva. Se designaron siete hombres maduros de entre la congregación para asegurarse de que las viudas de habla griega no fueran descuidadas en la distribución diaria de alimentos (He. 6:1-6). Las viudas eran un grupo reconocido entre los primeros cristianos (He. 9:39, 41). El apóstol Pablo habla de la responsabilidad de la iglesia de atender a las «verdaderas» viudas (1 Tim. 5:3-16, que incluye directrices para identificar a las viudas dignas de apoyo).

[77] Véanse ya los comentarios sobre las viudas en la enseñanza del AT más arriba. Véanse también los útiles y prácticos comentarios sobre las viudas en John MacArthur Jr, *Different by Design: Discovering God's Will for Today's Man and Woman* (Wheaton, IL: Victor, 1994), 90-98, incluyendo las siguientes características extraídas de 1 Timoteo 5: una mujer madura, una esposa devota, una madre devota, hospitalaria, humilde, desinteresada y amable (pp. 94-96).

[78] S. M. Baugh, *1-2 Timothy, Titus, Zondervan Illustrated Bible Backgrounds Commentary*, ed., Clinton E. Arnold (Grand Rapids: Zondervan, 2001), 467. Clinton E. Arnold (Grand Rapids: Zondervan, 2001), 467; cf. Jerome D. Quinn y William C. Wacker, *The First and Second Letters to Timothy, Eerdmans Critical Commentary* (Grand Rapids: Eerdmans, 2000), 412-49.

[79] Esto lo confirma ampliamente la enseñanza del AT sobre las viudas (Ex. 22:22-23; Dt. 10:8; 14:29; 24:17-21; 26:12, 14; 27:19; etc.).

«Honrar» a esas viudas se presenta como una aplicación del quinto mandamiento (citado por Pablo en Ef. 6:2) y no implica simplemente el respeto, sino que también tiene una dimensión material. Las viudas que Timoteo debe honrar son, literalmente, «las viudas que son verdaderamente viudas» (1 Tim. 5:5, 16), es decir, las viudas que cumplen los siguientes requisitos.

En primer lugar, una viuda así *no tiene parientes que la cuiden*, ya sean hijos, nietos u otros descendientes (1 Tim. 5:4). Si los tiene, deben mantenerla. Así es como deben aprender a poner en práctica su religión: (literalmente) «devolviendo los pagos» a sus padres y abuelos (cf. 2 Tim. 1:3). El cuidado de los parientes es agradable a Dios —como una realización práctica del quinto mandamiento de honrar al padre y a la madre—, al igual que vivir una vida pacífica y tranquila en toda piedad y santidad (cf. 1 Tim. 2:3). Es demasiado fácil ceder a la iglesia esta responsabilidad de cuidar a los miembros de la familia. Sin embargo, los fondos de la iglesia deben reservarse para los más necesitados y para aquellos que no tienen parientes naturales que les ayuden materialmente.

En segundo lugar, una «verdadera viuda» que está «sola» —es decir, sin parientes que la cuiden— para demostrar que es digna del apoyo de la iglesia, *pone su esperanza en Dios* (1 Tim. 5:5; cf. 1 Tim. 4:10; 6:17). Lo hace por medio de suplicas y oraciones (cf. 1 Tim. 5:5) «de día y de noche».[80] Por el contrario, la «verdadera viuda» *no se entrega a un estilo de vida que busca el placer* (1 Tim. 5:6; cf. Sant. 5:5), como parece que hicieron algunas de las viudas más jóvenes (1 Tim. 5:13). Esas viudas están espiritualmente «muertas» aunque sigan vivas físicamente (1 Tim. 5:6; contraste con Rom. 8:10; Jn. 11:25).

Además de los requisitos anteriores, en tercer lugar, Pablo también establece un *límite de edad*: para poder recibir el apoyo de la iglesia, las viudas deben tener al menos sesenta años (1 Tim. 5:9), presumiblemente porque a esa edad era poco probable que se volvieran a casar y/o porque las mujeres menores de sesenta años se consideraban capaces de trabajar. De este modo, la lista era razonablemente corta, sobre todo porque la esperanza de vida era limitada (hoy en día, en la época de las prestaciones de jubilación y la seguridad social [véase más adelante], el límite de edad puede ser más alto). Las viudas más jóvenes deben volver a casarse (1 Tim. 5:11-15; cf. 1 Cor. 7:8-9).

---

[80] Esto coincide con la autodescripción de Pablo como orador de noche y de día en (2 Tim. 1:3; cf. Ef. 6:18; Fil. 1:4) y su exhortación en 1 Tes. 5:17. Para un ejemplo del NT, véase Ana la profeta, que «había vivido con su marido siete años después de su matrimonio, y luego fue viuda hasta los ochenta y cuatro años. Nunca salió del templo, sino que adoraba de noche y de día, ayunando y orando» (Lc. 2:36-37).

La viuda no sólo debe vivir en dependencia de Dios en la oración (1 Tim. 5: 5), sino que, en cuarto lugar, debe haber sido «*fiel a su marido [fallecido]*» (1 Tim. 5:9; cf. 1 Tim. 3:2, 12; Tit. 1:6; contra la mayoría de las otras versiones, que tienen alguna variación de: «habiendo sido esposa de un solo hombre»). Además, en quinto lugar, una viuda debe ser conocida por sus *buenas acciones*, de las cuales cinco son señaladas explícitamente (1 Tim. 5:10):

1) criar a los hijos (cf. 1 Tim. 2:15);
2) mostrar hospitalidad (cf. Rom. 12:13; Heb. 13:2; 1 Pe. 4:9), abriendo su casa a los creyentes que viajan, particularmente a los maestros (3 Jn. 5-8);
3) «lavar los pies de los santos» (una expresión para referirse al servicio humilde, basada en el lavado literal de los pies de sus discípulos por parte de Jesús; véase Jn. 13; cf. Flp. 2:1-11);
4) ayudar a quienes tienen problemas (*thlibø,* que denota diversos tipos de angustia; e.g., 2 Cor. 1:6; 4:8); y
5) dedicarse a toda clase de buenas obras, una categoría general que Pablo utiliza con frecuencia (2 Co. 9:8; Col. 1:10; 2 Ts. 2:17; 1 Tim. 2:10; 6:18; 2 Tim. 2:21; 3:17; Tit. 1:16; 3:1).

Estos estándares para las viudas, la mayoría de los cuales se refieren al ámbito doméstico, son muy elevados, y en cierto modo recuerdan incluso los requisitos para los líderes de la iglesia (cf. 1 Tim. 3:1-13). Al cumplir esta norma, Timoteo se asegurará de que la iglesia asiste sólo a las mujeres dignas de apoyo y de que los fondos disponibles se utilizan para aquellas que no tienen otros medios de subsistencia y que cumplen los criterios de madurez cristiana.

Las viudas más jóvenes, por su parte, no deben ser obligadas a un compromiso de soltería que no puedan cumplir —y por lo tanto incurrir en un juicio— cuando sus deseos sensuales superen su devoción a Cristo (1 Tim. 5:11- 12). Como afirma Pablo en otro lugar, es mejor casarse que quemarse (1 Cor. 7:9). Además, las viudas jóvenes solteras pueden adquirir el hábito de ser ociosas (1 Tim. 5:13; cf. Tit. 1:12) e ir de casa en casa, convirtiéndose en mujeres chismosas (cf. 3 Jn. 10) y entrometidas (cf. 2 Tes. 3:11), diciendo cosas que no deben (como los falsos maestros; cf. Tit. 1:11).

Por lo tanto, el consejo de Pablo a las viudas más jóvenes es que vuelvan a casarse, cuiden de sus hijos, administren sus hogares —cumpliendo lo que se denomina simplemente «maternidad» en 1 Timoteo 2:15— y que no den al enemigo ninguna oportunidad de calumniar (1 Tim. 5:14; cf. 2 Cor. 5:12). Concluye ominosamente que algunos ya se han apartado para seguir a satanás (1 Tim. 5:15), haciendo explícito lo que sólo se insinúa en 1 Timoteo 2:15; es decir, que han sido presa de la falsa enseñanza.

Pablo termina sus instrucciones sobre las viudas con una exhortación a las mujeres creyentes para que cuiden de las viudas de su familia con el fin de aliviar a la iglesia (1 Tim. 5:16). De este modo, la congregación puede ayudar a las viudas que son «verdaderas viudas», es decir, las que cumplen los requisitos establecidos por Pablo. El tratamiento de esta cuestión por parte del apóstol constituye un caso práctico de cómo tratar un tema concreto en la iglesia. Aunque en la era de la seguridad social, los seguros de vida y las prestaciones de jubilación el panorama ha cambiado considerablemente, la iglesia debe seguir atendiendo con propiedad a las viudas que no tienen otros medios de subsistencia. El cuidado de las viudas y otras personas necesitadas es una forma importante en la que la iglesia puede reflejar el corazón bondadoso de Dios y la compasión y misericordia del Señor Jesucristo.

Padres solteros

Los padres solteros pueden ser aquellos que tuvieron uno o varios hijos sin casarse con su pareja, personas divorciadas o viudas/viudos.[81] Este grupo se enfrenta a diversos desafíos, incluyendo la necesidad de proveer para su hijo o hijos materialmente mientras sean pequeños para nutrirlos emocional y espiritualmente, así como la falta de un cónyuge, lo que deja al niño o niños sin un modelo primario de un sexo, ya sea masculino o femenino.

El consejo citado anteriormente por Pablo a las viudas más jóvenes parece aplicarse también a los padres solteros en general; a saber, que, si es posible, deberían volver a casarse para aligerar su carga tanto material como en lo que respecta a su labor de crianza.[82] Al igual que con los solteros que no son padres, la iglesia debería incluirlos en sus reuniones sociales para ayudar a aliviar el vacío abierto por la ausencia del otro progenitor. Si no hay otros miembros de la familia que puedan ofrecer ayuda económica, la iglesia también puede tener que proporcionar ayuda material y otro tipo de apoyo.

---

[81] Sobre la monoparentalidad, véanse ya nuestros comentarios en el cap. 8 de este volumen.

[82] Esto, por supuesto, no afecta a nuestros comentarios en el cap. 11 sobre el divorcio bíblicamente legítimo o ilegítimo y la enseñanza bíblica sobre el nuevo matrimonio. Específicamente, los padres solteros que son la parte culpable en un divorcio no deben ser animados a volverse a casar, sino a reconciliarse con su antiguo cónyuge.

Hombres y mujeres divorciados

Los hombres y mujeres divorciados son otro grupo que conforma la amorfa categoría de «solteros». En el capítulo 11 discutiremos la cuestión de las posibles excepciones bíblicas para el divorcio. En el capítulo 12 trataremos la cuestión de si los hombres divorciados son elegibles para servir como líderes de la iglesia en casos de divorcios bíblicamente legítimos (si, de hecho, encontramos que tales casos existieron).

Los creyentes deben estar al lado de los divorciados y ofrecerles apoyo y ánimo. Los costos del divorcio son altos, y los divorcios dejan muchas cicatrices que requieren curación, tanto para la persona divorciada como para los hijos.[83] El divorcio no es un pecado imperdonable, y el perdón siempre está disponible en Cristo, aunque todavía habrá consecuencias con las que la persona divorciada tendrá que lidiar.

Si la manera en que Jesús trató a la mujer adúltera es una indicación, nuestro Señor querría que tratáramos incluso a la parte culpable de un divorcio con compasión, gracia y misericordia en lugar de tener una actitud de juicio. Hay muchos ministerios abiertos a los divorciados en la iglesia, y los divorciados deben servir como parte integral del cuerpo de Cristo. Como en muchas otras áreas, la iglesia debe dar el ejemplo en el trato con los divorciados de una manera redentora.[84]

Implicaciones prácticas

¿Cuáles son, entonces, algunas de las implicaciones prácticas de la soltería?[85] En primer lugar, los solteros (al igual que los casados) deben tener en cuenta que *el estado de casado no es el destino final de nadie* (Mt. 22:30; cf. Rom. 7:3; 1 Cor. 7:39). Más bien, cuando lleguemos a

---

[83] Cf. David P. Gushee, *Getting Marriage Right: Realistic Counsel for Saving and Strengthening Relationships* (Grand Rapids: Baker, 2004), 57-83.

[84] Un ministerio dedicado a los divorciados es *DivorceCare,* sobre el que se puede acceder a información en http://www.divorcecare.com. Para un recurso muy útil para las iglesias interesadas en iniciar un ministerio de recuperación de divorcios, véase también Bill Flanagan, *Developing A Divorce Recovery Ministry: A How-To Manual* (Colorado Springs, CO: NavPress, 1991).

[85] Véase también la útil discusión de MacArthur, *Different by Design*, 98-106, cuya discusión incluye títulos como «Celebrating Singleness», «The Difficulty of Being Single», «The Gift of Singleness» «What If You Don't Think You Have the Gift?» y «The Advantages of Being Single.» Bajo la rúbrica final, MacArthur destila las siguientes ventajas de 1 Cor. 7:25-40: (1) menos presión del sistema; (2) menos problemas de la carne; (3) más desprendimiento de este mundo pasajero; (4) libertad de las preocupaciones del matrimonio; y (5) no estar atado a una relación de por vida.

la presencia de Dios, al igual que los ángeles que están actualmente ante el trono en el cielo, adoraremos a Dios por toda la eternidad libres de los lazos del matrimonio humano. Esto se debe a que, como miembros del cuerpo de Cristo, todos los creyentes están desposados en última instancia con el cordero para estar con él y glorificarlo para siempre (Is. 43:7; 1 Cor. 10:31; 2 Cor. 11:2).

En segundo lugar, en vista de nuestro destino final y de nuestro actual desposorio con Cristo, *es imperativo que los solteros permanezcan gozosos*, ya que, como escribió el apóstol Pablo, «La piedad con el contentamiento es una gran ganancia» (1 Tim. 6:6; cf. Flp. 4:11). O, en otras palabras, cuando los solteros muestran un descontento habitual con su estado civil actual, comunican a un mundo que los observa que Jesús es insuficiente para ellos o que tal vez es incapaz de satisfacer sus deseos (o no los conoce). Este deber siempre presente de cultivar el contentamiento es una de las razones por las que Pablo pudo escribir a los corintios: «Creo que, en vista de la angustia actual, es bueno que una persona permanezca como está. ¿Estás atado a una esposa? No busques ser libre. ¿Estás libre de una esposa? No busques una esposa. Pero si te casas, no has pecado, y si una mujer desposada se casa, no ha pecado. Sin embargo, los que se casan tendrán problemas, y yo quiero evitarlos» (1 Cor. 7:26-28).

En tercer lugar, los solteros deben tener presente el hecho de que todos los que renuncian al matrimonio y a la familia en el mundo actual por amor a Dios *son recompensados en esta vida con una nueva familia en el cuerpo de Cristo*, así como con una familia eterna en el reino de los cielos (cf. Lc. 18:28-30). Como escribió Isaías: «Que no diga el eunuco: "He aquí que soy un árbol seco". Porque así dice el Señor: "A los eunucos que guardan mis sábados, que escogen lo que me agrada y se aferran a mi pacto, les daré en mi casa y dentro de mis muros un monumento y un nombre mejor que el de los hijos y las hijas; les daré un nombre eterno que no será cortado"». (Is. 56:3-5).

Conclusión

En el presente capítulo hemos investigado la soltería en el Antiguo y el Nuevo Testamento y en la iglesia primitiva. También hemos explorado temas relacionados con la soltería, como la soltería y el ministerio, la cohabitación y las relaciones sexuales prematrimoniales, y el noviazgo y las citas; hemos estudiado la enseñanza bíblica sobre la soltería dirigida a grupos particulares, como los hombres jóvenes, las mujeres jóvenes, las viudas o los viudos, los padres solteros y los divorciados, y hemos extraído algunas implicaciones prácticas.

Nuestro estudio de las enseñanzas del Antiguo Testamento sobre la soltería puso de manifiesto seis categorías: las viudas o viudos, los eunucos, los que no podían casarse debido a una enfermedad o a una dificultad económica, los que permanecían solteros debido a un llamado divino, los divorciados y los jóvenes y mujeres antes del matrimonio. Prácticamente todas esas categorías continúan en la época del Nuevo Testamento (aunque Jesús utiliza «eunucos» en un sentido figurado y no literal en Mateo 19:12). Sin embargo, se puede observar una dinámica interesante a lo largo de la Escritura. Mientras que la soltería no estaba contemplada en la creación de la humanidad por parte de Dios, y era algo poco común y a menudo indeseable en los tiempos del Antiguo Testamento, en el Nuevo Testamento tanto Jesús como Pablo hablan positivamente *de las ventajas para el ministerio cristiano que ofrece la soltería, y según las enseñanzas de Jesús no habrá matrimonio en el cielo*. Por lo tanto, observamos una progresión desde la *no soltería* (creación) *a la soltería como un fenómeno poco común y a menudo indeseable* (tiempos del Antiguo Testamento) *a la soltería como un estado de mayor beneficio para el ministerio* (Nuevo Testamento) *a la soltería universal* (el estado final). ¿Cómo podemos explicar esta evolución?

Una teología bíblica de la soltería: de la creación al estado final

	CREACIÓN	**ANTIGUO TESTAMENTO**	**NUEVO TESTAMENTO**	**ESTADO FINAL**
SOLEDAD	Inexistente	Poco común y generalmente indeseable	Benéfico para el ministerio	Universal
MATRIMONIO	La norma	La norma	La norma	No habrá matrimonio o «seremos como ángeles»

En primer lugar, debemos señalar que, aunque esta progresión parezca sorprendente, no hay ningún conflicto real entre el Antiguo y el Nuevo Testamento o entre Jesús y Pablo. En todo el registro bíblico subyace la noción de que, en esta vida, el matrimonio es la expectativa general, mientras que la soltería es la excepción. Además, como muestra el estudio bíblico anterior, muchas de las categorías de soltería —viudas/viudos, divorciados, hombres y mujeres jóvenes antes del matrimonio, llamada/donación divina— abarcan ambos Testamentos. Si la soltería se ve de forma más positiva en el Nuevo Testamento, esto puede deberse, al menos en parte, al hecho de que el estado final sin matrimonio proyecta su sombra hacia adelante (el futuro invadiendo el presente, por así decirlo), de modo que ya en el tiempo presente lo que será el estado universal de los seres humanos para la eternidad tiene ciertas ventajas para los ciudadanos del reino de Dios.[86]

[86] Cf. Judith M. Gundry-Volf, «The Least and the Greatest: Children in the New Testament», en *The Child in Christian Thought and Practice,* ed. Marcia Bunge (Grand Rapids: Eerdmans, 2000), 53, que señala la similitud entre «La moderación de Pablo y Jesús con respecto a la procreación, que contrasta con el énfasis judío convencional sobre el matrimonio y el sexo para la procreación, se deriva de su *perspectiva compartida de la expectativa escatológica*» (énfasis añadido). Véase también Danylak, *A Biblical Theology of Singleness*, que llega a conclusiones muy similares. Danylak, actualmente está completando su tesis doctoral sobre la soltería en 1 Corintios 7 en la Universidad de Cambridge, también está trabajando en una teología bíblica completa de la soltería para Crossway.

10

ABANDONANDO LAS RELACIONES NATURALES:

EL VEREDICTO BÍBLICO SOBRE LA HOMOSEXUALIDAD

En los capítulos anteriores hemos examinado el plan del creador para el matrimonio y la familia, hemos observado la naturaleza integral del diseño de Dios para estas instituciones, y hemos rastreado varias perversiones del modelo bíblico en la historia de Israel. Una de las distorsiones más graves del plan de Dios para el matrimonio y la familia, señalamos, es la homosexualidad. Este pecado fue un problema recurrente en el antiguo Israel (e.g., Sodoma y Gomorra, los gabaonitas durante la época de los jueces, la aparición continua de homosexuales durante el reinado de reyes impíos), se manifestó en el mundo del Nuevo Testamento (Rom. 1:24-28; 1 Cor. 6:9-11; 1 Tim. 1:9-10), y continúa siendo un desafío en la sociedad del siglo XXI.

Como señalamos en el capítulo inicial, la homosexualidad es un fenómeno creciente en la cultura contemporánea. El movimiento hacia la aceptación oficial de la homosexualidad en la sociedad estadounidense moderna comenzó en 1973, cuando la Asociación Americana de Psicología eliminó la homosexualidad de su lista de enfermedades psicológicas en el *Manual de Diagnóstico y Estadística de los Trastornos Mentales.*[1] A raíz de esta decisión, la homosexualidad ha ido ganando terreno en la cultura secular hasta el punto de que, en

[1] La homosexualidad había sido clasificada como un trastorno mental en todas las ediciones del *Diagnostic and Statistical Manual of Mental Disorders* (conocido como el «DSM») desde su inicio en 1952. Fue en la sexta impresión de la segunda edición del DSM, en 1973, cuando la homosexualidad se reclasificó como comportamiento aceptable.

la actualidad, diversos estados están avanzando hacia el reconocimiento de los matrimonios entre personas del mismo sexo o «uniones civiles». Esta tendencia es preocupante, ya que a lo largo de la historia, incluso las sociedades no cristianas han rechazado la homosexualidad.[2]

No sólo la cultura secular abraza cada vez más la homosexualidad como un estilo de vida alternativo, sino que incluso muchos en la iglesia y en las obras académicas publicadas sobre el tema escritas por eruditos bíblicos están suavizando su postura.[3] Algunos pastores han revelado su orientación homosexual, muchas de las principales denominaciones están debatiendo enérgicamente la legitimidad moral de la homosexualidad, y al menos una denominación ha elegido a un homosexual practicante como uno de sus líderes.[4] Incluso algunos de los grupos evangélicos más conservadores se enfrentan a cuestiones relacionadas con la homosexualidad en el ámbito de la iglesia local.[5] En algunos casos, han excluido de sus comunidades a las iglesias que apoyan a los homosexuales. En otros casos, han elaborado declaraciones oficiales sobre esta cuestión.

---

[2] John Jefferson Davis, *Evangelical Ethics: Issues Facing the Church Today*, 2nd ed. (Phillipsburg, NJ: P&R, 1993), 95–97.

[3] Para un ejemplo reciente, véase Harold J. Ellens, *Sex in the Bible: A New Consideration* (Westport, CT: Praeger, 2006), que sostiene que Génesis 19:1-29 se refiere a una violación de la hospitalidad; afirma que Lv. 18:22 y 20:13 se refieren únicamente a prácticas empleadas en el culto pagano (p. 108); sostiene que los comentarios de Pablo en Romanos 1 se refieren simplemente a un «tipo especial de comportamiento [homosexual] que estaba implicado en los rituales de culto pagano» (p. 122); y sostiene que las mujeres mencionadas en Rom. 1:26 practicaban alguna forma de práctica heterosexual antinatural (p. 132). Robert A. J. Gagnon, *The Bible and Homosexual Practice: Texts and Hermeneutics* (Nashville: Abingdon, 2001), 38-39 n. 5, señala que en cada una de las cuatro colecciones recientes de ensayos sobre el tema, los eruditos que se oponen a las relaciones sexuales entre personas del mismo sexo están en clara minoría: cuatro o cinco de los trece colaboradores en Jeffrey S. Siker, ed., *Homosexuality in the Church: Both Sides of the Debate* (Louisville, KY: Westminster, 1994) se oponen a la homosexualidad; dos de nueve en Robert L. Brawley, ed., *Biblical Ethics and Homosexuality: Listening to Scripture* (Louisville, KY: Westminster, 1996); tres o cuatro de trece en Choon-Leong Seow, ed., *Homosexuality and Christian Community* (Louisville, KY: Westminster, 1996); y cuatro de once en David L. Balch, *Homosexuality, Science, and the «Plain Sense» of Scripture* (Grand Rapids: Eerdmans, 2000). Esto equivale a una representación de dos tercios de eruditos que defienden la homosexualidad en estos cuatro volúmenes.

[4] La Iglesia episcopal de Estados Unidos. Véase el artículo de David W. Jones sobre la homosexualidad, en el que traza la conexión entre la aceptación de la homosexualidad y el respaldo al feminismo en muchas de las principales denominaciones cristianas. David W. Jones, «Egalitarianism and Homosexuality: Connected or Autonomous Ideologies?» *Journal for Biblical Manhood and Womanhood* 8, no. 2 (otoño de 2003): 5-19.

[5] E.g., la convención bautista del sur, la iglesia presbiteriana en América y la iglesia luterana-Sínodo de Missouri.

La homosexualidad y la naturaleza integral del matrimonio y la familia

Cuando se compara con el modelo *bíblico* del matrimonio y la familia establecido en los primeros capítulos de Génesis, la homosexualidad se queda corta en numerosos frentes.[6] En primer lugar, como antítesis de la *heterosexualidad*, la homosexualidad está en desacuerdo con el diseño de Dios para el matrimonio y la familia en su nivel más fundamental. Esto queda claro en las palabras de Génesis 2:24, que conciben el matrimonio en términos heterosexuales y no homosexuales: «El *hombre* [masculino] dejará a su padre y a su madre y se unirá a *su mujer* [femenina], y serán [el hombre y la mujer] una sola carne».[7]

Un segundo componente del modelo bíblico del matrimonio que viola la homosexualidad es su naturaleza *complementaria.*[8] De acuerdo con Génesis 2 y 3 —donde el hombre está a cargo de su esposa, mientras que la mujer se coloca junto a él como su «ayuda idónea»— las diferencias en el rol de género son una parte esencial del diseño del creador para el matrimonio. Estas funciones fueron asignadas por Dios en la creación (Gn. 2:18, 20) y fueron reafirmadas después de la caída (Gn. 3:16-19) y en la enseñanza del Nuevo Testamento (Ef. 5:22-33; 1 P. 3:1-7). Dado que estos roles maritales están ligados de forma inherente e inalterable al género, las parejas del mismo sexo no pueden participar en este aspecto del matrimonio bíblico.[9]

---

[6] Para un tratamiento útil, véase Dennis P. Hollinger, *Meaning of Sex: Christian Ethics and the Moral Life* (Grand Rapids, Baler, 2009), cap. II. 7. Después de analizar los principales pasajes bíblicos sobre la homosexualidad y sus intentos de reinterpretación por parte de los defensores de la homosexualidad, Hollinger concluye: «Cuando miramos honestamente las enseñanzas de la palabra de Dios, incluyendo las de Jesús, es evidente que los cristianos y la iglesia no pueden legitimar las relaciones entre personas del mismo sexo» (p. 194).

[7] Para un análisis de Génesis 1-3 y la homosexualidad, véase Gagnon, *The Bible and Homosexual Practice,* 56-62.

[8] Cf. ibíd., 169-76.

[9] Sin embargo, es interesante observar que, aunque las parejas del mismo sexo no pueden participar en el diseño complementario de Dios para los roles de género en el matrimonio, uno de los miembros de la pareja casi siempre adopta el papel de liderazgo (asignado por Dios al marido), mientras que el otro adopta el de ayudante asignado por Dios a la esposa (esto puede reflejarse en la existencia de dos palabras distintas para referirse a la homosexualidad en el NT, a*rsenokoites* [1 Tim. 1:10] y malakos [«suave»; ambos términos se utilizan en 1 Cor. 6:9-10]; cf. Johannes P. Louw y Eugene A. Nida, *Greek-English Lexicon of the New Testament Based on Semantic Domains,* 2ª ed. [Nueva York: United Bible Societies]. Nueva York: *United Bible Societies*, 1989], 1.772, quienes sugieren que el primer término puede designar al compañero masculino activo y el segundo al pasivo en las relaciones homosexuales). Esta manifestación distorsionada de los roles de género dentro de una relación homosexual es un testimonio del diseño del creador de la complementariedad que es un componente integrado, no sólo del modelo bíblico del matrimonio y la familia, sino también de otras relaciones sociales como padre/hijo (Ef. 6:1-4), empleador/empleado (Ef. 6:5-9), gobierno/ciudadano (Rom. 13:1-7), y relaciones pastor/miembro de la iglesia (Heb. 13:17). Las parejas homosexuales, sin embargo, aunque intenten imitar la complementariedad que forma parte del diseño de Dios para el matrimonio y la familia, son

Un tercer componente integrado en el diseño de Dios para el matrimonio y la familia que la homosexualidad no cumple, es el *deber de procrear*.[10] Como se ha mencionado, la procreación es un elemento central del matrimonio y parte innegable del plan del creador para esta institución social vital. Esto puede verse en el primer mandamiento dado por Dios a la pareja humana: «Fructificad, multiplicaos y llenad la tierra» (Gn. 1:28).[11] Sin embargo, por naturaleza, la homosexualidad no cumple con este componente esencial del modelo bíblico/tradicional del matrimonio y la familia, ya que impide la reproducción.[12]

La homosexualidad no sólo se aleja del modelo bíblico de matrimonio en lo que respecta a *la heterosexualidad, la complementariedad y la fertilidad,* sino que las parejas homosexuales tampoco suelen mantener otros aspectos del matrimonio bíblico como

---

intrínsecamente incapaces de manifestar la verdadera reciprocidad de los roles asignados por Dios a los distintos géneros dentro del contexto de una relación marido/mujer.

[10] Cf. Gagnon, *The Bible and Homosexual Practice*, 164-69, quien también cita el exceso de pasión y la heterosexualidad animal como argumentos menores para la antinaturalidad de las relaciones sexuales entre personas del mismo sexo (pp. 176-80).

[11] La procreación dentro de un contexto heterosexual es discernible también en la descripción que hace el Señor del matrimonio como una relación de «una sola carne» (Gn. 2:24), que parece presuponer una relación sexual entre hombre y mujer, y puede estar implícita en el relato de la creación por parte de Dios de las criaturas vivientes «según su especie» (Gn. 1:21, 24, 25) —es decir, separadas en género con capacidad de procrear.

[12] A veces se argumenta que ciertas personas «nacen» homosexuales, al igual que nacen negros o blancos, hombres o mujeres (cf. D. F. Swaab y M. A. Hoffman, «An Enlarged Suprachiasmatic Nucleus in Homosexual Men», Brain Research 537 [1990]: 141-48; Simon LeVay, «A Difference in Hypothalamic Structure Between Heterosexual and Homosexual Men», *Science* 235 [Aug. 30, 1991]: 1034-37; J. Michael Bailey y Richard C. Pillard, «A Genetic Study of Male Sexual Orientation», *Archives of General Psychiatry* 48 [dic. 1991]: 1089-96; y J. Michael Bailey y Deana S. Benishay, «Familial Aggregation of Female Sexual Orientation» *American Journal of Psychiatry* 150, no. 2 [1993]: 272-77). Por lo tanto, la homosexualidad debería considerarse un comportamiento moral, ya que a los que heredan los «genes gay» se les debe permitir adoptar su orientación sexual innata.

Sin embargo, aunque se pudiera demostrar que la homosexualidad es genética, esto no la haría moralmente aceptable, ya que una predisposición genética hacia un acto o un comportamiento nunca puede ser la base adecuada para determinar su legitimidad moral. Por poner sólo un ejemplo, un varón con una condición glandular genética que le hace producir demasiada testosterona, y por tanto un impulso sexual superior al normal, no podría apelar a su condición genética para validar la moralidad de la violación, el incesto o la pedofilia (para más información sobre los argumentos de los defensores de la homosexualidad a partir del determinismo genético y una respuesta bíblica, véase Sherwood O. Cole, «Biology, Homosexuality, and the Biblical Doctrine of Sin», *Bibliotheca Sacra* 157, nº 627 [julio-septiembre de 2000]: 348-61; cf. Jeffrey Satinover, «The Gay Gene?» http://www.cbmw.org).

Otro argumento que se esgrime ocasionalmente es que la homosexualidad está relacionada con desequilibrios hormonales. Sin embargo, como escriben Feinberg y Feinberg, «algunos han sugerido que la homosexualidad se debe a un desequilibrio de las hormonas sexuales, sin embargo, ha sido tratada con la inyección de hormonas masculinas con un éxito muy limitado» (John S. y Paul D. Feinberg, *Ethics for a Brave New World* [Wheaton, IL: Crossway, 1993], 188, con referencia a Garfield Tourney, «Hormones and Homosexuality», *Homosexual Behavior: A Modern Reappraisal, ed. Judd Marmor* [Nueva York: Basic Books, 1980]).

la monogamia, la fidelidad y la durabilidad.[13] El grado de alejamiento de la homosexualidad del modelo bíblico de matrimonio y familia puede ser una de las razones por las que este pecado es castigado tan severamente en las Escrituras. De hecho, la homosexualidad no sólo tergiversa o malinterpreta el diseño de Dios para el matrimonio y la familia en un solo punto, sino que desvía el modelo del creador en *casi todos* los puntos.[14]

No es de extrañar, por tanto, que en las Escrituras se estipule y aplique un castigo severo para los infractores homosexuales. Al escribir a los romanos, Pablo enumera la homosexualidad como una de las consecuencias morales indeseables del pecado de rechazar a Dios. No sólo reitera la enseñanza del Antiguo Testamento de que la homosexualidad es mala, sino que también señala que la homosexualidad es tan «contraria a la naturaleza» (Rom. 1:26) que sus participantes no pueden evitar ser conscientes del hecho de que sus acciones son incompatibles con el diseño del creador para el

---

[13] E.g., algunas encuestas han informado que el varón homosexual medio tiene entre cincuenta y quinientas parejas sexuales a lo largo de su vida, y algunos tienen más de mil (cf. Robert T. Michael, Sex in America: A Definitive Study [Boston: Little, Brown, & Co., 1994]; Richard A. Kaslow et al., «The Multicenter AIDS Cohort Study: Rationale, Organization, and Selected Characteristics of Participants», *American Journal of Epidemiology* 126, no. 2 [agosto de 1987]: 310-18; Alan P. Bell y Martin S. Weinberg, *Homosexualities: A Study of Diversity Among Men and Women* [Nueva York: Simon & Schuster, 1978], 308-9. Un estudio informó de que sólo siete de las 156 parejas homosexuales que estudiaron eran monógamas. Cf. David P. McWhirter y Andrew M. Mattison, *The Male Couple: How Relationships Develop* [Englewood Cliffs, NJ: Prentice Hall, 1984], 3; obsérvese también que, aunque las encuestas indican que la lesbiana media tiene múltiples parejas sexuales, el número total de parejas a lo largo de la vida era mucho menor que el de los homosexuales masculinos). Esto es muy diferente de la monogamia y la fidelidad prescritas por el modelo bíblico/tradicional de matrimonio y familia. Además, aunque las cifras exactas son difíciles de determinar debido a la novedad del matrimonio homosexual, la promiscuidad que suele formar parte del estilo de vida homosexual lleva a la conclusión lógica de que los matrimonios homosexuales (o las uniones civiles) no serán duraderos (cf. Russ Smith, Baltimore City Paper Online: «Es probable que la mitad de los matrimonios homosexuales terminen en divorcio»; «Right Field», http://www.citypaper.com/2004-01-28/right.html).

[14] Los que están a favor de la homosexualidad a veces están de acuerdo en que la promiscuidad es un problema entre los homosexuales, pero insisten en que la promiscuidad, y no la homosexualidad en sí, es el verdadero problema. (Véase, E.g., David G. Myers y Letha Dawson Scanzoni, *What God Has Joined Together? A Christian Case for Gay Marriage* [Nueva York: HarperCollins, 2005]). Argumentan, además, que las relaciones homosexuales monógamas son desalentadas por una sociedad que rechaza la homosexualidad como un estilo de vida desviado. Su solución es que si legalizamos los matrimonios gay, los homosexuales abandonarán su promiscuidad. Sin embargo, este argumento tiene al menos dos problemas: en primer lugar, supone que la sociedad tiene la culpa de no aceptar la homosexualidad; y, en segundo lugar, este argumento pasa por alto el hecho de que, independientemente de la aceptación de la sociedad de la homosexualidad —ya sea promiscua o monógama— la homosexualidad es, no obstante, moralmente inaceptable según las Escrituras.

matrimonio y la familia y que esta rebelión voluntaria contra Dios les hace merecedores de la muerte en última instancia.[15]

Homosexualidad en el Antiguo Testamento[16]

Aunque las Escrituras aluden o se refieren explícitamente a la homosexualidad al menos dos docenas de veces,[17] las tres secciones principales de las Escrituras que abordan la homosexualidad son: el relato de la destrucción de Sodoma y Gomorra en Génesis 18-19, las leyes sexuales del código de santidad en Levítico 18 y 20, y los comentarios del apóstol Pablo sobre la homosexualidad en su carta a los romanos y en sus primeras cartas a los corintios y a Timoteo. Como veremos, cada uno de estos pasajes bíblicos condena claramente la homosexualidad, y sólo mediante una reinterpretación radical el mensaje bíblico sobre la homosexualidad se convierte en una postura positiva y de aceptación hacia esta práctica.[18]

---

[15] Cf. Romanos 1:21-28, 32, sobre el que veremos más adelante la discusión. Cabe señalar que Romanos 1:26 es la única referencia explícita al lesbianismo en el NT. Si bien cae bajo la misma prohibición general que la homosexualidad, el lesbianismo no parece haber sido lo suficientemente prominente como para justificar un tratamiento separado.

[16] La siguiente presentación no adopta una postura neutral hacia la homosexualidad, ni está dirigida principalmente a los propios defensores de la homosexualidad. Más bien, en lo que sigue discutiremos algunos de los principales esfuerzos por reinterpretar los principales pasajes bíblicos sobre la homosexualidad por parte de los defensores de esta práctica, con el fin de equipar a aquellos lectores que tengan la oportunidad de interactuar con los defensores de la homosexualidad que utilizan ese tipo de argumentos. Para un recurso útil que compara las dos principales posiciones sobre la homosexualidad, véase Robert A. J. Gagnon y Dan O. Via, *Homosexuality and the Bible: Two Views* (Minneapolis: Fortress, 2003).

[17] Gn. 9:20-27; 19:4-11; Lv. 18:22; 20:13; Dt. 23:17-18; Jue. 19:22-25; 1 Re. 14:24; 15:12; 22:46; 2 Re. 23:7; Job 36:14; Ez. 16:50 (quizás también Ezequiel 18:12; 33:26); Ro. 1:26-27; 1 Cor. 6:9-10; 1 Tim. 1:9-10; 2 Pe. 2:6; Jue. 7; Ap. 21:8; 22:15. Cf. Gagnon, *The Bible and Homosexual Practice*, 432.

[18] Además de estos pasajes, algunos defensores de la homosexualidad afirman que las relaciones personales estrechas entre miembros del mismo sexo (como Jonatán y David o Rut y Noemí) son ejemplos de relaciones homosexuales en las Escrituras (véase, E.g., Tom Horner, Jonathan Loved David: Homosexuality in Biblical Times [Filadelfia: Westminster, 1978], esp. caps. 2-3; pero véase M. H. Pope, «Homosexuality», *The Interpreter's Dictionary of the Bible: Supplementary Volume* [Nashville: Abingdon, 1976], 416-17; M. Bonnington y B. Fyall, *Homosexuality and the Bible* [Cambridge: Grove, 1996], 9; y especialmente Gagnon, *The Bible and Homosexual Practice*, 146-54 [citando como la «refutación definitiva de una lectura homófila del texto» a Markus Zehnder, «Exegetische Beobachtungen zu den David-Jonathan-Geschichten» Biblica 79 (1998): 153-79]). Sin embargo, dado que es transparentemente falaz e injustificado inferir la homosexualidad a partir de las relaciones cercanas entre personas del mismo sexo en la Biblia, no trataremos este argumento en la discusión que sigue.

Sodoma y Gomorra

El relato de la destrucción de Sodoma y Gomorra (Gn. 18:17- 19:29) es probablemente el episodio más conocido de las Escrituras que revela la oposición de Dios hacia la homosexualidad. El relato es especialmente significativo al menos por las tres razones siguientes (1) es el primer relato, y el más detallado, de la confrontación de Dios con la homosexualidad; (2) es la única mención de la homosexualidad anterior a la época de Moisés en las Escrituras; y (3) el pecado y la destrucción de Sodoma y Gomorra se citan con frecuencia en las Escrituras[19] —a menudo claramente en el contexto del pecado sexual— y el relato de la guerra civil de Israel con la tribu de Benjamín, desencadenada por el pecado homosexual de los gabaonitas (Jueces 19-21), parece estar estructurado de tal manera que se asemeja a los acontecimientos que ocurrieron en Sodoma y Gomorra. Por lo tanto, no es de extrañar que los defensores de los homosexuales hayan dedicado una atención considerable a este relato, ya que, si pudieran demostrar de manera convincente que la transgresión que precipitó la ruina de estas dos ciudades no fue la homosexualidad, habrán anulado una parte muy importante del testimonio bíblico en su contra.[20]

En el intento de revisar la interpretación tradicional del pecado de Sodoma y Gomorra, se han propuesto dos nuevas interpretaciones importantes. En primer lugar, algunos eruditos han sugerido que el pecado que llevó a la ruina a estas dos ciudades no fue la homosexualidad, sino la *violación en grupo*. Aunque Walter Barnett no fue el primero en ofrecer esta interpretación, podría decirse que ha sido el defensor más influyente de este punto de vista. En su breve pero muy difundido folleto *Homosexuality and the Bible: An Interpretation,* Barnett escribe: «El pecado de Sodoma no reside necesariamente en la homosexualidad o el comportamiento homosexual. Más bien, el mandato que Lot ordena seguir es sobre la violación simple, y la violación en grupo per se».[21] Barnett cree que este acontecimiento, junto con el relato de la guerra civil israelita con los benjamitas por el

[19] Véase Is. 1:9, 10; 3:9; 13:19; Jr. 23:14; 49:18; 50:40; Lam. 4:6; Ez. 16:46, 48, 49, 53, 55, 56; Am. 4:11; So. 2:9; Mt. 10:15; 11:23, 24; Lc. 10:12; 17:29; Rom. 9:29 (citando Isaías 1:9); 2 Pe. 2:6; Ju. 7; Ap. 11:8.

[20] Para una discusión y refutación de diversas interpretaciones pro-homosexuales del relato de Sodoma y Gomorra, véase James R. White y Jeffrey D. Niell, *The Same Sex Controversy: Defending and Clarifying the Bible's Message About Homosexuality* (Minneapolis: Bethany, 2002), 27-52; y especialmente Gagnon, *The Bible and Homosexual Practice*, 71-91, que también analiza el acto de Cam y la maldición de Noé en Gn. 9:20-27 (ibíd., pp. 63-71) y la violación de la concubina del levita en Jue. 19:22-25 (ibíd., pp. 91-97).

[21] Walter Barnett, *Homosexuality and the Bible: An Interpretation* (Wallingford, PA: Pendle Hill, 1979), 8–9.

pecado sexual de los gabaonitas, puede que no haya implicado una violación en grupo homosexual, sino una violación en grupo heterosexual. Afirma: «Incluso si la intención original de los habitantes de Sodoma y Gomorra era la violación homosexual, obviamente ambos relatos tratan de varones heterosexuales que se entregan a ella como deporte».[22]

La postura de Barnett ha sido muy influyente y aparece en los escritos de muchos otros escritores pro-homosexuales. Por ejemplo, esta interpretación se encuentra en el volumen: *Is the Homosexual My Neighbor? Another Christian View*, de Letha Scanzoni y Virginia Ramey Mollenkott, quienes sostienen que «la historia de Sodoma parece centrarse en ... la violación violenta en grupo ... la violencia —el forzamiento de la actividad sexual sobre el otro— es el verdadero punto de la historia. Por decirlo de otro modo: aunque los ángeles hubieran tomado la forma de mujeres para su visita terrenal, el deseo de los hombres de Sodoma de violarlas habría sido igual de malvado ante los ojos de Dios».[23] Esta interpretación, por tanto, enseña que Dios destruyó Sodoma y Gomorra no por la homosexualidad en sí, sino por la violación en grupo.

En respuesta, el elemento verdadero en este punto de vista debe ser claramente reconocido en que el pecado de Sodoma y Gomorra implicó, de hecho, la *intención de violar*. Sin embargo, estos intérpretes se equivocan al intentar limitar la transgresión de estas dos ciudades *exclusivamente* a la violación en grupo y al tratar de redefinir el pecado intencionado como una forma de violación de orientación heterosexual. De hecho, identificar el pecado que condujo a la destrucción de Sodoma y Gomorra como una violación heterosexual parece, en el mejor de los casos, tenue a la luz de la declaración de Judas de que los habitantes de «Sodoma y Gomorra... se entregaron a la inmoralidad sexual y *persiguieron el deseo antinatural… profanando la carne*» (Ju. 6-8; cf. 2 Pe. 2:4-10). En otras palabras, los delincuentes de Sodoma y Gomorra no sólo tenían deseos sexuales *incontrolables*, sino deseos sexuales *antinaturales*. Además, limitar la definición del pecado de estas dos ciudades exclusivamente a la violación en grupo —ya sea heterosexual u homosexual— parece problemático a la luz del hecho de que la violación intencionada nunca llegó a producirse. Sin embargo, Dios destruyó tanto Sodoma como Gomorra. Por lo tanto, si el pecado de los hombres reunidos en torno a la casa de Lot se identifica y se limita a la

---

[22] Ibíd.

[23] Letha Scanzoni y Virginia Ramey Mollenkott, *Is the Homosexual My Neighbor? Another Christian View* (San Francisco: Harper & Row, 1978), 57–58.

violación en grupo, Dios resulta ser injusto, ya que destruyó Sodoma (¡tanto a los hombres como a las mujeres!) por un pecado que nunca cometieron realmente, y mató a los habitantes de Gomorra por un pecado en el que no tuvieron ninguna participación, ni siquiera involuntaria. Por estas razones, esta interpretación del pecado que condujo a la destrucción de Sodoma y Gomorra es altamente inverosímil.

Un segundo intento, aún más influyente, de revisar la interpretación tradicional del pecado de Sodoma y Gomorra sostiene que no fue la homosexualidad, sino la *inhospitalidad.* Sin duda, el defensor más influyente de este punto de vista ha sido D. Sherwin Bailey, quien es ampliamente reconocido como el primer erudito en haber sugerido esta interpretación, en su histórico estudio *Homosexuality and the Western Christian Tradition*. En resumen, este punto de vista se basa en la definición de la palabra hebrea *yåda'* que se traduce como «conocer» en Génesis 19:5. Según esta interpretación, dado que en la gran mayoría de los 943 usos de esta palabra en el Antiguo Testamento significa «familiarizarse con», ésta debería ser su connotación en el relato de Sodoma y Gomorra. Por lo tanto, cuando los hombres de Sodoma rodearon la casa de Lot y preguntaron: «¿Dónde están los hombres que vinieron a ti esta noche? Traédnoslos para que los *conozcamos*» (Gn. 19:5), simplemente estaban pidiendo que se les *presentara* a los visitantes angélicos por el hecho de que Lot no los había familiarizado adecuadamente con los habitantes de la ciudad. O, en palabras de Bailey, «Puesto que *yåda'* significa comúnmente "familiarizarse con", la exigencia de "conocer" a los visitantes a los que Lot había hospedado bien puede haber implicado alguna infracción grave de las normas de hospitalidad».[24]

Esta interpretación ha sido adoptada y repetida por casi todos los exégetas bíblicos pro-homosexuales que han abordado este pasaje. Harry A. Woggon escribió: «El pecado de Sodoma y Gomorra fue visto en el Antiguo Testamento como una violación de la obligación sagrada de la hospitalidad hacia los extranjeros».[25] John J. McNeill calificó la falta de hospitalidad supuestamente mostrada en Sodoma como «el crimen que clama a Dios por venganza».[26] John Boswell afirmó que «el

[24] D. Sherwin Bailey, *Homosexuality and the Western Christian Tradition* (London: Longmans, Green, 1955), 4.

[25] Harry A. Woggon, «A Biblical and Historical Study of Homosexuality», *Journal ofReligion and Health* 20, no. 2 (Summer 1981): 158.

[26] John J. McNeill, «Homosexuality: Challenging the Church to Grow» *Christian Century* 104, no. 8 (March 11, 1987): 244. Véase también John J. McNeill, *The Church and the Homosexual* (Kansas City, MO: Sheed, Andrews and McMeel, 1976), 42–50.

impacto moral original del pasaje [de Sodoma y Gomorra] tenía que ver con la hospitalidad».[27] James B. Nelson afirmó: «Los eruditos bíblicos contemporáneos indican de forma persuasiva que el tema principal de la historia [de Sodoma y Gomorra] y la preocupación del escritor no eran las actividades homosexuales como tales, sino la violación de las antiguas normas de hospitalidad hebreas».[28] Lo que todos estos intérpretes tienen en común, por tanto, es su opinión de que el pecado de Sodoma y Gomorra fue la falta de hospitalidad y no la homosexualidad.

Aunque esta interpretación es creativa y obviamente persuasiva para algunos, un breve repaso de los hechos que rodean la destrucción de Sodoma y Gomorra revela que esta visión también es insostenible. En cuanto a la palabra hebrea *yåda'*, debemos señalar que, aunque este término suele significar «familiarizarse con», también puede referirse a las relaciones sexuales, como ocurre claramente en Gn. 4:1, 17, 25; 24:16; 38:26. El factor decisivo para determinar la definición de esta palabra (o de cualquier término con múltiples significados posibles) debe ser necesariamente el contexto. Siguiendo este principio, en el contexto del pasaje de Sodoma y Gomorra *yåda'* debe tener una connotación sexual cuando aparece en Génesis 19:5, ya que cuando el término vuelve a aparecer tres versos después, el significado sexual es el único que tiene sentido. De lo contrario, Lot estaría diciendo que sus hijas, que estaban comprometidas con dos de los habitantes de Sodoma, ¡nunca habían conocido a un hombre! Además, el ofrecimiento de Lot de sus dos hijas a los hombres de Sodoma no tiene ningún sentido si los hombres que llamaban a su puerta sólo pedían que les presentaran a sus huéspedes. ¿Por qué no presentar a los ángeles a los curiosos habitantes de la ciudad si eso era todo lo que se requería?

Otro problema con esta interpretación es que, si Lot fue quien pecó al romper los códigos de hospitalidad locales, entonces ¿por qué su vida fue perdonada por los visitantes angélicos mientras que la gente del pueblo que cumplía con la ley fue destruida por el juicio divino? Es más, teniendo en cuenta que Lot era un residente de Sodoma, ¿por qué los habitantes de Gomorra fueron asesinados por un pecado en el que no habían participado? Y si los residentes de Sodoma eran tan pacíficos

---

[27] John Boswell, *Christianity, Social Tolerance, and Homosexuality: Gay People in Western Europe from the Beginning of the Christian Era to the Fourteenth Century* (Chicago: University of Chicago Press, 1980), 93.

[28] James B. Nelson, «Homosexuality and the Church», St. *Luke's Journal of Theology* 22, no. 3 (junio de 1979): 199. Véase también Barnett, *Homosexuality and the Bible*, 7-10. La referencia a que Sodoma era «soberbia» y cometía «una abominación» ante el Señor en Ezequiel 16:50 se cita a menudo (de forma poco convincente) en apoyo de esta opinión.

y honestos que acudían a la casa de Lot a media noche para promulgar los códigos de hospitalidad locales, entonces ¿por qué Dios no pudo encontrar diez personas justas en toda la ciudad (Gn. 18:23)? Esta interpretación tampoco puede explicar por qué Lot parece haberse sentido amenazado por la aparición de la gente del pueblo (Gn. 19:6) o por qué la turba declaró su intención de dañar tanto a Lot como a sus visitantes sin provocación alguna (Gn. 19:9). También debemos tener en cuenta que esta interpretación está en desacuerdo con todas las interpretaciones de este pasaje anteriores a mediados del siglo XX, así como con el mencionado versículo de Judas 7 (cf. Lc. 17:26-29; 2 Pe. 2:6-7, 10). En resumen, este punto de vista es inválido, de hecho, insostenible, por numerosos motivos.

A pesar de los intentos de muchos, entonces, parece claro que el pecado que llevó a la destrucción de Sodoma y Gomorra no fue la violación en grupo heterosexual, la falta de hospitalidad, o algún otro pecado no relacionado con la homosexualidad (o un subconjunto errante de ella).[29] Más bien, como ya indicamos en nuestra crítica a las interpretaciones pro- homosexuales del relato, es muy probable que el pecado que trajo el juicio de Dios sobre estas personas fue el de la homosexualidad, por las siguientes razones.

En primer lugar, la referencia al pecado de Sodoma y Gomorra en Judas 6-7 (cf. 2 Pe. 2:4-10) habla de personas que «se entregaron a la inmoralidad sexual y persiguieron el *deseo antinatural... contaminando su carne*». «Deseo antinatural», tanto en su contexto neotestamentario (cf. Rom. 1:26-27) como en su entorno cultural antiguo (véase más adelante), indica casi con seguridad que el pecado en cuestión es la homosexualidad.

En segundo lugar, el pecado del que se habla en el incidente de Sodoma y Gomorra es claramente sexual (el significado más probable de la palabra *yåda'* en Gn. 19:5, 8),[30] y en el contexto se refiere no sólo a una relación sexual ilícita, sino a una relación perversa y condenada por Dios.

En tercer lugar, el pecado de la homosexualidad es el que mejor explica el terrible juicio de Dios sobre Sodoma y Gomorra. Es muy poco probable que el juicio por falta de hospitalidad o por la mera

[29] Véase también Allan N. Moseley, *Thinking against the Grain* (Grand Rapids: Kregel, 2003), 189–90

[30] Las traducciones de «conocer» y «no conocer», en Gn. 19:5, 8, aunque no son técnicamente inexactas, lamentablemente no aclaran esto adecuadamente en nuestro entorno anglófono contemporáneo, ya que claramente lo que se trataba en estos pasajes era algo más que simplemente conocer a otra persona en el sentido de «llegar a conocerla» (el significado común de «conocer»), es decir, tener relaciones sexuales con ella.

intención de violación en grupo (ya sea heterosexual u homosexual) hubiera sido tan severo.

Por lo tanto, el pecado de Sodoma y Gomorra fue el de la homosexualidad.

El código de santidad Levítico

Una segunda sección de las Escrituras para la que los exégetas pro-homosexuales han propuesto diferentes interpretaciones es la de las leyes sexuales del código de santidad en el libro de Levítico.[31] Hay dos leyes en el código de santidad que abordan específicamente la homosexualidad. Se trata de Levítico 18:22 («No te echarás con varón como con mujer; es abominación») y 20:13 («Si alguno se ayuntare con varón como con mujer, abominación hicieron; ambos han de ser muertos; sobre ellos será su sangre»). De hecho, estas leyes constituyen una parte importante del testimonio bíblico contra la homosexualidad, ya que abordan explícitamente las relaciones homosexuales de manera exhaustiva y prescriben la pena de muerte para quienes cometen tal acción (que Dios había promulgado previamente en Sodoma y Gomorra). Es evidente, entonces, que tendríamos que reinterpretar radicalmente estos dos versículos para poder afirmar que la Biblia no prohíbe la práctica de la homosexualidad.

Los defensores de la homosexualidad que han abordado estos versículos han adoptado generalmente un enfoque ocasional y culturalmente relativo —es decir, afirman que estos versículos son directivas temporales limitadas por la cultura y dadas a los israelitas, y no absolutos morales eternamente vinculantes destinados a los elegidos de todas las épocas. Aunque algunos exégetas han presentado este argumento de diferentes formas y con diversos matices, el argumento fundamental que apoya este punto de vista suele ser el mismo (al menos para los que creen en la continuidad entre los Testamentos).[32] En

---

[31] Para una discusión y refutación de diversas interpretaciones pro-homosexuales del código de santidad levítico ver *White y Niell, Same Sex Controversy*, 53-108; y especialmente Gagnon, *The Bible and Homosexual Practice*, 111-46.

[32] Algunos intérpretes han cuestionado la aplicabilidad de Lv. 18:22 y 20:13 sobre la base de que ninguna ley del AT se aplica a los cristianos de hoy (cf. Scanzoni y Mollenkott, *Is the Homosexual My Neighbor?* 60-61, 112-15). Sin embargo, este argumento en su forma extrema es indefendible, y la cuestión requiere un mayor matiz. Véase, e.g., William J. Webb, *Slaves, Women and Homosexuals: Exploring the Hermeneutics of Cultural Analysis* (Downers Grove, IL: InterVarsity, 2001), 28-29, 81-82, 87-90, 102-4, 108-10, 131-33, 155-57, 161, 177-78, 181-83, 196-200, 204-6, 216-20, 231-34, 250-52, quien concluye tras un extenso análisis que «las prohibiciones bíblicas relativas a la homosexualidad . . . deberían mantenerse hoy en día» (p. 250; esto no implica la aprobación de la «hermenéutica del movimiento redentor» de Webb ni de sus opiniones sobre el papel de las mujeres en la iglesia). Sobre la relación entre el AT y el NT, véase

resumen, este punto de vista se centra en el uso de la palabra hebrea *tø'Σbåh,* traducida como «abominación» en estos dos versículos. Según los defensores de esta postura, cuando el término *tø'Σbåh* se utiliza en las Escrituras, normalmente se refiere a algún tipo de impureza ritual relacionada con la adoración de ídolos. Por lo tanto, cuando Dios prohibió la homosexualidad en Levítico 18:22 y 20:13, no se refería a la homosexualidad en sí, sino que, en el contexto de esta porción del código de santidad, prohibía los actos homosexuales realizados por las prostitutas cananeas del templo como parte de la adoración de los dioses falsos.

Citando a Walter Barnett, «todo el contexto de estos mandatos [en Levítico 18:22 y 20:13] es una polémica contra los israelitas que imitan las prácticas contaminantes de los cananeos a los que desplazaron en Palestina. Así, de nuevo, la prohibición se dirige probablemente contra la práctica de la prostitución homosexual ritual tal como se encuentra en el culto cananeo de la fertilidad. En cualquier caso, la intención no puede ser la de condenar toda la homosexualidad, ni el comportamiento homosexual».[33] De forma similar, John Boswell escribe: «Las promulgaciones levíticas [en Lv. 18:22 y 20:13] contra el comportamiento homosexual lo caracterizan inequívocamente como ceremonialmente impuro y no como inherentemente malo».[34] Scanzoni y Mollenkott afirman de manera similar: «Las razones dadas para estas proscripciones [en Lv. 18:22 y 20:13] implican varios factores [como] la separación de otras naciones... evitar la idolatría... y la impureza ceremonial [las prácticas homosexuales] formaban parte de las religiones de la fertilidad».[35] Este punto de vista, por lo tanto, procura limitar tanto la interpretación, como la aplicación de Levítico 18:22 y 20:13 a los actos homosexuales cometidos en la adoración de ídolos.

En respuesta a esta interpretación, debemos señalar que, aunque la palabra hebrea *tø'ebåh* podría referirse a algún tipo de impureza ritual relacionada con la adoración de ídolos (cf. 2 Re. 16:3; Is. 44:19; Jr. 16:18; Ez. 7:20), con frecuencia no tiene esta connotación (cf. Gn. 43:32; Sl. 88:8; Pr. 6:16-19; 28:9). De hecho, a veces *tø'ebåh* se refiere a actividades que son moralmente ofensivas para Dios, como la homosexualidad. En el contexto de este pasaje del código de santidad, es interesante observar que otras actividades, además de la

---

también John Feinberg, ed., *Continuity and Discontinuity: Perspectives on the Relationship between the Old and New Testaments* (Wheaton, IL: Crossway, 1988) y Wayne G. Strickland, ed., Five Views on Law and Gospel (Grand Rapids: Zondervan, 1993).

[33] Barnett, *Homosexuality and the Bible*, 12.

[34] Boswell, *Christianity, Social Tolerance, and Homosexuality*, 101–2.

[35] Scanzoni y Mollenkott, *Is the Homosexual My Neighbor*? 60.

homosexualidad, también son calificadas como *tø'ebåh* (cf. Lv. 18:26), incluyendo el incesto (Lv. 18:6-18), el adulterio (Lv. 18:20) y la bestialidad (Lv. 18:23). Si aplicáramos una hermenéutica coherente a lo largo de este pasaje, nos veríamos obligados a concluir que estas otras actividades están igualmente prohibidas sólo en el contexto de la adoración de ídolos. Por supuesto, tal interpretación sería irresponsable a la luz del hecho de que estas otras actividades se condenan sistemáticamente en toda la Escritura, al igual que la homosexualidad.[36]

Además, incluso si se pudiera demostrar que las leyes del código de santidad se referían exclusivamente a la pureza ritual (lo cual es dudoso), esto seguiría sin validar la moralidad de la actividad homosexual. Por ejemplo, está claro que las Escrituras prohíben el sacrificio de niños porque formaba parte del culto ritual al dios cananeo Moloc (Lv. 20:2-5; 2 Re. 16:1-4; 2 Cro. 28:1-4; Jr. 7:30-31; Ez. 23:36-39). Sin embargo, el sacrificio de niños siempre es malo, esté o no relacionado con el culto a otros dioses, porque en esencia constituye una violación del sexto mandamiento. Del mismo modo, la homosexualidad siempre está mal, porque es una violación del diseño integral de Dios sobre el matrimonio y la familia. En resumen, *el contexto en el que la Escritura prohíbe una determinada actividad no limita necesariamente la inmoralidad de esa actividad a ese contexto concreto.* Esto es especialmente cierto si la acción prohibida se sostiene en toda la Escritura, como en el caso de la homosexualidad.

Por lo tanto, parece claro, que las interpretaciones alternativas de Levítico 18:22 y 20:13 propuestas por los exegetas pro-homosexuales se quedan cortas. De hecho, el pecado prohibido en estos dos versículos debe entenderse, como tradicionalmente se ha hecho, como la práctica general de la homosexualidad.[37]

Homosexualidad en el Nuevo Testamento

Nuestra principal fuente sobre la postura del Nuevo Testamento que se refiere la homosexualidad, es el apóstol Pablo, que menciona la homosexualidad en su carta a los romanos y en sus primeras cartas a

---

[36] Véase Webb, Slaves, *Women and Homosexuals*, cuya conclusión es que «prácticamente todos los criterios aplicables a la cuestión sugieren en diversos grados que las prohibiciones bíblicas relativas a la homosexualidad, incluso dentro de una forma de pacto, deberían mantenerse hoy en día. No hay ninguna disonancia significativa en los datos bíblicos» (p. 250).

[37] Esto no significa negar la existencia de la prostitución de culto homosexual en el antiguo Israel, sobre el tema véase Gagnon, *The Bible and Homosexual Practice*, 100-110.

los corintios y a Timoteo.[38] Abordaremos estos pasajes sucesivamente, al igual que en la sección del Antiguo Testamento, prestando especial atención a los esfuerzos por reinterpretar estos pasajes en contra de la comprensión tradicional.[39]

La carta a los Romanos

El principal pasaje sobre la homosexualidad en los escritos de Pablo se encuentra en el primer capítulo de su carta a los Romanos, donde su denuncia de la homosexualidad forma parte de su presentación más amplia de la pecaminosidad universal de la humanidad en su rechazo de Dios el creador (Rom. 1:18-23).[40] A causa de este rechazo, afirma Pablo, Dios entregó a la humanidad depravada «a la inmundicia, en las concupiscencias de sus corazones, de modo que deshonraron entre sí sus propios cuerpos, ya que cambiaron la verdad de Dios por la mentira, honrando y dando culto a las criaturas antes que al creador» (Rom. 1:24-25).

En lo que sigue, Pablo explica con precisión lo que quiere decir con «la deshonra de sus cuerpos entre sí»:

> Por esto Dios los entregó a pasiones vergonzosas; pues aun sus mujeres cambiaron el uso natural por el que es contra naturaleza, y de igual modo también los hombres, dejando el uso natural de la mujer, se encendieron en su lascivia unos con otros, cometiendo hechos vergonzosos hombres con hombres, y recibiendo en sí mismos la retribución debida a su extravío. (Rom. 1:26-27)[41]

---

[38] No tenemos constancia de que Jesús comentara el tema, lo que sugiere que éste no era un asunto controvertido en el judaísmo palestino del siglo I (aunque véase el cap. 3, «El testimonio de Jesús», en Gagnon *The Bible and Homosexual Practice*; entre otras cosas, Gagnon sostiene que la referencia de Jesús a los porneiai en Marcos 7:21-23 implica una condena de la homosexualidad [p. 191]).

[39] La siguiente discusión sobre la homosexualidad incluye elementos de Andreas J. Köstenberger, «1-2 Timoteo, Tito», en *The Expositor's Bible Commentary,* vol. 12: Ephesians-Philemon, rev. ed. (Grand Rapids: Zondervan, 2006), 503-4. Para un tratamiento útil, véase Thomas E. Schmidt, *Straight and Narrow? Compassion and Clarity in the Homosexuality Debate* (Leicester; Downers Grove, IL: InterVarsity, 1995). Para una interacción y refutación de las interpretaciones revisionistas de Romanos 1, véase Moseley, *Thinking against the Grain, 1*93-94. Véase también el tratamiento exhaustivo en Gagnon, *The Bible and Homosexual Practice*, 229-303.

[40] Para una discusión y refutación de algunas interpretaciones pro-homosexuales de Rom. 1:26-27, véase *White y Niell, Same Sex Controversy*, 109-40.

[41] James E. Miller, «Las prácticas de Romanos 1:26: ¿homosexuales o heterosexuales?» *Novum Testamentum* 37 (1996): 1-11 afirma que Rom. 1:26 se refiere a la práctica heterosexual antinatural y no a la homosexualidad, pero esto resulta improbable por el estrecho paralelismo en

Pablo procede a reiterar que estos «actos vergonzosos» son el resultado del rechazo de las personas a Dios, quien consecuentemente «los entregó a una mente depravada para hacer lo que no se debe hacer» (Rom. 1:28). A esto le sigue una lista de vicios, en la que la homosexualidad se asocia con una larga letanía de actitudes y comportamientos humanos pecaminosos (Rom. 1:29-31; cf. 1 Cor. 6:9-10; 1 Tim. 1:9-10). Pablo cierra esta sección con la acusación de que, aunque estas personas «habiendo entendido el juicio de Dios, que los que practican tales cosas son dignos de muerte, no sólo las hacen, sino que también se complacen con los que las practican» (Rom. 1:32). De ahí que el juicio de Dios se pronuncie no sólo sobre los homosexuales practicantes, sino también sobre los que aprueban tal comportamiento (cf. 1 Cor. 5:1-13).

Probablemente no sea una coincidencia que sea en la carta de Pablo a los romanos donde se encuentra esta amplia acusación de la depravación humana, incluida una severa denuncia de la homosexualidad (así como del lesbianismo, Rom. 1:26). En la época en que se escribió (hacia el año 57 d.C.), el mundo romano era conocido por su libertinaje moral, sus excesos sexuales y su perversidad.[42] El reinado de Claudio (41-54 d.C.) es famoso por estos males, al igual que el de su sucesor, Nerón (54-68 d.C.), durante cuyo reinado Pablo escribió su carta a los romanos. Unas décadas más tarde, el libro de Apocalipsis describe al imperio romano como la «gran ramera Babilonia», de cuyo «vino de la pasión de su inmoralidad sexual» han bebido todas las naciones (Ap. 18:3; cf. Ap. 18:9; 19:2). En la visión del profeta, la mujer está «vestida de púrpura y escarlata, y adornada con oro, joyas y perlas, teniendo en su mano una copa de oro llena de abominaciones y de las impurezas de su inmoralidad sexual» (Ap. 17:4) e identificada por una inscripción en su frente, «Babilonia la grande, madre de las prostitutas y de las abominaciones de la tierra» (Ap. 17:5). Esta misma mujer está «ebria de la sangre de los santos, de la sangre de los mártires de Jesús» (Ap. 17:6).

A la luz del contexto literario y cultural de la referencia de Pablo a la homosexualidad en el primer capítulo de Romanos, no parece haber duda de que él consideraba que la homosexualidad en general, y no sólo

---

Rom. 1:27. Véase además la crítica de Thomas R. Schreiner, *Romans, Baker Exegetical Commentary on the New Testament* (Grand Rapids: Baker, 1998), 94 n. 5.

[42] Cf. Everett Ferguson, *Backgrounds of Early Christianity*, 2ª ed. (Grand Rapids: Eerdmans, 1993), 63-74. (Grand Rapids: Eerdmans, 1993), 63-74, esp. p. 63: «El juicio de Pablo sobre la moralidad gentil en Romanos 1:18-32 encuentra considerable confirmación en otras fuentes de la época». Ferguson procede a discutir los puntos de vista grecorromanos sobre la homosexualidad y la prostitución y sus prácticas.

los subconjuntos aberrantes más estrechamente definidos del comportamiento homosexual, era contraria al orden creado por Dios y, por tanto, digna de condena. Además, Pablo condena no sólo a quienes *tienen* un comportamiento homosexual, sino también a quienes *aprueban* ese comportamiento sin participar en él. Sin embargo, recientemente se ha intentado identificar el pecado condenado en Romanos y otros escritos del Nuevo Testamento como una ofensa más limitada. Dado que estos intentos suelen tomar como punto de partida la palabra griega específica *arsenokoites*, que no aparece en Romanos, pero sí en las otras dos referencias de Pablo al tema, trataremos estas objeciones a continuación.

1 Corintios

Mientras que la denuncia de Pablo de la homosexualidad en su carta a los romanos implica el uso de varios circunloquios de la práctica («deshonraron entre sí sus propios cuerpos», Rom. 1:24; «cambiaron las relaciones naturales por las que son contrarias a la naturaleza», Rom. 1:26; «abandonaron las relaciones naturales», «se consumieron en la pasión unos por otros», «los hombres cometieron actos desvergonzados con los hombres», Rom. 1:27), emplea el término griego *arsenokoitΣs* para referirse a la homosexualidad en sus otras dos referencias importantes al tema, 1 Corintios 6:9 y 1 Timoteo 1:10 (en 1 Cor. 6:9, también se utiliza el término *malachos*; véase más adelante).[43]

La referencia de Pablo a los homosexuales en su primera carta a los Corintios forma parte de una sección en la que aborda una serie de cuestiones sexuales a las que se enfrentaba la iglesia de Corinto.[44] Cabe señalar, en primer lugar, que la ciudad de Corinto del siglo I era famosa por su inmoralidad sexual.[45] En 1 Corintios 5, Pablo responde informes

[43] Para un posible uso precristiano del término, véase Oráculos Sibilinos 2:73 («No practiques la homosexualidad»). James B. De Young, «The Source and NT Meaning of "Arsenokoivtaî with Implications for Christian Ethics and Ministry", *The Master's Seminary Journal* 3 (1992): 211-15, sostiene que Pablo acuñó el término *arsenokoites.*

[44] Para una breve discusión y refutación de diversas interpretaciones pro-homosexuales de 1 Cor. 6:9-10 y 1 Tim. 1:9-10, véase *White y Niell, Same Sex Controversy*, 141-61.

[45] A menudo se señala que «corintizar» (*korinthiazø,* acuñado por el escritor griego Aristófanes [c. 450-385 a.C.]) servía como abreviatura de la inmoralidad sexual, y «muchacha corintia» se refería a una prostituta (pero véase la discusión en David E. Garland, *1 Corinthians*, Baker Exegetical Commentary on the New Testament (Grand Rapids: Baker, 2003), 240-41, quien señala que estos epítetos se acuñaron con vistas a la Corinto griega, no a la romana, pero reconoce la prominencia de Afrodita, la diosa griega del amor erótico, en la ciudad). Véase también Gordon D. Fee, *The First Letter to the Corinthians, New International Commentary on the New Testament (*Grand Rapids: Eerdmans, 1987), 2-3, quien dice que «la Corinto de Pablo era a la vez la Nueva York, Los Ángeles y Las Vegas del mundo antiguo» (p. 3).

según los cuales los corintios estaban tolerando un caso en el que «un hombre tiene a la mujer de su padre», es decir, estaba manteniendo una relación sexual con su madrastra (1 Cor. 5:1; cf. Lv. 18:8). Pablo expresa su indignación ante esta falsa «tolerancia» e insta a los corintios a «entregar a este hombre a Satanás para la destrucción de la carne, a fin de que su espíritu se salve en el día del Señor» (1 Cor. 5:5). En una carta anterior, Pablo les había dicho a los corintios que no se asociaran con personas sexualmente inmorales (con ello se refería no a los inmorales de este mundo, sino a «cualquiera que lleve el *nombre de hermano*» [i.e., un cristiano fiel] que sea culpable de inmoralidad sexual; 1 Cor. 5:9-11). Los corintios deben eliminar a estas personas de su entorno con la esperanza de que se arrepientan y sean restauradas (1 Co. 5:13).

Listas de vicios que se refieren a la homosexualidad en 1 Corintios y 1 Timoteo

1 CORINTIOS 5:10; 6:9 - 10	1 TIMOTEO 1:9 -10
…no absolutamente con los fornicarios de este mundo, o con los avaros, o con los ladrones, o con los idólatras… no os engañéis: ni los fornicarios, ni los idólatras, ni los adúlteros, ni los afeminados, ni los que se echan con varones, ni los ladrones, ni los avaros, ni los borrachos, ni los maldicientes, ni los estafadores, heredarán el reino de Dios.	…la ley no fue dada para el justo, sino para los transgresores y desobedientes, para los impíos y pecadores, para los irreverentes y profanos, para los parricidas y matricidas, para los homicidas, para los fornicarios, para los sodomitas, para los secuestradores, para los mentirosos y perjuros, y para cuanto se oponga a la sana doctrina…

Después de reprender a los corintios por participar en juicios públicos entre ellos (1 Cor. 6:1-8), Pablo afirma que «ni los inmorales, ni los idólatras, ni los adúlteros, ni los homosexuales [nota: el original tiene dos palabras griegas, posiblemente refiriéndose tanto a la pareja pasiva como a la activa en las relaciones homosexuales], ni los ladrones, ni los avaros, ni los borrachos, ni los maldicientes, ni los estafadores heredarán el reino de Dios» (1 Cor. 6:9-10; cf. 1 Cor. 5:10).[46] Pablo añade: «Y algunos de vosotros eran así. Pero fuisteis

[46] Las traducciones «varones que son penetrados sexualmente por varones» y «varones que penetran sexualmente a varones» son elegidas por Garland, *1 Corinthians*, 214, con referencia a Hans Lietzmann, *Die Briefe des Apostels Paulus: An die Korinther* I, II, 5ª ed.; ed. Werner G. Kümmel; *Handbuch zum Neuen Testament* 9 (Tübingen: Mohr-Siebeck, 1949), 27; C. K. Barrett,

lavados, santificados y justificados en el nombre del Señor Jesucristo y por el Espíritu de nuestro Dios» (1 Cor. 6:11). En la siguiente sección, Pablo denuncia a los cristianos que tienen relaciones sexuales con prostitutas, afirmando que esto es una burda tergiversación de la verdadera libertad cristiana e insta a los creyentes a huir de la inmoralidad sexual (1 Cor. 6:12-20).

La lista de vicios de 1 Corintios 6:9-10, de la que forman parte los dos términos relacionados con la homosexualidad, amplía la lista en 5:10 repitiendo los seis elementos que se encuentran en el pasaje anterior.[47] De hecho, la lista anterior enmarca la posterior en el sentido de que se repiten los dos primeros y los cuatro últimos elementos, colocando las cuatro características añadidas en el centro. Los términos «inmoralidad sexual» e «idolatría» reflejan los dos temas centrales que se abordan en el contexto, la inmoralidad sexual (cf. 1 Cor. 5:1-13; 6:12-20) y la idolatría (cf. 1 Cor. 8:1-11:1). De los cuatro nuevos elementos, tres (adúlteros, *malakoi* y *arsenokoitai*) son sexuales; el cuarto son los ladrones (aunque «ladrones» puede ser más preciso). La lista de vicios concluye con los otros cuatro elementos de 1 Corintios 5:10-11.

En cuanto a los tres elementos relevantes para nuestro propósito, «adúlteros» (*moichoi*) tiene el significado directo de personas casadas que mantienen relaciones sexuales fuera del matrimonio (Ex. 20:14; Lev. 20:10; Dt. 5:18; cf. Lc. 18:11). Los dos siguientes términos, *malakoi* y *arsenokoitai*, requieren un comentario más extenso. Ambas expresiones tienen que ver con la homosexualidad y a veces se mezclan en una sola frase en algunas traducciones, como «hombres que practican la homosexualidad» (aunque mantenerlos como dos términos separados es preferible: cf. «prostitutos masculinos... homosexuales practicantes»). El primer término, *malakos,* significa literalmente «blando» (cf. Mt. 11:8 par. Lc. 7:25) y en la época de Pablo servía como epíteto para el compañero «blando» o afeminado (i.e., pasivo) en una relación homosexual (pederasta).[48] Es importante destacar que

---

The First Letter to the Corinthians, Harper's New Testament Commentaries (Nueva York: Harper & Row, 1968), 140; Charles H. Talbert, *Reading Corinthians: A Literary and Theological Commentary on 1 and 2 Corinthians (*Nueva York: Crossroad, 1987), 23; y Gagnon, *The Bible and Homosexual Practice*, 306-32.

[47] Parte del análisis posterior está en deuda con Fee, *First Letter to the Corinthians*, 242-45.

[48] La pederastia (Gr. *paidophthoria*), es decir, las relaciones homosexuales entre un hombre adulto y un niño pequeño, era una forma común de homosexualidad en el mundo grecorromano (véase más adelante). Sin embargo, como se verá a continuación, esto no significa que la condena de Pablo a la homosexualidad se limite a la pederastia. Cf. BDAG 135 que glosa arsenokoitai en 1 Cor. 6:9 como «un varón que se dedica a la actividad sexual con una persona de su propio sexo, pederasta, de uno que asume el papel dominante en la actividad del mismo sexo, opp. *Malafovz*» BDAG procede a señalar que «las restricciones de Pablo contra la actividad sexual entre personas

malachoi (al igual que *arsenokoitai*) se refiere al comportamiento y no a la mera orientación, como implica el comentario de Pablo en 1 Corintios 6:11: «Y algunos de vosotros eran así».[49]

El significado del término *arsenokoites* (que también se encuentra en 1 Tim. 1:9-10, sobre el cual veremos en la discusión más adelante) ha sido objeto de un considerable debate en los últimos años.[50] Algunos exegetas pro-homosexuales han tratado de restringir la aplicación del término *arsenokoites* a una ofensa más estrecha. John Boswell, por ejemplo, en un esfuerzo por demostrar que la iglesia primitiva no desaprobaba los actos homosexuales como tales, desmiente cualquier conexión entre los dos términos *malakoi* y *arsenokoitai* en 1 Corintios 6:9, traduciendo el primero como «masturbadores» y el segundo como «prostitutos masculinos».[51] Según Boswell, si el término *arsenokoitai* se refiriera de hecho a la homosexualidad en general, el término no estaría ausente «en tanta literatura sobre la homosexualidad».[52] Boswell también rechaza cualquier conexión entre el código de santidad Levítico y las referencias del Nuevo Testamento a la homosexualidad, afirmando que los escritores del Nuevo Testamento

---

del mismo sexo no pueden explicarse satisfactoriamente sobre la base de la supuesta prostitución en el templo... o limitarse al contrato con muchachos para el servicio homoerótico». También se refieren al Léxico griego de los periodos romano y bizantino de Evangelinus Apostolides Sophocles (desde el año 146 a. C. hasta el 1100 d. C.) (Nueva York: Scribner's, 1900; repr. Elibron Classics, 2003), 1.253, que glosa *arsenokoites* como *ho meta arsenos koimøme- nos koiten gynaikeian* = «el que tiene relaciones sexuales con un hombre como con una mujer». Véase también Gagnon, *The Bible and Homosexual Practice*, 306-12, quien igualmente concluye que *malakos* en 1 Cor. 6:9 se refiere al compañero pasivo en el coito homosexual (p. 312).

[49] Fee, *First Letter to the Corinthians*, 244.

[50] Para un competente resumen y adjudicación de la reciente discusión, véase Garland, *1 Corinthians,* 212-15 (véase también la nota adicional en las pp. 217-18), a la que se debe parte de la discusión que sigue. Ver también Gagnon, *The Bible and Homosexual Practice*, 312-32 (siguiendo a D. Wright, p. 315; ver n. 51 más abajo).

[51] Boswell, *Christianity, Social Tolerance, and Homosexuality*, 106-7, 335-53, refutado decisivamente por David F. Wright, «Homosexuals or Prostitutes? The Meaning of *'Arsenokoivtaî* (1 Cor. 6:9; 1 Tim. 1:10)», *Vigiliae Christianae* 38 (1984): 125-53; véase también ídem, «Translating 'Arsenokoivtaî (1 Cor. 6:9; 1 Tim. 1:10)», *Vigiliae Christianae* 41 (1987): 397; ídem, «Homosexuality: The Relevance of the Bible», *Evangelical Quarterly* 61 (1989): 291-300; J. Robert Wright, «Boswell on Homosexuality: A Case Undemonstrated», *Anglical Theological Review Supplement* 66 (1984): 79-94; William L. Petersen, «Can 'Arsenokoivtaî Be Translated by 'Homosexuals'? (1 Cor 6.9; 1 Tim 1.10)», *Vigiliae Christianae* 40 (1986): 187-91; Richard B. Hays, «Relations Natural and Unnatural: A Response to John Boswell's Exegesis of Romans 1», *Journal of Religious Ethics* 14, no. 1 (1986): 210-11; David E. Malick, «The Condemnation of Homosexuality in 1 Corinthians 6:9», *Bibliotheca Sacra* 150 (1993): 479-92; Bruce W. Winter, «Homosexual Terminology in 1 Corinthians 6:9: The Roman Context and the Greek Loan-Word», *Interpreting the Bible: Essays in Honour of David Wright* (Leicester: Inter-Varsity, 1997), 275-79; y McNeill, The Church and the Homosexual, 53.

[52] Boswell, *Christianity, Social Tolerance, and Homosexuality*, 140–41.

no habrían apelado a «la autoridad del antiguo testamento para justificar la moralidad del nuevo».[53]

Otros, como Robin Scroggs, sostienen que la condena de Pablo se extiende sólo a los llamados afeminados en el contexto de una antigua práctica homosexual llamada *pederastia*, la relación sexual entre un varón adulto y un niño pequeño.[54] A diferencia de Boswell, Scroggs relaciona los dos sustantivos en 1 Corintios 6:9 en su esfuerzo por demostrar que sólo la pederastia, y no la homosexualidad en general, fue condenada por Pablo.

Sin embargo, otros han argumentado que la referencia del apóstol a la homosexualidad se refiere sólo a los *actos* homosexuales, no a las relaciones homosexuales «célibes» (i.e., las relaciones entre personas de orientación homosexual que no tienen relaciones sexuales).[55]

Otro grupo señala que el Nuevo Testamento condena simplemente el *patrón negativo y deshumanizado de la homosexualidad que prevalecía en la cultura helenística del siglo I* y que, por tanto, no puede aplicarse directamente a las relaciones homosexuales contemporáneas de mutuo consentimiento y sin explotación.[56] Dale Martin, por ejemplo, aunque mantiene que nadie sabe realmente lo que significa *arsenokoitai*, sugiere alguna forma de sexo *bajo explotación* como la alternativa más probable. Según Martin, *malachoi* se refiere simplemente a aquellos que son afeminados (pero no a la pareja pasiva en las relaciones homosexuales), enfatizando que el término sirve como un concepto maleable para condenar a otros cuya práctica uno no aprueba.[57]

William Petersen, finalmente, aunque está de acuerdo con la crítica de David Wright de John Boswell, se opone a la traducción de

---

[53] Ibíd., 108.

[54] Robin Scroggs, *The New Testament and Homosexuality* (Philadelphia: Fortress, 1983), 106-8; véase también Graydon F. Snyder, *First Corinthians: A Faith Community Commentary* (Atlanta: Mercer University Press, 1992), 72-73; pero véase la crítica en Hays, «Relations Natural and Unnatural», 210-11; y Jerome D. Quinn y William C. Wacker, *The First and Second Letters to Timothy, Eerdmans Critical Commentary* (Grand Rapids: Eerdmans, 2000), 88; véase también el útil resumen y refutación de Boswell, Scroggs y Petersen (sobre los que véase más adelante) por De Young, «Source and NT Meaning of 'Arsenokoivtaî», 191-215 (aparentemente sin conocer Wright, «Translating 'Arsenokoivtaî»). Véase también ídem, *Homosexuality: Contemporary Claims Examined in Light of the Bible and Other Ancient Literature and Law* (Grand Rapids: Kregel, 2000).

[55] Cf. Bailey, Homosexuality and the Western Christian Tradition, quien sostiene que el término se refiere exclusivamente a un acto sexual con alguien del mismo sexo.

[56] Scanzoni and Mollenkott, *Is the Homosexual My Neighbor?* 61–65; McNeill, *The Church and the Homosexual*, 53–56.

[57] Dale B. Martin, «*Arsenokoites* y *Malakos:* Meaning and Consequences», *Biblical Ethics and Homosexuality: Listening to Scripture*, ed. Robert L. Brawley (Louisville, KY: Westminster, 1996), 129-30. Pero véase la crítica de las opiniones de Martin en Schreiner, *Romans*, 95 n. 7.

«homosexuales» por *arsenokoitai* en 1 Corintios 6:9 y 1 Timoteo 1:10 porque, en su opinión, existe una importante disyunción entre la concepción contemporánea de la homosexualidad y la que prevalecía en el mundo antiguo. Mientras que en el pensamiento grecorromano eran los actos sexuales, y no la orientación sexual, lo que caracterizaba la sexualidad de una persona, Petersen sostiene que el uso moderno define «homosexual» principalmente en términos de deseo y orientación, independientemente del comportamiento real. Por lo tanto, al utilizar «homosexuales» para *arsenokoitai*, se retrotrae indebidamente un concepto moderno en el mundo antiguo «donde no existía un concepto equivalente».[58]

Para resumir la discusión hasta ahora, se ha argumentado que las referencias del Nuevo Testamento deberían restringirse sólo a un subconjunto aberrante de la conducta homosexual, ya sea (1) la prostitución homosexual, (2) la pederastia, (3) los actos homosexuales, pero no las relaciones homosexuales «célibes», o (4) alguna forma negativa, deshumanizada y bajo explotación de las relaciones homosexuales, pero no a la homosexualidad en general. Otros objetan (5) que el concepto de homosexualidad ha cambiado, por lo que el uso del término en las traducciones modernas de *arsenokoitai* es engañoso. ¿Cómo debemos evaluar estos argumentos a la luz de las pruebas bíblicas?

En primer lugar, a la luz de la discusión de las enseñanzas del Antiguo Testamento y del libro de Romanos, parece muy improbable que lo que se condena unívocamente en las Escrituras hebreas pueda ser aceptable, tanto en los tiempos del Nuevo Testamento como en los nuestros. Como concluimos en nuestra investigación del código de santidad Levítico más arriba, el pecado prohibido en estos dos versículos [Lv. 18:22 y 20:13] debe entenderse, como tradicionalmente se ha hecho, como la práctica general de la homosexualidad, y no como una infracción más estrecha, como los actos homosexuales realizados por las prostitutas cananeas del templo como parte de la adoración de falsos dioses, como han argumentado algunos intérpretes pro-homosexuales.

En segundo lugar, parece probable que el término *arsenokoites,* que no observamos claramente en la literatura existente antes de la presente referencia, fuera acuñado por Pablo o por alguien más en el judaísmo helenístico a partir de la prohibición levítica de que los varones «se acuesten o duerman con varones» (Lv. 18:22:, LXX: *arsenos . . . koiten*;

---

[58] Petersen, «¿Puede traducirse *'Arsenokoivtaî* como "Homosexual"?» 187-91 (la cita es de la p. 189).

20:13: *arsenos koiten*).[59] Esto sugiere que el término, como en el código de santidad Levítico, es amplio y general en su naturaleza y abarca la homosexualidad en su conjunto en lugar de simplemente subconjuntos aberrantes específicos de la conducta homosexual.[60] Como señala acertadamente Gordon Wenham, «acostarse con un varón» se refiere a «todo tipo de relación sexual entre varones», incluida la que se produce entre adultos que dan su consentimiento mutuo.[61] En cuanto al argumento de Boswell, de que los cristianos no habrían invocado el orden más antiguo (i.e., el código de santidad Levítico) para justificar el nuevo, en su primera carta a los Corintios Pablo ya ha expresado su vehemente oposición a la tolerancia del incesto por parte de los corintios, que también está proscrito en el código de santidad Levítico (1 Cor. 5; cf. Lv. 18:7-8; 20:11). Como judío comprometido con la enseñanza y la autoridad de las Escrituras hebreas, el apóstol habría estado igualmente convencido de la inaceptabilidad de la homosexualidad.[62] La objeción de Boswell de que el término arsenokoitai está ausente en gran parte de la literatura antigua sobre la homosexualidad y, por lo tanto, no debe tomarse como una referencia general, tampoco es persuasiva, ya que no se debería esperar encontrar la expresión en escritos anteriores a Pablo (quien puede haber acuñado el término) y puesto que los griegos utilizaban una gran variedad de palabras y frases para referirse a la homosexualidad.[63] También debemos recordar que la forma predominante de homosexualidad masculina en el mundo grecorromano era la pederastia, por lo que cabe esperar que la mayoría de las referencias en la literatura grecorromana se refieran a esta forma de comportamiento homosexual.

En tercer lugar, el argumento de Scroggs de que las referencias de Pablo son simplemente a la pederastia se queda corto en al menos cuatro aspectos.

1) Había una palabra griega clara e inequívoca para designar la pederastia, el término *paiderastes*. Tenemos todas las razones para creer que, si Pablo hubiera querido condenar no la homosexualidad en

---

[59] Véase el cuadro en Garland, *1 Corinthians*, 212-13. Cf. P. D. M. Turner, «Biblical Texts Relevant to Homosexual Orientation and Practice: Notes on Philology and Interpretation», *Christian Scholar's Review* 26 (1997): 435-45; D. Wright, «¿Homosexuals or Prostitutes?» 129; y Quinn y Wacker, *First and Second Letters to Timothy*, 88 y 101.

[60] Esto se pone de manifiesto en algunas traducciones como «transgresores homosexuales» en 1 Cor. 6:9 y también como «homosexuales practicantes».

[61] Gordon J. Wenham, «The Old Testament Attitude to Homosexuality», *Expository Times* 102 (1991): 362.

[62] Cf. Garland, *1 Corinthians*, 213.

[63] Cf. De Young, «Source and NT Meaning of 'Arsenokoitaî» 199–200, con referencia en D. Wright, «Homosexuals or Prostitutes?»

general sino sólo la pederastia, habría utilizado el término griego apropiado para esta práctica.

2) El intento de limitar la condena de Pablo a la pederastia (una práctica en la que el varón adulto deseaba mantener relaciones homosexuales con un compañero infante sexual pasivo) es contradictorio con la referencia de Pablo al *deseo mutuo de por el otro* en Romanos 1:27 («consumidos por la pasión el uno por el otro»).

3) En el mismo pasaje de Romanos 1:26, Pablo también condena las relaciones sexuales entre lesbianas, en las que no había niños, de modo que una apelación a la pederastia no explica adecuadamente la prohibición de las relaciones entre personas del mismo sexo en este pasaje.

4) Incluso si (sólo para argumentar) Pablo censurara sólo la pederastia en los pasajes considerados, esto no significaría que, como judío respetuoso de las Escrituras, hubiera aprobado la homosexualidad como tal. Todo lo contrario. En contraste con el mundo grecorromano circundante (que generalmente aceptaba los actos homosexuales), los textos judíos helenísticos condenan universalmente la homosexualidad y la tratan (junto con la idolatría) como el ejemplo más atroz de la depravación moral gentil.[64]

En cuarto lugar, incluso si (en aras de la argumentación) los actos homosexuales fueran el objetivo específico de las prohibiciones paulinas (cf. Rom. 1:27, 32; aunque nótese las referencias a la futilidad del pensamiento de la gente, su mente degradada y sus corazones necios y llenos de lujuria en Rom. 1:21, 24, 28), esto no significa que hubiera considerado que las relaciones homosexuales «célibes» estuvieran dentro del ámbito de la voluntad creativa divina, ya que esto sería cambiar la función «natural» de un hombre, por lo que es «antinatural».[65] Como escribió Pablo en su carta a los romanos, «sus mujeres cambiaron las relaciones *naturales* por las que son *contrarias a la naturaleza*; y los hombres, de la misma manera, dejaron las relaciones *naturales* con las mujeres y se consumieron de pasión unos por otros» (Rom. 1:26-27). Esto deja claro que Pablo consideraba que la homosexualidad era «contraria a la naturaleza», es decir, contraria al orden creado.[66]

---

[64] Véase la larga lista de referencias citadas en Garland, *1 Corinthians*, 213 n. 31.

[65] Cf. De Young, «Source and NT Meaning of 'Arsenokoivtaî», 206. Véase también la referencia a 1 Cor. 6:11 más arriba.

[66] Cf. David F. Wright, «Homosexuality», *Dictionary of Paul and His Letters*, ed. Gerald F. Hawthorne, Ralph P. Martin y Daniel G. Reid (Leicester; Downers Grove, IL: InterVarsity, 1993), 413-14, quien señala que «antinatural» no significa simplemente «contrario a la práctica

Como hemos señalado anteriormente, esto se confirma claramente en el relato de Génesis. Génesis 1 no sólo afirma repetidamente que Dios hizo cada criatura «según su especie» (Gn. 1:21, 24), sino que también muestra que Dios complementó al hombre, no creando otro *hombre,* sino creando una *mujer.* La creación del hombre por parte de Dios como «varón y mujer» es parte integral del orden creado, y es *como varón y mujer,* que el hombre y la mujer reflejan la imagen divina (Gn. 1:27). Esto no se ve alterado por la mera negación de que Pablo en Romanos hable de la homosexualidad en general o por sugerir una distinción entre los actos homosexuales y la orientación homosexual; que la homosexualidad no esté en conflicto con el diseño de la creación de Dios sólo puede mantenerse mediante un *rechazo fundamental del propio relato bíblico de la creación.* Es demostrable, y como se ha mencionado, que en el contexto de Génesis 1-2 no hay lugar para la homosexualidad, ya que ni siquiera es potencialmente procreadora y, por tanto, queda fuera de los propósitos creativos de Dios de hacer a la humanidad en dos sexos para «ser fructíferos y multiplicarse».[67]

Como sostiene Robert Gagnon, «la noción de que los judíos del primer siglo, como Jesús y Pablo, habrían dado su aprobación general a un estilo de vida homosexual si sólo se les hubieran mostrado ejemplos adecuados de relaciones entre personas del mismo sexo que se cuidan mutuamente y no explotan es fantástica. Más información o diferente información sobre las relaciones sexuales entre personas del mismo sexo no habría cambiado el veredicto de ningún judío del primer siglo, porque la complementariedad anatómica, sexual y procreativa de las uniones entre hombres y mujeres, en contraste con las uniones entre mujeres y mujeres o entre hombres y hombres, habría seguido siendo indiscutible».[68]

En quinto lugar, la opinión de Pablo sobre la homosexualidad como contraria a la naturaleza no sólo está de acuerdo con la narrativa

---

aceptada», sino «el desprecio de las distinciones sexuales básicas para el diseño creativo de Dios» (p. 413).

[67] Wenham, «Old Testament Attitude to Homosexuality», 363; Craig S. Keener, «Adultery, Divorce», *Dictionary of New Testament Background*, ed. Craig A. Evans y Stanley E. Porter (Downers Grove, IL: InterVarsity, 2000), 15, quien comenta que los antiguos judíos «normalmente veían el comportamiento homosexual como un pecado generalizado y exclusivamente gentil» y «consideraban el comportamiento homosexual como merecedor de la muerte», señalando también que «algunos judíos consideraban las relaciones homosexuales como antinaturales... probablemente en parte porque no podían contribuir a la procreación». Del mismo modo, Wright, que llama a la homosexualidad «ese vicio homoerótico que los escritores judíos como Filón, Josefo, Pablo y Ps-Phocylides consideraron como una señal de la depravación griega pagana» («Homosexuals or Prostitutes?» 145). Véase también D. Wright, «Homosexuality: The Relevance of the Bible», 291-300; y Hays, «Relations Natural and Unnatural», 184-215.

[68] Gagnon, *The Bible and Homosexual Practice*, 182.

fundacional de la creación en Génesis 1 y 2, sino que también está iluminada por las opiniones predominantes sobre la homosexualidad en la cultura grecorromana contemporánea.[69] Stegemann, por ejemplo, ha argumentado de forma persuasiva que la pareja del mismo sexo en las relaciones homosexuales invierte el modo natural de ser en el sentido de que uno de los varones debe actuar como una mujer o una de las mujeres como el varón.[70] De ahí que Filón (*Leyes específicas* 3.7 ßß 37-42) condene la pederastia en la que «los compañeros pasivos... se acostumbran a soportar la enfermedad de la afeminación, dejan que tanto el cuerpo como el alma se desperdicien, y no dejan que arda ningún rescoldo de su naturaleza sexual masculina», castigándoles por violar la naturaleza, al cambiar la naturaleza masculina por la femenina y, por tanto, se convierten en culpables de falta de hombría y afeminamiento (*malakia*).

Por otra parte, en el mundo pagano de la época de Pablo, la pederastia se toleraba porque los actos sexuales no se evaluaban según las normas morales dadas por Dios, sino por los valores y las normas sociales.[71] Los varones libres podían elegir a mujeres, niños o esclavos como objetos sexuales sin que se sintieran ofendidos, siempre que esto no interfiriera con su condición de varones libres y mientras no se «entregaran a actos pasivos de amor como una mujer o un esclavo».[72] Sin embargo, los actos homosexuales entre hombres libres eran vistos con desprecio porque (como se ha mencionado) uno de los miembros de la pareja tendría que adoptar un papel pasivo (femenino). Por esta razón, «la sociedad habría considerado vergonzosos los actos sexuales entre dos hombres de igual categoría. Lo que algunos en la sociedad moderna encuentran aceptable —el erotismo del mismo sexo entre iguales en una relación comprometida— habría sido condenado en la sociedad antigua», y esto en una cultura que estaba muy lejos de las normas bíblicas de moralidad en muchos aspectos, incluyendo su aprobación de las relaciones sexuales pederasticas entre personas del

[69] Cf. el argumento de Pablo a partir de la «naturaleza» más adelante en la misma carta (1 Corintios 11, esp. v. 14). Para las opiniones grecorromanas sobre la homosexualidad, véanse las referencias bibliográficas citadas en Gagnon, *The Bible and Homosexual Practice*, 159-60 n. 1.

[70] Wolfgang Stegemann, «Paul and the Sexual Mentality of His World», *Biblical Theology Bulletin* 23 (1993): 161-68. Estamos en deuda por la referencia a Stegemann y la siguiente referencia en Filón con Garland, *1 Corinthians*, 214.

[71] Véase especialmente David M. Halperin, «Homosexuality», *Oxford Classical Dictionary*, 3ª ed., ed., Simon Hornblower y Antony Spawforth (Oxford; Nueva York: Oxford University Press, 1996), 720-23.

[72] Stegemann, « Paul and the Sexual Mentality of His World», 164 (citado en Garland, *1 Corinthians*, 218).

mismo sexo.[73] Esto arroja una luz reveladora sobre el debate temporal relativo a la homosexualidad, incluido el relativo a los matrimonios entre personas del mismo sexo.[74] Sin embargo, aunque Pablo, un judío que buscaba contextualizar el evangelio en el mundo grecorromano de su época, estaba de acuerdo con la afirmación de que las relaciones entre personas del mismo sexo son contrarias a la naturaleza, «difería de las costumbres sexuales de su sociedad al condenar *todos* los actos sexuales entre personas del mismo sexo».[75]

En sexto y último lugar, el argumento de Petersen de que el concepto de homosexualidad ha cambiado, de modo que la traducción «homosexuales» por *arsenokoita* (*malakia*) es engañosa, no convence, ya que las fuentes antiguas no apoyan su tesis donde afirma que la homosexualidad se definía exclusivamente en términos de actos homosexuales, pero no de orientación. El propio apóstol Pablo, en su carta a los romanos, se refiere tanto a los actos homosexuales (Rom. 1:27: «actos desvergonzados»; Rom. 1:32: «quienes practican») como a los pensamientos y pasiones subyacentes (Rom. 1:24: «concupiscencias de sus corazones»; Rom. 1:28: «mente reprobada»; cf. Rom. 1:21). Por lo tanto, la dicotomía erigida por Petersen es falsa y no se apoya ni en la Escritura ni en la literatura griega extrabíblica.[76]

Por estas y otras muchas razones, los intentos de limitar las referencias del Nuevo Testamento a la homosexualidad a un subconjunto más estrecho de comportamientos homosexuales aberrantes deben ser juzgados como poco convincentes y debe mantenerse la opinión tradicional de que el Nuevo Testamento, al igual que el Antiguo Testamento, condena la homosexualidad como pecado y, es incompatible con el orden creado por Dios.

A esta conclusión general sobre la homosexualidad podemos añadir algunas observaciones que se desprenden de nuestro estudio de 1 Corintios 6:9-10 en particular:

---

[73] La cita es de Garland, *1 Corinthians*, 218.

[74] Véase James Dobson, *Marriage Under Fire: Why We Must Win This Battle* (Sisters, OR: Multnomah, 2004); Erwin W. Lutzer, *The Truth about Same-Sex Marriage: 6 Things You Need to Know About What's Really at Stake* (Chicago: Moody, 2004); Matthew D. Staver, *Same-sex Marriage: Putting Every Household at Risk* (Nashville: Broadman, 2004); White y Niell, The Same Sex Controversy; y Glenn T. Stanton y Dr. Bill Maier, *Marriage on Trial: The Case Against Same-Sex Marriage and Parenting* (Downers Grove, IL: InterVarsity, 2004). Para sitios web con información sobre el matrimonio entre personas del mismo sexo, véase CitizenLink (http://www.family.org/cforum/ fosi/marriage/ssuap), *Family Research Council* (http://www.frc.org), *The Alliance for Marriage* (http://www.allianceformarriage.org) y *American Family Association* (http://www.afa.net).

[75] Garland, *1 Corinthians*, 218 (énfasis añadido).

[76] Véase la extensa refutación de Petersen, tanto por motivos históricos como lingüísticos, en De Young, «Source and NT Meaning of 'Arsenokoivtaî», 202-11; y la respuesta de David Wright, «Translating 'Arsenokoivtaî (1 Cor. 6:9; 1 Tim. 1:10)», 396-98.

1) Se dice a la iglesia que *no debe tolerar la inmoralidad sexual en medio de ella* (1 Cor. 5:1-13). Esto incluye a quienes practican la homosexualidad. Parece claro que el apóstol Pablo no habría tolerado a los homosexuales abiertamente practicantes como miembros (y mucho menos en el liderazgo) de una congregación cristiana.

2) La homosexualidad *es enlistada junto con muchos otros vicios* como un atributo que impedirá entrar al reino de Dios (1 Cor. 6:9-11; cf. 1 Cor. 5:10). Si la homosexualidad no es aceptable en el cielo, la iglesia debe tener claro que tampoco es aceptable en la iglesia.

3) Pablo deja claro que algunos de los miembros de la iglesia de Corinto eran *antiguos homosexuales* (1 Cor. 6:11). Esto demuestra que la verdadera transformación de los homosexuales es posible en Cristo. Como señala Pablo, esos individuos fueron limpiados de su pecado («lavados», quizás refiriéndose a la regeneración espiritual, con una posible referencia secundaria al bautismo), apartados para Dios y su servicio («santificados»), y absueltos y justificados con Dios («justificados») en Cristo y por el Espíritu (1 Cor. 6:11; cf. 1 Cor. 1:30). Esta es una nota esperanzadora para cualquier homosexual que esté dispuesto a arrepentirse de su pecado y a apropiarse del perdón y del poder transformador de la vida de Cristo.[77]

Ahora pasamos a investigar el último pasaje del Nuevo Testamento que incluye una referencia a la homosexualidad, en la primera carta de Pablo a Timoteo. Como ya hemos resuelto el debate sobre el significado de *arsenokoitΣs* en nuestra discusión de 1 Corintios 6:9-10, nuestros comentarios aquí serán más breves.

1 Timoteo

La última referencia significativa a la homosexualidad, en 1 Timoteo, al igual que la de 1 Corintios, está incluida en una lista de vicios. La referencia forma parte de una digresión (1 Tim. 1:8-11) que profundiza en la naturaleza del mal uso de la ley por parte de los herejes.[78] A esto le sigue una segunda digresión (1 Timoteo 1:12-17) que presenta a Pablo, en contraste con los falsos maestros, como el modelo de un pecador salvado por la gracia. Esto deja claro que Pablo no se está exaltando por encima de sus oponentes porque sea intrínsecamente

[77] Fee, *First Letter to the Corinthians*, 245 n. 29, señala cuántas veces en esta carta Pablo concluye una discusión con una nota positiva, citando 1 Cor. 3:22-23; 4:14-17; 5:7; 6:20; 10:13; 11:32.

[78] Para una discusión de la lista de vicios en 1 Tim. 1:9-10, véase Gagnon, *The Bible and Homosexual Practice,* 332-36, que proporciona una amplia refutación de Scroggs (aunque Gagnon es muy tentativo en cuanto a la autoría paulina de la carta).

superior a ellos. Más bien, es únicamente su aceptación de la oferta de gracia de Dios de salvación y perdón en Cristo lo que lo distingue de los herejes.

En este pasaje, Pablo pone en tela de juicio la pericia de estos autodenominados «maestros de la ley», quienes pueden haber acusado al apóstol de antinomianismo (un sesgo «anti-ley»). A pesar de su conducta segura de sí misma, no entienden ni el verdadero propósito de la ley (1 Tim. 1:8) ni sus destinatarios (1 Tim. 1:9-10). Según Pablo, el uso que hacían los herejes de la ley como norma de vida cristiana era incompatible con la «sana doctrina» (1 Tim. 6:3; 2 Tim. 1:13; 4:3; Tit. 1:9; 2:1) la cual se ajustaba al «evangelio de la gloria del Dios bendito», que había sido confiado a Pablo.

La ley no está dirigida a los pecadores salvados ni necesita estarlo (cf. 1 Tim. 1:15-16); su propósito principal es convencer a los injustos. Sin duda, la ley es buena, si se utiliza correctamente. Pero si la ley es dada para restringir el pecado, y los cristianos han sido liberados del pecado y ahora llevan vidas tranquilas y piadosas, el propósito de la ley, en el caso de los creyentes, ya se ha cumplido. Este argumento es coherente con la enseñanza anterior de Pablo sobre el propósito de la ley en sus cartas a los gálatas y a los romanos (cf. Rom. 7:7, 12-14, 16; 8:3-4; 13:8-10; Ga. 5:14, 22-23).

Los vicios (o pecados), enumerados aquí en seis grupos de dos (o tres), más una frase final que los engloba, son los siguientes:[79]

1) infractores de la ley y rebeldes;
2) impíos y pecadores;
3) los impíos e irreligiosos (haciendo eco conjuntamente de los cuatro primeros mandamientos);
4) los que matan a sus padres o a sus madres, los asesinos (haciendo eco de los mandamientos quinto y sexto, «Honra a tu padre y a tu madre» y «No matarás»)
5) los adúlteros y los homosexuales (haciendo eco del séptimo mandamiento, «No cometerás adulterio»);
6) los traficantes de esclavos o secuestradores, los mentirosos y los perjuros (haciendo eco del octavo y noveno mandamiento, «No robarás» y «No levantarás falso testimonio contra tu prójimo»); y cualquier otra cosa que sea contraria a la sana doctrina.

[79] Quinn y Wacker, *First and Second Letters to Timothy*, 95, siguiendo a Neil J. McEleney, «The Vice Lists of the Pastoral Letters», *Catholic Biblical Quarterly* 36 (1974): 204-10; véanse aquí cuatro pares conectados con «y» más seis términos individuales, que componen un impío «decálogo».

Dentro de estos pares (o expresiones de tres), las ofensas citadas caen aproximadamente dentro de la misma categoría. Así, lo más relevante para nuestros propósitos, tanto los «adúlteros» (*pornois*; cf. 1 Cor. 6:9: *pornoi, moichoi*) como los «homosexuales» (*arsenokoitais*) se refieren a pecados sexuales que constituyen una violación del séptimo mandamiento.[80] Como se ha indicado, parece que la lista de Pablo, después de tres pares generales (que transmiten la noción de impiedad, que puede estar relacionada en algún sentido general con los cuatro primeros mandamientos), sigue la segunda parte de los diez mandamientos (Ex. 20:12-16; Dt. 5:16-20), concretamente los mandamientos quinto a noveno.[81] Se eligen términos fuertes, quizá para resaltar el grado de maldad del mundo pagano y la necesidad de la ley para aquellos que no han oído el evangelio (cf. Rom. 1:21-32).

La lista de malhechores de 1 Timoteo 1:9-10 lleva a Pablo a hablar de la «gracia de nuestro Señor», Cristo Jesús, que vino al mundo «para salvar a los pecadores» (1 Tim. 1:14-15). El propio Pablo estuvo una vez en la categoría de aquellos cuyas acciones fueron condenadas por la ley; y ahora se le ha mostrado misericordia. Esto da esperanza incluso a los falsos maestros y a los culpables de violar cualquiera de los mandamientos mencionados —pero sólo si se arrepienten y desisten de su uso indebido de la ley mosaica.

Una vez más, entonces, Pablo incluye la homosexualidad en una lista de vicios (a diferencia de lo que ocurre en 1 Cor. 6:9-10, que no distingue entre los dos miembros de la pareja homosexual), en este caso subsumiendo la homosexualidad junto con el adulterio como una violación del séptimo mandamiento y, por tanto, indicando su inaceptabilidad para los cristianos. Concluimos con un breve resumen de nuestras conclusiones y algunas implicaciones prácticas.

---

[80] No es necesario retomar aquí la cuestión del significado del término *arsenokoitai*. La cuestión se ha resuelto adecuadamente en nuestro análisis de 1 Cor. 6:9-10, que contiene ambas expresiones, *malakoi y arsenokoitai*. Debemos señalar que la traducción de «pervertir» en 1 Tim. 1:10 diluye indebidamente la naturaleza homosexual de la perversión a la que se refiere (aunque nótese el encomiable cambio a «los que practican la homosexualidad»).

[81] Cf. el cuadro de I. Howard Marshall, *The Pastoral Letters, International Critical Commentary* (Edimburgo: T & T Clark, 1999), 378-79, quien dice que la correspondencia es más clara para los mandamientos 5-9 y señala la correlación general entre la presente lista y la deshonra de Dios en los cuatro primeros mandamientos.

Conclusión

El veredicto bíblico sobre la homosexualidad

El veredicto bíblico sobre la homosexualidad es consistente. Desde el Pentateuco hasta el libro del Apocalipsis; desde Jesús hasta Pablo; desde Romanos hasta las cartas Pastorales; las Escrituras afirman a una sola voz que la homosexualidad es pecado y una ofensa moral a Dios. La iglesia contemporánea, corporativamente, y los cristianos bíblicos, individualmente, deben dar testimonio del testimonio unánime de las Escrituras de forma inequívoca y sin temor.[82]

En el clima contemporáneo de «corrección política», donde aquellos que denuncian la homosexualidad como pecado son acusados de homofobia y donde la homosexualidad se presenta como un derecho individual similar a los derechos de las mujeres o de las minorías étnicas, hay una presión creciente sobre la iglesia para que suavice su postura hacia la homosexualidad y tolere a los que la practican, no sólo en la cultura en general, sino incluso en sus propias filas.[83] En los últimos años, algunas denominaciones han empezado incluso a nombrar a homosexuales abiertamente practicantes en puestos de liderazgo tanto a nivel local como nacional.

Sin duda, la proclamación clara de la enseñanza bíblica sobre la homosexualidad por parte de la iglesia debe ir acompañada de la proclamación del amor de Dios por todas las personas, incluidos los

---

[82] Para una discusión y refutación exhaustiva de las objeciones contemporáneas comunes a la enseñanza bíblica sobre la homosexualidad, véase Gagnon, *The Bible and Homosexual Practice*, 347-486, que trata los siguientes argumentos: (1) la Biblia sólo condena las formas explotadoras y pederásticas de la homosexualidad (e.g., Scroggs, *New Testament and Homosexuality*); (2) la Biblia condena principalmente la homosexualidad por su amenaza al dominio masculino (e.g., Bernadette Brooten, *Love Between Women: Early Christian Responses to Female Homoeroticism* [Chicago: University of Chicago Press, 1996]); (3) la Biblia no tiene una categoría para los «homosexuales» con una orientación exclusivamente del mismo sexo; se pensaba que la pasión del mismo sexo se originaba en los heterosexuales con exceso de sexo (e.g., Dale B. Martin, «Heterosexism and the Interpretation of Romans 1:18-32,» *Biblical Interpretation* 3 [1995]: 332-55; y Victor P. Furnish, *The Moral Teaching of Paul: Selected Issues*, 2nd ed., [Nashville: Abingdon]). Nashville: Abingdon, 1985]); (4) la homosexualidad tiene un componente genético del que los escritores de la Biblia no se dieron cuenta (véanse las referencias bibliográficas en p. 396 n.83); (5) sólo hay unos pocos textos bíblicos que hablan directamente de la homosexualidad; (6) ahora no seguimos todos los mandatos de la Biblia, así que ¿por qué deberían ser vinculantes los que van en contra de la conducta homosexual? (incluyendo un excursus sobre la esclavitud y la circuncisión); y (7) dado que todos somos pecadores de todos modos, ¿por qué destacar el pecado de las relaciones sexuales entre personas del mismo sexo?

[83] Gagnon, *The Bible and Homosexual Practice*, 25-30, enumera diversos riesgos personales en los que pueden incurrir quienes se oponen a la homosexualidad por motivos bíblicos; entre ellos, ser tachados de homófobos, intolerantes, inclusivos o acríticos y ser acusados de seguir una moral anticuada, dotar al debate de una importancia inmerecida o promover la violencia contra los homosexuales.

homosexuales. El amado versículo de Juan 3:16, «Porque tanto amó Dios *al mundo*, que dio a su Hijo unigénito, para que todo aquel que crea en Él no se pierda, más tenga vida eterna", incluye a los homosexuales al igual que a todos los pecadores. La homosexualidad no es el pecado imperdonable, y el perdón está siempre disponible (1 Cor. 6:11).

Pero el perdón implica arrepentimiento, y el arrepentimiento implica la admisión del mal. La iglesia fracasaría en su mandato bíblico si ejerciera la tolerancia *sin* el arrepentimiento, y la aceptación *sin* la admisión del mal (cf. 1 Corintios 5). De hecho, si la iglesia suavizara su denuncia de la homosexualidad, o la eliminara por completo, eliminaría efectivamente el incentivo para que los homosexuales se arrepintieran. El mensaje sería que la homosexualidad es aceptable, no sólo en la iglesia, sino también ante Dios. En este caso, al menos, debemos intentar, con la ayuda de Dios, odiar el pecado, pero amar al pecador (lo que implica llamarlo al arrepentimiento).

Interpretaciones pro-homosexuales de los pasajes bíblicos sobre la homosexualidad y sus debilidades

TEXTOS SOBRE LA HOMOSEXUALIDAD	INTERPRETACIÓN PRO-HOMOSEXUAL	DEBILIDADES
Gn. 18:17–19:29	Violación en grupo	El delito no se limita a la violación en grupo
		No sólo inmoralidad sexual, sino «deseos antinaturales» (Ju. 6–7; cf. 2 Pe. 2:4-10)
		La violación en grupo nunca ocurrió, sin embargo, Sodoma y Gomorra fueron destruidas
	Inhospitalidad	Yåda< en Gn. 19:5 debe significar «relaciones sexuales» (no «conocer») como lo hace en Gn. 19:8
		Aunque Lot supuestamente rompió el código de hospitalidad local, fue

		los ciudadanos los que fueron asesinados
Lv. 18:22 **Lv. 20:13**	Tøebåh («abominación») se refiere a los actos homosexuales realizados por las prostitutas cananeas del templo como parte del culto a los falsos dioses	«Abominación» frecuentemente no tiene esta connotación; apunta a actividades moralmente ofensivas para Dios
		Actividades como el incesto (Lev. 18:6-18), el adulterio (18:20) y el bestialismo (18:23) también se califican de «abominación»
		El sacrificio de niños también formaba parte del culto ritual, pero siempre es incorrecto
Rom. 1:18–32 **1 Cor. 6:9–10** **1 Tim. 1:9–10**	*Arsenokoites («el que yace o se acuesta con varones») restringido a la prostitución masculina, la pederastia, los actos homosexuales o el patrón negativo deshumanizador de la homosexualidad prevalente en la cultura helenística del siglo I; las concepciones antigua y moderna de la homosexualidad son demasiado diferentes para utilizar el mismo término*	La homosexualidad en general es condenada universalmente en el AT; es improbable que sea condonada en el NT
		Término probablemente adaptado del Levítico, donde se refiere a todo tipo de relaciones sexuales entre hombres
		La referencia a la pederastia es improbable ya que había una palabra griega diferente para esto; el deseo mutuo no es característico de la pederastia; el sexo lésbico no implica pederastia; Pablo como judío no habría aprobado la homosexualidad
		Las relaciones homosexuales «célibes» no son aceptables porque son «contrarias a la naturaleza»; la cultura grecorromana no aprobaba la homosexualidad sino que

		la consideraba «contraria a la naturaleza»
		La Escritura no ve ninguna dicotomía entre los actos y la orientación homosexual en Rom. 1:18-32

El debate contemporáneo

La observación más sorprendente con respecto al debate contemporáneo sobre la homosexualidad es el hecho de que ha habido muy pocos argumentos bíblicos y/o teológicos, si es que hay alguno, presentados por quienes afirman que la homosexualidad está permitida en las Escrituras. Es decir, los defensores de la homosexualidad siguen presentando el mismo tipo de argumentos que se refutan en la discusión anterior. En lugar de aportar nuevas pruebas o tipos de fundamentos, las obras recientes sobre el tema escritas por los partidarios de la homosexualidad se limitan a reafirmar los argumentos e interpretaciones estándar descritos anteriormente en este capítulo.[84]

Sin embargo, aunque hay poco movimiento en el debate académico o popular, hay una considerable fermentación en la cultura general a nivel político y social. De hecho, parece que la aceptación de la homosexualidad está ganando terreno —tanto en la sociedad secular como en muchas iglesias— como un estilo de vida alternativo viable. En la iglesia, esto se pone de manifiesto en la creciente tolerancia (e incluso promoción) de la homosexualidad entre los laicos y el clero de muchas de las principales denominaciones, como la iglesia presbiteriana (EE.UU.), la iglesia evangélica luterana, la iglesia metodista unida y la iglesia episcopal.[85] En algunos de estos organismos eclesiásticos, la homosexualidad es sólo parte de un debate creciente. En otras, encuentra respaldo en las declaraciones políticas oficiales de la Iglesia. En otras, se acepta como una práctica común. En la sociedad en general, el crecimiento de las ideologías homosexuales se refleja en el creciente número de municipios y estados que han

[84] Véase, E.g., Daniel A. Helminiak, *What the Bible Really Says about Homosexuality* (San Francisco: Alamo Square, 2000); Jeff Miner, *The Children Are Free: Reexamining the Biblical Evidence on Same-sex Relationships* (Indianápolis: Jesus Metropolitan, 2002); y Philo Thelos, *God Is Not a Homophobe: An Unbiased Look at Homosexuality in the Bible* (Victoria, BC: Trafford, 2006).

[85] Véase la «Lista de posiciones confesionales cristianas sobre la homosexualidad», http://en.wikipedia.org/wiki/List_of_Christian_denominational_positions_on_homosexuality.

debatido y/o aprobado legislación civil para permitir la práctica de la homosexualidad, incluido el respaldo al matrimonio entre personas del mismo sexo.[86]

Sin embargo, es importante señalar que la base sobre la que se asientan la mayoría de los argumentos pro-homosexuales contemporáneos es la de los derechos humanos. Al igual que la legislación de derechos civiles de mediados del siglo XX que protegía los derechos de las minorías, gran parte del apoyo actual al estilo de vida homosexual se formula en términos de justicia social. Sin embargo, estos argumentos no son válidos, ya que equiparan un acto *deseado* con un *derecho constitucional*. Clasificar el sexo homosexual como un derecho humano, como hacen muchos de los actuales defensores, es asumir que la homosexualidad forma parte de la naturaleza inherente de cada uno y no es sólo una preferencia personal. Sin embargo, tal noción, que nunca ha sido probada, es profundamente preocupante porque puede abrir el camino para la justificación de todo tipo de pecado sexual. Por lo tanto, no está claro qué es lo que, según el razonamiento utilizado para promover la homosexualidad como un derecho humano, impediría la justificación, incluso la legalización, de la poligamia, el incesto o la pedofilia si se pretende proteger tales actos como un derecho constitucional.[87]

Implicaciones prácticas

Pero, ¿cuáles son las implicaciones prácticas del testimonio unificado de la Biblia contra la homosexualidad? Para empezar, debemos tener claro que la iglesia visible debe seguir oponiéndose a esta distorsión del modelo bíblico/tradicional de matrimonio y familia del creador. Las denominaciones que se han alejado de la postura históricamente ortodoxa de la cristiandad sobre la homosexualidad (ya sea aprobando abiertamente la homosexualidad o guardando silencio sobre la cuestión) no están ciertamente en sintonía con la tradición judeocristiana ni, lo que es más importante, con la palabra de Dios.

Sin embargo, para aquellos que están dentro de las iglesias que se oponen a la homosexualidad o para los cristianos que simplemente están convencidos personalmente de la pecaminosidad de esta práctica,

[86] En 2009, los estados que permiten o reconocen legalmente el matrimonio y/o las uniones civiles entre personas del mismo sexo son: California, Connecticut, el Distrito de Columbia, Iowa, Nuevo Hampshire, Nueva Jersey, Nueva York, Massachusetts, Oregón, Vermont y Washington.

[87] En su libro *True Sexual Morality* (Wheaton, IL: Crossway, 2004), Daniel Heimbach relata el caso de un hombre que fue sorprendido en el acto de bestialidad y utilizó el marco civil y moral que emplean los modernos defensores de los derechos de los homosexuales para justificar sus actos (pp. 171-72).

puede surgir un dilema más personal. Por ejemplo, ¿qué hacer si un amigo o miembro de la familia está involucrado en la homosexualidad, o si usted mismo es homosexual? Aunque esto puede parecer un problema desalentador, especialmente para aquellos que están directamente involucrados, debemos recordar que, como para prácticamente cualquier otra transgresión mencionada en la Biblia, se aplica 1 Juan 1:9: «Si confesamos nuestros pecados, él es fiel y justo para perdonar nuestros pecados y limpiarnos de toda maldad».

Además, como se mencionó anteriormente, aunque Pablo condenó claramente la homosexualidad en algunas de sus cartas, al escribir a los corintios señaló: «¿No sabéis que los injustos no heredarán el reino de Dios? No os engañéis: ni los fornicarios, ni los idólatras, ni los adúlteros, ni los homosexuales, ni los ladrones, ni los avaros, ni los borrachos, ni los maldicientes, ni los estafadores heredarán el reino de Dios. *Y así eran algunos de vosotros*. Pero fuisteis lavados, santificados y justificados en el nombre del Señor Jesucristo y por el Espíritu de nuestro Dios» (1 Cor. 6:9-11).

Está claro, entonces, que la homosexualidad es un pecado que puede ser superado. Afortunadamente, un número creciente de ministerios y otros recursos están disponibles para aquellos que están tratando de romper con la homosexualidad.[88]

---

[88] Para conocer las organizaciones que ayudan a los homosexuales en recuperación, consulte los siguientes sitios web: Exodus Global Alliance (http://www.exodusglobalalliance.org); Desert Stream Ministries (http://www.desertstream.org); innerACTS (http://www.inneracts.org); Living Hope Ministries (http://www.livehope.org); Cross Ministry (http://www.crossministry.org); y Love Won Out (http://www.lovewonout.org; entre otras, las conferencias de un día de Love Won Out organizadas por Focus on the Family [http://www.family.org]; véase también http://www.pureintimacy. org/gr/homosexuality). Véase también la investigación en http://wwww.narth.com/menus/interfaith. html (NARTH, la Asociación Nacional para la Investigación y la Terapia de la Homosexualidad, es una organización profesional de consejeros y terapeutas que creen que el cambio de la orientación homosexual es posible); el sitio web del Instituto para el Matrimonio y la Política Pública, http:// www.marriagedebate.com; y Larry Burtoff, *Setting the Record Straight* (publicado por Focus on the Family). Véase también Joe Dallas, *Desires in Conflict: Hope for Men Who Struggle with Sexual Identity* (Eugene, OR: Harvest, 2003) y *A Strong Delusion: Confronting the Gay Christian Movement* (Eugene, OR: Harvest, 1996); Bob Davies y Lori Rentzel, *Coming Out of Homosexuality: New Freedom for Men and Women* (Downers Grove, IL: InterVarsity, 1994); Anne Paulk, *Restoring Sexual Identity: Hope for Women Who Struggle with Same-Sex Attraction* (Eugene, OR: Harvest, 2003); y Anita Worthen y Bob Davies, *Someone I Love Is Gay: How Family and Friends Can Respond* (Downers Grove, IL: InterVarsity, 1996).

11

SEPARAR LO QUE DIOS HA UNIDO:

EL DIVORCIO Y LAS SEGUNDAS NUPCIAS

Aunque la belleza del plan de Dios para el matrimonio está claramente expuesta en las Escrituras y muchos anhelan experimentar la clase de intimidad y amor que sólo se encuentra en el matrimonio bíblico, la triste realidad es que las relaciones matrimoniales a menudo se rompen y no alcanzan el ideal bíblico. Esto se reconoce en las estipulaciones mosaicas relativas al divorcio en el Antiguo Testamento (Dt. 24:1-4) y también en el Nuevo Testamento. Aunque tanto Jesús como Pablo defendieron firmemente el ideal bíblico de una relación matrimonial monógama para toda la vida, ambos abordaron también la cuestión del divorcio y las segundas nupcias. Sin embargo, como se verá más adelante, aunque hay consenso en que el matrimonio monógamo de por vida es el ideal, no hay un acuerdo universal entre los cristianos creyentes en la Biblia sobre si las Escrituras permiten el divorcio y las segundas nupcias en determinadas circunstancias.[1]

[1] La obra clásica es John Murray, *Divorce* (Grand Rapids: Baker, 1961). Para una gama de puntos de vista evangélicos, véase H. Wayne House, ed., *Divorce and Remarriage: Four Christian Views* (Leicester; Downers Grove, IL: InterVarsity, 1990), que presenta los siguientes cuatro puntos de vista: «Sin divorcio, sin segundas nupcias» (J. Carl Laney); «Divorcio, pero sin segundas nupcias» (William H. Heth; véase también Gordon J. Wenham y William E. Heth, *Jesus and Divorce*, ed. actualizada. Carlisle: Paternoster, 1997; ed. original 1984]; pero véase ahora Heth, «Jesus on Divorce: How My Mind Has Changed», *Southern Baptist Journal of Theology* 6, no. 1 [primavera de 2002]: 4-29); «Divorce and Remarriage for Adultery and Desertion» (Thomas Edgar); y «Divorce and Remarriage Under a Variety of Circumstances» (Larry Richards). Véase también David Clyde Jones, *Biblical Christian Ethics* (Grand Rapids: Baker, 1994), 177-204; John S. y Paul D. Feinberg, *Ethics for a Brave New World* (Wheaton, IL: Crossway, 1993), 299-343; y los estudios de Raymond F. Collins, *Divorce in the New Testament* (Collegeville, MN: Liturgical Press, 1992); Pat E. Harrell, *Divorce and Remarriage in the Early Church: A History*

El divorcio y las segundas nupcias en el Antiguo Testamento

Antes de investigar la enseñanza del Nuevo Testamento sobre el divorcio y las segundas nupcias, será útil examinar brevemente el tema del divorcio en el Antiguo Testamento, ya que constituye el fundamento sobre el que se apoya gran parte de la discusión del Nuevo Testamento. Podría decirse que el texto más importante en la discusión sobre el divorcio y las segundas nupcias es Génesis 2:24, ya que este versículo registra la institución del matrimonio y es el pasaje que Jesús invocó cuando se le pidió que abordara la moralidad del divorcio y las segundas nupcias (Mt. 19:5; Mc. 10:8; véase también la cita de Pablo de Gn. 2:24 en 1 Cor. 6:16; Ef. 5:31). Sin embargo, ya que Génesis 2:24 fue tratado a fondo en el capítulo 2, comenzaremos nuestra discusión sobre el divorcio y las segundas nupcias con la enseñanza mosaica sobre el tema en Deuteronomio 24:1-4.

Deuteronomio 24:1- 4

Deuteronomio 24:1-4 es un pasaje que, como veremos más adelante, ocupó un lugar destacado en el debate de Jesús con los fariseos sobre el tema del divorcio y las segundas nupcias.[2] Como Jesús dejó claro en Mateo 19:8 y Marcos 10:5, este pasaje no debe interpretarse como un respaldo divino de la práctica del divorcio y las segundas nupcias, sino que representa un esfuerzo por regular y mitigar las prácticas existentes.[3] La frase crítica en las estipulaciones deuteronómicas que dio lugar a un amplio debate rabínico es la expresión *'erwat dåbår*, que se traduce comúnmente como «alguna indecencia» o «algo indecente» (Dt. 24:1).

---

of Divorce and Remarriage in the Ante-Nicene Church (Austin, TX: Sweet, 1967). En Paul Steele y Charles C. Ryrie, *Meant to Last* (Wheaton, IL: Victor, 1983), 96-97, se encuentra un cuadro útil que compara la interpretación de los pasajes relevantes por parte de los proponentes de cinco puntos de vista (patrístico, erasmiano, preteritivo, esponsalicio y consanguineo). Véase también David Instone-Brewer, *Divorce and Remarriage in the Bible: The Social and Literary Context* (Grand Rapids: Eerdmans, 2002), quien sostiene que (1) tanto Jesús como Pablo condenaron el divorcio ilegítimo y desaconsejaron el divorcio incluso por motivos válidos; (2) tanto Jesús como Pablo afirmaron los motivos de divorcio en el AT, que eran el adulterio y la negligencia o el abuso (pero véase la crítica de este último punto en el cap. 2 de este volumen); y (3) tanto Jesús como Pablo afirmaron los motivos de divorcio en el AT. 2 de este volumen); y (3) tanto Jesús como Pablo condenaron las segundas nupcias tras un divorcio inválido, pero no válido (ix; véanse especialmente las págs. 133-212). Véase también la información recogida en el sitio web de este autor, http://www.Instone-Brewer.com.

[2] Véase el útil estudio de este pasaje en R. Stanton Norman, «Biblical, Theological, and Pastoral Reflections on Divorce, Remarriage, and the Seminary Professor», *Journal for Baptist Theology and Ministry* 1, no. 1 (primavera de 2003): 80-82.

[3] Véase Gordon J. Wenham, «Gospel Definitions of Adultery and Women's Rights», *Expository Times* 95 (1984): 330.

En la época de Jesús, las escuelas rabínicas se alineaban tras dos grandes tradiciones interpretativas. La escuela conservadora de Shamai (c. 50 a.C.-30 d.C.) consideraba que *'erwat dåbår* era un sinónimo de *dëbar 'erwåh*, «un asunto de desnudez», y por lo tanto interpretaba la frase como una referencia al comportamiento inmodesto o la inmoralidad sexual (ya sea antes o después del matrimonio). La escuela más moderada de Hillel (c. 110-10 a.C.), sin embargo, separó *'erwat*, «desnudez», y *dåbår*, «algo» (cf. LXX: *aschemon pragma*, «cosa vergonzosa»), y, centrándose en las palabras anteriores de Deuteronomio 24:1, «no encuentra favor a sus ojos», mantuvo que el divorcio estaba permitido en cualquier caso en el que una esposa hubiera hecho algo desagradable para su marido.[4] Esta interpretación más permisiva parece haber prevalecido entre la mayoría de los contemporáneos de Jesús (véase Mt. 19:3), lo que quizá no sea sorprendente, dado que Gamaliel, el rabino más influyente de la época de Jesús (He. 5:34; 22:3), era el nieto y heredero teológico del rabino Hillel.

Aunque se discute el significado de *'erwat dåbår*, tanto en la época bíblica como en el presente, algo que está claro es que, en su contexto original, la frase no era necesaria ni tenía por objeto abordar la cuestión del divorcio en caso de adulterio, ya que, según el Pentateuco, el adulterio se castigaba con la muerte, no con el divorcio (Lv. 20:10; Dt. 22:22).[5] Sin embargo, al mismo tiempo, dado que el matrimonio se tenía en alta estima en el antiguo Israel, la ofensa seguramente no era meramente trivial sino sustancial. Posiblemente, lo que se consideraba era una variedad de factores que el marido podría haber encontrado objetables, tal vez la esterilidad del vientre; algún defecto de nacimiento;[6] un comportamiento lascivo e inmoral como el lesbianismo; una conducta sexual inapropiada sin llegar al coito;[7] o la

---

[4] Pero no a la inversa. Para una comparación general entre las escuelas de Shamai e Hillel, véase G,nter Stemberger, *Introduction to the Talmud and Midrash*, 2ª ed., trad. y ed., Markus Bockmuehl (Edimburgo: T & T Clark, 1996, 66). Markus Bockmuehl (Edimburgo: T & T Clark, 1996), 66 (con más información bibliográfica); y Emil Schürer, *The History of the Jewish People in the Age of Jesus Christ*, vol. 2, rev. y ed. Geza Vermes, Fergus Millar y Matthew Black (Edimburgo: T & T Clark, 1979), 363-67. Para una comparación entre Jesús e Hillel, véase James H. Charlesworth y Loren L. Johns, editores, *Hillel and Jesus: Comparisons of Two Major Religious Leaders* (Minneapolis: Fortress, 1997).

[5] Si esta pena de muerte se administraba regularmente es otra cuestión. Cf. Henry McKeating, «Sanctions against Adultery in Ancient Israelite Society», *Journal for the Study of the Old Testament* 11 (1979): 57-72.

[6] Así, Feinberg y Feinberg, *Ethics for a Brave New World*, 312. Norman, «Biblical, Theological, and Pastoral Reflections», 81, cree que la frase se refiere a «cualquier tipo de comportamiento sexual desviado que no sea el coito».

[7] Cf. D. A. Carson, *Matthew, Expositor's Bible Commentary* 8 (Grand Rapids: Zondervan, 1984), 413.

irregularidad menstrual.[8] De nuevo, las estipulaciones de Moisés no deben interpretarse como una condonación de tales divorcios, sino simplemente como una regulación de los mismos. La idea central de Deuteronomio 24:1-4 es, por tanto, *descriptiva* y no *prescriptiva*, y esto parece ser algo que los contemporáneos de Jesús habían interpretado mal.[9]

Como continúa el pasaje, si un hombre decide divorciarse de su mujer y ésta se vuelve a casar, no podrá volver a tomarla en caso de que la mujer se divorcie por segunda vez o de que su segundo marido muera (Dt. 24:2-4). Esto sería «una abominación ante el Señor» (Dt. 24:4). La estipulación sirve de advertencia al marido para que no se divorcie demasiado rápido. Si lo hace, y la mujer sigue sin casarse, aún puede recuperarla (cf. Os. 3). Sin embargo, una vez que la mujer se vuelve a casar, esta opción ya no está disponible. Más allá de esto, la estipulación puede servir para proteger al marido de la mujer de entrar en el patrón pecaminoso de inmoralidad de su antigua esposa. Tal vez también se trataba de cuestiones relacionadas con la dote, pero esto es incierto.[10]

Otras referencias del Antiguo Testamento al divorcio y las segundas nupcias

Aunque el tema del divorcio y las segundas nupcias se menciona en otras partes del pentateuco (Lv. 21:7, 13-14; Dt. 22:13-29), en los libros históricos (Es. 10:3), y en los escritos proféticos (Is. 50:1; Jr. 3:1-14; Ez. 44:22; Ml. 2:16), estas citas dispersas son, en su mayoría, referencias pasajeras y no tienen un carácter expresamente didáctico. No es de extrañar que una lectura de estos pasajes —todos los cuales describen el divorcio de forma negativa— revele una continua defensa del ideal de creación del matrimonio dado en Gn. 2:24, una persistente oposición divina al divorcio (ya que socava los ideales de la creación) y, en un tema que volveremos a tratar en el capítulo 12 más adelante, una preocupación por la pureza matrimonial en las vidas de aquellos que ocupan posiciones de liderazgo espiritual.

[8] Daniel I. Block, «Marriage and Family in Ancient Israel», en Ken M. Campbell, ed., *Marriage and Family in the Biblical World* (Downers Grove, IL: InterVarsity, 2003)», 49-50, citando Lev. 15:14, siguiendo a John Walton, «The Place of the *hutqattel* within the D-stem Group and Its Implications in Deuteronomy 24:4», *Hebrew Studies* 32 (1991): 14-15.

[9] Véase Feinberg y Feinberg, *Ethics for a Brave New World*, 313.

[10] Cf. Joachim Jeremias, *Jerusalem in the Time of Jesus* (Philadelphia: Fortress, 1969), 370-71.

El divorcio y las segundas nupcias en el Nuevo Testamento

Dada la naturaleza apremiante del divorcio y de las segundas nupcias en el contexto moderno, quizás sea sorprendente para muchos lectores contemporáneos saber que el tema no domina las páginas del Nuevo Testamento. De hecho, el tema del divorcio y las segundas nupcias está completamente ausente de los escritos de figuras clave del Nuevo Testamento como los apóstoles Juan y Pedro, así como de los libros escritos por los hermanastros de Jesús, Santiago y Judas. De hecho, el material sobre el divorcio y las segundas nupcias en el Nuevo Testamento se limita a dos lugares: algunos pronunciamientos bastante breves de Jesús que se recogen en los Evangelios Sinópticos (Mt. 5:31-32; 19:3-10; Mc. 10:2-12; Lc. 16:18) y dos ocasiones en las cartas de Pablo (Rom. 7:1-4; 1 Cor. 7:10-16, 39).

La enseñanza de Jesús sobre el divorcio y las segundas nupcias

Como hemos señalado anteriormente, a pesar de que la ley mosaica incluía provisiones que regulaban el divorcio, el Antiguo Testamento deja claro que el divorcio no es el ideal de Dios (Ml. 2:16).[11] No es de extrañar, que cuando le preguntaron a Jesús sobre el divorcio y las segundas nupcias, llevara a sus oyentes hasta el principio, recordándoles que Dios creó a la humanidad como varón y mujer (Gn. 1:27) y estipuló que el hombre, al casarse, debía dejar a su padre y a su madre y unirse a ella (Gn. 2:24) en una unión de una sola carne ante Dios que la gente no debía romper: «Así que ya no son dos, sino una sola carne. Por tanto, lo que Dios ha unido, que no lo separe el hombre» (Mt. 19:4-6; Mc. 10:6-9).[12]

---

[11] Obsérvese que la interpretación tradicional de Ml. 2:16, en la que Dios dice, de manera no calificada, «odio el divorcio» (E.g., NBV, NTV), requiere una enmienda del texto hebreo. Sin embargo, dos traducciones recientes (la TLA y la DHH) toman la frase como, no refiriéndose a que Dios odia el divorcio, sino a la persona que «odia y se divorcia» y por lo tanto perpetra la injusticia. Para una defensa de la lectura adoptada por la TLA y la DHH, véase el cap. 3, «Malachi 2:16 and Divorce», en Gordon P. Hugenberger, *Marriage as a Covenant: Biblical Law and Ethics as Developed from Malachi* (Grand Rapids: Baker, 1998), 49-83. Véase también *The Minor Prophets: An Exegetical and Expository Commentary*, vol. 3: Zephaniah, Haggai, Zechariah, and Malachi, ed. Thomas E. McComiskey (en inglés). Thomas E. McComiskey (Grand Rapids: Baker, 1992), 1339, que traduce: «Si uno odia y se divorcia (dijo Yahvé, el Dios de Israel), cubre sus ropas con el crimen (dijo Yahvé de los Ejércitos)» (véanse también las pp. 1341-44, con mayor referencia a van Hoonacker y Glazier-McDonald). Véase también M. A. Shields, «Syncretism and Divorce in Malachi 2.10-16», *Zeitschrift für die alttestamentliche Wissenschaft* 111 (1999): 81-85; y Block, «Marriage and Family in Ancient Israel», 51 (con más referencias bibliográficas).

[12] Nótese que la referencia de Jesús a Génesis 1:27 en Mateo 19:4/Marcos 10:6 indica que él definió el matrimonio como una unión heterosexual y no del mismo sexo (véase el capítulo 10). En cuanto a la respuesta de Jesús a la pregunta de los fariseos en Mt. 19:3 par. Marcos 10:2 citando dos pasajes del AT, Gn. 1:27 y Gn. 2:24 que formaban parte de una prueba estándar para la

La respuesta de la audiencia de Jesús deja claro que pensaban que las estipulaciones mosaicas habían sustituido en efecto los propósitos originales de Dios en la creación. Después de todo, dado el entorno teológico de la época, en su opinión, ¿por qué si no se habría regulado el divorcio en el código de la ley deuteronómica (Dt. 24:1-4)? Sin embargo, según Jesús, los estatutos mosaicos no se interpusieron para sustituir la intención original del creador, sino para reconocer la realidad de la dureza del corazón humano (Mt. 19:7-8; Mc. 10:5; cf. 5:31-32). De hecho, el matrimonio fue *concebido como una unión fiel de por vida entre un hombre y una mujer.*[13]

La reacción de los discípulos

Reconociendo el estándar establecido por Jesús, sus seguidores originales responden, encontrando su punto de vista excesivamente restrictivo: «Si es así... es mejor no casarse» (Mt. 19:10).[14] Jesús, dejando de lado su objeción,[15] responde que aunque algunos pueden tener el don del celibato (19:11-12), el ideal original de Dios para el matrimonio sigue en pie. Algunos argumentan que la respuesta de los discípulos demuestra que la norma de Jesús debía ser extremadamente alta, es decir, que no había que divorciarse ni volver a casarse una vez consumado el matrimonio.[16] Si Jesús se alineaba simplemente con la rama más conservadora del judaísmo de su época, ¿por qué se habrían sorprendido sus seguidores? No, se argumenta que la norma de Jesús debe haber sido aún más estricta que el punto de vista de Shamai sobre el «divorcio por causa de adulterio»; la reacción de los discípulos demuestra que Jesús abogaba por una posición de «no divorcio una vez consumado el matrimonio».

Sin embargo, los argumentos anteriores no son concluyentes, sobre todo porque la reacción de los discípulos estaba seguramente

---

monogamia, véase Instone-Brewer, *Divorce and Remarriage in the Bible*, 133-41. Enlazar dos pasajes bíblicos para apoyar el argumento de un rabino era un recurso común conocido como *gezerah shawah*.

[13] Véase la nota 12.

[14] El paralelo de Marcos sólo dice que «en la casa los discípulos le volvieron a preguntar sobre este asunto» (Marcos 10:10). Esta traducción implica que los discípulos ya le habían preguntado a Jesús una vez y ahora le vuelven a preguntar. La NVI, por el contrario, traduce: «Cuando volvieron a estar en la casa, los discípulos le preguntaron a Jesús sobre esto», sugiriendo que los discípulos esperaron a preguntar a Jesús hasta que volvieron a entrar en la casa.

[15] Carson, Matthew, 416, citando a Quentin Quesnell, «"Made Themuchs for the Kingdom of Heaven" (Mt 19, 12),» *Catholic Biblical Quarterly* 30 (1968): 335-58, se refiere a una pauta que «no consiste en que Jesús esté de acuerdo con sus discípulos malinterpretados, sino en que vuelva a enfatizar el punto que acaba de ser expuesto».

[16] E.g., Paul Ramsey, *Basic Christian Ethics* (Louisville, KY: Westminster, 1993 [1950]), 71.

influenciada por su contexto y sus presupuestos. Al igual que muchos de sus contemporáneos judíos[17], los seguidores de Jesús pueden haber asumido una norma más indulgente —quizás incluso asumieron que la norma de Jesús era más indulgente basándose en su trato compasivo con la mujer adúltera mencionada en Juan 7:53-8:11 (asumiendo la historicidad del relato)— y, en consecuencia, estaban reaccionando contra la severa declaración de Jesús.[18] Además, aunque el judaísmo contemporáneo exigía el divorcio en caso de inmoralidad sexual (cf. *m. Sotah* 5:1), el texto parece indicar que Jesús simplemente lo permitía (implicando así la necesidad de perdón). El hecho de que la norma de Jesús con respecto al divorcio fuera más elevada incluso que la de la escuela conservadora de Shamai, podría, por tanto, explicar adecuadamente la reacción de los discípulos ante la enseñanza de Jesús en Mateo 19.[19]

La «cláusula de excepción»

Se ha discutido mucho sobre la única excepción ostensible hecha por Jesús en cuyo caso el divorcio puede ser permisible. Esta excepción, mencionada tanto en Mateo 5:32 como en 19:9 (aunque las palabras griegas son ligeramente diferentes: *parektos logou porneias* y *me epi porneia*), estipula que el divorcio es ilegítimo «salvo por infidelidad conyugal» o «inmoralidad sexual» (griego: *porneia*).[20] Los paralelos sinópticos en Marcos 10:11-12 y Lucas 16:18 no mencionan la excepción, lo que ha llevado a algunos a argumentar que Jesús nunca hizo realmente la excepción, sino que Mateo (o alguien más) la añadió en un momento posterior.[21] Sin embargo, incluso si este fuera el caso

---

[17] Véase, E.g., W. D. Davies y Dale C. Allison, *The Gospel according to Saint Matthew, vol. 3, International Critical Commentary* (Edimburgo: T & T Clark, 1997), 9, quienes afirman que la postura hilelita, «más liberal», era «presumiblemente dominante» en la época de Jesús; y Jeremías, *Jerusalem in the Time of Jesus*, 370 (citando a Filón, Special Laws 3.30 y Josefo, *Antiquities* 4.253 [viii.23], como si sólo conocieran el punto de vista hilelita), quien dice que «parece que la postura [de Hillel] debe haber sido el punto de vista predominante en la primera mitad del primer siglo d.C.».

[18] Compárese Instone-Brewer, *Divorce and Remarriage in the Bible*, 168, quien argumenta que la respuesta de los discípulos muy probablemente indica que sostenían un punto de vista del tipo de Hillel sobre «cualquier asunto».

[19] Así lo sugiere Heth, «Jesus on Divorce», 16. Véase también Feinberg y Feinberg, *Ethics for a Brave New World*, 335-36 y la discusión que sigue.

[20] La NLT glosa, «a menos que [su esposa] haya sido infiel». El mensaje se parafrasea, «hago una excepción en los casos en que el cónyuge haya cometido adulterio». Otras versiones usan «infidelidad», o «fornicación». Algunas otras traducciones simplemente traducen la frase como «inmoralidad».

[21] E.g., Robert H. Gundry, *Matthew: A Commentary on His Handbook for a Mixed Church under Persecution*, 2a ed. (Grand Rapids: Eerdmans, 1994), 90, que afirma categóricamente: «La frase exceptiva... viene de Mateo, no de Jesús, como una inserción editorial para conformar las

(lo cual es poco probable), la «cláusula de excepción» seguiría formando parte de la Escritura inerrante e inspirada y, por tanto, sería autoritativa por los cristianos de hoy.[22]

Entre los que sostienen que Jesús pronunció la excepción, algunos se esfuerzan por ajustar la cláusula de excepción de Mateo a las declaraciones absolutas de Marcos, Lucas y Pablo, sosteniendo que esos pasajes, y no Mateo, deberían ser el punto de referencia definitivo. Otros son reacios a subsumir la cláusula de excepción de Mateo demasiado rápido bajo la declaración absoluta que se encuentra en Marcos, Lucas y Pablo, y argumentan que ambos conjuntos de pasajes

---

palabras de Jesús a la palabra de Dios en el AT»; Donald A. Hagner, *Matthew 14-28, Word Biblical Commentary* 33B (Dallas, TX: Word, 1995), 549: «El evangelista añade las cláusulas de excepción en aras de la sensibilidad moral de sus lectores judeo-cristianos»; Robert H. Stein, «Is It Lawful for a Man to Divorce His Wife?» *Journal of the Evangelical Theological Society* 22 (1979): 116-20; y, más recientemente, «Divorce», *Dictionary of Jesus and the Gospels*, ed. Joel B. Green, Scot McKnight e I. Howard Marshall (Downers Grove: InterVarsity, 1992), 196, donde Stein sostiene que «la cláusula de excepción se entiende mejor como una adición interpretativa de Mateo para ayudar a mostrar a sus lectores judeocristianos que Jesús no buscaba en su declaración de divorcio "abolir la Ley" (Mt 5:17)»; Richard B. Hays, *The Moral Vision of the New Testament: A Contemporary Introduction to New Testament Ethics* (San Francisco: Harper, 1996), 363, que dice que la interpretación puede haber constituido una tradición en la «comunidad de mateo»; y Leslie McFall («The Biblical Teaching on Divorce and Remarriage», http://www.btinternet.com/~lmfl2/DivorceMcFALLview.pdf), que sostiene que una parte de la cláusula de excepción —en concreto, la palabra griega *ei*— fue añadida por Erasmo en la publicación de su Nuevo Testamento grecolatino en 1516. McFall sostiene que esta interpolación cambió el significado de la cláusula de excepción de «ni siquiera para *porneia*» (ninguna excepción) a «excepto para *porneia*» (excepción para el adulterio/inmoralidad sexual). Sin embargo, como observa acertadamente Craig Blomberg (http://morechristlike. com/except-for-fornication-clause-of-matthew-19-9, post #27), McFall no observa que la palabra *me* por sí misma puede tener fuerza exceptiva. Así, el *epi* erasmiano no hace más que explicitar lo que ya está implícito en el texto. Las primeras variantes textuales confirman que esta interpretación es la más antigua de las tradiciones intermedias, que muestran que los escribas cambiaban regularmente *me* por *parektos* para hacer explícita la excepción de Mateo 19:9. Además, como señala acertadamente David Instone-Brewer (http://morechristlike.com/except-for-fornication-clause-of-matthew-19-9, post #9), mientras que el griego de Mateo 19:9 es ciertamente difícil, en Mateo 5:32 no existe tal ambigüedad. Allí el griego es *parektos*, que significa inequívocamente «excepto». Así, como Blomberg (ibid.) señala correctamente, tomar Mateo 19:9 como lo hace McFall significaría que Mateo y Jesús se contradicen entre Mateo 5:32 y 19:9.

[22] Algunos argumentan que la opinión de que Mateo añadió la «cláusula de excepción» es incompatible con la inerrancia (E.g., R. Stanton Norman, «Biblical, Theological, and Pastoral Reflections on Divorce, Remarriage, and the Seminary Professor: A Modest Proposal», *Journal for Baptist Theology and Ministry* (primavera de 2003). Feinberg y Feinberg, *Ethics for a Brave New World,* 324, también expresan su preocupación en este sentido, aunque añaden la importante aclaración de que «Mateo no necesita citar a Jesús textualmente para mantener la inerrancia, sino que Jesús debe haber pronunciado el sentido de la excepción». Otros, como Charles H. H. Scobie, *The Ways of Our God: An Approach to Biblical Theology* (Grand Rapids; Cambridge: Eerdmans, 2003), ven en la enseñanza bíblica sobre el divorcio «un ejemplo sorprendente de diversidad, si no de contradicción dentro de la Escritura», enfrentando Marcos 10:2-12 con Mateo 19:9. Scobie concluye que es «mejor reconocer la existencia de dos tradiciones en tensión entre sí». La afirmación absoluta es «el principio básico, visto en términos de ética visionaria», mientras que la otra tradición «refleja el lado pragmático de la ética del NT». Sin embargo, es dudoso que el punto de vista de Scobie esté dentro de los límites de una visión inerrante de la Escritura.

deben ser estudiados por derecho propio para apreciar la enseñanza de Jesús sobre el tema en cuestión.

«Excepto por Porneia»

El incidente registrado en Mateo 19: 3-12 tiene su punto de partida en la pregunta de los fariseos: «¿Es lícito divorciarse de la mujer por cualquier causa?» («por cualquier motivo»; Mt. 19:3; cf. Mt. 5:31).[23] Como en otras ocasiones, los oponentes de Jesús intentaban involucrarlo en una contradicción, o de presentarle el aparente dilema de elegir entre puntos de vista opuestos. De hecho, parece que la frase «lo pusieron a prueba» en Mateo 19:3 (cf. Mc. 10:2) indica que los líderes religiosos intentaban que Jesús eligiera entre escuelas teológicas opuestas, así como poner a Jesús en peligro con Herodes Antipas, al igual que Juan el Bautista había sufrido por su denuncia de la unión ilícita de Herodes con Herodías, la esposa de su hermano Felipe (cf. Mt. 4:12; 11:2-3; 14:3-4; Mc. 6:14-29).[24]

La pregunta de los fariseos, por tanto, pone en juego los puntos de vista sostenidos por las diferentes escuelas rabínicas de la época de Jesús, como lo hemos comentado. Aunque no se recopiló hasta el año 200 d.C., la Mishnah proporciona información pertinente sobre las respectivas posiciones sobre el divorcio en el judaísmo del siglo I:

> La escuela de Shamai dice: Un hombre no puede divorciarse de su esposa a menos que haya encontrado impudicia en ella, pues está escrito: «Porque ha encontrado en ella indecencia en algo» (Dt. 24:1). Y la Escuela de Hillel dice: [Puede divorciarse de ella] aunque le haya estropeado un plato, pues está escrito: «Porque ha encontrado en ella indecencia en cualquier cosa» (*m. Git.* 9:10).[25]

Asumiendo que el propio Jesús pronunciara la «cláusula de excepción» (o al menos que la inserción en Mateo de la misma capte el

[23] La frase calificativa «por cualquier causa» falta en el paralelo de Marcos 10:2.

[24] John W. Shepard, *The Christ of the Gospels* (Grand Rapids: Eerdmans, 1946 [1939]), 452; Carson, Matthew, 411; William L. Lane, *The Gospel according to Mark, New International Commentary on the New Testament 2* (Grand Rapids: Eerdmans, 1974), 354. Parece que Marcos se centra más en la dimensión política del intercambio, mientras que Mateo hace hincapié en la cuestión jurídica rabínica (véase Gundry, Matthew, 377). Nótese la aparición de la palabra «legal» (*exestin*) tanto en Mateo 14:4 como en 19:3.

[25] El pasaje continúa: «R. Akiba [c. 135 d.C.] dice: Incluso si él encontrara otra más bella que ella, pues está escrito: "Y será si ella no encuentra favor en sus ojos..."» Véase también Sir. 25:26: «Si ella no va como tú le indicas, sepárala de ti» (lit., «córtala de tu carne», es decir, divórciate: Dt. 24:1; hasta ese momento habían sido «una sola carne»: Gn. 2:24).

sentido de lo que Jesús dijo realmente en esta ocasión),[26] ¿cómo se alinea Jesús con las escuelas rabínicas de su época o se diferencia de ellas? Está claro que la opinión de Jesús era infinitamente más estricta que la defendida por la escuela de Hillel, que sostenía que el divorcio era permisible «por cualquier causa» (cf. Mt. 19:3). Al menos en la superficie, el punto de vista de Jesús se acerca mucho más al de la escuela de Shamai, que restringía el divorcio legítimo (con la posibilidad de volver a casarse) a la infidelidad matrimonial.[27] Sin embargo, como se discutió anteriormente junto con la reacción de los discípulos a las enseñanzas de Jesús, en contraste con Shamai, parece que Jesús sólo *permitía* el divorcio en caso de *porneia* mientras que el judaísmo del primer siglo lo *exigía*.[28]

Es más, en un sentido muy importante, la respuesta de Jesús trasciende las disputas legalistas entre esas dos escuelas rabínicas y va al fondo de la cuestión. Esencialmente, Jesús, en el buen estilo rabínico, desplaza la garantía del Antiguo Testamento de un pasaje determinado (Dt. 24:1-4) a un conjunto de pasajes anteriores (Gn. 1:27; 2:24) y, por lo tanto, relativiza la referencia (cronológicamente) posterior como una mera concesión que no mitiga en absoluto el principio permanente establecido por los textos fundacionales.[29] Por lo tanto, al enfocarse en el diseño original del matrimonio en el plan de Dios, Jesús enseña a sus seguidores el verdadero significado del matrimonio.[30] No sólo enfatiza la permanencia del matrimonio como institución divina y no

---

[26] Véase la referencia a Feinberg y Feinberg, *Ethics for a Brave New World*, 324, en la discusión anterior.

[27] Así pues, Hagner, *Matthew 14-28*, 549 (sin respaldar su opinión de que la «cláusula de excepción» fue añadida por Mateo y sin aprobar su enfrentamiento de los comentarios de Mateo 19:6-8 y 11-12 con la supuesta inserción por parte del evangelista de la «cláusula de excepción» en el v. 9). Véase también Instone-Brewer, *Divorce and Remarriage in the Bible*, 173, quien sostiene que «la versión de Mateo refleja un verdadero debate rabínico». Para una dinámica similar, véase Mateo 22:15-22; Marcos 12:13-17; Lucas 20:20-26.

[28] Cf. Heth, «Jesus on Divorce», 11 y 16. Véase también Carson, *Matthew*, 411, quien señala que, «En cualquier interpretación de lo que dice Jesús... no está de acuerdo ni con Shamai ni con Hillel; porque aunque la escuela de Shamai era más estricta que Hillel, permitía volver a casarse cuando el divorcio no estaba de acuerdo con su propia *Halakah* (reglas de conducta) (*M Eduyoth* 4:7-10), y si Jesús restringe los motivos de divorcio a la indecencia sexual... entonces difiere fundamentalmente de Shamai. Jesús recorta su propia franja en estos versículos… y lo hace en una época en la que en muchos círculos farisaicos "la frecuencia del divorcio era un escándalo abierto"» (citando a David Hill, *The Gospel of Matthew, New Century Bible* [Londres: Marshall, Morgan & Scott, 1972], 280).

[29] Cf. Hill, *The Gospel of Matthew*, 280: «La forma de argumentar era aceptable en la exégesis judía: "cuanto más original, más peso": una apelación a la intención de Dios en la creación supera (pero no anula, por tanto) las ordenanzas de Moisés». Igualmente, Carson, *Matthew*, 412.

[30] Cf. Craig S. Keener, "Adultery, Divorce," Craig A. Evans y Stanley E. Porter, eds., Dictionary of New Testament Background (Downers Grove, IL: InterVarsity, 2000), 6, quien señala que Jesús «probablemente acepta, pero radicaliza, la postura chamita».

meramente humana, sino que sostiene que el divorcio es fundamentalmente contrario al propósito de Dios en la creación.

De hecho, la aplicación por parte de Jesús de la misma norma sobre el divorcio y las segundas nupcias tanto para *hombres* como para *mujeres* (véase especialmente Mc. 10:11) no es menos revolucionaria. A pesar de las normas de la ley mosaica que estipulaban la igualdad de trato entre hombres y mujeres en lo que respecta al divorcio (Lv. 20:10-12), en los tiempos del Antiguo Testamento prevalecía una doble norma según la cual las mujeres debían ser fieles a sus maridos (o eran castigadas), mientras que las normas para los hombres eran considerablemente más indulgentes. Sin embargo, en las enseñanzas de Jesús, los derechos conyugales se igualan. Así, Jesús enseñó que la lujuria por otras mujeres en el corazón de un hombre ya constituía adulterio (Mt. 5:28), lo que implica que las relaciones extramatrimoniales son igualmente malas para hombres y mujeres.[31]

Diferencias de puntos de vista entre las escuelas de Shamai e Hillel y Jesús sobre el divorcio

Diferencias de puntos de vista	**SHAMAI**	**HILLEL**	**JESÚS**
Textos de referencia del Antiguo Testamento para el matrimonio	Dt. 24:1- 4	Dt. 24:1- 4	Gn. 1:27; 2:24
Significado de *porneia*	Comportamiento impúdico o inmoralidad sexual	Cualquier caso en el que una esposa hizo algo desagradable para su marido	Comportamiento inmoral por parte de la esposa, incluyendo, pero no limitado a, el adulterio (opinión mayoritaria)
Divorcio por *porneia*	Necesario	Necesario	Permitido
La aplicación de la norma para divorcios y segundas nupcias	Sólo hombres	Sólo hombres	Mujeres y hombres

[31] Así, con razón, Wenham, «Gospel Definitions», 331.

Puntos de vista contrapuestos

A la luz de la discusión anterior, se hace evidente que la cuestión clave para entender la enseñanza de Jesús sobre el divorcio y las segundas nupcias es el significado del término *porneia*, ya que éste es el término fundamental en la «cláusula de excepción» pronunciada por Jesús. Como se mencionó en la introducción de este capítulo, no hay un acuerdo universal entre los cristianos creyentes en la Biblia en cuanto al significado exacto de *porneia*, pero las sugerencias ofrecidas por los eruditos se pueden agrupar fácilmente en uno de los tres puntos de vista que compiten entre sí, que se detallan a continuación.

El primer punto de vista entiende que *porneia* es una referencia al adulterio/inmoralidad sexual y defiende la *legitimidad bíblica del divorcio y las segundas nupcias para la parte inocente del adulterio/inmoralidad sexual del cónyuge* («divorcio y segundas nupcias»). A veces se le denomina «visión erasmiana» (aunque también se utilizan otros calificativos),[32] ya que el conocido reformador Erasmo de Rotterdam mantuvo esta postura y la popularizó en los círculos protestantes. Esta postura, que también se encuentra en la Confesión de Fe de Westminster, representa el punto de vista mayoritario entre los evangélicos protestantes de hoy. Craig Blomberg, D. A. Carson, John y Paul Feinberg, Gordon Hugenberger, David Clyde Jones, John MacArthur Jr., John Murray, Robert Stein, John Stott y William Heth se encuentran entre sus defensores más conocidos.[33]

El segundo punto de vista entiende que la *porneia* se refiere a algún tipo de pecado sexual, como el adulterio, pero sostiene que, aunque Jesús permitió el *divorcio por causa del pecado sexual, no permitió volver a casarse* («divorcio, pero no volver a casarse»). Este punto de vista, que fue la visión casi unánime de la iglesia desde sus inicios hasta

---

[32] La etiqueta es utilizada por Wenham y Heth, *Jesus and Divorce* (aunque nótese la crítica de Jones, *Biblical Christian Ethics*, 181, que califica la etiqueta de «engañosa y peyorativa»; de forma similar, Norman, «Biblical, Theological, and Pastoral Reflections», p. 79 n. 2).

[33] Sobre Erasmo, véase V. Norskov Olson, *The New Testament Logia on Divorce: A Study of Their Interpretation from Erasmus to Milton* (Beiträge zur Geschichte biblischer Exegese 10; Tübingen: Mohr-Siebeck, 1971). Cf. Craig L. Blomberg, Matthew, *New American Commentary 22* (Nashville: Broadman, 1992) y «Marriage, Divorce, Remarriage, and Celibacy: An Exegesis of Matthew 19:3-12», *Trinity Journal* (otoño de 1990): 161-96; Carson, Matthew; Feinberg y Feinberg, *Ethics; Hugenberger, Marriage as Covenant; Jones, Biblical Christian Ethics*; John MacArthur Jr., *The Fulfilled Family* (Chicago: Moody, 1987) y http://www.gracechurch.org/divorce.asp; Murray, Divorce; Stein, «Divorce», *Dictionary of Jesus and the Gospels*; John R. W. Stott, «Marriage and Divorce», en *Involvement: Social and Sexual Relationships in the Modern World*, vol. 2. (Old Tappan, NJ: Revell, 1984); y Heth, «Jesus on Divorce». Véase también Thomas Edgar, «Divorce and Remarriage for Adultery and Desertion», *Divorce and Remarriage*, ed. Wayne House.

el siglo XVI, se centra en la ubicación de la cláusula de excepción dentro de la enseñanza de Jesús, señalando que *porneia* va seguida de la frase «y se casa con otro». Por lo tanto, es sólo cuando se produce un nuevo matrimonio (después de un divorcio a causa de la *porneia*) cuando realmente se produce el pecado. Aunque esta postura no es tan ampliamente aceptada hoy en día, ha sido adoptada más recientemente por eruditos como Gordon Wenham, Robert Gundry, Warren Carter, Andrew Cornes y el escritor francés Jacques Dupont, entre otros.[34]

Un tercer punto de vista de la cláusula de excepción no permite *ni el divorcio ni las segundas nupcias* en el contexto moderno («sin divorcio, sin segundas nupcias»). Los eruditos que sostienen esta postura entienden que *porneia* hace referencia a algún tipo de pecado sexual que habría hecho que el matrimonio fuera ilegal bajo la ley civil judía. Las sugerencias sobre la identidad del pecado sexual en cuestión, que habría sido aplicable a los destinatarios del evangelio de Mateo, incluyen: relaciones prematrimoniales (período de esponsales), incesto, matrimonio espiritual mixto judío/gentil, o una combinación de los anteriores. Entre los defensores de este punto de vista se encuentran eruditos como F. F. Bruce, James Montgomery Boice, Joseph A. Fitzmyer, Abel Isaksson, J. Carl Laney, Dwight Pentecost, John Piper y Charles Ryrie, entre otros.[35] Al igual que ocurre con los otros dos puntos de vista mencionados anteriormente, existen muchos matices y variaciones dentro de esta postura.

---

[34] Wenham y Heth, *Jesus and Divorce*; Heth, «Divorce, but No Remarriage», *Divorce and Remarriage*, ed. Wayne House; Gundry, *Matthew*; Hagner, *Matthew* 14-28; Warren Carter, *Households and Discipleship of the United States*. Wayne House; Gundry, *Matthew*; Hagner, Matthew 14-28; Warren Carter, *Households and Discipleship: A Study of Matthew* 19-20 (Sheffield, UK: Sheffield Academic, 1994); Andrew Cornes, *Divorce and Remarriage: Biblical Principles and Pastoral Practice* (Grand Rapids: Eerdmans, 1993); Jacques Dupont, *Mariage et divorce dans l'evangile: Matthieu 19, 3-12 et parallels* (Abbaye de Saint-André: Desclee de Brouwer, 1959).

[35] Piper ha publicado sus opiniones en su sitio web (http://www.desiringgod.org); véase también Abel Isaksson, *Marriage and Ministry in the New Temple: A Study with Special Reference to Mt. 19, 3-12 and 1 Cor. 11, 3-16*, trans. N. Tomkinson con J. Gray (Lund: Gleerup, 1965); James Montgomery Boice, *The Sermon on the Mount* (Grand Rapids: Zondervan, 1972) y «The Biblical View of Divorce», *Eternity* (dic. 1970): 19-21; *Dwight Pentecost, The Words and Works of Jesus Christ: A Study of the Life of Christ* (Grand Rapids: Zondervan, 1981). Los defensores del punto de vista del incesto también caen bajo esta rúbrica: ver J. Carl Laney, *The Divorce Myth* (Minneapolis: Bethany, 1981) y «No Divorce, No Remarriage», *Divorce and Remarriage*, ed. Wayne House; F. F. Bruce, *The Divorce Myth* (Minneapolis: Bethany, 1981). Wayne House; F. F. Bruce, *New Testament History* (Garden City, NY: Doubleday, 1980); y Charles Ryrie, «Biblical Teaching on Divorce and Remarriage», *Grace Theological Journal* 3, no. 2 (Fall 1982): 177-92.

Parámetros sugeridos

Aunque sería posible enumerar los argumentos y contraargumentos de cada uno de los puntos de vista mencionados, junto con sus variantes e híbridos (véase el apéndice de este volumen), dada la naturaleza introductoria de este tratamiento, así como el hecho de que existen defensores eruditos, espirituales y bien intencionados de cada una de las interpretaciones mencionadas de la «cláusula de excepción», en lugar de defender una postura particular en este capítulo, me gustaría sugerir algunos parámetros para conformar la propia visión de la enseñanza de Jesús sobre el divorcio y las segundas nupcias.

En primer lugar, como indican todos los principales léxicos griegos, la palabra *porneia* es un término general para designar el pecado sexual.[36] El significado exacto de *porneia* depende siempre del contexto en el que aparece la palabra; sin embargo, el término *porneia siempre se refiere a un pecado sexual específico*. Llamamos la atención sobre este hecho para señalar que no se puede derivar una doctrina de divorcio «sin culpa» no sexual del uso que hace Jesús de la palabra *porneia.* Quizás siendo impulsados más por el deseo de ser relevantes o aceptables para la cultura, algunos eruditos contemporáneos han intentado ampliar el alcance de *porneia* para incluir pecados no sexuales, mientras que otros han argumentado que *porneia* puede referirse simplemente a la condición del corazón de una persona, independientemente de los actos sexuales específicos. Aunque el apóstol Pablo reconoce el divorcio por abandono de un cónyuge incrédulo (véase la discusión más adelante), no se puede llegar a una visión «sin culpa» del divorcio y las segundas nupcias a partir de las enseñanzas de Jesús en los evangelios sinópticos.

En segundo lugar, dado el diseño divino de la institución del matrimonio, la enseñanza del Antiguo Testamento sobre el divorcio y las segundas nupcias, y las porciones inequívocas de la enseñanza de Jesús sobre el tema, cualquiera que sea el punto de vista de la «cláusula de excepción», debe fomentar el carácter sagrado del vínculo matrimonial. Es decir, incluso si se llega a una comprensión de *porneia* que permite el divorcio y el nuevo matrimonio a causa del pecado sexual (como el adulterio, que es el punto de vista mayoritario de la iglesia moderna), el divorcio debe seguir considerándose como un fracaso lamentable del diseño de la creación de Dios. De hecho, para quienes permiten la disolución del matrimonio, el divorcio debe

[36] Es decir, el grupo de palabras *porneia* se refiere «generalmente a las relaciones sexuales fuera del matrimonio». Esta es la conclusión de Christopher Ash, *Marriage: Sex in the Service of God* (Leicester: Inter-Varsity, 2003), 215 (véase su discusión en las páginas 214-15).

entenderse como el resultado del pecado, al menos por parte del culpable. A la inversa, los que no tienen una visión de la cláusula de excepción que permite la disolución del matrimonio en el contexto moderno no deberían acusar a los que sí permiten el divorcio de tener una visión baja del matrimonio. Esto es especialmente cierto en el caso de aquellos que permiten el divorcio, pero que comunican claramente que entienden que la disolución del matrimonio es una tragedia.

En tercer lugar, en el desarrollo de la propia comprensión de la «cláusula de excepción» debemos tener precaución de formar una opinión basada en una lectura imparcial del corpus de material bíblico sobre el divorcio y las segundas nupcias. Como ocurre con todas las doctrinas bíblicas debatidas, es demasiado fácil elaborar una opinión propia sobre el divorcio y las segundas nupcias a la luz de experiencias pasadas, emociones personales o con intenciones pragmáticas. Dada la naturaleza apremiante del divorcio y de las segundas nupcias en la cultura contemporánea, los creyentes deben tener especial cuidado en asegurarse de que sus respectivos puntos de vista están conformados por el texto bíblico, tratando de evitar errores comunes como confundir el rigor con la santidad o la permisividad con la gracia. Además, a la luz del desacuerdo entre los creyentes ortodoxos sobre este tema, animamos a todos a mantener sus puntos de vista sobre el divorcio y las segundas nupcias con caridad, pero con convicción, estando abiertos a un diálogo honesto con los que defienden diferentes posturas.

La enseñanza de Pablo sobre el divorcio y las segundas nupcias

Como se mencionó anteriormente, además de las enseñanzas de Jesús sobre el divorcio y las segundas nupcias en los evangelios sinópticos, el único material sobre el tema en el Nuevo Testamento aparece en las cartas del apóstol Pablo (Rom. 7:1-4; 1 Cor. 15:10-16, 39). Además, como se verá más adelante, la apelación de Pablo al divorcio y a las segundas nupcias en su carta a los romanos es en gran medida ilustrativa, y sus comentarios sobre el tema al escribir a los corintios parecen ser una respuesta a las preguntas que le planteó la iglesia de Corinto (véase 1 Cor. 7:1: «En cuanto a los asuntos sobre los que has escrito...»).

Romanos 7:1-4

En el libro de Romanos, después de demostrar que todas las personas están condenadas (Rom. 1:1-3:20) y de explicar la provisión de la justicia de Dios para los creyentes (Rom. 3:21-5:21), a partir de

Romanos 6:1 y hasta Romanos 8:39, Pablo explica sistemáticamente la doctrina de la santificación. Tal vez sea sorprendente que esta sección de la epístola de Pablo a los romanos contenga uno de los pasajes sobre el divorcio y las segundas nupcias que más a menudo se pasan por alto en el Nuevo Testamento. Al exhortar a sus lectores a la santificación, Pablo utiliza el ejemplo eminentemente práctico del matrimonio para ilustrar la necesidad y las implicaciones de la muerte de Cristo por los pecados del hombre. Tras identificar la expiación como fundamento de la santificación, el apóstol escribe en Romanos 7:1-4

> ¿Acaso ignoráis, hermanos (pues hablo con los que conocen la ley), que la ley se enseñorea del hombre entre tanto que éste vive? Porque la mujer casada está sujeta por la ley al marido mientras éste vive; pero si el marido muere, ella queda libre de la ley del marido. Así que, si en vida del marido se uniere a otro varón, será llamada adúltera; pero si su marido muriere, es libre de esa ley, de tal manera que, si se uniere a otro marido, [se casara con NVI] no será adúltera. Así también vosotros, hermanos míos, habéis muerto a la ley mediante el cuerpo de Cristo, para que seáis de otro, del que resucitó de los muertos, a fin de que llevemos fruto para Dios.

El punto del apóstol, entonces, al apelar al matrimonio es claro: así como la muerte de un cónyuge nos libera de las ataduras del matrimonio, la muerte de Cristo nos libera de las ataduras del pecado. O, hablando en términos más prácticos, en lo que se refiere a la santificación, así como la muerte de un cónyuge libera para casarse con otro, la muerte de Cristo nos une con Jesús «a fin de que [uno] dé fruto para Dios» (Rom. 7:4).

Esta enseñanza sobre la santificación por medio de una analogía con el matrimonio habría sido fácilmente comprendida por los lectores judíos y helenísticos de Pablo, de los que el apóstol dice que «conocen la ley» (Rom. 7:1), incluyendo presumiblemente el relato de la creación. Aunque esto es cierto, es importante recordar que el objetivo de Pablo en Romanos 7:1-4 no era ofrecer un discurso exhaustivo sobre la moralidad del divorcio y las segundas nupcias, sino ilustrar una verdad más profunda sobre la necesidad y las implicaciones de la expiación.

1 Corintios 7:10-16, 39

El último pasaje sobre el tema del divorcio y las segundas nupcias en el Nuevo Testamento se encuentra en 1 Corintios 7:10-16, 39. En los versículos 10-11, Pablo se basa en la enseñanza de Jesús de la siguiente manera: «A los casados les doy este mandato (no yo, sino el Señor): la mujer no debe separarse de su marido (pero si lo hace, debe permanecer soltera o reconciliarse con su marido), y el marido no debe divorciarse de su mujer». Al igual que Marcos y Lucas, Pablo formula su declaración en términos absolutos, lo que convierte a Mateo en el único documento del Nuevo Testamento que incluye la «cláusula de excepción» relativa al divorcio por *porneia.* Los maridos o las esposas no deben divorciarse de sus cónyuges, escribe el apóstol, pero si lo hacen, no deben volver a casarse. Mientras que 1 Corintios 7:10-11 se lee bien bajo la suposición de un punto de vista de «no divorcio, no segundas nupcias», 1 Corintios 7:12-16 complica un poco la discusión.

En 1 Corintios 7:12-16, Pablo aborda la misma cuestión en un contexto ligeramente diferente, el del abandono de un creyente por parte de un cónyuge incrédulo.[37] Dado que Jesús no se había ocupado de esta cuestión específica, Pablo debe adjudicar la situación por sí mismo («Yo, no el Señor», 1 Cor. 7:12), lo que no disminuye en absoluto la naturaleza autoritativa del pronunciamiento apostólico de Pablo. Según Pablo, un matrimonio mixto (i.e., uno de los cónyuges es creyente y el otro no) es preferible al divorcio (cf. 1 P. 3:1-2), porque proporciona un entorno cristiano para los hijos de esta unión matrimonial (1 Cor. 7:14).[38] Sin embargo, si el cónyuge no creyente insiste en marcharse, el creyente no debe retenerlo, porque el deseo de Dios es la paz, y no hay garantía de que el no creyente sea eventualmente salvo (1 Cor. 7:15-16).[39]

En este pasaje, Pablo concluye: «Pero si el compañero incrédulo se separa, que así sea. En tal caso, el hermano o la hermana no está

---

[37] Véase el tratamiento exhaustivo de Instone-Brewer, *Divorce and Remarriage in the Bible*, 189-212.

[38] Para un análisis exhaustivo de 1 Cor. 7:12-14, véase Judith M. Gundry-Volf, «The Least and the Greatest: Children in the New Testament», en *The Child in Christian Thought and Practice, ed. Marcia Bunge* (Grand Rapids: Eerdmans, 2000). Marcia Bunge (Grand Rapids: Eerdmans, 2000), 48-53.

[39] Sobre toda la sección, véase especialmente el excelente tratamiento de Gordon D. Fee, *The First Letter to the Corinthians, New International Commentary on the New Testament* (Grand Rapids: Eerdmans, 1987), 290-306. Sobre la frase «Dios os ha llamado a la paz», véase Instone-Brewer, *Divorce and Remarriage in the Bible,* 203, con referencia a su obra anterior, *Techniques and Assumptions in Jewish Exegesis before* 70 CE (Texte und Studien zum antiken Judentum 30; Tübingen: Mohr-Siebeck, 1992), 21, 37, 82, 144-45, en la que el autor muestra que «por el bien de la paz» constituye una terminología jurídica rabínica para lo que podría llamarse «pragmatismo» en contraposición a una aplicación estricta de la ley.

esclavizado [NVI: "no está atado"]» (1 Cor. 7:15; la palabra griega para *atado es douloø*). ¿Qué significa aquí «no está atado»? El paralelo de 1 Corintios 7:39 puede ayudar a aclarar esta cuestión. Allí Pablo escribe: «La mujer está ligada [griego *deø*] a su marido mientras éste viva. Pero si su marido muere, es libre de casarse con quien quiera, sólo en el Señor». La pregunta en cuestión, entonces, es: ¿Permite Pablo que los cónyuges que se han divorciado por abandono de un cónyuge incrédulo puedan volver a casarse? Al igual que con la interpretación de la «cláusula de excepción» en Mateo 5:32; 19:9, los intérpretes difieren en su respuesta a esta pregunta.

Opiniones contradictorias

Con respecto a 1 Corintios 7:15, la mayoría de los eruditos evangélicos (i.e., aquellos que sostienen el punto de vista de «divorcio y segundas nupcias» descrito anteriormente) interpretan el pasaje junto con 1 Corintios 7:39 como una enseñanza de que la parte inocente es libre de volver a casarse. Los defensores de este punto de vista sostienen que las palabras griegas *douloø* y *deø* están relacionadas y pueden usarse de forma intercambiable.[40] De acuerdo con 1 Corintios 7:39, entonces, el abandono, resulta en un estado en el que la parte que se va está «muerta» para el cónyuge inocente. Además, se argumenta que la frase de Pablo «libre para casarse» en este último pasaje se asemeja a la fórmula de divorcio judía: «eres libre de casarte con cualquier hombre» (*m. Giṭ.* 9:3). Según este punto de vista, aquello a lo que no está vinculada la parte abandonada es su posición en el propio matrimonio. En otras palabras, según esta interpretación, el abandono por parte de un cónyuge incrédulo disuelve los lazos del matrimonio y libera a la otra parte para volver a casarse.

Una minoría de intérpretes (i.e., los que sostienen un punto de vista de «divorcio, pero no segundas nupcias» o de «sin divorcio, sin segundas nupcias», como se ha descrito anteriormente) afirman que, aunque en 1 Corintios 7:15 Pablo reconoce que la aceptación del evangelio puede dar lugar al abandono por parte de un cónyuge no creyente (al igual que aludió Jesús; véase Lc. 14:26-27; 18:29-30), no enseña que esto dé lugar a la disolución de los vínculos matrimoniales, ni da derecho a volver a casarse. Los defensores de esta postura señalan que Pablo prohíbe específicamente las segundas nupcias en 1 Corintios 7:10-11 y señalan que cuando el apóstol se refiere explícitamente a la posibilidad de contraer nuevas nupcias en sus escritos, es siempre en el

[40] Stein, «Divorce», *Dictionary of Jesus and the Gospels*, 194.

contexto de la muerte real de uno de los cónyuges (Rom. 7:2; 1 Cor. 7:39). Según este punto de vista, entonces, lo que no obliga a la parte abandonada es una *obligación relacional* de impugnar el deseo del cónyuge incrédulo de partir. De hecho, se argumenta que hacerlo no sería propio de Cristo (cf. Jr. 3:8, 14) y posiblemente incluso obstaculizaría la perspectiva de la reconciliación (1 Cor. 7:16).[41]

Parámetros sugeridos

Al igual que con los puntos de vista opuestos sobre la «cláusula de excepción» en el evangelio de Mateo, podríamos enumerar los argumentos y contraargumentos para las interpretaciones divergentes de 1 Corintios 7:15 (véase el apéndice).[42] Sin embargo, reconociendo que no existe «una fórmula milagrosa » que resuelva el debate sobre si Pablo permitió o no contraer nuevas nupcias después del abandono por parte de un cónyuge incrédulo, ofreceré los siguientes parámetros para que los lectores los consideren al momento tratar con situaciones de la vida real y en la formación de sus propios puntos de vista.

En primer lugar, cabe señalar que todas las opiniones ortodoxas sobre 1 Corintios 7:10-16, 39 reconocen que en 1 Corintios 7:15 Pablo anuncia que puede producirse un divorcio si es por parte del cónyuge incrédulo. El debate relacionado con este pasaje no es sobre si tal divorcio es permisible, sino más bien sobre a qué está obligada la parte creyente —ya sea al matrimonio mismo o a una obligación relacional hacia el cónyuge que se va. Esto es admitido incluso por aquellos que sostienen la postura «no divorcio, no segundas nupcias». Por lo tanto, en 1 Corintios 7:15 Pablo no está dando una razón casuística para el divorcio; más bien, al igual que Moisés, está reconociendo que los divorcios ocurren en un mundo caído y dando instrucciones para gobernar tales situaciones. A la luz de las enseñanzas de Pablo, cuando se produce un divorcio de este tipo, la parte abandonada no debe ser condenada al ostracismo ni despreciada por la comunidad de fe. Debemos recordar que, en estos casos, la parte abandonada no ha buscado el divorcio, sino que ha sido víctima del abandono.

---

[41] La traducción de la Biblia *The Message* de Eugene Peterson capta bien esta interpretación: «Por otro lado, si el cónyuge incrédulo se va, tienes que dejarlo ir. No hay que aferrarse desesperadamente. Dios nos ha llamado a sacar lo mejor de él, tan pacíficamente como podamos. Nunca se sabe, esposa: La forma en que manejes esto puede hacer que tu esposo regrese no sólo a ti sino a Dios. Nunca se sabe, esposo: La forma en que manejes esto puede hacer que tu mujer no sólo vuelva a ti, sino a Dios» (1 Cor. 7:15-16).

[42] Véase Gordon J. Wenham, William A. Heth y Craig S. Keener, *Remarriage after Divorce in Today's Church: 3 Views* (Counterpoints; Grand Rapids: Zondervan, 2006).

En segundo lugar, para aquellos que sostienen una visión que permite volver a casarse después del abandono por parte de un cónyuge incrédulo (que es la opinión mayoritaria de la iglesia moderna), estos nuevos matrimonios sólo deben ocurrir después de intentos prolongados de reconciliación con el cónyuge incrédulo. Después de todo, si la reconciliación es explícitamente sostenida por Pablo como el ideal para los cónyuges creyentes que se divorcian (1 Cor. 7:11), el estándar para los cónyuges incrédulos ciertamente no debería ser menor. De hecho, tanto si tienen éxito como si no, los intentos de reconciliación reflejan el ideal de la creación de una relación matrimonial monógama para toda la vida.

En tercer lugar, aquellos que llegan honestamente a una interpretación de 1 Corintios 7:15 que permite volver a casarse, y sin embargo encuentran imposible la reconciliación con el cónyuge no creyente, deberían sentirse libres de volver a casarse sin culpa ni censura por parte de la iglesia. Los que tienen interpretaciones divergentes de 1 Corintios 7:15 deben recordar que los que tienen libertad para volver a casarse no están defendiendo una visión baja del matrimonio, ni están actuando en contra del texto bíblico. Más bien, están actuando de acuerdo con su comprensión de las Escrituras. Por lo tanto, marginar a los que se han vuelto a casar después de un divorcio por abandono, parecería estar actuando en contra del mismo ideal de paz dentro del cuerpo de Cristo que Pablo está tratando de defender en 1 Corintios 7:15-16.

Conclusión

Después de examinar los materiales bíblicos sobre el divorcio y el nuevo matrimonio, es posible concluir que la narrativa de la creación sostiene, y Moisés, Jesús y Pablo reafirman, la ordenanza de Dios sobre el matrimonio como una unión de por vida entre un hombre y una mujer. El ideal de Dios es válido incluso en un mundo caído en el que el pecado es una realidad siempre presente y en el que se produce el divorcio. Sin embargo, debido a la inevitabilidad del divorcio en nuestro mundo contaminado por el pecado, los autores bíblicos consideraron necesario dictar normas que regulasen el divorcio, aunque, como se ha explicado anteriormente, existe un debate sobre el significado exacto de la(s) posible(s) excepción(es) por la(s) que puede(n) tener lugar el divorcio y las segundas nupcias.

El debate contemporáneo

El debate sobre la moralidad y/o las razones para el divorcio y las segundas nupcias en la iglesia moderna continúa.[43] Aunque a veces es

---

[43] En un artículo reciente, David Instone-Brewer resumió sus puntos de vista sobre el divorcio y el nuevo matrimonio argumentando que lo siguiente se habría considerado motivo legítimo de divorcio en el NT: (1) adulterio (Dt. 24:1, afirmado por Jesús en Mt. 19:9); (2) negligencia emocional y física (Ex. 21:10-11, afirmado por Pablo en 1 Cor. 7:15-16); y (3) abandono y abuso (incluidos en la negligencia, como se afirma en 1 Corintios 7). Véase David Instone-Brewer, «What God Has Joined», *Christianity Today* 51, nº 10, octubre de 2007, 26-29. Véase también David Van Biema, «An Evangelical Rethink on Divorce?» TIME (5 de noviembre de 2007). El siguiente resumen y crítica representa una adaptación de «Clarifying the NT Teaching on Divorce», un blog publicado el 19 de octubre de 2007 en http://www.biblicalfoundations.org. Véanse también los posts posteriores, «Q & A on Divorce and Remarriage» (22 de octubre de 2007) y «David Instone-Brewer Responds» (30 de octubre de 2007) y los resúmenes y el debate en diversos posts en http://thegospelcoalition.org/blogs/justintaylor/.

Instone-Brewer comienza examinando las posturas del primer siglo sobre el divorcio y las segundas nupcias mantenidas por las escuelas de Hillel y Shamai para entender el trasfondo del anuncio de Jesús en Mateo 19:9 de que el divorcio no está permitido «salvo por *porneia*». Observa que ambos puntos de vista se basaban en una determinada interpretación de Dt. 24:1. Los hilelitas interpretaban la frase de este pasaje que permitía el divorcio por «una cosa de desnudez» o «un caso de inmoralidad» para indicar que el divorcio estaba permitido por el adulterio («desnudez», «inmoralidad») así como por cualquier otra «causa» o «cosa». Esto, pues, está detrás de la pregunta de los fariseos en Mateo 19:3: «¿Es lícito divorciarse de la mujer por cualquier causa?» En esencia, los fariseos le preguntaron a Jesús si estaba o no de acuerdo con la interpretación de Hillel del Dt. 24:1.

La escuela de Shamai, en cambio, interpretaba «un caso de inmoralidad» como una sola frase referida al adulterio, adoptando una posición mucho más restrictiva sobre la legitimidad del divorcio. En respuesta a la pregunta de los fariseos, Jesús dio un no rotundo. No estaba de acuerdo en que el divorcio fuera legítimo «por cualquier causa», como hacía Hillel. Los que se divorciaban de su mujer por cualquier otra causa que no fuera la *porneia* y se volvían a casar cometían adulterio. Según Instone-Brewer, Jesús no rechazó el AT en sí mismo en este punto, sino simplemente una interpretación defectuosa del mismo, defendiendo que la interpretación correcta de Dt. 24:1 permite el divorcio sólo por adulterio. Hasta aquí, esta línea de razonamiento parece inobjetable.

Sin embargo, en este punto, Instone-Brewer procede a presentar un argumento desde el silencio. Dice que Jesús no sólo defendió el adulterio como causa de divorcio según Dt. 24:1, sino que tampoco «rechazó la otra causa de divorcio en el Antiguo Testamento», el divorcio por negligencia, basado en Ex. 21:10-11. Sin embargo, la lógica de Instone-Brewer aquí parece problemática. Su argumento parece ser que, a menos que Jesús declarara explícitamente que el divorcio no estaba permitido en casos de negligencia, debemos asumir que lo permitía (un clásico argumento del silencio). ¿Cómo pasa Instone-Brewer de una excepción (entendida como sea) que Jesús hizo explícitamente a una excepción que supuestamente implicó? Instone-Brewer argumenta que Jesús no tenía que hacerla explícita, ya que se creía universalmente, pero esto no explica por qué Jesús aún hizo explícita la excepción de la *porneia* (que también se sostenía universalmente) mientras no se refería al tema de la negligencia. En el contexto, Jesús simplemente estaba respondiendo a una pregunta que se le había planteado (Mt. 19:3); por lo tanto, parece que Ex. 21:10-11 no entra en absoluto en la discusión de Mt. 19:9. En este punto, pues, Instone-Brewer parece pasar de la exégesis bíblica al trasfondo judío y no tiene un apoyo bíblico claro.

John Piper respondió al artículo de Instone-Brewer con un ensayo propio, «Tragically Widening the Grounds of Legitimate Divorce: A Response to Instone-Brewer's Article in Christianity Today» (http://www.desiringgod.org). En su respuesta, Piper afirma al principio que «la implicación de este artículo [de Instone-Brewer] es que todos los matrimonios que conozco podrían haber terminado legítimamente en divorcio». De hecho, incluir no sólo el abandono, sino también la negligencia emocional y física como motivos legítimos de divorcio parece ampliar significativamente el alcance del divorcio permisible, y Piper está preocupado con razón por ello. Piper, por su parte, sostiene el «punto de vista de los esponsales», esencialmente una posición de «no al divorcio bajo ninguna circunstancia», que argumenta que Jesús sólo permitió el «divorcio» en casos de infidelidad sexual durante el período de compromiso (véase, más recientemente, John Piper, *What Jesus Demands from the World* [Wheaton, IL: Crossway, 2006], 314-16).

Piper aborda primero el razonamiento de Instone-Brewer a partir de Ex. 21:10-11, identificando correctamente esto como un argumento a partir del silencio (véase nuestra propia crítica más arriba) y cuestionando algunos otros aspectos de la interpretación de Instone-Brewer de este pasaje. A continuación, Piper se refiere al tratamiento que Instone-Brewer hace de la cláusula de excepción de Mateo 19:9 en relación con Dt. 24:1. Citando Marcos 10:4-9, Piper sostiene que Jesús estuvo en desacuerdo con Dt. 24:1 en lugar de limitarse a aclarar el significado del pasaje como sostiene Instone-Brewer. En cambio, según Piper, Jesús se remontó al principio y reiteró el plan perfecto de Dios para el matrimonio como una unión de por vida entre un hombre y una mujer. Esto, de hecho, es claramente el caso, excepto por la única excepción que Jesús declara explícitamente en Mateo 19:9, un punto crucial que Piper deja de lado, al menos inicialmente.

Sin embargo, este es precisamente el punto que se debate. Está claro que Jesús mantuvo y reafirmó la intención original de Dios para el matrimonio como una unión permanente y para toda la vida, pero la cuestión crítica aquí es lo que se quiere decir con «excepto para la *porneia*» en Mateo 19:9. Pocos estarían en desacuerdo con que Jesús permitiera una excepción; la mayoría sostiene que la excepción es la inmoralidad sexual que viola el pacto matrimonial existente, es decir, el adulterio. Piper, como ya se ha mencionado, cree que la *porneia* en Mateo 19:9 se refiere exclusivamente a la ruptura de un compromiso, lo que ciertamente no es la lectura más natural del texto en su contexto (que indica que el tema era el divorcio de un matrimonio, lo que puede incluir la ruptura de un compromiso, pero no se limita a ello). Por lo tanto, la limitación que hace Piper de la *porneia* en Mateo 19:9 estrictamente a la ruptura de un compromiso parece artificial.

Por estas razones, parece que la crítica de Piper al tratamiento de Ex. 21:10-11 por parte de Instone-Brewer es acertada, mientras que su crítica al tratamiento de Mt. 19:9 y Dt. 24:1 por parte de Instone-Brewer no lo es. Aquí, entonces, está el punto importante: La preocupación de Piper de que Instone-Brewer «amplía trágicamente los motivos de divorcio legítimo» se refiere en gran medida a la inclusión por parte de Instone-Brewer de la negligencia conyugal como motivo legítimo de divorcio sobre la base de Ex. 21:10-11, que también rechazamos, mientras que no se aplica igualmente a la comprensión de la cláusula de excepción como permitiendo (no obligando) el divorcio en caso de adulterio. Esto último sería una excepción hecha en continuidad con el AT (donde el adulterio se castigaba con lapidación), y, como se ha mencionado, Jesús no ordena el divorcio en caso de adulterio, sino que simplemente lo permite.

Además, la inmoralidad sexual/el adulterio es la única excepción hecha por Jesús (además del abandono por parte de Pablo, 1 Cor. 7:15-16) y puede ser claramente señalada, de modo que permitir esta excepción no equivale a abrir las compuertas al divorcio indiscriminado en caso de que el divorcio sea legítimo en caso de adulterio, como teme Piper. De hecho, es importante considerar si elevar el ideal bíblico (con Jesús como el novio «que nunca se divorciará de su mujer y tomará otra», como sostiene Piper, citando Ef. 5:25) a la norma sin permitir el divorcio en casos de adulterio conyugal puede estar yendo más allá de las Escrituras. Por esta razón, afirmar una visión elevada del matrimonio, como lo hizo Jesús, al tiempo que se permiten excepciones para el divorcio en casos de adulterio y aborto, puede ser la opción exegéticamente más defendible y pastoralmente más sensata.

Por último, algunos pueden preguntar sobre la diferencia entre el abandono y la negligencia. A modo de respuesta breve, el abandono es el caso mencionado en 1 Corintios 7, en el que en una pareja incrédula uno de los cónyuges llega a la fe y el otro abandona posteriormente el matrimonio a causa de la conversión cristiana de su cónyuge. El abandono, por otro lado, es una categoría mucho más amplia que abarca una variedad de escenarios en los que uno de los cónyuges no cuida lo suficiente del otro. Piper tiene razón en que incluir el abandono se acercaría al «divorcio por cualquier causa» sobre el que los fariseos preguntaban, mientras que la categoría de abandono de Pablo es considerablemente más estricta y específica.

acalorado, un estudio de la literatura moderna revela que, en su mayor parte, la discusión sobre este importante tema ha sido civilizada. Con este mismo espíritu, y antes de dejar el tema, concluimos con cuatro principios que confiamos ayudarán a aquellos que están luchando con (o quizás a través de) el divorcio y las segundas nupcias y ayudarán al debate contemporáneo.

En primer lugar, independientemente de la opinión de cada uno sobre el divorcio y las segundas nupcias, animamos a todos los creyentes a tener en cuenta el hecho de que, aunque estos son acontecimientos que alteran la vida, incluso si uno se divorcia y se vuelve a casar de forma pecaminosa, tal acción no debe equipararse al pecado imperdonable. La Escritura, por supuesto, identifica un pecado imperdonable (cf. Mt. 12:31; Mc. 3:28-29); sin embargo, el pecado imperdonable es la blasfemia contra el Espíritu Santo, no el divorcio y las segundas nupcias. Por lo tanto, aunque un divorcio y un nuevo matrimonio pecaminosos pueden tener consecuencias de por vida, el acto en sí mismo es ciertamente perdonable tras la confesión del propio pecado (1 Jn. 1:9).

En segundo lugar, aunque algunos cristianos pueden tener la tentación de evitar todo el debate sobre el divorcio y las segundas nupcias —ya sea por la naturaleza cargada de emociones del tema o por la falta de consenso académico sobre la cuestión— animamos a todos los creyentes a estudiar detenidamente los materiales bíblicos sobre el divorcio y las segundas nupcias (véanse también los útiles recursos sobre el divorcio y las segundas nupcias que figuran en la sección «para estudiar» de este volumen). El divorcio y las segundas nupcias son temas apremiantes en la cultura contemporánea, y los cristianos responsables se esforzarán por ser capaces de abordar este tema, «estando preparados para defender a cualquiera que os pida razón de la esperanza que hay en vosotros» (1 Pe. 3:15). Como se ha visto en este capítulo, el material bíblico sobre el divorcio y las segundas nupcias no es demasiado extenso. El esfuerzo de trabajar con los pasajes relevantes pagará dividendos tanto para el estudiante diligente como para la iglesia en general.

En tercer lugar, aunque la mayoría de los evangélicos modernos tienen una visión del divorcio y las segundas nupcias que permite la disolución del matrimonio (y posiblemente las segundas nupcias) a causa de pecados sexuales como el adulterio, esto sigue invitando a preguntarse qué hacer en casos de otros pecados no sexuales como el abuso físico.[44] En tales casos, animamos a los creyentes a recordar que la separación (e.g., para preservar la vida de una esposa maltratada) no es equivalente al divorcio. De hecho, en los casos en los que la vida de alguien está en peligro por las acciones de un cónyuge pecador, concluimos que la separación no sólo es permisible, sino que es *moralmente necesaria*. En tales casos, creemos que es el deber de la iglesia intervenir y ministrar a la parte atacada por el pecado (e.g., ayudando a asegurar la protección física o cubriendo las necesidades financieras). Además, dicha separación suele producir uno de los dos resultados siguientes (1) la parte ofendida, si está regenerada, se arrepentirá y buscará la reconciliación; (2) si la parte ofendida no está regenerada, después de un tiempo, es probable que se aleje. A su vez, esta es una situación que se aborda en 1 Corintios 7:15, como se ha comentado anteriormente.

Por último, los puntos de vista sobre el divorcio y las segundas nupcias tienen importantes repercusiones no sólo en los casos en que los miembros regulares de la iglesia se ven afectados, sino especialmente cuando se trata del liderazgo de la iglesia. ¿Existe alguna circunstancia en la que un pastor, anciano o diácono que se haya divorciado pueda ser legítima y bíblicamente encargado de este cargo? ¿O las Escrituras prohíben a tales hombres todos los cargos de la iglesia? Aunque esta cuestión está claramente relacionada con la discusión anterior sobre la enseñanza bíblica sobre el divorcio y las segundas nupcias en general, aquí entran en juego otros textos, por lo que aplazaremos la discusión hasta el siguiente capítulo.

---

[44] Para una exploración teológica reflexiva del abuso sexual, véase Andrew J. Schmutzer, «A Theology of Sexual Abuse: A Reflection on Creation and Devastation», *Journal of the Evangelical Theological Society* 51, no. 4 (diciembre de 2008): 785-812. Véase también Steven R. Tracy, *Mending the Soul: Understanding and Healing Abuse* (Grand Rapids: Zondervan, 2005).

12

ESPOSOS FIELES:
REQUISITOS PARA EL LIDERAZGO ECLESIÁSTICO

Las calificaciones para el liderazgo eclesiástico estipuladas en las cartas pastorales dan una cobertura prominente a la vida matrimonial y familiar del candidato.[1] En 1 Timoteo 3:1-13, el pasaje principal sobre el tema, exige que tanto los supervisores como los diáconos sean «esposos fieles» (*mias gynaikas andra*, 1 Tim. 3:2, 12; cf. Tit. 1:6; ver más adelante); que los obispos mantengan a sus hijos bajo control con toda dignidad (1 Tim. 3:4; cf. Tito 1:6); y que administren bien su propia casa (1 Tim. 3:4). Porque, según la lógica paulina, «si alguien no sabe administrar su propia familia, ¿cómo va a ocuparse de la iglesia de Dios?». (1 Tim. 3: 5). De hecho, como el apóstol aclara más adelante en el mismo capítulo, la iglesia es «la casa de Dios» (1 Tim 3:15 NVI).[2] Existe, entonces, una estrecha relación entre la iglesia y la familia; y la madurez cristiana en el cumplimiento de los deberes como marido y

---

[1] La siguiente discusión se limitará estrictamente a aquellas calificaciones para los líderes de la iglesia que se relacionan con su matrimonio y familia. Otras cualificaciones están fuera del alcance de nuestro estudio y no serán tratadas aquí. Para una investigación de estas otras cualificaciones, véase Andreas J. Köstenberger, «1-2 Timoteo, Tito», en *Expositor's Bible Commentary*, ed. Tremper Longman III y David E. Garland (Grand Rapids: Zondervan, 2005), 522-27, 606-8.

[2] Véase Vern S. Poythress, «The Church as Family: Why Male Leadership in the Family Requires Male Leadership in the Church», *Recovering Biblical Manhood and Womanhood: A Response to Evangelical Feminism,* ed. John Piper y Wayne Grudem (Wheaton, IL: Crossway, 1991, 2006), 233-47. Véase también Malcolm B. Yarnell III, «Oikos theou: A Theologically Neglected but Important Ecclesiological Metaphor», *Midwestern Journal of Theology 2*, no. 1 (Fall 2003): 53-65; y el breve estudio de Judith M. Gundry-Volf, «The Least and the Greatest: Children in the New Testament», en *The Child in Christian Thought and Practice*, ed. Marcia Bunge (Grand Rapids, Reino Unido). Marcia Bunge (Grand Rapids: Eerdmans), 58-59.

padre se convierte en uno de los requisitos más esenciales para quienes aspiran al cargo de pastor o anciano.[3]

El requerimiento de la fidelidad matrimonial

El significado de la frase Mias Gynaikas Andra

Las traducciones y los comentaristas difieren considerablemente en cuanto al significado de la frase *mias gynaikas andra* en 1 Timoteo 3:2 y 12.[4] (1) ¿Exige Pablo aquí que los líderes de la iglesia estén casados (excluyendo a los funcionarios solteros)? (2) ¿Intenta prohibir a los solicitantes que estén divorciados? (3) ¿Prohíbe el requisito a los viudos que se han vuelto a casar de ocupar cargos eclesiásticos? (4) ¿Se pronuncia el apóstol en contra de la poligamia (como se da a entender en la NVI)? (5) ¿O está exigiendo que el titular de un cargo sea fiel en el matrimonio si está (y asumiendo que normalmente lo está) de hecho casado, en lugar de ser infiel a su esposa mientras está casado con ella, como sería el caso si tuviera una o varias relaciones extramatrimoniales? Prácticamente todas estas posturas son adoptadas por al menos algunas traducciones y/o comentaristas.[5] ¿Cómo puede resolverse satisfactoriamente esta difícil cuestión, y qué interpretación es la más probable a la luz del significado de la frase y del trasfondo cultural antiguo?

---

[3] Los términos pastor, diácono y anciano se utilizan en gran medida de forma intercambiable en el NT (cf., e.g., Hechos 20:17, 28; Tito 1:5-7; 1 P. 5:1-3). Sobre la cuestión del gobierno de la iglesia, véase Andreas J. Köstenberger, «Hermeneutical and Exegetical Challenges in Interpreting the Pastoral Letters», *Southern Baptist Journal of Theology* 7, no. 3 (otoño de 2003): 10-13. Véase también Benjamin L. Merkle, «Hierarchy in the Church? Instruction from the Pastoral Letters concerning Elders and Overseers», en ibíd., 32-43.

[4] El siguiente tratamiento está en deuda con Köstenberger, «1-2 Timoteo, Tito», *Pastoral Letters*. Sobre la historia de la interpretación, véase Peter Gorday, ed., *Ancient Christian Commentary on Scripture: New Testament, vol. 9: Colossians, 1-2 Thessalonians, 1-2 Timothy, Titus, Philemon* (Downers Grove, IL: InterVarsity, 2000), 170-71 y 286-87. Véase también el estudio de Ed Glasscock, «"The Husband of One Wife" Requirement in 1 Timothy 3:2», *Bibliotheca Sacra* 140 (1983): 244-49 y 253-56. La gama de traducciones abarca lo siguiente: «el marido de una sola mujer» (nota: O un hombre de una sola mujer), que deja abierta la cuestión de la interpretación; «marido de una sola mujer», que sugiere una prohibición de la poligamia; «casado una sola vez» (nota: O el marido de una sola esposa), una prohibición de volver a casarse después de enviudar, la opinión predominante de los padres de la iglesia; y «fiel a su esposa», «fiel a su única esposa»; «dedicado a (lit., un hombre de) una mujer», «comprometido con su esposa», que toma la expresión como un modismo para la fidelidad marital.

[5] Cf. Glasscock, «"Husband of One Wife' Requirement"», 244-58, quien señala que las opiniones tercera y cuarta (excluyendo a los viudos vueltos a casar, oponiéndose a la poligamia) eran comúnmente sostenidas entre los padres de la iglesia. Los puntos de vista más comunes hoy en día son el segundo y el quinto (excluyendo a los hombres divorciados, exigiendo la fidelidad en el matrimonio). El primer punto de vista (excluyendo a los candidatos no casados) es sostenido por pocos.

En primer lugar, es poco probable que Pablo, que fue soltero durante la mayor parte, si no toda, su carrera apostólica (cf. 1 Cor. 7:8; véase el capítulo 9) y que en otros lugares ensalza las ventajas de la soltería para el servicio del reino (1 Cor. 7:32-35), excluyera a los hombres solteros de ocupar cargos eclesiásticos. Además, si la intención del apóstol hubiera sido limitar el ejercicio de los cargos eclesiásticos a los casados, podría haberlo dicho de forma mucho más específica (e.g., enumerando como requisito que los supervisores estuvieran «casados», *gamos*). Por lo tanto, es muy probable que el presente requerimiento simplemente asuma que la mayoría de los candidatos calificados estaban probablemente casados y, por lo tanto, se refiere a la conducta de un hombre hacia su esposa en el matrimonio.

En segundo lugar, si la intención de Pablo hubiera sido excluir a los hombres divorciados, se puede pensar de nuevo en formas más directas en las que podría haber articulado este requisito (e.g., «no divorciado»). Al menos, a primera vista, esto puede considerarse como una posible inferencia (a partir de la expresión «marido de *una* sola mujer») más que una declaración directa. De hecho, el divorcio no se menciona en ninguna parte de las cartas pastorales (ni tampoco las segundas nupcias).

En tercer lugar, también es improbable que Pablo pretendiera prohibir a los viudos que se volvieran a casar (que, según una lectura literal, se habrían casado no una sino dos veces) ejercer cargos eclesiásticos. En otros lugares, Pablo anima a los viudos a volver a casarse y adopta una postura totalmente positiva hacia quienes han perdido a sus cónyuges.[6] Sería difícil entender por qué Pablo prohibiría el acceso a los cargos eclesiásticos a los viudos que siguen su consejo y se vuelven a casar. Esto es cierto, especialmente porque muchas de estas personas serían hombres mayores y maduros que inspiran respeto y poseen la experiencia de vida y la madurez espiritual para proporcionar un liderazgo competente y distinguido en la iglesia (cf. Tit. 2:2; 1 P. 5:5; cf. 1 Te. 5:12; Heb. 13:17). En el caso de los viudos que se vuelven a casar, esto no implica ningún defecto de carácter o fracaso moral por su parte. Tampoco la presencia de una nueva esposa constituye un obstáculo para la elegibilidad de tal hombre, ya que no sería diferente de otros hombres casados que buscan y ocupan cargos en la iglesia. Por lo tanto, no parece haber ninguna razón bíblica,

---

[6] La mayoría de las referencias bíblicas se refieren a que las viudas, y no los viudos, se vuelvan a casar, ya que era mucho más común que las mujeres perdieran a sus cónyuges que los maridos a sus esposas (cf., e.g., Rom. 7:2-3; 1 Cor. 7:39; 1 Tim. 5:14), pero no existe ninguna buena razón por la que el estímulo de Pablo para que las viudas (especialmente las más jóvenes) se vuelvan a casar no deba aplicarse también a los viudos.

teológica o incluso de sentido común por la que los viudos que se vuelven a casar deban ser excluidos de los cargos eclesiásticos.

En cuarto lugar, la teoría de que Pablo pretendía excluir a los polígamos de los cargos eclesiásticos[7] choca con la dificultad de que la poligamia no era una práctica muy extendida en el mundo grecorromano de la época.[8] Es mucho más probable la posibilidad de que la frase *mias gynaikas andra* esté orientada a prohibir a los hombres que tuvieran una o varias concubinas, una práctica muy extendida en aquella época.[9] Aparentemente, ni los griegos ni los romanos consideraban estas prácticas como adúlteras o polígamas. Para Pablo, sin embargo, el concubinato era esencialmente equivalente a la poligamia, ya que la unión sexual da lugar a una relación de «una sola carne» (cf. 1 Cor. 6:16).

Por esta razón, en quinto lugar, «esposo fiel» es probablemente la mejor manera de captar la esencia de la expresión *mias gynaikas andra*.[10] La frase constituye una referencia a la fidelidad matrimonial y eso lo sugiere el paralelismo en 1 Timoteo 5:9, donde se requiere que una viuda con derecho a recibir apoyo de la iglesia haya sido «fiel a su marido» y donde se utiliza la frase equivalente «esposa de un solo marido» (cf. 1 Cor. 7:2-5). En este último caso, la frase no puede indicar una prohibición de la poliandria (estar casado con más de un hombre a la vez, lo que en cualquier caso era prácticamente inexistente en el mundo antiguo), ya que se habla de una mujer sin marido. Además, no tendría sentido que Pablo animara primero a las viudas más jóvenes a volver a casarse y las descalificara después por haber sido (literalmente) esposas de más de un hombre.[11] En una nota diferente, el requisito actual de fidelidad marital para los líderes de la iglesia

---

[7] Véase la traducción de la NVI, «marido de una sola mujer» (nótese que no hay equivalente para «pero» en el original; pero véase el cambio a «fiel a su mujer» en la NVI). Véase también Juan Calvino, *1 and 2 Timothy and Titus* (Wheaton, IL; Nottingham: Crossway, 1998; ed. original 1556, 1549), 54.

[8] E.g., William D. Mounce, *The Pastoral Letters, Word Biblical Commentary* 46 (Nashville: Nelson, 2000), 171.

[9] Cf. S. M. Baugh, *Timothy, Titus*, Zondervan Illustrated Bible Backgrounds Commentary (Grand Rapids: Zondervan, 2001), 501-2

[10] Véase especialmente Sidney Page, «Marital Expectations of Church Leaders in the Pastoral Letters», *Journal for the Study of the New Testament* 50 (1993): 105-20, esp. 108-9 y 114 n. 27. Para un análisis de la enseñanza bíblica sobre el matrimonio (incluido el papel del marido), véanse los caps. 2 y 3 de este volumen.

[11] Véase Page, «Marital Expectations», 112; contra Gordon D. Fee, «Reflections on Church Order in the Pastoral Letters, with Further Reflection on the Hermeneutics of Ad Hoc Documents», *Journal of the Evangelical Theological Society* 28 (1985): 150, quien sostiene que el presente pasaje «probablemente prohíbe las segundas nupcias de los viudos/viudas».

(incluidos los diáconos, 1 Tim. 3:12) también es coherente con la prohibición del adulterio en el decálogo (Ex. 20:14 par. Dt. 5:18).[12]

Por lo tanto, si la discusión anterior es acertada, parece que el problema con las cuatro primeras interpretaciones enumeradas anteriormente es que se basan en una lectura literalista, si no rígida, de la frase *mias gynaikas andra* como si denotara literalmente el matrimonio con una sola mujer en todo momento: una en contraposición a cero, como en el caso de los candidatos solteros a cargos eclesiásticos, o una en contraposición a dos o más esposas, ya sea al mismo tiempo (poligamia) o consecutivamente (segundas nupcias de viudos, divorciados). Sin embargo, es más probable que la frase se entienda de forma idiomática (designando «tipo de hombre con una sola esposa»), es decir, como un término de fidelidad marital más que como una enumeración literal de un cierto número de matrimonios (uno en lugar de cero, o dos, o más) en los que un candidato debe estar comprometido.[13]

El hecho de que esto sea así se ve corroborado por las inscripciones relativas al concepto romano de *univira*, es decir, «tipo de mujer con un solo esposo».[14] Este término, que denota la fidelidad marital, se aplicaba inicialmente a las mujeres vivas en relación con sus maridos, y más tarde se convirtió en un epíteto dado por los maridos a sus esposas fallecidas. Así lo atestiguan numerosas referencias literarias e inscripciones en lápidas. Así, el poeta del siglo I a.C., Catulo, escribió: «Vivir satisfecha sólo con el propio marido es el mayor cumplido que puede recibir una esposa».[15] Una inscripción imperial romana dice: «Vivió cincuenta años y estuvo satisfecha con un solo marido».[16] *Laudatio Turiae*, de finales del siglo I a.C., recoge la frase de un marido

[12] Este requisito contrasta con los extremos gnósticos de ascetismo y libertinaje sexual. La fidelidad conyugal también se tenía en alta estima en el mundo grecorromano, de modo que esta cualidad recomendaría a un titular cristiano a su entorno pagano (cf. Page, «Marital Expectations», 117-18).

[13] David Instone-Brewer, *Divorce and Remarriage in the Bible: The Social and Literary Context* (Grand Rapids: Eerdmans, 2002), 227-28, coincide y señala que la frase es equivalente a nuestra frase «tener ojos para una sola mujer» (véase también p. 313). Observe que, en todas sus apariciones, la expresión «de una sola mujer» o «de un solo marido» se pone en primer lugar en el original para dar énfasis (cf. 1 Tim. 3:2, 12; 5:9).

[14] Cf. Marjorie Lightman y William Zeisel, «Univira: An Example of Continuity and Change in Roman Society», *Church History* 46 (1977): 19-32. «Uni» significa «uno» en latín, «*vir*» significa «marido», y el sufijo femenino «a» se refiere a una mujer o esposa, de ahí el significado de «una mujer o esposa de tipo marido».

[15] Catullus, *The Poems of Catullus IIII*, trans. F. W. Cornish, in *Catullus, Tibullus, Pervigilium Veneris*, Loeb Classical Library, 3rd rev. G. P. Goold (Cambridge, MA: Harvard University Press, 1995), 179.

[16] *Corpus Inscriptionum Latinarum* 6.5162.

sobre su esposa: «Raros son los matrimonios que duran tanto y que terminan con la muerte, no interrumpidos por el divorcio».[17]

Por estas razones, concluimos que el requisito paulino *mias gynaikas andra* se entiende mejor como la estipulación de que los candidatos a cargos eclesiásticos (tanto ancianos como diáconos) sean esposos fieles (suponiendo que estén actualmente casados). Si esto es correcto, ¿cuáles son las implicaciones de este requisito para la iglesia de hoy? En la siguiente discusión consideraremos brevemente las implicaciones para los candidatos solteros, divorciados y que se han casado de nuevo para el liderazgo de la iglesia.

Implicaciones

La primera implicación del requisito del «esposo fiel» es que los candidatos más jóvenes que todavía tienen que demostrar su capacidad para gestionar bien sus propios hogares no deberían ocupar normalmente puestos de liderazgo en la iglesia. Si bien es cierto que pueden poseer una capacitación formal adecuada y pueden ser entusiastas y estar calificados en términos de carácter y disposición, la madurez y la experiencia de vida son una parte tan integral del equipo necesario de un líder de la iglesia para su función que cualquier disminución de este requisito puede acercarse peligrosamente a nombrar a un converso reciente, lo cual es desalentado en las Escrituras en los términos más fuertes (1 Tim. 3:6; cf. 5:22).

En segundo lugar, es una locura total que alguien proporcione un liderazgo calificado y capaz para la iglesia mientras descuida sus deberes en su propia familia, ya sea por estar ocupado en el ministerio o por prioridades inadecuadas. Por lo tanto, incluso mientras sirven como pastor o anciano, es imperativo que los hombres que sirven en esta función se evalúen regularmente para ver si son capaces de supervisar la iglesia mientras siguen cumpliendo adecuadamente sus deberes naturales como esposo y padre. De lo contrario, bien podría decirse con Pablo que esos hombres deben tener cuidado de que, después de haber predicado a otros, no se descalifiquen ellos mismos (1 Cor. 9:27).

---

[17] Citado en Lightman and Zeisel, «Univira», 25.

Interpretaciones de la frase *Mias Gynaikas Andra* en 1 Timoteo 3:2, 12; Tito 1:6

<table>
<tr><th></th><th>INTERPRETACIONES DE LA FRASE Mias Gynaikas Andra</th><th>DEBILIDADES</th><th>LA COMPRENSIÓN EN LA QUE SE BASA LA INTERPRETACIÓN O EL ERROR DE INTERPRETACIÓN</th></tr>
<tr><td rowspan="8">INTERPRETACIONES INVEROSÍMILES</td><td rowspan="3">La frase excluye a los hombres solteros de ocupar cargos eclesiásticos</td><td>El mismo Pablo era soltero</td><td rowspan="8">Literal: una mujer frente a cero (soltero) o dos o más esposas al mismo tiempo (poligamia) o consecutivamente (nuevo matrimonio del divorciado o viudo)</td></tr>
<tr><td>Pablo exalta las ventajas de la soltería para el servicio del reino en 1 Cor. 7</td></tr>
<tr><td>Pablo podría haber dejado esto más claro</td></tr>
<tr><td rowspan="2">La frase excluye a los hombres divorciados</td><td>Pablo podría haber dejado esto más claro</td></tr>
<tr><td>El divorcio no se menciona en ninguna parte de las Epístolas Pastorales</td></tr>
<tr><td rowspan="2">La frase prohíbe a los viudos que se vuelvan a casar</td><td>En otro lugar, Pablo anima a las viudas a volver a casarse</td></tr>
<tr><td>No hay ninguna buena razón bíblica, teológica o de sentido común por la que los viudos que se casan de nuevo deban ser excluidos del liderazgo de la iglesia</td></tr>
<tr><td>Pablo excluye a los polígamos</td><td>La poligamia no estaba muy extendida en el mundo grecorromano de la época</td></tr>
<tr><td>LO MÁS PROBABLE</td><td>Orientado a excluir a los hombres que tenían una o varias concubinas o que pudieran haber sido infieles a sus esposas</td><td></td><td>Idiomático: «un tipo de marido con una sola esposa» o «esposo fiel»</td></tr>
</table>

En tercer lugar, desde el punto de vista teológico, al vincular tan estrechamente la familia con la iglesia, el Nuevo Testamento presenta a esta última como la extensión escatológica de la primera. Lo que se remonta a la creación divina del primer hombre y la primera mujer, se ve ampliado y explicado en la «casa de Dios», la iglesia (cf. Ef. 5:31-32). Por lo tanto, la exigencia de que el titular de un cargo administre bien su propia casa y que sea fiel en el matrimonio y mantenga a sus hijos bajo el debido control, constituyen el requisito previo indispensable para su idoneidad para el cargo eclesiástico. Antes de que pueda dirigir la casa de Dios, debe demostrar que puede cumplir adecuadamente sus responsabilidades de liderazgo en su propia casa.

Oficiales de la iglesia y la cuestión del divorcio

Pero, ¿qué debemos decir acerca de los hombres divorciados que sirven como pastor/anciano o diácono? A la luz de las declaraciones hechas tanto por Jesús como por Pablo con respecto al divorcio y a las segundas nupcias (véase el capítulo anterior), y en vista del hecho de que servir como pastor, anciano o diácono en la iglesia local es un alto llamado de considerable responsabilidad, ¿deberían los hombres que han sufrido un divorcio ser impedidos de servir en funciones de liderazgo en la iglesia, específicamente en las de pastor/anciano o diácono? A la luz de las altas calificaciones morales requeridas para aquellos que sirven en esos cargos, esto parecería ser casi una conclusión inevitable. ¿De qué otra manera aquellos que están a cargo de la iglesia podrían modelar la semejanza con Cristo al resto de la congregación?

De hecho, para aquellos que sostienen la postura de «no divorcio, no segundas nupcias», la cuestión de si un hombre divorciado puede servir en el liderazgo de la iglesia ni siquiera se plantea —el divorcio nunca es legítimo para ningún cristiano, incluidos quienes aspiran a puestos de liderazgo en la iglesia. Como tal, un hombre divorciado ciertamente no podría ser considerado un «esposo fiel» o «irreprochable». Sin embargo, para los que están abiertos, al menos en principio, a la posibilidad de que el divorcio pueda ser bíblicamente legítimo en un número limitado de circunstancias (cf. Mt. 19:9; 1 Cor. 7:15), la cuestión no está muy clara. Los principales pasajes que tratan de las cualificaciones para el liderazgo (1 Tim. 3; Tit. 1) no abordan directamente esta cuestión, sino que se enfocan en el requisito de la fidelidad del candidato en el matrimonio actual. Por lo tanto, la cuestión se centra en gran medida en el significado del requisito de ser un *mias gynaikas aner*.

Si, como se ha argumentado, la expresión significa «esposo fiel» entonces puede ser posible que los hombres que experimentaron un divorcio cumplan este requisito si son fieles a su esposa en su actual matrimonio. Por lo tanto, los hombres divorciados (y los que se volvieron a casar) no serían necesariamente excluidos de la consideración como pastores/ancianos o diáconos, especialmente si, de acuerdo con los principios generales de la opinión mayoritaria esbozada en el capítulo anterior, el divorcio fue legítimo. Si el divorcio fue ilegítimo (i.e., no está cubierto por la «cláusula de excepción» de Matthean o el privilegio paulino), el servicio como pastor/anciano o diácono parecería estar descartado incluso después de haberse arrepentido de este pecado pasado.[18]

En general, no se debería exigir a la gente un estándar más estricto sólo para estar «seguros» y ser «conservadores». Si (y no todos están de acuerdo) tanto Jesús como Pablo estaban dispuestos a hacer una excepción, deberíamos estar dispuestos a seguir su ejemplo sin temer que una visión elevada del matrimonio se vea así comprometida. Sin embargo, cuando se combina con el requisito de que un pastor/anciano o diacono sea «irreprochable» (que incluye la reputación de la comunidad), puede ser mejor en muchas circunstancias sopesar muy cuidadosamente si se nombran hombres divorciados para el papel de pastor/anciano o diácono, especialmente cuando hay candidatos calificados disponibles que no pasaron por un divorcio. Esto parecería ser el curso de acción más sabio, especialmente porque hay muchas vías de servicio además de los cargos eclesiásticos más altos disponibles para las personas en ese tipo de circunstancias.

Sin embargo, aunque el estándar es de *madurez espiritual* y *rectitud moral*, no es de *perfección*. De hecho, las listas contienen muchos atributos a los que todo cristiano debería aspirar. Sin duda, los pastores deben dar ejemplo de madurez espiritual, pero su función no debe concebirse como una representación de Cristo que encarne literalmente sus propias características, ya sea en su estado de soltería,[19] en su

[18] En cuanto a la cuestión de si los hombres que se divorciaron de forma bíblica pueden ser considerados para puestos de liderazgo en la iglesia si el divorcio tuvo lugar en un pasado lejano (especialmente si la persona no era creyente en ese momento) y si el patrón actual del hombre (y su historial probado) es el de la fidelidad matrimonial, véase Page, «Marital Expectations», 103-13.

[19] Existe poco apoyo bíblico para el tipo de modelo sacramental defendido en la iglesia católica romana, que basa su requisito de celibato para el oficio sacerdotal en el estado de soltería del propio Jesucristo durante su ministerio encarnado. Véase «La soltería y el ministerio» en el cap. 9 de este volumen.

matrimonio o en sus segundas nupcias. Más apropiadamente, aquellos titulares de cargos que están casados deben modelar la fidelidad de Cristo a su esposa espiritual, la iglesia, siendo fieles a su propia esposa (cf. Ef. 5:25-30). Esto es totalmente compatible con el punto de vista presentado anteriormente de que Pablo requiere la fidelidad marital de los titulares de cargos, mientras que deja abierta la cuestión de si los que han sufrido un divorcio que es bíblicamente permisible (si esto se considera posible) son al menos en principio elegibles para servir.

Requisitos relativos a los hijos de los líderes de la iglesia

Las cartas de Pablo a Timoteo y Tito incluyen no sólo el requisito de ser un «esposo fiel», sino también una estipulación relativa a los hijos del líder de la iglesia. A Timoteo, Pablo le escribe que el candidato a un cargo «debe administrar bien su propia casa, con toda dignidad manteniendo a sus hijos sumisos» (1 Tim. 3:4). En un argumento de lo menor a lo mayor, Pablo continúa: «Porque si alguien no sabe administrar su propia casa, ¿cómo va a cuidar la iglesia de Dios?». (1 Tim. 3:5). El requisito mencionado en la carta a Tito parece ser aún más estricto, estipulando que los «hijos de un líder de la iglesia sean creyentes y no se presten a ser acusados de libertinaje o insubordinación» (Tit. 1:6; «cuyos hijos son *fieles* y no están expuestos a la acusación de ser desenfrenados y desobedientes»; «cuyos hijos *creen*»). Una vez más, Pablo sigue con una razón: «Porque el líder, como administrador de Dios, debe ser irreprochable» (Tito 1:7).

La palabra griega que subyace a la expresión «creyentes» es *pistos*, que puede significar «creyente» o «fiel». Si bien es cierto que «creyente» es el significado de la palabra en la mayoría de los casos de las cartas pastorales, en el presente caso es más probable que la expresión signifique «fiel» en el sentido de «obediente y sumiso a las órdenes de su padre» (cf. 1 Tim. 3:11; 2 Tim. 2:2, 13).[20] El significado de «creer» es menos probable aquí a la luz del contexto y del paralelo en 1 Tim. 3:4, por no mencionar las dificultades teológicas al ajustar la doctrina de la elección en el ámbito de tal requisito.

---

[20] Cf. George W. Knight, *Commentary on the Pastoral Letters, New International Greek Testament Commentary* (Carlisle: Paternoster; Grand Rapids: Eerdmans, 1992), seguido de Peter Balla, *The Child-Parent Relationship in the New Testament and Its Environment* (Wissenschaftliche Untersuchungen zum Neuen Testament 155 [Tübingen: Mohr-Siebeck, 2003]), 181. Esta es también la posición de John Piper, «¿Debe un pastor continuar en el ministerio si uno de sus hijos resulta ser incrédulo?» (15 de mayo de 2009; http://www.desiringgod.org, con referencia a un artículo de Justin Taylor, «Unbelief in an Elder's Children», del 1 de febrero de 2007).

El hecho de que los otros dos casos de «desenfreno» (*asøtias*) hacen referencia a orgías de embriaguez (Ef. 5:18; 1 Pe. 4:4; cf. Pr. 28:7 LXX) y los otros dos casos de «desobediente» (lit., «insumiso», *anypotakta*; cf. Heb. 2:8) a la rebelión absoluta (1 Tim. 1:9; Tit. 1:10) sugieren que lo que se está viendo no es la desobediencia ocasional sino la rebelión profundamente arraigada contra la autoridad paterna. Cualquiera que sea un anciano en la iglesia, lo que implica el ejercicio de la autoridad sobre la congregación, debe ejercer adecuadamente la autoridad en el hogar, con sus hijos respondiendo en obediencia y sumisión (sean o no regenerados espiritualmente). Esto es necesario para que el «administrador de Dios» (*oikonomos theou*; cf. 1 Cor. 4:1, 2; 1 Pe. 4:10) sea irreprochable (cf. 1 Tim. 3:5, 15).[21]

Soltería y liderazgo eclesiástico

Concluimos nuestro análisis de la relación entre el matrimonio, la familia y el liderazgo eclesiástico con unos breves comentarios sobre la soltería y el liderazgo. Al igual que en el caso de los candidatos divorciados, observamos que la frase «esposo fiel» no se aplica directamente a quienes no están casados y aspiran a un cargo eclesiástico. Claramente, el requisito de que los líderes de la iglesia sean esposos fieles «no implica que los obispos tengan que estar casados; simplemente recomienda el matrimonio como algo que no es en absoluto incompatible con el cargo episcopal».[22] A la luz del tratamiento positivo que Jesús y Pablo dan al celibato en otros lugares (véase el capítulo 9 más arriba), por no mencionar sus propios ministerios que llevaron a cabo como hombres solteros, parece seguro concluir que el estado de soltería de un hombre no lo descalifica para servir como pastor o anciano.[23]

Puede haber, por supuesto, otras cuestiones que desaconsejen el nombramiento de un hombre soltero relativamente joven para el cargo pastoral o de anciano —como su inexperiencia, falta de un historial probado, falta de madurez espiritual—, pero nuestro punto aquí es que la soltería en sí misma no es en absoluto una descalificación para los puestos de liderazgo de la iglesia. De hecho, como señala Pablo en su principal discusión sobre el matrimonio y la soltería en 1 Corintios 7, la soltería conlleva algunas ventajas importantes para el servicio del

---

[21] Para un análisis de la enseñanza bíblica sobre los niños y la crianza de los hijos, véanse los caps. 5 y 6.

[22] Calvino, *1 and 2 Timothy and Titus*, 54.

[23] Véase también Chrysostom, *Homilies on 1 Timothy* 10.

reino.[24] Los hombres solteros que se dedican plenamente al Señor y a su obra están libres de las responsabilidades de cuidar a una esposa y a los hijos y pueden dedicarse al ministerio cristiano en mayor medida que los casados (1 Cor. 7:32-35). Por otro lado, sin embargo, puede haber límites a la eficacia con la que una persona soltera puede relacionarse con los retos a los que se enfrentan las parejas casadas y las familias en la iglesia.

Por lo tanto, al final no hay nada que sustituya el someter a los candidatos solteros para los cargos de la iglesia al mismo proceso de prueba y requisitos que los hombres casados y decidir sobre su idoneidad para servir de forma individual. Adaptando las palabras de Pablo en referencia a los diáconos, «Primero deben ser probados; y luego, si no hay nada contra ellos, que sirvan» (1 Tim. 3:10).

Conclusión

El presente capítulo aplica gran parte de lo que se ha dicho anteriormente en este libro respecto a la enseñanza bíblica sobre el matrimonio y la familia a la cuestión de los requisitos para el liderazgo de la iglesia. En las cartas de Pablo a Timoteo y Tito, el apóstol estipula que los candidatos a ancianos y diáconos deben ser *mias gynaikas andra* (1 Tim. 3:2, 12; Tit. 1:6). Esta frase ha sido interpretada de diversas maneras, como que los líderes de la iglesia deben estar casados (en contraposición a los solteros); no divorciados; no casados más de una vez (en el caso de los viudos); no polígamos (i.e., no casados con más de una esposa al mismo tiempo); o fieles en el matrimonio (en lugar de infieles, como en el caso del concubinato). Tras un largo debate, llegamos a la conclusión de que la última opción, que exige que los candidatos a cargos eclesiásticos sean «esposos fieles», es la interpretación más probable de este requisito.

Después de extraer diversas implicaciones de esta interpretación, discutimos la cuestión del divorcio en relación con los candidatos a cargos eclesiásticos. Llegamos a la conclusión de que, técnicamente, el requisito de «esposo fiel» no aborda directamente la cuestión de si los candidatos divorciados son elegibles para ser considerados y servir como ancianos y/o diáconos. Por esta razón, aconsejamos la apertura a esta posibilidad en principio, al tiempo que registramos algunas advertencias.

También se debatieron los requisitos relativos a los hijos de los líderes de la iglesia, centrándose de nuevo en las estipulaciones de

[24] Véase cap. 8.

Pablo en las cartas pastorales (1 Tim. 3:3-5; Tit. 1:6). En el primer pasaje, Pablo requiere que un supervisor «administre bien su propia casa, con toda dignidad manteniendo a sus hijos sumisos». En el segundo pasaje, Pablo afirma que los hijos de los líderes de la iglesia deben ser «fieles» o «creyentes» y «no estar expuestos a la acusación de ser desenfrenados y desobedientes» (NTV). Tras debatirlo, consideramos que la primera interpretación, «fieles», en lugar de «creyentes», parece más probable, tanto a la luz del paralelo de 1 Timoteo 3:4 como por motivos contextuales y léxicos.

Nuestro último tema de discusión fue la cuestión de la soltería y el liderazgo de la iglesia. Señalamos que los hombres solteros deberían ser considerados para los cargos eclesiásticos al menos por las siguientes razones. En primer lugar, el requisito de ser un «esposo fiel» no pretende estipular que los líderes de la iglesia deban estar casados, sino simplemente que, si están casados, deben ser fieles a su cónyuge. En segundo lugar, tanto Jesús como Pablo elogiaron el estado de soltería por su propia práctica e instrucción, señalando las ventajas de la soltería para el ministerio. Al mismo tiempo, señalamos que una persona soltera específica podría no calificar debido a su juventud, inexperiencia o falta de madurez espiritual. También señalamos que los solteros pueden enfrentar ciertas limitaciones en relación con los desafíos que enfrentan los miembros casados de su congregación. Al igual que cualquier otro candidato a un cargo eclesiástico, los solteros deben someterse primero a una prueba y luego ser nombrados o no dependiendo de si cumplen con los requisitos para el liderazgo.

13

DIOS, MATRIMONIO, FAMILIA E IGLESIA:

APRENDIENDO A SER LA FAMILIA DE DIOS

En los capítulos anteriores hemos intentado situar a Dios en primer lugar en nuestro pensamiento sobre el matrimonio y la familia y hemos intentado reconstruir la fundación bíblica para el matrimonio y la familia. Sin embargo, queda un último paso importante: aplicar a la iglesia lo que hemos aprendido sobre el plan de Dios para el matrimonio y la familia. Como hemos visto, el propósito de Dios es «reunir todas las cosas en el cielo y en la tierra bajo una sola cabeza, Cristo» (Ef. 1:10b NVI), incluyendo la relación matrimonial y familiar (Ef. 5:21-6:4), para que, de acuerdo con la oración de Pablo, «a él sea la gloria *en la iglesia* y en Jesucristo por todas las generaciones, por los siglos de los siglos. Amén». (Ef. 3:21).

¿Cómo pretende Dios relacionar el matrimonio y la familia con la iglesia? Esta es una cuestión teológica (la doctrina de Dios) y de eclesiología (la doctrina de la iglesia). Una pregunta diferente, pero relacionada, es ésta: ¿Cómo pueden las iglesias de hoy fortalecer a las familias? Esta pregunta es una cuestión de método y de aplicación. Para responder a estas dos preguntas, será importante basarse en las conclusiones de los capítulos anteriores sobre la teología bíblica del matrimonio y la familia y aplicar estas conclusiones a la enseñanza bíblica sobre la naturaleza de la iglesia. También será importante abordar las cuestiones prácticas relativas a una filosofía bíblica del ministerio de la iglesia y los programas diseñados para fortalecer los matrimonios y las familias.

La enseñanza del Antiguo y del Nuevo Testamento sobre el matrimonio y la familia

Como hemos visto, encontramos en el Antiguo Testamento un patrón que se caracteriza mejor como «patricentrismo»; es decir, un tipo de familia en la que el padre sirve como el eje de la vida familiar y como su centro directivo y vivificante. Aunque el padre está investido de una autoridad genuina, su papel en la familia no se agota en absoluto en el ejercicio de la autoridad que Dios le ha otorgado, sino que, entre otras muchas funciones, incluye también la protección y la provisión de su familia.[1] Al mismo tiempo, algunas de las funciones del padre en el Antiguo Testamento —como la entrega de una dote a su hija, el papel de los padres en la organización de los matrimonios de sus hijos, o la supervisión de una casa extendida que incluye no sólo a los parientes consanguíneos, sino también a los esclavos de la casa— tienen un componente cultural que posiblemente no se pueda trasladar directamente a la familia cristiana de hoy. La aplicación de estos pasajes requiere sabiduría y discernimiento.

En cuanto a las enseñanzas de Jesús, hemos visto que éste afirmó el plan original de Dios creador para el matrimonio, citando tanto Génesis 1:27 como 2:24 (Mt. 19:4-6 y pars.). Con ello, nuestro Señor confirmó de forma contundente y enfática que el diseño original de Dios para el matrimonio (con el marido como cabeza y la mujer como compañera sumisa y solidaria) seguía vigente para los cristianos, en lugar de ser sustituido por un plan diferente (como uno igualitario). Otro punto de interés es que Jesús indicó que no había venido a traer paz, sino espada, y que la fe en él (o la falta de ella) *dividiría* a las familias (Mt. 10:34-36 y pars.). Por lo tanto, la lealtad a Cristo y a su reino debe tener prioridad sobre los lazos familiares naturales. Esto, como veremos, inyecta una dosis crucial de realismo en cualquier planteamiento de la estructura eclesiástica que parta de la unidad familiar intacta ideal en la que el padre es la cabeza de familia. En muchas familias nucleares, el padre no es creyente o está ausente por completo.

Jesús también señaló que no habrá matrimonio en el cielo (Mt. 22:30) y explicó que algunos, incluso en esta época, elegirían permanecer solteros «por el reino de los cielos» (Mt. 19:12). Junto con la discusión de Pablo sobre la soltería en 1 Corintios 7, esto arroja una importante luz escatológica sobre la cuestión del matrimonio y la familia en la iglesia. Muestra que el matrimonio, aunque fue instituido

---

[1] Véase el cap. 5.

divinamente al principio y seguirá vigente hasta la consumación final, forma parte de «la forma actual de este mundo», el cual «*pasará*» (1 Cor. 7:31). El reino de Dios, en cambio, es eterno (Ap. 11:15; 22:5).

Asimismo, Pablo, en Efesios 5:21-6:4, dirigió sus mandatos a los esposos, esposas e hijos cristianos, pidiendo a las esposas que se sometieran a su marido, a los maridos que amaran a su esposa sacrificialmente y la nutrieran espiritualmente, a los hijos que obedecieran a sus padres y los honraran, y a los padres que formaran e instruyeran a sus hijos en el Señor en lugar de exasperarlos o tratarlos con dureza. Dado que las relaciones laborales también se enmarcaban en el contexto de la unidad familiar ampliada, también se daban instrucciones para los siervos y los amos (Ef. 6:5-9). Por lo tanto, el hogar continuó siendo la unidad central en la era del Nuevo Testamento, y se hizo la debida concesión a aquellos hogares en los que uno de los miembros (los cónyuges) podía no ser cristiano (e.g., 1 Cor. 7:12-16; 1 Pe. 3:1-2). Además, la misma estructura de autoridad y el llamado al esposo y al padre a proteger y proveer en el Antiguo Testamento se encuentran también en el Nuevo Testamento. Aunque las enseñanzas de Pablo establecen importantes principios bíblicos para los roles maritales y familiares, sus escritos no estipulan explícitamente la forma en que estos roles se relacionan con la forma en que estos principios se aplican a la estructuración de la iglesia.

Teniendo en cuenta este breve estudio de la enseñanza bíblica sobre el matrimonio y la familia, estamos preparados para discutir el siguiente conjunto de preguntas importantes: ¿Cuál es el papel de la iglesia en relación con los matrimonios y las familias? ¿Y cómo puede la iglesia fortalecer esas relaciones para el bien de esas familias y de la iglesia y para la gloria de Dios?

El matrimonio, la familia y la iglesia

Aunque algunos sostienen que los orígenes de la iglesia se remontan a los tiempos del Antiguo Testamento, quizás hasta Abraham, más propiamente la iglesia debería tener su origen en el día de Pentecostés, después de la ascensión de Jesús. De acuerdo con las profecías del Antiguo Testamento, el Espíritu Santo fue derramado sobre el primer núcleo de creyentes, acompañado de señales y prodigios (He. 2).[2] Esto se ve apoyado, entre otras cosas, por el hecho de que la palabra «iglesia» (*ekklesia*) sólo es utilizada por Jesús dos veces en todos los

---

[2] Véase el útil estudio de la definición bíblico-filológica de la iglesia en Millard J. Erickson, *Christian Theology* (2ª ed.; Grand Rapids: Baker, 1998), 1041-44.

Evangelios combinados (Mt. 16:18; 18:17), allí con el sentido no técnico de «comunidad mesiánica» y, al menos en el primero de estos casos, en tiempo futuro («edificaré mi iglesia»).[3] También, en apoyo de esto, Lucas en su Evangelio nunca presenta el término *ekklesia,* mientras que en Hechos lo utiliza veinticuatro veces. Esto parece sugerir que no consideraba a la iglesia como presente hasta el período cubierto por los Hechos.[4]

Por lo tanto, sólo en el libro de los Hechos y en las epístolas del Nuevo Testamento, en particular las escritas por el apóstol Pablo, encontramos el grueso de la enseñanza neotestamentaria sobre la iglesia. Se puede ver entonces que la existencia de la iglesia se basa en la muerte y resurrección salvadora y sustitutiva de Jesús, de acuerdo con el evangelio cristiano (E.g., 1 Cor. 15:3-4). El Nuevo Testamento es inequívoco en cuanto a que, para que alguien forme parte de la iglesia, debe nacer de nuevo, es decir, ser regenerado sobre la base de su arrepentimiento y fe en el Señor Jesucristo.[5] Cualquier persona así recibe el perdón de los pecados (Ef. 1:7), es justificada (Rom. 5:1), apartada para el servicio de Dios (1 Cor. 1:2), y recibe el Espíritu Santo, así como dones espirituales para usarlos en la edificación de la iglesia (Ef. 1:13-14). La membresía legítima de la iglesia, por lo tanto, se basa en el arrepentimiento personal e individual y en la fe en el Señor Jesucristo, lo que lleva a la regeneración, a la morada y los dones del Espíritu Santo (1 Cor. 12:4-13; Tit. 3:4-7; cf. Rom. 8:9). Cuando una persona llega a la fe, su situación familiar no tiene importancia, ya sea casado, soltero, divorciado o viudo.

¿Qué es entonces la iglesia? En el Nuevo Testamento, y particularmente en las enseñanzas de Pablo, encontramos diversas caracterizaciones de la iglesia, de su naturaleza y funciones. Tal vez la más prominente y dominante es la enseñanza paulina sobre la iglesia

---

[3] Véase Erickson, *Christian Theology*, 1058-59; contra Wayne Grudem, *Systematic Theology* (Grand Rapids: Zondervan, 1994), 853-55. Para un estudio útil de las cuestiones pertinentes, véase C. Marvin Pate, «Church, the», en Walter Elwell, ed., *Baker Dictionary of Biblical Theology* (Grand Rapids: Baker, 1996), 95-98, especialmente 95-96. Para un tratamiento bíblico-teológico, véase D. J. Tidball, «Church», en *New Dictionary of Biblical Theology,* ed., T. Desmond Alexander y Brian S. T. Desmond Alexander y Brian S. Rosner (Downers Grove, IL: InterVarsity, 2000), 406-11, con más referencias bibliográficas.

[4] Erickson, *Christian Theology*, 1058. Como señala Erickson, aunque Hechos 7:38 utiliza *ekklesia* con referencia al pueblo de Israel en el desierto, lo más probable es que constituya una referencia no técnica. El hecho de que la iglesia, propiamente concebida, comenzara en Pentecostés no quita la unidad subyacente del pueblo de Dios en ambos Testamentos (véase, E.g., Hebreos 11). Véase ibíd., 1045-46, 1058-59. Véase también Mark Dever, «The Church», en *A Theology for the Church* (ed. Daniel L. Akin; Nashville: B&H, 2007), 768-73.

[5] E.g., Mark Dever, *Nine Marks of a Healthy Church* (Wheaton: Crossway, 2000), «Mark Four: A Biblical Understanding of Conversion» y «Mark Six: Una comprensión bíblica de la pertenencia a la iglesia».

como «cuerpo de Cristo» (e.g., Rom. 12:4-8; 1 Cor. 12-14; Ef. 4:11-17; 5:30).[6] El énfasis en esta descripción está en la relación entre Cristo como «cabeza» y la iglesia como su «cuerpo», indicando tanto la autoridad y el señorío de Jesús sobre la iglesia, como su provisión para la misma. Un aspecto central de esta provisión es el otorgamiento por parte del Espíritu de dones espirituales particulares a cada miembro del cuerpo para la edificación del mismo hasta su madurez (Ef. 4:13). Entre estos dones se encuentran los que sirven a la iglesia como pastores-maestros (Ef. 4:11), cuya función es «preparar al pueblo de Dios para las buenas obras» (Ef. 4:12). Esta metáfora enfatiza, entonces, la unidad de la iglesia con Cristo y su sumisión a él como cabeza, así como el ejercimiento de los diversos dones espirituales por parte de sus miembros. Es importante observar que el trabajo de equipar a los creyentes para la obra del ministerio se dice que está en manos de ministros espiritualmente dotados y debidamente nombrados en la iglesia. Si bien es cierto que los padres tienen la responsabilidad otorgada por Dios de servir como líderes espirituales en sus hogares, el ámbito familiar es distinto del eclesiástico, donde la autoridad se confiere a hombres espiritualmente maduros que reúnen los requisitos para el liderazgo de la iglesia estipulados en pasajes como 1 Timoteo 3:1-7.

Otra imagen de la iglesia que se encuentra en el Nuevo Testamento es la de la «casa» o «familia de Dios» (1 Tim. 3:4-5, 12, 14-15; 5:1-2; Tit. 2:1-5). En 1 Timoteo 3:15, Pablo habla de los creyentes como «la casa de Dios, que es la iglesia del Dios viviente, columna y baluarte de la verdad». También establece una importante correlación entre la supervisión de un hombre de su familia natural y su cualificación para supervisar los asuntos de la iglesia en el papel de anciano (1 Tim. 3:4-5).[7] De acuerdo con esta metáfora de la «casa», Pablo dice a los creyentes que se relacionen con las personas mayores de la congregación como sus «padres» y «madres» en Cristo y con los miembros de la misma edad o más jóvenes como «hermanos» y «hermanas» (1 Tim. 5:1-2). Esto se remonta a la enseñanza de Jesús donde afirma que todos los que hacen la voluntad del Padre son sus «hermanos» y «hermanas» (e.g., Mc. 3:31-35; Lc. 11:27-28).

Pablo anima a las mujeres mayores a formar a las jóvenes como lo harían las madres con sus hijas en el hogar natural, animándolas a amar a sus maridos e hijos, a trabajar en casa y a ser sumisas a sus propios maridos (Tit. 2:3-5). Lo mismo ocurre con los hombres mayores de la

---

[6] Véanse las discusiones en Erickson, *Christian Theology*, 1047-49; Grudem, *Systematic Theology*, 858-59; y Dever, «The Church», 774-75.

[7] Véase el cap. 12.

iglesia en relación con los más jóvenes, que necesitan estar fundamentados en la palabra de Dios y aprender a vencer al maligno (e.g., 1 Jn. 2:12-14). Este cuadro acentúa más el hecho de que la iglesia está *construida sobre* el modelo del hogar natural como su equivalente espiritual. Esto, como veremos, tiene importantes implicaciones para la forma en que Dios quiere que funcione la iglesia.

A la luz de los pasajes de las Escrituras mencionados anteriormente, cabe señalar que la aplicación de la metáfora de la «casa» a la iglesia en el Nuevo Testamento no significa que se conciba a la iglesia como una familia de familias, en la que las unidades familiares individuales constituyen la principal columna vertebral de la iglesia, sino como la base más amplia de la familia de Dios, en la que los creyentes mayores y más maduros forman y nutren a los más jóvenes.[8] Aunque sería deseable que familias enteras estuvieran formadas por creyentes regenerados una vez que los niños tuvieran la edad suficiente para entender el significado de la obra de la cruz de Cristo por ellos y se arrepintieran de sus pecados y creyeran, como se ha mencionado, el principio constitutivo de la pertenencia a la iglesia del Nuevo Testamento es la *fe personal en Jesucristo*, no la pertenencia a una familia del pacto (a veces llamado «el principio orgánico»). Por lo tanto, es mejor entender la metáfora de la «casa» para la iglesia como algo que transmite la noción de que, análogamente al hogar natural, los creyentes, en virtud de su fe común en Jesucristo, son adoptados en la familia de Dios, la iglesia, y por lo tanto se convierten en «hermanos» y «hermanas» espirituales en Cristo. El principio importante a recordar es que esto tiene lugar sobre la base de la fe personal, *independientemente de* la pertenencia a la familia. Esta realidad no disminuye en absoluto la importancia de la familia, especialmente la de criar a los hijos para que conozcan al salvador. Sin embargo, los ámbitos de la familia y de la iglesia deben seguir siendo distintos, y no deben fusionarse hasta el punto de que sean prácticamente indistintos, como argumentaremos más adelante.

Además, el Nuevo Testamento utiliza otras metáforas para referirse a la iglesia, como la de «casa espiritual» (1 Pe. 2:4-5, 7) o la de «templo

---

[8] Para una crítica extensa y en gran medida convincente de esta idea, véase Jason Webb, «My Introduction to the Family-Integrated Church Movement», «What is the Family-Integrated Church Movement? (Part 1)», y «The Family-Integrated Church Movement (Parts 2-5)», en línea en http://reformedbaptistfellowship.wordpress.com. El único componente cuestionable de la crítica de Webb radica en la forma en que parece sugerir que el antiguo y el nuevo pacto difieren en la forma en que las personas formaban parte del pueblo de Dios. Sin embargo, según la enseñanza del Nuevo Testamento, el principio de la fe personal como base de la justificación es el mismo en ambos periodos de pacto (véase especialmente Gn. 15:6 y el argumento de Pablo en Gálatas 3 y Romanos 4).

del Espíritu Santo» (1 Cor. 3:16-17; Ef. 2:21-22) y la de «esposa de Cristo» (2 Cor. 11:2; Ef. 5:32).[9] Al profundizar en la descripción de la iglesia como «casa espiritual», Pedro aclara que la iglesia está formada por quienes «vienen a él» (v. 4) y por «los que creen» (v. 7). Por tanto, la iglesia está formada por individuos creyentes; el pasaje no menciona a las familias. La metáfora de la «esposa de Cristo» describe la relación entre Cristo y la iglesia en términos de esponsales y consumación de un matrimonio al final de los tiempos. No se debe presionar a la Escritura para que dé lugar a una teología en la que las parejas casadas sean los principales bloques de construcción de la iglesia.

El papel de la iglesia y de la familia

A la luz del estudio de la enseñanza bíblica sobre el matrimonio y la familia en este libro, y del breve estudio de la naturaleza de la iglesia que hemos hecho anteriormente, volvemos a la pregunta más importante: ¿Cuáles son las funciones respectivas de la iglesia y de la familia, y cómo se relacionan entre sí? Pasemos primero a la iglesia. En el Nuevo Testamento se dice que la iglesia tiene diversas funciones.[10] En primer lugar, se la llama «columna y baluarte de la verdad» (1 Tim. 3:15). En una cultura impía, es testigo de la revelación de la verdad de Dios y de la redención de Dios en Cristo. A diferencia de la iglesia, que se compone sólo de los regenerados, el matrimonio, aunque fue instituido divinamente en el principio, lo integran tanto los regenerados como los no regenerados. Por esta razón, el matrimonio y la familia como tales no pueden servir como vehículos suficientes de la verdad de Dios. Por lo tanto, es la iglesia, no la familia, la principal encargada de predicar el evangelio a un mundo perdido y de cumplir la gran comisión.

---

[9] Sobre la metáfora del «templo del Espíritu Santo», véase Erickson, *Christian Theology*, 1049-51. Paul S. Minear, *Images of the Church in the New Testament* (Filadelfia: Westminster, 1960), identifica hasta noventa y seis (¡!) imágenes de la iglesia en el Nuevo Testamento. Véase también Avery Dulles, *Models of the Church* (2ª ed.; Nueva York: Image, 1987). Dever, «The Church», 773-75, habla de la iglesia como el pueblo de Dios; como la nueva creación; como la comunión; como el cuerpo de Cristo; y como el reino de Dios. Grudem, *Systematic Theology*, 858-59, trata la iglesia como una familia y como la novia de Cristo, algunas otras metáforas como las ramas de una vid, un olivo, un campo de cultivo, un edificio, un nuevo templo y una cosecha, y la iglesia como el cuerpo de Cristo.

[10] La siguiente discusión es necesariamente sugestiva más que exhaustiva. Para tratamientos más exhaustivos, véase Erickson, *Christian Theology*, 1060-69, que habla del evangelismo, la edificación, el culto y la preocupación social; Grudem, *Systematic Theology*, 867-69, que identifica el culto, la edificación y el evangelismo y la misericordia; y Dever, «The Church», 809-15, cuya discusión sigue líneas similares a las de Erickson y Grudem.

En segundo lugar, la iglesia está llamada a adorar a Dios y a evangelizar y discipular a las naciones (Mt. 28:16-20). Los once recibieron esta comisión como representantes de la iglesia, habiendo dejado (temporalmente) sus vínculos familiares naturales, lo que significaba que seguir a Jesús tenía prioridad absoluta incluso sobre las relaciones de parentesco. Recibieron la gran comisión ante todo como representantes de la iglesia naciente, no como jefes de familia. Del mismo modo, en los Hechos, Pablo y Pedro, Bernabé y Silas, y los demás protagonistas de la misión de la iglesia primitiva, se muestran dedicados a la predicación del evangelio en su función de ministros, al margen de sus funciones familiares. De hecho, algunos de ellos, incluidos Pablo y Timoteo, eran con toda probabilidad solteros. Incluso en los casos en los que los que se dedicaban a la predicación evangélica estaban casados, el matrimonio y los compromisos familiares se consideraban en cierto modo no como el vehículo o el contexto preferido, sino como una carga o un estorbo necesario en esta vida (véase especialmente 1 Cor. 7:32-35), y los papeles de predicador/fundador de la iglesia y de padre/jefe de familia eran distintos. Por lo tanto, cuando Pablo se dirigió a hogares enteros en los Hechos (los ejemplos conocidos incluyen a Cornelio, Lidia, el carcelero de Filipos y Crispo; véase He. 10:24; 16:15, 31-34; 18:8), con toda probabilidad no fue porque sostuviera una eclesiología de «familia de familias», sino porque se dirigió principalmente a las cabezas de familia de su entorno cultural en vista de su influencia sobre los demás miembros de su hogar.[11]

Esta continúa siendo una estrategia muy viable hoy en día en muchos contextos, aunque debe considerarse principalmente en términos de método evangelístico y no como una norma teológica o como la única forma bíblica de evangelizar. En términos de discipulado, también, el papel de *la iglesia* es discipular a las naciones (Mt. 28:19). Los padres creyentes tienen un papel importante que desempeñar, pero esto no altera el hecho de que es la *iglesia* la que recibió la comisión de discipular a los individuos y enseñarles a obedecer todo lo que el Señor Jesucristo les mandó hacer (Mt. 28:20).

---

[11] Las referencias de Pablo a las reuniones de los creyentes en los hogares (véanse, e.g., los ejemplos de Romanos 16), tampoco implican necesariamente que el apóstol sostuviera una eclesiología de «familia de familias», sino que simplemente indican que muchas de las reuniones de la iglesia primitiva se llevaban a cabo en los hogares. El hecho de que Pablo y Pedro se dirijan a las esposas y los maridos cristianos en Efesios 5, Colosenses 3 y 1 Pedro 3 es la mejor prueba de que estos escritores se preocupaban por ayudar a las personas a vivir de acuerdo con sus creencias cristianas mientras desempeñaban sus respectivos papeles en sus relaciones familiares y laborales.

En tercer lugar, la iglesia está llamada a administrar las ordenanzas del bautismo y la cena del señor (e.g., Mt. 28:19; Lc. 22:19; He. 2:42). Esta autoría, igualmente, es conferida a la iglesia. No hay ninguna indicación en las Escrituras de que los padres, en su papel de jefes de familia, estén llamados a administrar el bautismo o la cena del señor para sus respectivas familias. Esta es una función de la iglesia y sus líderes, no de las unidades familiares individuales o colectivas.[12]

Ahora que hemos identificado el papel de la iglesia, pasemos brevemente a la segunda pregunta: ¿Cuál es el rol de la familia? La familia y la iglesia no son idénticas, ni la familia sirve como estructura central de la iglesia. ¿Cuál es el papel de la familia en el plan general de Dios? En resumen, el papel principal de la familia es *cuidar del bienestar físico, social y espiritual de sus miembros.* Esto incluye el tipo de provisión, protección y cuidado que se encargaba al jefe de familia en los tiempos del Antiguo Testamento y que sigue siendo característico de las familias del Nuevo Testamento (cf. Ef. 5:25-30; 1 Tim. 5:18).[13]

La familia es también el *entorno para la procreación y la crianza de los hijos.* Esta es, por supuesto, una de sus características principales, para ayudar a cumplir el mandato de creación de Dios a la humanidad de «fructificar, multiplicarse, llenar la tierra y someterla» (Gn. 1:28). Esta interpretación también se ve respaldada por el hecho de que la maldición que siguió a la caída afectó tanto a la provisión masculina como a la maternidad femenina (Gn. 3:16-19). Mientras que algunos, tanto en la antigüedad como en la actualidad, han tratado de menospreciar las funciones procreadoras naturales y han llamado a los que serían verdaderamente espirituales a renunciar a su vocación natural como esposas y madres (véase, e.g., 1 Cor. 7:1, 12; 1 Tim. 2:15; 4:1, 3-4), la palabra de Dios tiene en alta estima las funciones de padre y madre. Por lo tanto, la iglesia defenderá la noble visión de Dios sobre el matrimonio y la familia, en marcado contraste con gran parte del mundo circundante que encuentra mayor importancia en la búsqueda

---

[12] Esto no significa negar que la Escritura permite una cantidad considerable de latitud en cuanto a quién puede administrar las ordenanzas de la iglesia. De hecho, hay pocas instrucciones explícitas al respecto. Sin embargo, parece razonable sugerir que el bautismo sea observado «dentro de la feligresía de la iglesia siempre que sea posible» (Grudem, *Systematic Theology*, 984; el énfasis es suyo) y «que algún representante o representantes oficialmente designados de la iglesia sean seleccionados para administrarlo» (ibíd.; véase la discusión en las páginas 984 y 999, respectivamente).

[13] Véanse los caps. 5 y 6.

de la autorrealización, la riqueza material u otros sustitutos del verdadero llamado de Dios.[14]

Finalmente, cualquier miembro de una familia que se haya convertido espiritualmente debe *utilizar su influencia en su familia natural para dar testimonio de Cristo y conducir a otros miembros de la familia hacia él* (1 Cor. 7:14; 1 Pe. 3:1-6). Así, «las familias encuentran un lugar en la realidad cristiana, ya que los redimidos ejercen su influencia en la esfera familiar».[15]

La familia es, en efecto, de vital importancia para la supervivencia y el florecimiento de la sociedad humana, y las familias que se ajustan a la voluntad revelada por Dios en su palabra son absolutamente críticas para sostener una iglesia vibrante y una sociedad moralmente intacta. Al mismo tiempo, no debe haber confusión en cuanto a lo que es y no es la familia: la familia no es la iglesia, ni tampoco deben estar «unidas» en el sentido normal de la palabra de dos —la familia y la iglesia— formando una sola.[16] *La familia de Dios no es una familia de familias nucleares, sino una reunión o cuerpo de verdaderos creyentes regenerados organizados en un lugar determinado como una congregación local bajo un liderazgo debidamente constituido, independientemente de su status familiar.* Tanto la familia como la iglesia tienen papeles distintos y sirven a propósitos distintos en el plan de Dios. Cada una de ellas tiene un ámbito de actuación, poderes y autoridades particulares. Aunque hay una cierta superposición, estas dos entidades no deben ser confundidas o indebidamente colapsadas en una sola.

La iglesia y el ministerio familiar

Una vez adjudicados los roles respectivos y la relación adecuada entre la iglesia y la familia, surge naturalmente el conjunto de preguntas que siguen: ¿Cómo puede la iglesia apoyar a la familia? ¿Y cómo puede la familia apoyar a la iglesia? No hace falta decir que, debido a la importancia vital del matrimonio y la familia en el plan de Dios desde el principio, la iglesia debe hacer todo lo posible para fortalecer el vínculo matrimonial y los lazos familiares. Debe enseñar a las parejas jóvenes los roles bíblicos adecuados de marido y mujer y el plan de

---

[14] Para una crítica de los enfoques feministas, véase Margaret Elizabeth Köstenberger, *Jesus and the Feminists: Who Do They Say That He Is?* (Wheaton: Crossway, 2008).

[15] Webb, «Family-Integrated Church Movement (Part 3)».

[16] Así, el título del libro de Eric Wallace, *Uniting Church and Home: A Blueprint for Rebuilding Church Community* (Round Hill, VA: Hazard Communications, 1999), es potencialmente engañoso.

Dios para que establezcan una familia, y debe animar a los matrimonios y familias existentes a dar testimonio de la bondad, la sabiduría y la fidelidad de Dios en Cristo a la cultura circundante. Debe seguir el modelo del plan de Dios para el hogar natural en el que, como se ha mencionado, la generación mayor y madura entrena y discipula a los miembros más jóvenes. También debe reconocer que algunos de sus miembros pueden ser llamados a permanecer solteros por el bien del reino de Dios e integrarlos plenamente en la vida de la iglesia.

También es evidente que la iglesia en Occidente no ha hecho a menudo un buen trabajo en el fomento de los matrimonios y las unidades familiares naturales. Con frecuencia no ha afirmado la jefatura del marido en el hogar ni el rol central del padre en la familia. Por lo tanto, el mundo incrédulo —que ha sido testigo de la desintegración del orden establecido por Dios en el hogar y de la desaparición del liderazgo masculino en la familia— y la iglesia —con su fracaso en afirmar, nutrir y alentar los patrones bíblicos para el matrimonio y la familia— han unido tristemente sus fuerzas para debilitar aún más el fundamento bíblico del matrimonio y la familia en nuestra cultura. Sin colapsar las distinciones entre la iglesia y el hogar, la iglesia debe hacer todo lo posible para que el fortalecimiento de los matrimonios y las familias sea una parte vital de su misión. En particular, debe respetar la necesidad de que las familias pasen un tiempo adecuado juntas para que los padres puedan nutrir espiritualmente a sus hijos. Tener un calendario eclesiástico lleno de eventos y programas que deja poco tiempo para la familia y tiene a sus miembros desbordados hará poco por fortalecer el vital vínculo familiar.

Lo que parece indiscutible, por tanto, es que el mundo está debilitando a los matrimonios y a las familias de muchas maneras, y que incluso la iglesia a menudo no consigue contrarrestar estas fuerzas desintegradoras al no concebir su misión en términos que fortalezcan los matrimonios y las familias. (Al mismo tiempo, cabe señalar que algunas iglesias son muy conscientes de esta necesidad y se esfuerzan sinceramente por alentar a las familias). Lo que no está tan claro, sin embargo, es *cómo* la iglesia puede invertir esta tendencia. A este respecto, será importante distinguir entre teología y método. En cuanto a la *teología*, será importante basarse en la enseñanza bíblica sobre la naturaleza y la función de la iglesia. En cuanto al *método,* deberá haber cierta flexibilidad y apertura a una variedad de enfoques. También será importante no confundir la teología con el método y acusar a los que difieren de nosotros en el método de ser antibíblicos simplemente porque no están de acuerdo en el remedio específico.

Lo que se necesita es un modelo de iglesia que fortalezca y apoye a los matrimonios y a las familias y que lo haga sobre la base de una sólida comprensión bíblica de la naturaleza de la iglesia. El liderazgo del hombre en el matrimonio y el hogar y la necesidad de que las esposas se sometan a sus maridos y de que los hijos obedezcan a sus padres forman parte de ello. También es vital la importancia del ministerio intergeneracional o multigeneracional, que no segrega innecesariamente a la iglesia en unidades individuales disjuntas y aisladas, sino que se basa en los grupos naturales de afinidad, incluidos los vínculos de carne y hueso. Al mismo tiempo, el liderazgo de la iglesia local tiene el derecho y la autoridad para idear formas de discipular a sus miembros, incluidos los jóvenes, que pueden implicar legítimamente reunirlos e instruirlos en grupos de pares. El uso de una estructura de grupo de pares no significa necesariamente que se subvierta la estructura natural de la familia, sino que puede ser útil para completarla y complementarla.

El enfoque de la iglesia integrada en la familia

Después de haber examinado la enseñanza bíblica básica sobre el matrimonio y la familia, de haber discutido la enseñanza del Nuevo Testamento sobre la iglesia y su relación con la familia natural (junto con sus respectivas funciones), y de haber sugerido algunas maneras en que la iglesia puede fortalecer los matrimonios y las familias, pasaremos a evaluar los enfoques que en los últimos años han tratado de defender la causa de la familia en la iglesia. Lo hacemos con cuidado, porque, como quedará claro, muchas de las preocupaciones que subyacen a estos enfoques son las que compartimos —en particular, la preocupación por el bienestar y el fortalecimiento de la familia. En última instancia, la eclesiología es la cuestión más importante. Dado que estos enfoques son diversos y, en muchos aspectos, todavía están evolucionando, como se verá en la discusión que sigue, algunas cuestiones doctrinales fundamentales todavía necesitan más aclaración.

Sin duda, muchos están en iglesias con esta filosofía ministerial porque se preocupan profundamente por la familia y son justamente críticos con los enfoques tradicionales de «hacer iglesia». Un número considerable de ellos son familias que educan en casa y tienen el deseo de duplicar el tipo de atmósfera familiar unida en la iglesia que experimentan cuando educan a sus hijos en casa. Algunas iglesias orientadas a la familia adoptan adecuadamente principios generales como el ministerio multigeneracional, la evangelización de hogares enteros, el estímulo a los padres para que sean líderes espirituales en sus hogares, etc., sin comprometerse filosófica y teológicamente con los principios básicos más reaccionarios y a veces incluso extremos de la integración familiar. La crítica de estos enfoques que veremos a continuación se aplica a estos grupos sólo en la medida en que adoptan los principios del movimiento en un nivel teológico y eclesiológico más fundamental.

Aunque compartimos una profunda convicción sobre la importancia de la familia, estamos comprometidos con el *fundamento bíblico* del matrimonio y la familia, y esto incluye una sólida comprensión de la enseñanza del Nuevo Testamento con respecto a la *iglesia*. Nuestra *evaluación tentativa es que el enfoque integrado de la familia, tal como se define a continuación, ha elevado a la familia a un estatus indebidamente alto que no se justifica a la luz de la enseñanza bíblica sobre el tema, y que su visión de la iglesia como una «familia de familias» no está lo suficientemente respaldada por las Escrituras.*[17] Instamos encarecidamente a la iglesia a hacer que las familias sean parte integral del ministerio de la iglesia, apoyándolas y fortaleciéndolas, pero no de tal manera que la enseñanza del Nuevo Testamento se vea comprometida o que la familia sea indebidamente elevada por encima de la iglesia.[18]

Las creencias y las prácticas de un enfoque de iglesia integrada en la familia no son uniformes.[19] Algunas iglesias son más puristas en sus convicciones y en la aplicación de la integración familiar, mientras que otras están dispuestas a combinar este modelo con otros enfoques.[20] El

---

[17] Ver especialmente las críticas de R. Albert Mohler, publicadas en línea en www.albertmohler. com; y Webb, «Family-Integrated Church Movement».

[18] Las limitaciones de espacio no permiten una crítica completa; pero véase Webb, «Family-Integrated Church Movement».

[19] Webb, «¿Qué es el movimiento de la iglesia integrada en la familia? (Parte 1)», señala que, sobre la base del modelo de «familia de familias», el movimiento de la iglesia integrada en la familia generalmente adopta los siguientes tres principios: (1) las familias adoran juntas; (2) el evangelismo y el discipulado se realizan a través de los hogares; y (3) un énfasis en la educación (educación en casa) como un componente clave del discipulado.

[20] Véase especialmente Timothy Paul Jones, ed., *Perspectives on Family Ministry* (Nashville: B&H Academic, 2009), que presenta tres modelos principales de ministerio familiar: integrado en la familia, basado en la familia y equipado en la familia (véanse los resúmenes de las páginas 42-45 y el cuadro comparativo de la página 52). Sin embargo, de estos modelos, sólo el de «integración familiar» es ampliamente utilizado en el momento de escribir este artículo, por lo que utilizaremos esta terminología en el resto de este capítulo, especialmente porque los tres modelos tienen muchos puntos en común (como el papel principal de los padres en el desarrollo espiritual de sus hijos y la importancia de la pastoral multigeneracional; véase ibid, págs. 46-48) y difieren principalmente en el grado en que están dispuestos a trabajar dentro de las estructuras eclesiásticas existentes: el modelo integrado en la familia elimina todos los eventos clasificados por edades; el enfoque basado en la familia deja intacta la mayor parte de la estructura eclesiástica

pilar central del enfoque de integración familiar suele ser la afirmación de que las familias deben trabajar juntas en la iglesia y permanecer juntas mientras estudian las Escrituras, confraternizan y participan en otras actividades relacionadas con el culto.[21] A las cabezas de familia (los padres) se les ordena ser líderes espirituales en el hogar *y* en la iglesia, lo que tiene importantes implicaciones para la forma en que la iglesia se involucra en el ministerio. En lugar de contratar a un pastor de jóvenes, por ejemplo, una iglesia puede seguir una forma de ministerio juvenil basado en la familia en la que los padres de los jóvenes se unen para ministrar a sus jóvenes, quizás con uno o varios de estos hombres coordinando estos esfuerzos o no teniendo un ministerio juvenil en sí mismo.

Para entender la motivación que impulsa el enfoque de la iglesia integrada en la familia, es fundamental comprender que este enfoque se opone a la forma convencional de «hacer iglesia» hoy en día. Según los que abogan por la integración familiar, el enfoque tradicional separa ilegítimamente a las personas en la iglesia en grupos de edad y otros grupos de afinidad, como solteros, jóvenes casados, jóvenes, personas mayores, etc. Lo que sostienen los partidarios de un enfoque de integración familiar es que esta «segregación» (un término que se utiliza a menudo, aunque no es el ideal; véase más adelante) divide a las familias en lugar de fortalecerlas y acercarlas. En cambio, las iglesias deberían *integrar* en lugar de *segregar* a las familias y orientar su ministerio a la unidad del hogar natural, con el padre como cabeza. A este respecto, se suele argumentar que un enfoque integrado en la familia representa mejor la práctica de la iglesia primitiva y está más en consonancia con la eclesiología puritana.[22]

---

esencial y trata de transformarla desde dentro y hacerla más orientada a la familia; y el modelo que equipa a la familia exige una reestructuración completa de la iglesia al tiempo que mantiene a la familia y a la iglesia diferenciadas como socios en la promoción de los roles familiares bíblicos.

[21] A veces, los defensores del «movimiento de la iglesia integrada en la familia» invocan el «principio regulativo» (la creencia de que la iglesia debe hacer sólo lo que se ordena explícitamente en las Escrituras) para apoyar la renuncia a los grupos de jóvenes o a las guarderías, citando a menudo a Mark Dever, *The Deliberate Church: Building Your Ministry on the Gospel* (Wheaton, IL: Crossway, 2005), caps. 6-7. Pero véase la crítica en Jones, Perspectives, 134-35, donde Brandon Shields deplora una «dicotomía excesivamente simplificada entre lo "bíblico" y lo "no bíblico"» por parte de «quienes sostienen perspectivas extremas sobre el principio regulativo», citando a Edmund P. Clowney, *The Church: Contours of Christian Theology* (Downers Grove, IL: InterVarsity, 1995), 126.

[22] Las limitaciones de espacio no permiten un análisis detallado de la cuestión. Para una refutación persuasiva de esta afirmación, véase Webb, «What Is the Family-Integrated Church Movement? (Part 4)», que analiza especialmente a Richard Baxter (que era soltero) y a John Owen.

La toma de conciencia sobre la necesidad de la iglesia de fortalecer, en lugar de debilitar, las unidades familiares, se ha visto precipitada a menudo por el hecho de que los esposos se han dado cuenta de que no han hecho de sus matrimonios y familias una prioridad suficiente. Voddie Baucham Jr., por ejemplo, en su libro *Family Driven Faith*, dedicó la mayor parte de su tesis a compartir su testimonio en este sentido e instó a los padres y a los maridos a dar prioridad a estas funciones, dedicando uno o dos capítulos finales a discutir las implicaciones para la iglesia.[23] En otras contribuciones dignas de mención, Mark Fox hizo una crónica de su propio viaje hacia una iglesia integrada en la familia, y Eric Wallace hizo un llamamiento a la «unión» de la iglesia y el hogar.[24] Todos estos esfuerzos se centran en la restauración del lugar que le corresponde al padre como líder espiritual en su hogar y en la construcción de la iglesia sobre la base de estos hogares de fe. Como tales, proporcionan un estímulo positivo a la iglesia para devolverla al plan de Dios para la familia.

Sin embargo, como se ha aludido anteriormente, la falta general de una justificación bíblica exhaustiva para un enfoque integrado en la familia hace que sea algo difícil de evaluar. A veces, se argumenta más bien sobre líneas históricas o prácticas generales. En otras ocasiones, el argumento parte de lo que *no* es un enfoque «integrado en la familia» —la segregación de los miembros de la iglesia por grupos de edad y status, etc.—, es decir, los argumentos se enmarcan a la luz de los fracasos percibidos de la iglesia tradicional. Cuando se citan las Escrituras, la mayoría de las veces se hace referencia al Antiguo Testamento, o se citan pasajes de las Escrituras que tienen un alcance muy general y no apoyan necesariamente un enfoque de iglesia integrada en la familia como tal.

Contribuciones y posibles limitaciones de un enfoque de integración familiar

Un enfoque de iglesia integrada en la familia tiene el potencial de hacer diversas contribuciones importantes a una iglesia que en muchos aspectos refleja la cultura circundante en sus relaciones fracturadas, una iglesia que con frecuencia no logra revigorizar a las familias como células donde se nutre la fe de sus miembros. En este sentido, cabe

---

[23] Voddie Baucham Jr., *Family Driven Faith: Doing What It Takes to Raise Sons and Daughters Who Walk with God* (Wheaton, IL: Crossway, 2007).

[24] J. Mark Fox, *Family-Integrated Church: Healthy Families, Healthy Church* (Longwood, FL: Xulon, 2006); Wallace, Uniting Church and Home.

destacar tres de estas contribuciones, en particular. En primer lugar, este enfoque promete ofrecer una forma más *holística de ejercer el ministerio*, llegando a hogares enteros como hicieron Pablo y los primeros cristianos, en lugar de considerar a las personas únicamente de forma individual. También es saludable el *énfasis en el papel y la responsabilidad espiritual del padre*. Es cierto que muchos pastores de las iglesias tradicionales no han animado y nutrido al padre en su papel de líder espiritual en su hogar. ¿En cuántas iglesias, por ejemplo, se proporciona instrucción y apoyo específico a los padres sobre cómo dirigir el culto familiar? Esta parece ser un área a la que no se ha prestado suficiente atención en muchas iglesias, y el enfoque de la iglesia integrada en la familia puede servir como un correctivo vital. En tercer lugar, *las familias fuertes son la columna vertebral de una iglesia sana,* ya sea tradicional o integrada en la familia, de modo que incluso las iglesias que son reacias a adoptar la integración familiar en su totalidad como filosofía rectora pueden querer incorporar algunas de sus útiles características.

También debemos hacer algunas advertencias. Para empezar, a la luz de las connotaciones raciales del término «segregación», es mejor evitar ese lenguaje cuando se habla de la práctica tradicional de la iglesia. Asumir una postura antagónica probablemente disminuya la consideración de las ideas válidas de quienes defienden un enfoque de integración familiar por parte de las iglesias tradicionales. A este respecto, será útil evitar una mentalidad de «nosotros contra ellos» y no actuar de forma reaccionaria en este debate. El verdadero enemigo no es la iglesia tradicional, —sino satanás— y el mensaje central de la iglesia no es la integración familiar, sino el evangelio de la salvación por la gracia y mediante la fe en el Señor Jesucristo. Además, será importante evitar el posible sectarismo y que todas las partes sean humildes y abiertas, en lugar de cerrarse y resistirse a las críticas válidas ofrecidas en un espíritu de amor.

Como ya hemos mencionado, es esencial no elevar el matrimonio y la familia por encima de la iglesia. Visto desde la perspectiva del fin de los tiempos, el matrimonio y la vida familiar terrenales no son más que una especie de «ruedas de entrenamiento», diseñadas para prepararnos para una relación (o matrimonio) eterna con Cristo. Después de todo, no habrá matrimonio humano en la «nueva tierra» — la institución de la familia habrá cumplido su propósito. Por lo tanto, visto a la luz de la eternidad, el matrimonio y la familia tienen una importante función preparatoria, pero no deben absolutizarse ni colocarse por encima de los propósitos del reino eterno de Dios. En la misma línea, no hay ninguna justificación bíblica para considerar que la autoridad del jefe de familia paterno sea superior, o incluso igual, a la del liderazgo de la iglesia local.[25]

Otra preocupación se refiere a la noción de integración en sí misma. Una iglesia neotestamentaria debe estar integrada de *todas las formas imaginables*, no sólo en lo que respecta a la familia, sino también en lo que respecta al género, la edad, la raza, el color, la situación socioeconómica, etc. Para reflejar la identidad de su creador, que hizo a todas sus criaturas, y de su redentor, que salvó a todo tipo de personas, la iglesia debe ser inclusiva y acogedora. Por esta razón, cualquier enfoque o grupo que se centre en *un* tipo de integración y que no enfatice igualmente la integración en *todas las demás* dimensiones concebibles, no alcanza el ideal bíblico del reino de Dios. El enfoque de la iglesia integrada en la familia puede, de hecho, tender a promover una *falta* de integración general, ya que estas iglesias pueden, a veces, descuidar la inclusión de aquellos que provienen de familias rotas. De hecho, algunas iglesias pueden fomentar, irónicamente, la misma segregación que intentan corregir, si bien una segregación de las familias intactas de las que tienen antecedentes familiares problemáticos.[26]

En cuanto a mantener a las familias juntas en *la iglesia*, no parece haber ninguna buena razón por la que las familias no puedan participar en la adoración familiar *en casa* mientras adoran con otros creyentes, incluso en grupos de pares y otros, en la iglesia. En ninguna parte de las Escrituras se enseña que las familias deben agruparse en todo momento cuando la iglesia está reunida. Así como los padres pueden dirigir a su familia en la adoración y la lectura bíblica en casa, el pastor de una iglesia local puede dirigir a toda la congregación, compuesta por personas de diversos orígenes familiares y sociales, en la adoración conjunta. Lo mismo puede decirse de una variedad de otros foros y entornos —como la escuela dominical, el culto de los niños o el grupo de jóvenes— que la iglesia puede decidir instituir para cumplir su mandato bíblico de instruir y edificar a los creyentes.

También queda la cuestión de si un enfoque integrado en la familia se basa principalmente en premisas bíblicas y teológicas o se postula sobre la base de un método o una preferencia. Si se trata de lo primero,

---

[25] De hecho, es muy precario sumergir a la iglesia local y su liderazgo bajo la égida de un conjunto de familias dirigidas por el padre hasta el punto de que ambas se vuelvan casi indistinguibles.

[26] Un punto que Brandon Shields ha señalado en Jones, *Perspectives*, 138-39, quien reclama un «realismo de sentido común»: «ver el mundo tal y como es», con lo que se refiere a tomar a «la gente y la cultura tal y como son antes de intentar imponerles nuestras visiones idealistas». Véase también la respuesta de Paul Renfro en ibídem, 171-72, bajo el título *Incrementalism* versus *Family Integration.*

esto significaría que cualquier otro enfoque no cumple con lo que mandan las Escrituras. Si se trata de lo segundo, esto exigiría la apertura a una variedad de métodos, ninguno de los cuales puede pretender ser el único enfoque bíblico. Esto también permitiría una mezcla de estos elementos, como la incorporación de una orientación familiar más abierta en las iglesias tradicionales y el equilibrio de las que tienen una integración familiar extrema.[27] Otra cuestión que se plantea es hasta qué punto el enfoque integrado en la familia se basa en una teología que hace hincapié en la continuidad entre el Israel del Antiguo Testamento y la iglesia del Nuevo Testamento y descuida el reconocimiento adecuado del pronunciado énfasis del Nuevo Testamento en la fe individual.

Finalmente, el énfasis en el liderazgo masculino puede tender a veces a disminuir la importancia y el papel de las mujeres. En un esfuerzo por fortalecer a los hombres como líderes, las mujeres pueden a veces no ser afirmadas adecuadamente en la gran variedad de contribuciones que pueden hacer en el hogar, la iglesia y la sociedad. En algunos casos, una forma de patriarcado masculino puede adoptar un tipo de autoritarismo que resulta excesivo.

Conclusión

Un estudio de las enseñanzas de Jesús sobre el tema indica que él enfatizó la realidad de que a menudo el padre u otros miembros de una determinada familia no llegarán a ser creyentes y que todos los que lo hagan constituirán una nueva familia espiritual, estando relacionados entre sí como hermanos y hermanas en Cristo. Así, la dependencia de un no creyente como cabeza espiritual sería insostenible. En cambio, el cuerpo de Cristo se convierte en la familia para los que se encuentran en esta situación. Pablo también habla de la iglesia como una entidad por derecho propio sin referencia a la familia como parte de su estructura. Ministros como los ancianos y los diáconos y los pastores-maestros supervisan la iglesia como «pastores» del «rebaño» (He. 20:17-35; 1 Tim. 3:1-15; Tit. 1:6-9; véase también 1 Pe. 5:1-3). Mientras que el Israel del Antiguo Testamento era una teocracia y se basaba en los lazos de parentesco del clan y la tribu, Jesús dijo que todo aquel que hiciera la voluntad de su Padre era su hermano. Se aplican ciertas limitaciones del modelo de hogar para la iglesia, y se pone en

[27] Véanse los tres modelos mencionados anteriormente presentados en Jones, *Perspectives on Family Ministry*.

duda una transposición directa del modelo patriarcal del Antiguo Testamento a la iglesia del Nuevo Testamento.

Volviendo a las epístolas, es evidente que la pertenencia a la iglesia no es una cuestión de pertenencia a una familia del pacto en la que uno o ambos padres son creyentes. En cambio, como se ha mencionado, el criterio del Nuevo Testamento para ser miembro de la iglesia es el del arrepentimiento personal y la fe en el Señor Jesucristo. La base principal y el principio constitutivo de la eclesiología del Nuevo Testamento, por lo tanto, *no* es el de la membresía étnica o familiar, sino el de la fe individual en Jesucristo. De ello se desprende que la iglesia está formada por todos los creyentes regenerados, nacidos de nuevo en Cristo, que ahora constituyen la familia espiritual y la casa de Dios.[28] Incluso en los casos en que esto incluye a hogares enteros, el hecho es que los que están relacionados entre sí por relaciones naturales son hermanos y hermanas en Cristo en *primer* lugar, y relacionados por medio de lazos de carne y hueso en *segundo* lugar.[29]

Los creyentes, por tanto, están llamados a amarse y cuidarse unos a otros como lo harían los hermanos naturales. Por lo tanto, los parientes que no son de carne y hueso actúan como si estuvieran emparentados, porque lo están *espiritualmente* —están unidos en su fe común en Jesucristo. Es más, incluso en las familias en las que cada miembro es un creyente en Cristo, no es principalmente su parentesco natural lo que les une, sino su fe. Debido a esa fe compartida, adoran juntos, ministran juntos, oran juntos y estudian las Escrituras juntos. En esta nueva familia, de forma milagrosa, aman a los desconocidos como si fueran sus padres, madres, hermanas y hermanos porque, en Cristo, lo son. Como resultado, tienen más en común con ellos que con sus parientes naturales que no comparten la misma fe.

Así que los que nunca se han casado, los que son viudos o divorciados, los que son jóvenes, ancianos, ricos o pobres, todos

---

[28] Webb, «What Is the Family-Integrated Church Movement? (Part 2)», especilmente, 2: «The New Covenant People are Regenerate» y 7: «The Members Are in the Covenant as Individuals».

[29] En una conversación personal el 19 de noviembre de 2009, R. Albert Mohler me señaló (Andreas Köstenberger) que el hecho de no trazar una línea clara entre los miembros de la familia regenerados y los no regenerados también crea un problema al permitir que los hijos no regenerados de padres creyentes participen en la Comunión. Véase también Webb, «What Is the Family-Integrated Church Movement? (Part 5)», que plantea diversas cuestiones teológicas importantes que es necesario aclarar, entre ellas las siguientes: (1) ¿Qué quieren decir los defensores del «movimiento de la iglesia integrada en la familia» cuando afirman que las familias son los pilares de las iglesias? ¿Reconocen que la fe individual y la regeneración son lo que lleva a una persona a la iglesia? (2) ¿Las personas permanecen en el nuevo pacto guardando el pacto? ¿Necesitan los niños aprender a obedecer para permanecer en el pacto con Dios? ¿O nos mantenemos en el nuevo pacto por la gracia de Dios, que nos suministró en la conversión un nuevo corazón que nos permite ser fieles? ¿Qué hay de la necesidad de arrepentimiento y de un nuevo nacimiento espiritual?

pertenecen y encajan en la iglesia. No son sólo las unidades familiares naturales las que están siendo revalorizadas. El concepto neotestamentario de la iglesia como familia de Dios trasciende los vínculos de carne y hueso. Al mismo tiempo, es conveniente pedir a las familias sanas y piadosas de la iglesia que se unan para dar el ejemplo de cómo debe ser una familia cristiana y para atraer a los que provienen de entornos rotos e integrarlos en la familia de la iglesia.

Este es un componente crucial: que una iglesia verdaderamente integrada no discrimine a los que no están en familias totalmente intactas o a los que tienen el don espiritual de la soltería, sino que esté genuinamente abierta a acogerlos en su seno. Los llamados a la soltería, por ejemplo, deben ser vistos como «unidades del reino» a la par que las familias, en lugar de que estas últimas afirmen su superioridad sobre las primeras. Una iglesia verdaderamente integrada debería reflejar toda la diversidad del cuerpo de Cristo que caracterizará al reino de los cielos en su estado eterno (véase el libro del Apocalipsis) y llegar realmente a todos los miembros de la comunidad, en lugar de ser excluyente y privilegiar a los hogares intactos de padre y madre sobre los demás.

El ejemplo de Jesús es particularmente instructivo aquí, ya que nuestro Señor caminó por una línea muy fina. Por un lado, afirmó la familia natural (Mt. 19:4-6 y pars.). Por el otro, predicó el reino de Dios que vendría, con su parentesco espiritual de la fe, que trasciende las relaciones naturales. Por lo tanto, el perfil demográfico de la iglesia no debe reflejar únicamente los hogares naturales dirigidos por el padre. Al final, cualquier individuo que haga la voluntad de Dios es un miembro legítimo del reino de Dios. Pablo, igualmente, insinuó esto cuando escribió: «Desde ahora, los que tienen esposa vivan como si no la tuvieran, porque la forma actual de este mundo pasará» (1 Cor. 7:29, 31), al tiempo que afirmaba que el matrimonio y la familia naturales son la norma en esta vida (Ef. 5:21-6:4).

Por estas y otras razones, la iglesia debe estar orientada a la familia y ser amigable con la familia. Los líderes de la iglesia deberían ser un modelo de relaciones familiares sanas (1 Tim. 3:4-5) e intentar equipar a las familias de la iglesia para que sean comunidades de culto, encarnando en un nivel micro lo que la iglesia debería reflejar en un nivel macro como «casa de Dios» (1 Tim. 3:15). Esto requiere que las iglesias sean más intencionales en su enfoque como *mentores y en el discipulado.* Los llama a enfocar sus esfuerzos más abiertamente en equipar a los hombres para que practiquen su fe cristiana en sus hogares como líderes espirituales de la adoración, la lectura de las Escrituras, etc., en lugar de concebir la tutoría y el discipulado principal o exclusivamente a nivel individual.

Además, es importante que esto se haga a nivel de *toda la iglesia*, en lugar de limitarse a programas especiales y opcionales, como seminarios matrimoniales o clases de discipulado sobre el matrimonio y la familia. *Todos* los aspectos de la iglesia deben estar orientados hacia las personas en su contexto familiar e incluir a los que provienen de situaciones rotas o inusuales. Con familias piadosas como la columna vertebral de la congregación, los que actualmente (o por ahora) no están casados pueden ser atraídos a un ambiente familiar que permite sanar a los que se están recuperando de relaciones rotas y dar esperanza a los que anhelan tener relaciones familiares amorosas y enriquecedoras en el futuro, ya sean jóvenes y no casados o previamente casados.

Entonces, ¿cuál es la forma adecuada de concebir la relación entre la familia y la iglesia? ¿Deben enfrentarse entre sí como si la iglesia tuviera que mantenerse a raya para que las familias puedan discipular a sus hijos sin una interferencia indebida? ¿Se debe elevar a la iglesia hasta el punto de que las familias queden sumergidas bajo una avalancha de programas y sufran por ello? Ninguno de los dos extremos es deseable. Por el contrario, la iglesia y la familia deben reconocer los roles que Dios les ha dado y *asociarse* para dar gloria a Dios y respetar y afirmar las esferas respectivas de cada uno. ¿A quién le corresponde, por ejemplo, alimentar a los matrimonios y discipular a los hijos? En un sentido, los propios cónyuges deben trabajar en su matrimonio y los padres deben aceptar el mandato que Dios les ha dado de educar a sus hijos en la crianza y amonestación del Señor (Ef. 6:4). *Al mismo tiempo*, es ciertamente el papel y la responsabilidad de *la iglesia* nutrir los matrimonios, fortalecer las familias, y evangelizar y discipular —la iglesia dirigida por hombres maduros, bíblicamente calificados y debidamente nombrados (ancianos) y que consiste en creyentes regenerados, nacidos de nuevo y dotados del Espíritu en el Señor Jesucristo. Si la iglesia no se enseñorea de sus miembros —ya sean solteros o casados— y la familia acepta humildemente sus limitaciones en el plan de Dios, se puede desarrollar una asociación armoniosa, espiritualmente fructífera y que glorifique a Dios en la que todos los miembros de la iglesia se someten a los líderes de la misma y todos se someten en última instancia a Cristo como cabeza (Ef. 1:10; 4:15-16; 5:23-24; 1 P. 5:5-6).

Así se hará cada vez más realidad la visión de Pablo, según la cual Dios «dio a los apóstoles, a los profetas, a los evangelistas, a los pastores y a los maestros, a fin de capacitar a los santos para la obra del ministerio, para la edificación del cuerpo de Cristo, hasta que todos lleguemos a la unidad de la fe y del conocimiento del Hijo de Dios, a la madurez del hombre, a la medida de la estatura de la plenitud de Cristo, de modo que ya no seamos niños, zarandeados por las olas y llevados por todo viento de doctrina… más bien, hablando la verdad con amor, debemos crecer en todos los sentidos en aquel que es la cabeza, en Cristo, de quien todo el cuerpo, unido y sostenido por todas las coyunturas con las que está dotado, cuando cada parte funciona correctamente, hace crecer el cuerpo para que se edifique en el amor» (Ef. 4, 11-16). Es importante recordar que estas partes y articulaciones individuales son creyentes individuales, no necesariamente unidades familiares, como dejó claro Jesús cuando predijo que la verdad del evangelio dividiría los hogares (Mt. 10:36; cf. Miq. 7:6), de modo que la nueva familia espiritual de Dios, la iglesia, no se correspondería con grupos de familias individuales.

Concluimos con algunas preguntas que todas las iglesias, integradas en la familia o no, deberían plantearse: (1) ¿Reconocemos la soltería como un don espiritual válido y a los solteros como miembros de la iglesia y ciudadanos del reino a la par que las familias, o privilegiamos a las familias y tratamos a los solteros como algo deficiente y de segunda clase? (2) ¿Llegamos a todo el mundo independientemente de su etapa en la vida, raza y clase social, o sólo a ciertas personas de acuerdo con la composición demográfica de la mayoría de los miembros de la iglesia, ya sea de un determinado perfil socioeconómico, o familias que educan en casa, o cualquier otro grupo? En otras palabras, ¿es nuestra iglesia *genuinamente inclusiva* de acuerdo con la proclamación de Jesús del reino de Dios? (3) ¿Entendemos y practicamos las enseñanzas de Jesús sobre el reino y las del Nuevo Testamento sobre la iglesia? ¿o nuestro modelo se basa exclusiva o predominantemente en los modelos del Antiguo Testamento?

Ciertamente, el debate actual sobre cómo se relacionan la familia y la iglesia está muy presente. A medida que la discusión progrese, sin duda cambiará la terminología, se establecerán nuevos modelos y el debate se volverá, esperemos, menos reaccionario. Al final, es importante recordar que la solución no está en ningún enfoque o conjunto de etiquetas. Las cuestiones permanentes siguen centrándose en la importancia de la familia, en lo que la Biblia enseña sobre la naturaleza de la iglesia, y en la forma en que la iglesia puede cumplir mejor su mandato divino —incluyendo el fortalecimiento y el apoyo a las familias— para cumplir la gran comisión de discipular a las naciones.

Cuando Pablo se enfrentó a una institución que requería una transformación en su época, el sistema de esclavitud, optó por no proponer un modelo alterno de relaciones socioeconómicas, aunque sin duda era consciente de las debilidades del sistema actual. En cambio, su planteamiento era más bien de carácter fundacional, centrado en el valor de los seres humanos, la importancia de la sumisión a la autoridad, la necesidad del orden social, etc., y trabajó activamente por la transformación interna de las relaciones socioeconómicas en la cultura y la sociedad de su tiempo. Aunque ciertamente hay muchas formas en las que esta analogía se rompe, parece que Pablo expone aquí una metodología sobre cómo los cristianos pueden trabajar por un cambio real y duradero en la iglesia. En este sentido, nuestro propósito en este capítulo no ha sido zanjar esta cuestión de una vez por todas, adhiriéndonos a uno de los enfoques existentes o proponiendo un modelo propio, sino explorar y evaluar algunos de los puntos más destacados planteados en el debate actual a un nivel más fundacional y teológico. Sin duda, el debate continuará.

Con esto, pasamos a una síntesis final de la enseñanza bíblica sobre el matrimonio y la familia.

14

UNIENDO TODAS LAS COSAS EN ÉL:

SÍNTESIS FINAL

Hemos llegado al final de nuestra discusión, y ahora es el momento de resumir brevemente las conclusiones de nuestro estudio de la enseñanza bíblica sobre el matrimonio, la familia y temas relacionados. Al inicio, señalamos que, por primera vez en su historia, la civilización occidental se enfrenta a la necesidad de definir el significado de los términos *matrimonio* y *familia*. La crisis cultural que hace estragos en relación con las definiciones de estos términos se vio como síntoma de una crisis espiritual subyacente que roe los fundamentos de nuestros valores sociales antes compartidos. En este conflicto cósmico espiritual, satanás y sus secuaces se oponen activamente al diseño del creador para el matrimonio y la familia y con ello distorsionan la imagen de Dios tal como se refleja en los matrimonios y familias cristianas que lo honran. A la luz de la confusión actual sobre el matrimonio, la familia y la falta de literatura cristiana adecuada sobre el tema, existe la necesidad del tipo de tratamiento bíblico e integrador que el presente volumen intenta proporcionar.

Se considera que la sexualidad y las relaciones humanas están arraigadas en la voluntad eterna del creador, expresada en la forma en que Dios hizo al hombre y a la mujer. El hombre y la mujer están hechos a imagen y semejanza de Dios (Gn. 1:27) y están llamados a un gobierno representativo (Gn. 1:28) que implica la procreación, por lo que el hombre, como primera creación, tiene la responsabilidad última ante Dios, y la mujer se sitúa junto a él como su «ayuda idónea» (Gn. 2:18, 20), dentro del contexto del matrimonio monógamo. La caída provocó graves consecuencias que afectaron tanto al hombre como a la mujer de forma individual en sus áreas de participación, así como en la relación matrimonial. Tanto el trabajo del hombre como la esfera relacional de la mujer se han visto significativamente afectados y convertidos en una lucha por el control. Sin embargo, la imagen de Dios en el hombre no ha sido erradicada, y el matrimonio y la familia continúan siendo el orden primario instituido por Dios para la raza humana. De hecho, la caída no alteró el diseño o las normas del creador para el matrimonio y la familia, y todavía espera que estas instituciones estén marcadas por la monogamia, la fidelidad, la heterosexualidad, la fertilidad, la complementariedad y la permanencia.

En sintonía con las funciones establecidas por el creador desde el principio, el Nuevo Testamento define las funciones matrimoniales en términos de respeto y amor, así como de sumisión y autoridad. Aunque el marido y la mujer son coherederos de la gracia de Dios (1 Pe. 3:7) y aunque ya no hay «varón y mujer» en lo que respecta a la salvación en Cristo (Gál. 3:28), sigue existiendo un modelo en el que la mujer debe emular la sumisión de la iglesia a Cristo y el marido debe imitar el amor de Cristo por la iglesia (Ef. 5:21-33). Así pues, la comprensión complementaria de los roles de género se ve confirmada, no sólo por algunos pasajes problemáticos aislados, sino por la teología bíblica en su conjunto. Además de su administración conjunta, la pareja casada tiene una importante función como testimonio en la cultura circundante y debe entenderse a sí misma dentro del marco más amplio de los propósitos de Dios para los últimos tiempos en Cristo (cf. Ef. 1:10).

En un capítulo aparte, investigamos los tres modelos principales de matrimonio: sacramental, por contrato y pactual. Llegamos a la conclusión de que el concepto bíblico de matrimonio se describe mejor como un pacto (o una ordenación de la creación con características de pacto) y definimos el matrimonio como un *vínculo sagrado entre un hombre y una mujer, instituido por Dios y celebrado públicamente ante él (lo reconozca o no la pareja casada), normalmente consumado por las relaciones sexuales.* En lugar de ser un mero contrato de duración limitada, condicionado al cumplimiento continuo de las obligaciones contractuales por parte de cada miembro de la pareja, y contraído principalmente o incluso exclusivamente en beneficio propio, el matrimonio es un vínculo sagrado que se caracteriza por su permanencia, su carácter sagrado, su intimidad, su reciprocidad y su exclusividad. El capítulo concluyó con una sección sobre la teología del sexo. Los tres propósitos del sexo se han definido como relacionados con la procreación, la relación entre marido y mujer y el bien público.

Como se indica en la definición del matrimonio antes citada, las Escrituras revelan claramente que la procreación y la crianza de los hijos son una parte elemental del plan de Dios para el matrimonio. En el Antiguo Testamento, los hijos son presentados como una bendición del Señor, mientras que la esterilidad es generalmente vista como un signo de oprobio y abandono divino (aunque hubo excepciones), y las responsabilidades de los padres, las madres y los hijos se explican con cierto detalle. En el Nuevo Testamento, se insta a los padres a educar a sus hijos en la crianza y amonestación del Señor (Ef. 6:4), y las mujeres deben dar especial prioridad a la vocación que Dios les ha dado como madres y amas de casa (1 Tim. 2:15; Tit. 2:4-5). Asimismo, en ambos Testamentos se recuerda a los padres su deber sagrado de mantener a sus hijos, así como de imponerles disciplina (Pr. 13:24; 2 Cor. 12:14; Heb. 12:6).

En el ámbito de la reproducción, se abordan algunas cuestiones críticas. En primer lugar, las Escrituras dejan claro que la vida comienza en la concepción y que el aborto es moralmente inaceptable. Aunque, en segundo lugar, la anticoncepción en general es una opción cristiana legítima, esto no significa que toda forma de control de la natalidad sea moralmente aceptable para los creyentes. Sólo aquellos dispositivos que son anticonceptivos y no abortivos por naturaleza son opciones cristianas legítimas. En tercer lugar, las tecnologías de reproducción artificial también plantean una serie de cuestiones éticas complejas y exigen una cuidadosa adjudicación para determinar cuáles son y cuáles no son éticamente permisibles para los creyentes de hoy. Por último, la Biblia presenta la adopción como una vía honrosa para glorificar a Dios y construir una familia cristiana, especialmente para las parejas que tienen dificultades para concebir sus propios hijos.

En el área de la paternidad cristiana, sopesamos los pros y los contras de determinados métodos de paternidad, señalando los peligros de los enfoques que se centran en el método en detrimento de cultivar una relación con el niño y de confiar en la guía del Espíritu en la paternidad. Al tratar el tema de la crianza de los hijos por parte de los padres solteros, se presentaron las enseñanzas bíblicas sobre la preocupación de Dios por los huérfanos y se discutieron algunas de las formas en que la iglesia puede ayudar a los padres solteros. También se analizó el debate sobre el castigo físico, y aunque la enseñanza bíblica nos impide rechazar esta forma de disciplina, se registraron importantes advertencias sobre su uso. Otro tema especial que se trató en esta sección fue el de la crianza de los adolescentes. El fomento de la masculinidad y la feminidad se identificó como de suma importancia en nuestra cultura, que está cosechando cada vez más el fruto del sesgo antihomosexual del feminismo radical. También identificamos algunos principios bíblicos de disciplina paterna que pueden ser útiles para responsabilizar a los hijos de sus actos. Abordamos el tema de la guerra espiritual relacionada con el matrimonio y la familia. Dado que el matrimonio es un componente tan importante de la economía de Dios, el diablo ataca continuamente esta relación humana divinamente instituida. Por lo tanto, los creyentes necesitan estar listos para pelear la buena batalla y defender sus matrimonios, así como la institución más amplia del matrimonio.

También hemos hablado de la soltería en lo que respecta a los que aún no se han casado, son viudos o están permanentemente solteros (ya sea por elección o por circunstancias). Mientras que una pareja debe abstenerse de mantener relaciones sexuales antes de contraer matrimonio, y mientras que a las personas viudas se les permite —y en algunos casos incluso se les anima— a volver a casarse, la soltería permanente (i.e., el celibato) es considerada tanto por Jesús como por Pablo como un don especial de Dios, aunque no es un requisito necesario para ocupar un cargo en la iglesia (cf. 1 Tim. 3:2, 12; Tit. 1:6). Al promover la devoción al Señor sin distracciones, la soltería puede ser en realidad una oportunidad única para el servicio del reino (1 Cor. 7:32-35). También se habló del debate actual sobre la soltería y de la necesidad de desarrollar una teología bíblica de la misma.

De la creación también se desprende que la heterosexualidad, y no la homosexualidad, es el modelo de Dios para el hombre y la mujer. Los sexos han sido creados con una distinción, que no debe ser borrada ni eliminada, y la humanidad existe como hombre y mujer con el propósito de la complementariedad y la procreación, ninguno de los cuales puede realizarse adecuadamente en las relaciones sexuales entre personas del mismo sexo. Además, se considera que la imagen divina está impresa en el hombre como *masculino y femenino*, por lo que las uniones homosexuales no reflejan la propia semejanza de Dios como unidad en la diversidad. A pesar de los numerosos intentos, incluso por parte de algunos que dicen ser seguidores de Cristo, de reinterpretar el registro bíblico, es evidente que la Escritura considera universalmente la homosexualidad en términos de rebelión contra Dios y desprecio por el orden de su creación (Gn. 18:17-19:29; Lv. 18:22; 20:13; Rom. 1:24-27; 1 Cor. 6:9-10; 1 Tim. 1:9-10; 2 Pe. 2:4-10; Judas 6-7). De hecho, la homosexualidad ofende el diseño integral del matrimonio y la familia del creador en casi todos los niveles, lo que puede ser la razón por la que se encuentra como una intervención tan estricta en las Escrituras.

Dado que el matrimonio es una institución de pacto ordenada por Dios (Gn. 1:28; 2:24) y no un mero acuerdo contractual humano, según la opinión mayoritaria el divorcio es permisible sólo en ciertos casos excepcionales cuidadosamente delineados. Según este punto de vista, las razones aceptables para el divorcio incluyen la infidelidad marital sexual (adulterio) así como el abandono por parte de un incrédulo. Sin embargo, incluso en esos casos, el objetivo debe ser la reconciliación, y el divorcio sólo está permitido, no es obligatorio. De hecho, en todos los casos, el divorcio *continúa siendo la opción menos preferible*, ya que no cumple con el diseño de Dios para el matrimonio y la familia. Sin embargo, cuando el divorcio es bíblicamente «legítimo», la mayoría (incluidos los autores de este volumen) estaría de acuerdo en que también lo es volver a casarse. Esto último es apropiado también en caso de muerte del cónyuge, «sólo en el Señor» (1 Cor. 7:39).

La fidelidad en el matrimonio, la obediencia de los hijos y la buena gestión del hogar también se consideran de suma importancia entre los requisitos para los líderes de la iglesia en las cartas pastorales (véase especialmente 1 Tim. 3:2-5; Tit. 1:6). Existe un estrecho vínculo entre la familia y la iglesia, que es la «casa» de Dios (1 Tim. 3:15), de modo que sólo aquellos que son buenos esposos y padres y que prestan la debida atención a la gestión de sus propios hogares están capacitados para dirigir la iglesia. Aunque esto no excluiría automáticamente del pastorado a un hombre divorciado, soltero o sin hijos, sí pone de relieve la necesidad de que la persona que ocupe el puesto supremo de pastor en el cuerpo visible de Cristo sea realmente un «marido de una sola esposa» o un «hombre de una sola mujer».

El capítulo final abordó un importante tema tanto teológico como práctico, a saber, la cuestión de cómo pueden apoyar y fortalecer los matrimonios y las familias quienes ocupan el liderazgo de la iglesia. Se dedicó especial atención al «movimiento de la iglesia integrada en la familia», que se basa en una crítica a la segmentación convencional de los miembros de la iglesia en grupos de edad y otros grupos afines. Aunque muchas de las preocupaciones del movimiento de la iglesia integrada en la familia se consideraron legítimas, también fue necesario registrar ciertas precauciones. La controversia en torno a este movimiento y la polarización de la cuestión han puesto de manifiesto aún más la necesidad de un cuidadoso trabajo bíblico y teológico sobre la enseñanza de las Escrituras en relación con el matrimonio y la familia.

En general, tanto el Antiguo como el Nuevo Testamento presentan un conjunto coherente de enseñanzas relativas al matrimonio y la familia. Desde el jardín del Edén, pasando por Israel, Jesús, la iglesia primitiva y Pablo, todos defienden un estándar muy elevado en este ámbito crucial de la vida. Aunque en innumerables ocasiones los individuos han caído y caerán por debajo del ideal de Dios, las Escrituras dejan claro que la norma del Creador para el matrimonio y la familia permanece intacta —fue instituida en la creación y se espera de la humanidad en la actualidad. Tanto en este como en otros ámbitos, tanto en el siglo I como en la actualidad, el cristianismo se eleva por encima de las culturas paganas y muestra el carácter de un Dios santo en la vida y las relaciones de su pueblo.

Conclusión

Hemos avanzado mucho en nuestra comprensión de la enseñanza bíblica sobre el matrimonio y la familia. No podemos hacer nada mejor que concluir este libro rezando, por nuestras familias, la oración de Pablo por los creyentes de Éfeso, que también fueron los destinatarios de las maravillosas instrucciones del apóstol sobre el matrimonio, la crianza de los hijos y la guerra espiritual:

> Por esta causa doblo mis rodillas ante el Padre de nuestro Señor Jesucristo, de quien toma nombre toda familia en los cielos y en la tierra, para que os dé, conforme a las riquezas de su gloria, el ser fortalecidos con poder en el hombre interior por su Espíritu; para que habite Cristo por la fe en vuestros corazones, a fin de que, arraigados y cimentados en amor, seáis plenamente capaces de comprender con todos los santos cuál sea la anchura, la longitud, la profundidad y la altura, y de conocer el amor de Cristo, que excede a todo conocimiento, para que seáis llenos de toda la plenitud de Dios. Y a Aquel que es poderoso para hacer todas las cosas mucho más abundantemente de lo que pedimos o entendemos, según el poder que actúa en nosotros, *a él sea gloria* en la iglesia en Cristo Jesús *por todas las edades,* por los siglos de los siglos. Amén. (Ef. 3:14-21)

En cuanto a los temas difíciles y controversiales que se abordaron en este libro, las palabras de Pablo son oportunas: «Ahora vemos por espejo, oscuramente; mas entonces veremos cara a cara. Ahora conozco en parte; pero entonces conoceré como fui conocido. Y ahora permanecen la fe, la esperanza y el amor, estos tres; pero el mayor de ellos es el amor». (1 Cor. 13:12-13). En efecto, «la "ciencia" hincha, pero el amor edifica» (1 Cor. 8:1). Que Dios se sirva de lo que pueda contribuir a su mayor gloria en este libro y perdone todo lo que no esté a la altura de su perfecta sabiduría. Y que reciba una gloria cada vez mayor a través de nuestros matrimonios y familias.

Apéndice

LA «CLÁUSULA DE EXCEPCIÓN» Y EL PRIVILEGIO PAULINO:

La «cláusula de excepción» en mateo 19

¿Por qué la excepción?

En Mateo 19:9, Jesús afirma que la *porneia* es una excepción para el divorcio. Si la creación original es el ideal, cabe preguntarse por qué mantuvo Jesús esta excepción (aunque hay desacuerdo en cuanto a la naturaleza exacta de esta excepción; véase más adelante). No podemos estar seguros. Lo más probable es que la razón sea que el adulterio viola el principio de «una sola carne» que subyace en el matrimonio,[1] lo cual puede ser la razón por la que, al menos en los tiempos del Antiguo Testamento, la infidelidad sexual conyugal se castigaba con la muerte (Lv. 20:10; Dt. 22:22).[2] Después de todo, ¡sería difícil continuar con un matrimonio si el cónyuge culpable de adulterio hubiera sido condenado a muerte por lapidación!

---

[1] Así, John R. W. Stott, «Marriage and Divorce», en *Involvement: Social and Sexual Relationships in the Modern World*, vol. 2. (Old Tappan, NJ: Revell, 1984), 170, citado en David Clyde Jones, *Biblical Christian Ethics* (Grand Rapids: Baker, 1994), 202; y David Hill, *The Gospel of Matthew, New Century Bible* (London: Marshall, Morgan & Scott, 1972), 281, quien escribe: «Una relación adúltera violaba el orden de la creación, con su ideal monógamo. Por lo tanto, si Jesús defendió la indisolubilidad del matrimonio sobre la base de Génesis, debió permitir el divorcio por eso, y sólo por eso, que necesariamente contravenía el orden creado».

[2] Observe que Jesús extiende el alcance del adulterio incluso a la actitud del corazón del hombre (Mt. 5:27-28; aunque véase la nota que comenta estos versículos más arriba). Al mismo tiempo, si la tradición que subyace en Jn. 7:53-8:11 es auténtica, Jesús también replantea la cuestión del castigo adecuado para el adulterio: «El que esté libre de pecado entre vosotros que sea el primero en tirar la piedra contra ella» (Juan 8:7). Véase también que José se planteó el divorcio cuando sospechó de la infidelidad sexual de su prometida María (Mateo 1:19; véase más adelante).

Por lo tanto, en muchos sentidos, las diferencias fundamentales entre los defensores evangélicos del «divorcio y segundas nupcias por adulterio o inmoralidad sexual» y los partidarios de las diversas posturas de «no divorcio» giran en torno a su *definición del matrimonio* en sí, o más estrechamente aún, en su comprensión del sentido en que el matrimonio se considera un *pacto.* Si uno sostiene que el pacto matrimonial es *indisoluble en cualquier circunstancia* (como hacen los católicos romanos y muchos partidarios de la postura de «no al divorcio una vez consumado el matrimonio»), porque los pactos, *por su propia naturaleza*, no pueden terminarse, es poco probable que cualquier argumento exegético del estudio de Mateo 19 resulte persuasivo de que Jesús permitiera el divorcio y/o las segundas nupcias bajo ciertas situaciones.[3] Por otra parte, quienes admiten la posibilidad de que los pactos puedan romperse tenderán a estar más abiertos a la posibilidad de que Jesús (o Pablo) permitiera el divorcio y las segundas nupcias en circunstancias excepcionales.[4] Esto no quiere decir, por supuesto, que algunos no defiendan o mantengan la postura de «no al divorcio una vez consumado el matrimonio» por motivos exegéticos. En particular, las observaciones anteriores no se aplican a quienes sostienen una interpretación esponsal de las cláusulas de excepción de Matthean, pero que aceptan el llamado «privilegio paulino» (véase más adelante).

Argumentos avanzados contra el punto de vista del «divorcio y segundas nupcias por adulterio o inmoralidad sexual»

Se han presentado los siguientes argumentos contra la postura del «divorcio por adulterio o inmoralidad sexual».[5]

[3] Cf. Thomas Edgar, «Divorce and Remarriage for Adultery and Desertion», en H. Wayne House, ed., *Divorce and Remarriage: Four Christian Views* (Leicester; Downers Grove, IL: InterVarsity, 1990), 151-52, quien argumenta que el punto de vista que él presenta es la posición que se deriva más naturalmente de las Escrituras «si no presuponemos una visión sacramental del matrimonio o su equivalencia (el matrimonio es indisoluble)».

[4] Véase el capítulo 2. Véase también la importante discusión en William E. Heth, «Jesus on Divorce: How My Mind Has Changed», *Southern Baptist Journal of Theology* 6 (primavera de 2002): 4-29. 16-20, que cambió de opinión y pasó de una posición de «no divorcio, no segundas nupcias» a una de «divorcio y segundas nupcias en caso de adulterio o inmoralidad sexual» tras reconsiderar su posición sobre la naturaleza del pacto en general y del pacto matrimonial en particular. En el pensamiento de Heth influyó especialmente Gordon P. Hugenberger, *Marriage as a Covenant: Biblical Law and Ethics as Developed from Malachi* (Grand Rapids: Baker, 1998 [1994]). Véase también Craig L. Blomberg, *Matthew, New American Commentary* 22 (Nashville: Broadman, 1992), 290, n. 6 (citado en Heth, «Jesus on Divorce», 27 n. 70); y los argumentos a favor de la indisolubilidad y la disolubilidad tratados en John S. y Paul D. Feinberg, *Ethics for a Brave New World* (Wheaton, IL: Crossway, 1993), 303-5.

[5] Para una lista y debate similares, véase Feinberg y Feinberg, *Ethics for a Brave New World*, 334-37.

1) Se plantea la cuestión de si este punto de vista pone un énfasis indebido en lo que podría considerarse un pasaje más «difícil» sobre la cuestión, a saber, Mateo 19, en lugar de interpretarlo a la luz de las declaraciones que parecen más directas en los otros evangelios sinópticos. ¿No sugeriría la exégesis del tipo de la reforma que los pasajes difíciles se interpretaran a la luz de otros más claros?

2) La cláusula de excepción se limita al evangelio de Mateo. Marcos, Lucas y Pablo no mencionan ninguna excepción en la enseñanza de Jesús sobre el divorcio. Esto plantea la posibilidad de que estos últimos autores proporcionen la norma general, mientras que Mateo trata un caso especial de algún tipo.

3) Parece haber una tensión entre las referencias de Jesús al ideal de Dios para el matrimonio en la creación en Mateo 19:4-6 y el hecho de permitir una excepción para el divorcio en Mateo 19:9.

4) Si la excepción para el divorcio que hace Jesús en Mateo 19:9 es por inmoralidad sexual/adulterio, esto sería diferente de los motivos mosaicos para el divorcio estipulados en Deuteronomio 24:1-4, lo que plantea la cuestión de la continuidad y hace que Jesús parezca estar en conflicto con el pasaje del Antiguo Testamento que constituye el trasfondo de su discusión con los fariseos en Mateo 19.

5) Según este punto de vista, Jesús responde esencialmente a la pregunta sobre el divorcio, planteada en términos Hillelitas, de forma Shammita. Es de esperar que Jesús proponga una norma más elevada que la de cualquiera de las dos escuelas, en lugar de limitarse a tomar partido por el punto de vista más conservador de su época. Una postura de «no divorcio una vez consumado el matrimonio» parecería más coherente.

6) Es difícil explicar la reacción de los discípulos. Su asombro parece presuponer una norma que les parece inalcanzable, superior a la que permite una excepción en caso de adulterio o inmoralidad sexual.

7) El punto de vista del «divorcio por adulterio o inmoralidad sexual», al permitir una excepción, parece tener una visión más baja del pacto matrimonial de lo que parece justificado a la luz de la alta visión de la permanencia del pacto en las Escrituras, especialmente el pacto entre Cristo y la iglesia, según el cual el matrimonio es supuestamente modelado.

Respuesta

En respuesta, los defensores de este punto de vista señalan lo siguiente:

1) Dejar de lado el pasaje de Mateo como «complicado» y, por tanto, dejarlo sin efecto en favor de las afirmaciones absolutas de los

otros evangelios sinópticos es hermenéuticamente sospechoso, ya que el juicio sobre qué pasajes son «difíciles» y cuáles son «claros» es en sí mismo excesivamente subjetivo. Lo más apropiado es interpretar adecuadamente cada pasaje y armonizarlo con los textos paralelos, y todos ellos en conjunto deben ser utilizados para comprender la enseñanza bíblica sobre una cuestión determinada. Además, la «cláusula de excepción» se encuentra no sólo en Mateo 19, sino también en Mateo 5 (allí en el contexto del sermón del monte), de modo que, según Mateo, la «cláusula de excepción» era un aspecto repetido de la enseñanza de Jesús sobre el divorcio y, por tanto, no debe descartarse a la ligera. En una nota relacionada, al hablar de los principios de la reforma, debemos señalar que interpretar «excepto por *porneia*» como «excepto por inmoralidad sexual» parece claramente la lectura natural y directa de la frase a la luz del perfil semántico de la palabra en el griego.[6]

2) Las intenciones de Marcos, Lucas y Pablo eran diferentes de las de Mateo, lo que, en su opinión, explica adecuadamente la omisión de la cláusula de excepción (véase más adelante el estudio de los pasajes relevantes para las segundas nupcias); y aunque la cláusula de excepción sólo se encuentra en Mateo, sigue estando ahí y debe tratarse; no podemos dejar de lado la enseñanza bíblica sólo porque se dé *una vez* (o dos; véase el punto anterior).

3) Jesús afirmó el ideal de la creación de Dios, así como las estipulaciones mosaicas de Deuteronomio 24:1-4, interpretadas correctamente, defendiendo así la validez de la Escritura en ambos casos. Si hay una tensión, se debe a la presencia del pecado en este mundo, no a un compromiso indebido por parte de Jesús. Permitir una excepción no cuestiona en absoluto el ideal, la norma o el principio general.

4) Aunque el pronunciamiento de Jesús en Mateo 19:9 puede parecer que entra en conflicto con las estipulaciones mosaicas de Deuteronomio 24:1-4, hay una continuidad esencial en el principio: al igual que Moisés permitía excepciones por la dureza de corazón del pueblo (en su caso, «alguna indecencia»), Jesús hace una excepción (en su caso, por la *porneia*, es decir, la inmoralidad sexual/el adulterio). Sin embargo, hay una profundización y un cambio entre el código mosaico

[6] Algunos pueden objetar que Jesús hablaba originalmente arameo, por lo que el arameo, y no el griego, debería ser el punto de referencia principal. En respuesta, debemos señalar que el texto final del NT está en griego, no en arameo, por lo que el griego, y no el arameo, debería ser el punto de referencia último de la interpretación.

y el gobierno de Jesús.[7] Mientras que en el Antiguo Testamento el adulterio se castigaba con la muerte (de modo que ni siquiera se planteaba la cuestión de si el adulterio constituía un motivo legítimo de divorcio), muy pocos discutirían que, según la enseñanza del Nuevo Testamento, ya no se aplica la pena capital por el adulterio. Por esta razón, surge naturalmente la pregunta de qué debe hacerse en caso de adulterio. La respuesta de Jesús parece ser que en este caso el divorcio (ya no la muerte) es permisible (aunque no obligatorio).

5) Como ya se ha señalado, la norma de Jesús, aunque coincide con la interpretación de *Shammai* del Deuteronomio 24:1-4, es de hecho más estricta al limitarse a permitir, en lugar de exigir, el divorcio en caso de *porneia* y al trascender el debate rabínico y referirse al ideal de la creación de Dios como la verdadera norma (aunque no sin excepción).[8]

6) La reacción de los discípulos puede delatar una visión excesivamente indulgente del divorcio por su parte (al menos por parte de algunos). Además, la norma de Jesús, incluso *con* la cláusula de excepción, sigue siendo más elevada que la de cualquiera de las diversas escuelas rabínicas de su época, incluida la visión más restrictiva de Shammai, ya que se limitó a *permitir*, y no a *exigir*, el divorcio en caso de adulterio.

7) Como se ha desarrollado en los capítulos 2 a 4, aunque los pactos bíblicos son vinculantes y aunque el matrimonio, bien entendido, es realmente un pacto, hay razones para creer que algunos pactos bíblicos pueden ser rescindidos, y de hecho lo son, de modo que equiparar la naturaleza de pacto del matrimonio con su indisolubilidad absoluta puede no estar bíblicamente justificado.[9]

---

[7] En cualquier caso, la afirmación de Jesús en Mateo 5:17, «No penséis que he venido a abolir la ley o los profetas; no he venido a abolirlos, sino a cumplirlos», no se refiere principalmente a la forma en que Jesús puede anular o intensificar ciertos aspectos de la ley mosaica, sino a presentar a Jesús en su propia persona como el cumplimiento de la profecía del AT y, por tanto, como el único intérprete autorizado del AT (véase esp. D. A. Carson, *Matthew*, *Expositor's Bible Commentary* 8; [Grand Rapids: Zondervan], 1984, 141-45). El hecho de que Jesús en Mateo 5:18 avanzara de hecho la enseñanza del AT queda fuertemente sugerido por la repetida cadencia en el resto del capítulo: «Habéis oído que se dijo… Pero yo os digo...».

[8] Véase Feinberg y Feinberg, *Ethics for a Brave New World*, 334-35, quienes señalan que «algunos piensan que las excepciones niegan la regla, pero eso malinterpreta la lógica de las excepciones a las reglas universales. Las excepciones niegan la regla sólo en casos excepcionales, no en todos los casos. Una vez que se entiende cómo las excepciones modifican las reglas, la aparente contradicción entre los versículos 6 y 9 desaparece». Véase también el citado contraste trazado entre Jesús y Shamai en Carson, *Matthew*, 411.

[9] Véase Heth, «Jesus on Divorce», 17-20, con referencia a Hugenberger, *Marriage as a Covenant*, 3 n. 25, quien escribe que «en términos de uso hebreo los pactos pueden ser tanto violados como disueltos», citando Gn. 17:14; Lv. 26:44; Dt. 31:20; 1 Re. 15:19; Is. 24:5; 33:8; Jr. 11:10; 14:21; 31:32; 33:20-21; Ez. 16:59; 17:15-18; 44:7; y Zac. 11:10-11. Heth agrega que «la infidelidad sexual es una violación particularmente grave del pacto matrimonial, un pecado tanto

Opiniones más restrictivas: Divorcio sólo en caso de ruptura de compromiso, incesto, etc.

Como se ha mencionado, actualmente no hay consenso evangélico sobre la naturaleza exacta de la excepción estipulada en Mateo 5:32 y 19:9. Mientras que la mayoría de los eruditos evangélicos están a favor de la postura de que *porneia* en estos pasajes se refiere a la infidelidad marital sexual, permitiendo así el divorcio en casos de adulterio u otra infidelidad marital sexual, algunos piensan que se trata de una ofensa más limitada, como el incesto (i.e., el matrimonio dentro de los grados de parentesco prohibidos, Lv. 18:6-18; 20:17; Dt. 27:22) o la ruptura de un compromiso (Dt. 22:20-21).[10]

El primer punto de vista permitiría el divorcio para aquellos que se hubieran casado sin saberlo dentro de los grados de parentesco prohibidos por la ley pagana, lo que habría sido importante para los lectores judeocristianos de Mateo, preocupados por la gran afluencia de gentiles en la iglesia. Sin embargo, este punto de vista es poco probable, ya que un matrimonio dentro de los grados de parentesco prohibidos no habría sido reconocido como un verdadero matrimonio y, por lo tanto, no habría requerido un divorcio.[11] Además,

---

contra la pareja del pacto como contra Dios, y si los pactos pueden ser violados y disueltos, este pecado golpea el pacto matrimonial de una manera única» (p. 19, citando a Hugenberger, *Marriage as a Covenant*, 281-94). En cuanto al argumento de que el matrimonio se inspira en el pacto entre Cristo y la iglesia, debemos señalar que esta noción es anacrónica, ya que la institución del matrimonio precede históricamente al nuevo pacto en varios miles de años. Es más probable que el matrimonio sirva como ilustración de la íntima unión entre Cristo y la Iglesia (véase Andreas J. Köstenberger, «The Mystery of Christ and the Church: Head and Body, "One Flesh"», *Trinity Journal* 12 n.s. [1991]: 79-94; obsérvese también que la palabra *pacto* no se utiliza realmente en Ef. 5:21-33).

[10] Véase la discusión y crítica de estos puntos de vista en Feinberg y Feinberg, *Ethics,* 306-7 y 327-39, que también enumeran el «punto de vista del matrimonio mixto» (cf. Es. 9-10; Dt. 7:3). El incesto es el punto de vista sostenido especialmente por un número creciente de estudiosos católicos romanos, como Joseph A. Fitzmyer, «The Matthean Divorce Texts and Some Palestinian Evidence», *Theological Studies* 37 (1976): 197-226, esp. 208-11 (para una lista de otros que sostienen este punto de vista, véase Donald A. Hagner, *Matthew 1-13, Word Biblical Commentary* 33a [Dallas: Word, 1993], 124, quien también cita a Guelich y Witherington). La infidelidad sexual prematrimonial es defendida por Mark Geldard, «Jesus' Teaching on Divorce», *Churchman 92* (1978): 134-43; Abel Isaksson, *Marriage and Ministry in the New Temple: A Study with Special Reference to Mt. 19, 3-12 and 1 Cor. 11, 3-16,* trans. N. Tomkinson con J. Gray (Lund: Gleerup, 1965), esp. 135, y John Piper (véase más abajo). Otros puntos de vista (menos creíbles) incluyen el punto de vista «inclusivo» (véase la crítica de Carson, *Matthew*, 414-15); el punto de vista «preteritivo o sin comentarios» (véase Bruce Vawter, «Divorce and the New Testament», *Catholic Biblical Quarterly* 39 [1977]: 528-48); y el punto de vista «clarificador» (véase la crítica de Feinberg y Feinberg, *Ethics*, 327).

[11] E.g., Carson, *Matthew*, 414.

Deuteronomio 24 es un antecedente mucho más probable para el presente pasaje que Levítico 18.[12]

La última opción, que interpreta que *porneia* denota infidelidad sexual durante el período de esponsales, se considera a menudo en el contexto de Mateo como un intento de mostrar la legitimidad de la decisión de José de divorciarse de María al enterarse de que había quedado embarazada durante el período de esponsales.[13] Al incluir la declaración de Jesús, con la cláusula de excepción, se argumenta que Mateo muestra que la acción contemplada por José es la de un hombre justo.[14] Los que sostienen este punto de vista señalan que, a diferencia de lo que ocurre hoy en día, en la sociedad judía una pareja comprometida ya se consideraba «marido» y «mujer», de modo que la ruptura de este, al igual que un matrimonio, sólo podía romperse mediante la expedición de un certificado formal de divorcio.[15] Los defensores del «punto de vista del compromiso» sostienen que sólo un matrimonio aún no consumado (i.e., durante el compromiso) puede ser

[12] Así, con razón, Hagner, *Matthew* 1-13, 124-25. Para un tratamiento y crítica de la «visión de los matrimonios no legales», véase Gordon J. Wenham y William E. Heth, *Jesus and Divorce,* ed. actualizada. (Carlisle: Paternoster, 1997; ed. original 1984), 153-68, 205-9. Heth, «Jesus on Divorce», 5, dice que este punto de vista «ya no es una opción interpretativa viable». Este punto de vista fue sostenido por Charles Ryrie, «Biblical Teaching on Divorce and Remarriage», *Grace Theological Journal* 3, no. 2 (1982): 177-92, esp. 188-89, quien también cita a F. F. Bruce (p. 188 n. 42).

[13] Cf. Mt. 1:18-20, donde José y María, como desposados, son llamados «marido» y «mujer», cuya disolución requiere un «divorcio». Sobre la práctica judía de los esponsales véase, E.g, George Foot Moore, *Judaism in the First Centuries of the Christian Era* (Cambridge, MA: Harvard University Press, 1962), 2.121: «Los esponsales eran un acto formal por el que la mujer se convertía legalmente en la esposa del hombre; la infidelidad por parte de ella era adulterio y se castigaba como tal; si la relación se disolvía se requería un acta de divorcio»; y Joachim Jeremias, *Jerusalem in the Time of Jesus* (Philadelphia: Fortress, 1969), 367-68: «Los esponsales, que iban precedidos por el cortejo y la redacción del contrato matrimonial, significaban la "adquisición" (*qinyån*) de la mujer por parte del hombre y, por tanto, la liquidación válida del matrimonio. La mujer desposada se llama "esposa", puede enviudar, ser repudiada y castigada con la muerte por adulterio un año después de los esponsales (*M. Ket.* V.2), la joven pasa definitivamente del poder de su padre al de su marido».

[14] Isaksson, Marriage and Ministry; John Piper, «Divorce and Remarriage: A Position Paper», http://www.desiringgod.org/library/topics/divorce_remarriage/div_rem_paper.html y «Divorce and Remarriage in the Event of Adultery», http://www.desiringgod.org/library/topics/divorce_remarriage/dr_adultery.html. Véase también Stephen D. Giese, http://www.geocities.com/ sdgiesedts2001/DivorceTP.htm, que defiende la postura donde «la única conclusión legítima en relación con el divorcio es que el pacto matrimonial es vinculante hasta la muerte del cónyuge» y propugna un punto de vista esponsal sobre la base de la convicción de que el pacto matrimonial es indisoluble. Para una lista de otros que sostienen este punto de vista, véase Wenham y Heth, *Jesus and Divorce*, 279 n. 7.

[15] Cf. Gn. 29:21; Dt. 22:23-24; 2 Sam. 3:14; Mt. 1:18-25. Véase Carson, *Matthew*,

75, citando Num. 5:11-31; *m. Sotah* 1:1-5; David Hill, «A Note on Matthew 1.19», *Expository Times* 76 (1964-65): 133-34; Angelo Tosato, «Joseph, Being a Just Man (Matt 1:19)», *Catholic Biblical Quarterly* 41 (1979): 547-51. Craig S. Keener, *A Commentary on the Gospel of Matthew* (Grand Rapids: Eerdmans, 1999), 91, cuyo tratamiento completo de Mt. 1:19 en las páginas 87-95 merece un estudio cuidadoso, cita m. *Git.* 6:2; m. *Ketub.* 1:2; 4:2; *m. Yebam.* 2:6; b. *Git.* 26b.

separado por el «divorcio».[16] Un matrimonio consumado por la unión sexual sigue existiendo a los ojos de Dios incluso cuando se ha producido el divorcio.[17]

En lugar de considerar las afirmaciones absolutas de Marcos 10:11-12 y Lucas 16:18 a la luz de Mateo 19, los defensores del punto de vista del compromiso adoptan el enfoque opuesto. Se argumenta que Marcos y Lucas representan toda la enseñanza de Jesús sobre el divorcio de los matrimonios consumados, y que el pasaje de Mateo, leído correctamente, enseña igualmente una postura de «no hay divorcio una vez que el matrimonio ha sido consumado», ya que la ruptura del compromiso no constituye un verdadero divorcio (según los estándares modernos) en el sentido de que se rompa el matrimonio. Los defensores de este punto de vista también observan que *porneia* se utiliza junto a *moicheia* —y, por tanto, se distingue de ella— en Mateo 15:19, y sostienen que los dos términos también deberían distinguirse en 19:9. Por lo tanto, *porneia* no puede significar —o incluir— el adulterio (i.e., la infidelidad sexual conyugal) en Mateo 19:9, porque si ésta hubiera sido su intención, Mateo habría utilizado *moicheia,* no *porneia.*

Como prueba de un caso en el que *porneia* se refiere a la (supuesta) infidelidad sexual durante el período del compromiso, los representantes de esta postura suelen citar Juan 8:41. Si la expresión se refiere a la fornicación en ese caso, «fornicación» también podría ser un significado legítimo del término en Mateo 19:9. Independientemente de que *porneia* se refiera a la infidelidad sexual durante el período del compromiso, los defensores de este punto de vista disciernen un vínculo entre el presente pasaje y el relato del nacimiento de Jesús en Mateo 1:18-25. Llegan a la conclusión de que Mateo incluyó la cláusula de excepción en Mateo 19:9 para mostrar que la decisión de José de divorciarse de María (a causa de su supuesta infidelidad sexual durante el período de su compromiso) fue justa y sancionada nada menos que por el propio Jesús.[18]

Por lo tanto, si esta visión es correcta, la excepción de Jesús para el divorcio se refiere sólo a la infidelidad sexual durante el período de compromiso, no a la infidelidad marital sexual (la forma en que se entiende el «matrimonio» hoy en día). Esto equivale a la postura de la enseñanza de Jesús sobre el divorcio de «ningún divorcio bajo ninguna

---

[16] La palabra «divorcio» se pone aquí entre comillas para indicar que hoy el término divorcio no se aplica a la ruptura de un compromiso.

[17] Véase el resumen de esta opinión en Wenham y Heth, *Jesus and Divorce*, 169-71.

[18] Sin embargo, cabe señalar que Mateo no utiliza la palabra *porneia* para describir la presunta ofensa de María en Mateo 1:18-25 (véase Wenham y Heth, *Jesus and Divorce,* 173). Piper también cree que en Lucas 16:18 Jesús excluye las segundas nupcias en caso de divorcio, por lo que interpreta Mateo 5:32 en consecuencia.

circunstancia», ya que nadie cuestiona hoy en día que una persona comprometida es libre de romper el compromiso si descubre que su pareja le ha sido infiel sexualmente (o por cualquier otra razón, en realidad). Como en el caso del punto de vista del «divorcio por adulterio o inmoralidad sexual» antes mencionado, será útil discutir los argumentos que se han presentado contra la postura del «compromiso».

Argumentos en contra de la postura del compromiso

Se han presentado los siguientes argumentos contra esta visión.[19]

1) En Deuteronomio 24:1-4, cuya interpretación provocó el debate en Mateo 19, es muy improbable que la discusión se limite al compromiso. Es casi seguro que el pasaje se extiende también al matrimonio, al divorcio y a las segundas nupcias.

2) No parece haber nada en el contexto de Mateo 19 que limite explícita o implícitamente la expresión *porneia* al estado de compromiso previo al matrimonio. Aunque la ruptura de los esponsales puede estar *incluida* en la frase, no se *limita* a ella.

3) En un punto relacionado, el término *porneia*, a no ser que esté restringido por el texto, es más amplio que «sexo» durante el período del compromiso. No es un término técnico para fornicación (como pueden sugerir algunas traducciones en Mt. 19:9), como parecería requerir esta postura. El argumento de que si se tratara de adulterio en Mateo 19:9, el término utilizado sería *moicheia*, no *porneia*, con referencia a Mateo 15:19, no es concluyente, porque la expresión amplia *porneia* probablemente incluye *moicheia*, aunque no se limita a ella (véase la discusión de Jr. 3:8-10 y Os. 2:2-5a más arriba). La amplia expresión «alguna indecencia» en Deuteronomio 24:1 probablemente condujo al uso de un término igualmente amplio en Mateo 19:9.

4) Podemos observar que, en cuanto al vínculo que se postula entre Mateo 1:18-25 y Mateo 19:3-12, el primer pasaje (o tema) no se menciona en el segundo, que se presenta como una disputa rabínica entre Jesús y los fariseos sobre una cuestión mucho más amplia, a saber, en qué circunstancias (si es que hay alguna) son permisibles el divorcio y las segundas nupcias, y no exclusivamente el tipo de cuestión a la que se enfrentaba José, el prometido de María. El supuesto vínculo se debilita aún más por el hecho de que Mateo 19 está a dieciocho

[19] Véase también Feinberg y Feinberg, *Ethics for a Brave New World*, 328, que presentan tres críticas principales contra la «visión de los esponsales»: (1) la restricción ilegítima del significado de *porneia* a las relaciones sexuales durante el período del compromiso; (2) el hecho de que el Deuteronomio 24 no aborda las relaciones sexuales durante eeste periodo, porque este tema ya había sido tratado en el Deuteronomio 22; (3) la falta de referencia a los esponsales en Mateo 19.

capítulos de distancia de Mateo 1 y que *porneia* no se utiliza en Mateo 1:18-25.

5) En su argumento de que Marcos y Lucas nos proporcionan la enseñanza completa de Jesús sobre el divorcio, mientras que Mateo sólo aborda una excepción relacionada con los comprometidos, los defensores de la «postura del compromiso» no reconocen adecuadamente la práctica rabínica común de abreviar un relato para hacerlo más memorable.[20] En lugar de concluir que Jesús no permitía ningún divorcio en los matrimonios consumados sexualmente, es mucho más probable que no elaborara los puntos en los que estaba de acuerdo con la opinión común de su época. Como señala una autoridad en la materia:

> Si Jesús no dijo nada sobre una creencia universalmente aceptada, la mayoría de los eruditos asumen que esto indicaba su acuerdo con ella. Nunca consta que dijera nada sobre la inmoralidad de los actos sexuales antes del matrimonio (para consternación de muchos líderes juveniles), pero nadie asume que los aprobó. Del mismo modo, todo el mundo asume que creía en el monoteísmo, pero sería difícil demostrarlo a partir de los relatos evangélicos. Además, Jesús no permitía ni prohibió explícitamente en ninguna parte volver a casarse después de la muerte del cónyuge, pero suponemos que sí lo permitía porque todos los judíos, incluido Pablo, asentían claramente.[21]

En todas estas cuestiones nos resulta fácil suponer que Jesús estaba de acuerdo con estas posturas comunes porque nosotros también estamos de acuerdo con ellas. Sin embargo, en este caso, parece que los defensores de esta postura interpretan (ilegítimamente) el (supuesto) silencio de Jesús sobre un tema como un desacuerdo con la práctica imperante en la época.

6) El hecho de que Marcos, Lucas y Pablo no incluyan la cláusula de excepción no descalifica el punto de vista del «divorcio por adulterio o inmoralidad sexual» como afirman los defensores del punto de vista del compromiso, ya que su omisión por esos escritores puede explicarse por los propósitos de estos autores en sus respectivos contextos literarios. De hecho, se puede argumentar que, en lugar de que Marcos y Lucas, o el propio Jesús, no mencionen una excepción porque no la había, es muy posible que ellos (o Jesús) no hayan profundizado en los puntos en los que la enseñanza de Jesús coincidía con la opinión común de su época. Como se mencionó anteriormente, ningún judío del siglo

---

[20] Cf. David Instone-Brewer, *Divorce and Remarriage in the Bible: The Social and Literary Context* (Grand Rapids: Eerdmans, 2002), 161–67.

[21] Ibid., 185.

I cuestionó que el divorcio en caso de adulterio fuera permisible. Por lo tanto, interpretar el «silencio» de Jesús sobre las excepciones al divorcio en Marcos y Lucas como una indicación de que Jesús no enseñó tal excepción puede ser menos que decisivo.

7) Si, como es probable, una de las razones por las que los fariseos plantearon esta cuestión a Jesús es que Juan el Bautista había sido asesinado recientemente por su oposición al matrimonio entre Herodes Antipas y Herodías (que se había divorciado ilegítimamente del hermano de Herodes, Felipe; véase especialmente el relato de Marcos), esto podría ser una indicación de que Jesús no enseñó tal excepción. En el caso de Herodes y Herodías —el divorcio ilegítimo de una relación matrimonial y, por lo tanto, las segundas nupcias ilegítimas eran el problema.

Respuesta

Los defensores de la postura del compromiso ofrecen la siguiente respuesta:

1) Se dan una variedad de respuestas. Algunos defensores de esta postura argumentan que las enseñanzas de Jesús trascienden el Deuteronomio 24:1-4. Otros sostienen que el significado de *porneia* en Mateo 19 es idéntico al de *'erwat dåbår* en Deuteronomio 24:1 y que la frase denota indecencia sexual durante el período de compromiso en ambos casos.

2) De nuevo, las respuestas varían. Lo más habitual es que quienes sostienen esta opinión afirmen que Juan 8:41 muestra que *porneia* puede referirse a la infidelidad sexual durante el período de los esponsales, y que el vínculo con Mateo 1:18-25 sugiere que éste es el significado probable del término en Mateo 19. Otros enfatizan de nuevo la continuidad entre Deuteronomio 24 y Mateo 19.

3) Aunque es cierto que *porneia* puede tener un ámbito de referencia más amplio, los defensores responden que esto es poco probable en Mateo 19 debido a diversos factores, ya sea el significado de *'erwat dåbår* en Deuteronomio 24:1, el vínculo con Mateo 1:18-25 u otras consideraciones.

4) El vínculo entre Mateo 1:18-25 y 19:3-12 puede ser remoto literariamente en el evangelio de Mateo, pero para Jesús, defender a su padre terrenal era una preocupación muy inmediata; y aunque está alejada de Mateo 1, la validación de Jesús de la acción contemplada de José de divorciarse de María en sus comentarios en Mateo 19, sigue teniendo sentido teológico en el evangelio de Mateo.

5) No hemos encontrado una respuesta a este argumento en la literatura disponible sobre el tema. Los defensores del punto de vista del compromiso podrían responder que una cosa es acortar una declaración con el fin de memorizarla, pero otra muy distinta es acortarla *y cambiarla.* Es poco probable que Marcos y Lucas registraran una prohibición absoluta si Jesús hiciera una excepción.

6) El hecho de que la cláusula de excepción se encuentre sólo en Mateo parece hacer que sea preferible explicar la excepción de Mateo de forma que sea congruente con las declaraciones absolutas de Marcos, Lucas y Pablo, en lugar de hacerlo al revés. Por lo tanto, Mateo 19 es un punto de partida cuestionable para el estudio de la enseñanza bíblica sobre el divorcio. Algunos defensores del punto de vista de los esponsales también señalan que, suponiendo que la «cláusula de excepción» de Mateo se refiere sólo al período de los esponsales, Marcos y Lucas, que escribían a lectores predominantemente gentiles, no habrían tenido necesidad de mencionar una excepción que era irrelevante en un contexto grecorromano.

7) La mayoría de los defensores del punto de vista del compromiso tenderían a minimizar el papel que desempeñó la situación política con Herodes Antipas y Herodías en la disputa en cuestión.

Resumen

En doble continuidad con Moisés, Jesús afirma que el ideal de Dios para el matrimonio es una unión de «una sola carne» para toda la vida (cf. Gn. 2:24-25) y además que, debido a la dureza del corazón de la gente, el divorcio es permisible (pero no obligatorio) en determinadas circunstancias. Dentro de este contexto de continuidad esencial, Jesús es a la vez «más ligero» y «más duro» que Moisés: por un lado, el castigo por el adulterio ya no es la muerte (una diferencia innegable entre el Antiguo y el Nuevo Testamento); por el otro, el adulterio (que ya no se castiga con la muerte, lo que hizo innecesaria una mayor legislación) —es decir, cualquier pecado sexual de uno de los cónyuges— y el adulterio (o la inmoralidad sexual) por sí solos, se reconocen como motivos legítimos de divorcio.

Dado que el adulterio no era claramente el motivo de divorcio legítimo en Deuteronomio 24, esto significa que Jesús, en una importante ruptura con la ley judía, así como con las escuelas rabínicas contemporáneas, descartó cualquier infracción del tipo de Deuteronomio 24 como motivo legítimo de divorcio (aunque, por supuesto, las escuelas de Shammai e Hillel interpretaron este pasaje de manera diferente), lo que explica la consternación que su pronunciamiento causó entre sus oyentes (incluidos sus propios seguidores). Por lo tanto, Jesús defendió brillantemente el verdadero significado de la ley mosaica —el ideal de Dios para el matrimonio, así como una excepción hecha a causa de la dureza de corazón de la gente—, al tiempo que profundizaba en la comprensión de las personas tanto de la verdadera intención de la ley, como de la naturaleza de la unión matrimonial.

Dado que los dos pasajes en Génesis citados por Jesús en Mateo 19:4-6 (i.e., Génesis 1:27 y Génesis 2:24) se refieren a la sexualidad humana, y dado que la indisolubilidad del matrimonio que Jesús defiende se basa en la unión sexual («una sola carne») a la que se refiere Génesis 2:24, la promiscuidad sexual constituye una excepción de hecho. Si bien esta violación del pacto matrimonial puede no requerir el divorcio, «el permiso para divorciarse y volverse a casar en tales circunstancias, lejos de ser inconsistente con el pensamiento de Jesús, está en perfecta armonía con él».[22] Y, como se mencionó, «con la pena de muerte por la *porneia* marital efectivamente abolida, "la terminación de la relación podría efectuarse apropiadamente mediante el divorcio"».[23]

Diferencias entre el punto de vista del «divorcio por adulterio o inmoralidad sexual» y la postura «no divorcio, no segundas nupcias»

<table>
<tr><th></th><th>Puntos débiles</th><th>Respuestas a las debilidades</th></tr>
<tr><td rowspan="3">DIVORCIO POR ADULTERIO O INMORALIDAD SEXUAL
(Interpretación general; porneia se refiere a la infidelidad matrimonial)</td><td>¿Por qué empezar con el «pasaje más difícil»?</td><td>«Más difícil» demasiado subjetivo; «cláusula de excepción» también en Mt. 5:32; lectura más natural</td></tr>
<tr><td>La cláusula de excepción se limita a Mateo</td><td>Las intenciones de Marcos, Lucas y Pablo eran diferentes a las de Mateo</td></tr>
<tr><td>Hay una tensión entre las referencias de Jesús al ideal de Dios para el matrimonio en la creación en Mateo 19:4-6 y el hecho de permitir una excepción para el divorcio en Mateo 19:9</td><td>Jesús afirmó el ideal de la creación de Dios así como las estipulaciones mosaicas en Dt. 24:1-4; la tensión se debe al pecado en el mundo</td></tr>
</table>

---

[22] Carson, *Matthew*, 417.

[23] Ibíd., 418, citando a James B. Hurley, *Man and Woman in Biblical Perspective* (Leicester: Inter-Varsity, 1981), 104, y John Murray, *Divorce* (Grand Rapids: Baker, 1961), 51ss.

	¿Cómo hay continuidad entre Moisés en Dt. 24 y Jesús en Mt. 19?	Continuidad en principio entre el ideal de Dios y la excepción por la dureza de corazón de las personas
	Jesús responde esencialmente a la pregunta sobre el divorcio, planteada en términos hilelitas, de manera Shammita. Uno esperaría que Jesús planteara una norma más alta que la de cualquiera de las dos escuelas, a saber, «ningún divorcio bajo ninguna circunstancia»	La norma de Jesús, de hecho, es más estricta al permitir en lugar de exigir el divorcio y al referirse al ideal de la creación de Dios como la verdadera norma
	Es difícil explicar la reacción de los discípulos	La reacción de los discípulos puede revelar una visión excesivamente indulgente del divorcio por su parte
	Este punto de vista parece adoptar una visión más baja del pacto matrimonial de lo que parece justificado a la luz de la alta visión de la permanencia de los pactos en las Escrituras	Hay razones para creer que los pactos pueden romperse

	Puntos débiles	**Respuestas a las debilidades**
NO DIVORCIO/NO SEGUNDAS NUPCIAS (Interpretación estrecha; la *porneia* se refiere al incesto o a la infidelidad sexual durante el período de compromiso)	Dt. 24:1- 4, que subyace en la discusión de Mateo 19, no se limita a los esponsales, sino que se extiende también al matrimonio, al divorcio y a las segundas nupcias	La enseñanza de Jesús trasciende a Dt. 24:1- 4
	Nada en el contexto de Mateo 19 limita intrínsecamente la expresión *porneia* a los comprometidos	Como muestra Juan 8:41, *porneia* puede referirse a la infidelidad sexual prematrimonial
	El término porneia, a no ser que esté restringido por el contexto, es más amplio que el sexo prematrimonial	Aunque *porneia* puede tener un ámbito de referencia más amplio, esto resulta improbable en Mateo 19 debido a consideraciones teológicas más amplias
	El supuesto vínculo que se postula entre Mt. 1:18 -25 y Mt. 19:3-12 es improbable	El vínculo entre Mt. 1:18 -25 y Mt. 19:3-12 tiene perfecto sentido en el contexto original de Matthean como una rehabilitación de José a través de la enseñanza de Jesús sobre el divorcio

	La práctica rabínica de abreviar las cuentas no se reconoce adecuadamente	Una cosa es acortar la declaración de Jesús y otra cambiar su significado
	El hecho de que Marcos, Lucas y Pablo no incluyan la cláusula de excepción puede explicarse por los respectivos propósitos de estos autores en sus respectivos contextos literarios	Es preferible explicar la excepción de Mateo de forma congruente con las afirmaciones absolutas de Marcos, Lucas y Pablo y no al revés
	¿De qué manera la cuestión de la inmoralidad sexual durante el período de los esponsales es relevante para la cuestión política del divorcio ilegítimo y las segundas nupcias de Herodes Antipas y Herodías?	Los defensores de esta interpretación tienden a minimizar la relevancia de los antecedentes de Herodes/Herodías

El privilegio paulino en 1 Corintios 7

Las estipulaciones mosaicas de Deuteronomio 24:1-4 sí permiten volver a casarse en caso de divorcio, aunque no con la misma persona. Con respecto a Mateo 5:32 y 19:9, algunos sostienen que Jesús permitió el divorcio, pero no las segundas nupcias, en caso de infidelidad sexual durante el período de compromiso. Estos eruditos sostienen que Mateo omite «y casarse con otra mujer» en Mateo 5:32 (cf. Mc. 10:11 y Lc. 16:18) y que la cláusula de excepción en Mateo 19:9 sigue inmediatamente a la referencia al divorcio en el caso de *porneia* pero *precede* a la referencia a las segundas nupcias, lo que consideran que implica fuertemente que sólo el divorcio, y no las segundas nupcias, fueron permitidas por Jesús en el caso de *porneia* (y eso sólo en el caso del compromiso).[24] Sin embargo, parece que este punto de vista requeriría que sus defensores argumentaran que incluso a José se le habría prohibido «volver a casarse» (en el supuesto de que su prometida fuera sexualmente infiel), lo cual es difícilmente plausible. Además, incluso si *porneia* se refiriera a la infidelidad sexual conyugal, si Jesús permitiera el divorcio por esos motivos pero luego prohibiera volver a casarse, esto difícilmente constituiría un divorcio, sino sólo una separación.[25]

[24] Véase, E.g., Robert H. Gundry, *Matthew: A Commentary on His Handbook for a Mixed Church under Persecution*, 2a ed. (Grand Rapids: Eerdmans, 1994), 90-91; Wenham y Heth, *Jesus and Divorce*, 113-16; y (Grand Rapids: Eerdmans, 1994), 90-91; Wenham y Heth, *Jesus and Divorce*, 113-16; Thomas Edgar, «No Divorce and No Remarriage», en H. Wayne House, ed., *Divorce and Remarriage: Four Christian Views* (Leicester; Downers Grove, IL: InterVarsity, 1990), 37-38.

[25] Así, con razón, Hagner, *Matthew* 1-13, 125.

Con respecto a 1 Corintios 7:15, la mayoría de los eruditos evangélicos interpreta el pasaje junto con 1 Corintios 7:39 como una enseñanza de que la parte inocente es libre de volver a casarse.[26] La frase de Pablo «libre de casarse» en este último pasaje se asemeja a la fórmula de divorcio judía: «Eres libre de casarte con cualquier hombre» (*m. Giṭ.* 9:3). Las palabras griegas *douloø* y *deø* se consideran relacionadas y se utilizan indistintamente.[27] La minoría, sin embargo, contesta que no se dice nada explícitamente sobre la posibilidad de volver a casarse y sostiene que por las siguientes razones no se permite volver a hacerlo ni siquiera en caso de abandono por parte de un incrédulo: (1) el matrimonio es una ordenanza de la creación, un pacto, que es permanentemente vinculante independientemente de las circunstancias, como el abandono por parte de un cónyuge incrédulo; (2) Pablo prohíbe específicamente las segundas nupcias en 1 Corintios 7:10-11; (3) las palabras *douloø* y *deø* no son intercambiables; y (4) cuando Pablo se refiere a la posibilidad de volver a casarse, siempre es en el contexto de la muerte de uno de los cónyuges (Rom. 7:2; 1 Cor. 7:39).

A modo de respuesta, la mayoría (nótese que no todos los defensores del punto de vista sobre el compromiso están de acuerdo en este punto) observa lo siguiente. (1) La naturaleza de pacto del matrimonio plantea la cuestión de si ciertos pactos religiosos pueden ser disueltos en cualquier circunstancia, lo cual fue tratado en los capítulos 2 a 4. (2) El argumento de Pablo en 1 Corintios 7:15 va más allá de los versículos 10-11: los versículos 10-11 tratan del divorcio previsto de dos creyentes, que se proscribe como ilegítimo; en el versículo 12 el apóstol habla «a los demás»; y el versículo 15 trata de los casos de abandono en los que un incrédulo abandona a su cónyuge creyente. (3) Aunque no son idénticos, los términos *douloø* y *deø* parecen habitar el mismo dominio semántico («estar bajo esclavitud», «estar atado»), de modo que 1 Corintios 7:39 parece ser admisible como un paralelo relevante a 1 Corintios 7:15; además, debe observarse que el tiempo verbal de la frase «no atado» (*ou dedouløtai*, tiempo perfecto) en 1 Corintios 7:15 implica que el incrédulo abandonó el matrimonio en el pasado y que, como resultado, el cónyuge creyente «*ya no está* atado» en el momento presente (con el efecto del abandono

[26] Estamos en deuda con Heth, «Jesus on Divorce», 12, por el siguiente estudio. Entre los que interpretan que 1 Cor. 7:15 llama al creyente a la paz pero no le concede libertad para volver a casarse se encuentra Paige Patterson, *The Troubled Triumphant Church: An Exposition of First Corinthians* (Nashville: Nelson, 1983), 120-21.

[27] Robert Stein, «Divorce», en *Dictionary of Jesus and the Gospels*, ed. Joel B. Green, Scot McKnight e I. Howard Marshall (Downers Grove: InterVarsity, 1992), 194.

que continúa en el presente); la carga de explicar cómo el tiempo perfecto griego aquí es compatible con una postura de «no volver a casarse» parecería recaer en aquellos que defienden tal punto de vista. (4) Pablo puede estar usando una analogía, diciendo que cuando un cónyuge incrédulo abandona a su pareja, es como si esa persona hubiera muerto.[28]

Sobre la base de la discusión anterior, es por lo tanto más probable, y en sintonía con la creencia judía del primer siglo, que, *en los casos de divorcio legítimo, una persona legítimamente divorciada es libre de volver a casarse.*[29] Este es el punto de vista de la mayoría de los intérpretes evangélicos hoy en día.[30] Esta conclusión es confirmada también por la formula judía estándar en la ley de divorcio citada en la Mishnah, «eres libre de casarte con cualquier hombre» (*m. Gif.* 9:20). Esta conclusión también se ve confirmada por la formula judía estándar en la ley de divorcio citada en la Mishnah: «Eres libre de casarte con cualquier hombre» (*m. Gif.* 9:3).[31] Esta también parece ser la suposición que subyace a la declaración de Jesús de que «cualquiera que se divorcia de su mujer... la hace adúltera [asumiendo que se vuelve a casar como algo natural], y cualquiera que se casa con la mujer divorciada comete adulterio» (Mt. 5:32 NVI).[32]

---

[28] Jones, *Biblical Christian Ethics*, 201 n. 81, sugiere que en 1 Cor. 7:27-28 Pablo puede «posiblemente» estar diciendo que los que se divorciaron legítimamente y proceden a casarse de nuevo «no han pecado», pero esta es una lectura bastante improbable del texto. Cf. R. Stanton Norman, «Biblical, Theological, and Pastoral Reflections on Divorce, Remarriage, and the Seminary Professor: A Modest Proposal», *Journal for Baptist Theology and Ministry* (primavera de 2003): 88, con referencia a John Jefferson Davis, *Evangelical Ethics: Issues Facing the Church Today,* 2d ed. (Phillipsburg, NJ: P&R, 1993), 101-2.

[29] Véase especialmente Craig S. Keener., *And Marries Another: Divorce and Remarriage in the Teaching of the New Testament* (Peabody, MA: Hendrickson, 1991), 61-66. Contra Wenham y Heth, *Jesus and Divorce, William E. Heth*, «Divorce and Remarriage: The Search for an Evangelical Hermeneutic», *Trinity Journal* 16 (1995): 63-100. Obsérvese la crítica a la posición de Wenham/Heth por parte de Stott, «Marriage and Divorce», 171, quien califica este punto de vista como «extremo» y «no concluyente» (aunque «plausiblemente argumentado»; la referencia es a una serie de tres artículos de Wenham sobre «The Biblical View of Marriage and Divorce» publicados en *Third Way*, vol. 1, nº 20-22 [octubre y noviembre de 1977]). Véase también House, *Divorce and Remarriage: Four Christian Views.*

[30] E.g., Stein, «Divorce», *Dictionary of Jesus and the Gospels*, 192-93: «"Divorcio", por tanto, en nuestros textos debe entenderse como la asunción del derecho a volverse a casar»; Jones, *Biblical Christian Ethics*, 199: «Donde el divorcio está justificado hay libertad para volverse a casar»; y Craig L. Blomberg, «Marriage, Divorce, Remarriage, and Celibacy», *Trinity Journal* 11 (1990): 196: «El divorcio en tiempos bíblicos prácticamente siempre llevaba consigo el derecho a volver a casarse; ningún texto del NT anula este permiso».

[31] Como Keener, «Adulterio, divorcio», *Dictionary of New Testament Background*, Craig A. Evans y Stanley E. Porter, eds. (Downers Grove, IL: InterVarsity, 2000), 6, señala: «El propio término de divorcio legal significaba libertad para volver a casarse».

[32] «Divorciarse y volverse a casar» están emparejados en Marcos 10:11-12 (cf. v. 9). Como dice Stein, «Divorce», en el *Dictionary of Jesus and the Gospels*, 195, observa que el vínculo se supone también en Dt. 24:1-4.

Lo mismo ocurriría con los que quedan viudos por la muerte de su cónyuge. Así, Pablo anima a las viudas jóvenes a volver a casarse (1 Tim. 5:14) y en otro lugar dictamina de manera más global que una viuda «es *libre*... y si se casa con otro hombre no es adúltera» (Rom. 7:3; cf. *m. Qid.* 1:1).[33] Como se ha mencionado, Pablo escribe en 1 Corintios 7:39 que «la mujer está *ligada* a su marido mientras éste viva. Pero si su marido muere, es *libre de casarse* con quien quiera, sólo en el Señor» (1 Cor. 7:39). Tanto si es viuda (en cuyo caso Pablo anima explícitamente a volverse a casar) como si está legítimamente divorciada, la persona que se queda sin su cónyuge es libre de volver a casarse.

Ya sea que se permita volver a casarse a las víctimas de la inmoralidad sexual de su cónyuge (sobre la base del punto de vista del «divorcio por adulterio o inmoralidad sexual») o del abandono incrédulo, ¿qué pasa con la parte culpable? ¿Qué pasa con el cónyuge que ha cometido adulterio o ha abandonado a su pareja por la llegada de ésta a la fe? En cuanto al primero, se puede suponer que, dado que el adulterio ya se ha producido, un nuevo matrimonio por parte del culpable agrava aún más su culpabilidad.[34] En cuanto al segundo, en la práctica la cuestión es intrascendente, ya que el principal problema del incrédulo es el de la incredulidad, razón por la cual esa persona no estará dispuesta a someterse a la norma bíblica bajo ningún caso.

---

[33] Originalmente parte de una ilustración en un contexto diferente, el versículo afirma que una mujer puede volver a casarse si su marido ha muerto. Como señala acertadamente Douglas J. Moo, *The Letter to the Romans, New International Commentary on the New Testament* (Grand Rapids: Eerdmans, 1996), 413, n.24, «Estos versículos se citan a veces para demostrar que casarse de nuevo sobre cualquier base que no sea la muerte del cónyuge es adúltero. Sea esta la enseñanza bíblica o no, estos versículos, en cualquier caso, probablemente no son relevantes para la cuestión. Pablo no está enseñando sobre las segundas nupcias, sino citando un simple ejemplo para probar un punto».

[34] Así, acertadamente, Norman, «Biblical, Theological, and Pastoral Reflections», 86.

Las posturas de «volver a casarse» y «no segundas nupcias» en 1 Corintios 7

NO SEGUNDAS NUPCIAS	VOLVER A CASARSE
El matrimonio es una ordenanza de la creación, permanentemente vinculante independientemente de las circunstancias	Un pacto puede romperse bajo ciertas circunstancias
Pablo prohíbe específicamente las segundas nupcias en 1 Cor. 7:10-11	1 Cor. 7:10-11 se refiere a los creyentes, 1 Cor. 7:15 al creyente abandonado por el cónyuge incrédulo
Los términos *douloø* y *deø* no son intercambiables	Aunque no son idénticos, los términos *douloø* y *deø* parecen habitar el mismo dominio semántico
Cuando Pablo se refiere a la posibilidad de volver a casarse, lo hace siempre en el contexto de la muerte de uno de los cónyuges (Rom. 7:2; 1 Cor. 7:39)	Pablo puede estar usando una analogía, diciendo que cuando un cónyuge incrédulo abandona a su pareja, es como si esa persona hubiera muerto

www.ingramcontent.com/pod-product-compliance
Lightning Source LLC
LaVergne TN
LVHW050922080826
845145LV00001B/166